스포츠지도사 2급
기출문제집

스포츠지도사
기출문제집

초판 발행	2024년 12월 2일
개정판 발행	2025년 7월 31일
편저자	자격증연구소
발행처	소정미디어(주)
등록번호	제 313-2004-000114호
주소	경기도 고양시 일산서구 덕산로 88-45
대표번호	031-922-8965
팩스	031-922-8966

이 책은 저작권법에 따라 보호받는 저작물이므로 무단 전재 또는 복제 행위를 금지하며, 내용의 전부 또는 일부를 이용하려면 저작권자와 소정미디어(주)의 서면 동의를 반드시 받아야 합니다.

PREFACE

스포츠는 현대 사회에서 건강과 행복을 위한 필수 요소로 자리 잡고 있다. 각종 스포츠 활동과 운동은 체력 증진뿐만 아니라 정신적 안정과 사회적 교류를 도모하는 중요한 역할을 한다. 이러한 스포츠의 중요성 속에서, 체계적이고 전문적인 지식을 갖춘 스포츠지도사는 국민의 건강 증진과 올바른 운동 지도에 핵심적인 역할을 담당한다.

스포츠지도사는 학교, 직장, 지역사회 또는 체육단체 등에서 체육을 지도할 수 있도록 국민체육진흥법에 따라 자격을 취득한 사람을 의미하며, 이들은 단순히 운동을 가르치는 것에 그치지 않고 다양한 운동 종목에 대한 이론적 지식과 실기 능력을 겸비해야 한다. 이를 위해서는 정확한 이해와 분석이 필수적이며, 자격시험을 준비하는 과정에서도 체계적이고 종합적인 학습이 요구된다.

스포츠지도사 자격시험은 필기시험, 실기·구술시험, 연수 과정으로 나뉜다. 필기시험에서는 스포츠교육학, 스포츠사회학, 스포츠심리학, 스포츠윤리, 운동생리학, 운동역학, 한국체육사 7과목 중 5과목을 선택해 치러지며, 과목별로 만점의 40% 이상 득점하고, 전 과목의 총점이 60% 이상이어야 합격한다. 5과목이라는 방대한 학습을 준비하기에 앞서, 최근 6개년 기출문제를 풀어보며 시험 유형을 파악하는 것은 매우 중요하다.

본 교재는 스포츠지도사 자격시험을 준비하는 모든 수험생들에게 실질적인 도움을 주기 위해 기출문제로 구성되었다. 기출문제는 시험의 출제 경향을 파악하고, 자신의 학습 상태를 점검하는 데 중요한 자료로 활용된다. 또한 각 문제에 대한 상세한 해설을 통해 수험생들이 시험에서 자주 다뤄지는 개념과 이론을 쉽게 이해할 수 있도록 체계적으로 구성되었다.

스포츠지도사 시험을 준비하는 모든 수험생들에게 본 교재가 유용한 학습 도구가 되길 바라며, 이를 통해 수험생들이 목표를 이루는 데 있어 큰 도움이 되기를 기원한다.

Structure

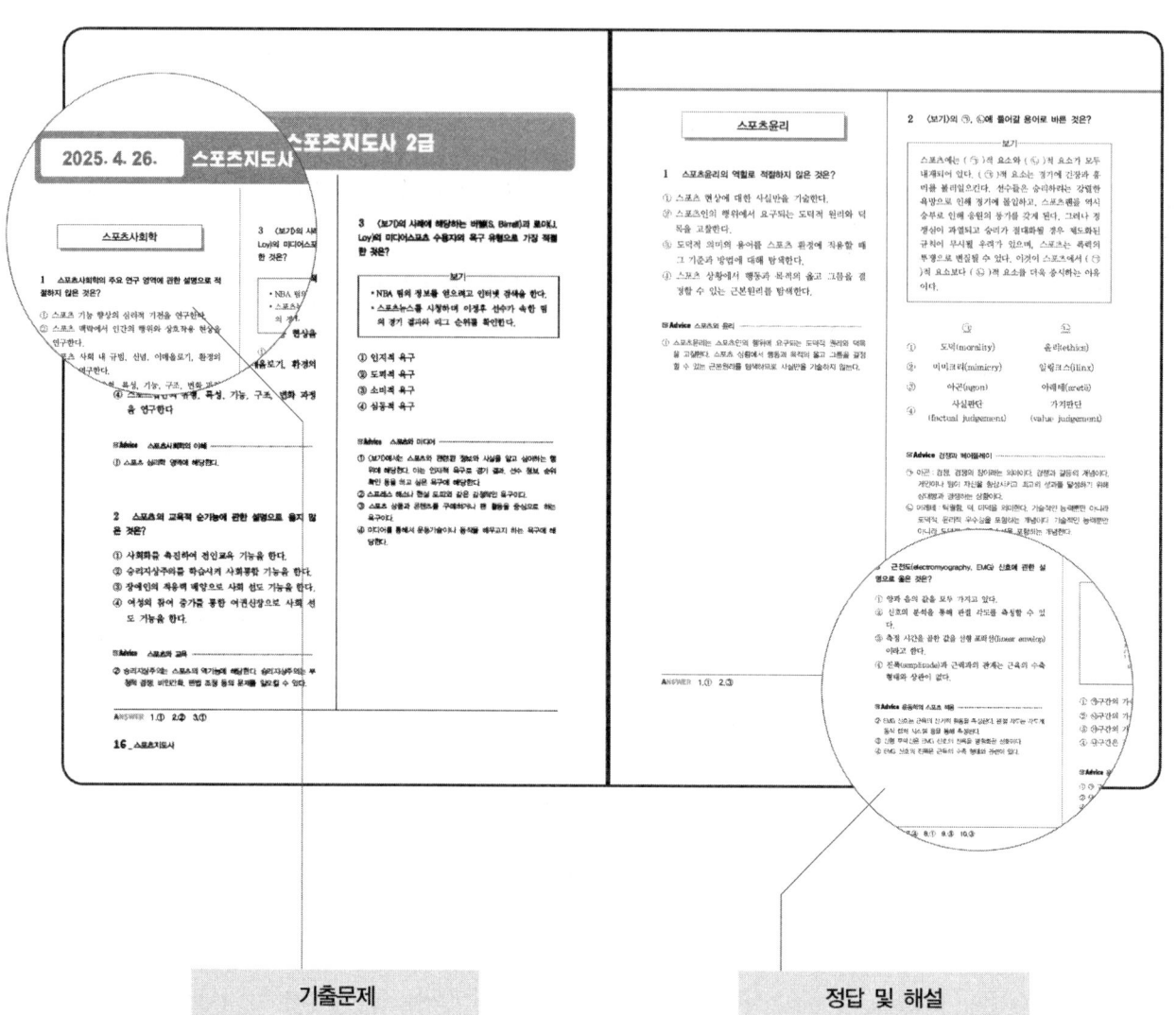

기출문제

최근 6개년 기출문제를 과목별로 분류하여 수록하였습니다. 연도별로 분류하여 과목별로 수록한 기출문제를 풀어보면서 실전 시험을 탄탄하게 준비할 수 있습니다.

정답 및 해설

매 문제 하단에 해당하는 챕터를 수록하여 해당하는 챕터가 무엇인가 한 눈에 파악할 수 있도록 하였으며, 상세한 해설을 수록하여 이론학습까지 한번에 해결될 수 있도록 구성하였습니다.

Contents

2025년 스포츠지도사 기출문제 출제경향 ·· 006

2025. 04. 26. 2급 전문/생활 스포츠지도사 필기시험 ·· 015
스포츠사회학/016 스포츠교육학/025 스포츠심리학/034 한국체육사/041
운동생리학/047 운동역학/053 스포츠윤리/060

2024. 04. 27. 2급 전문/생활 스포츠지도사 필기시험 ·· 069
스포츠사회학/070 스포츠교육학/079 스포츠심리학/088 한국체육사/098
운동생리학/105 운동역학/112 스포츠윤리/119

2023. 04. 29. 2급 전문/생활 스포츠지도사 필기시험 ·· 129
스포츠사회학/130 스포츠교육학/139 스포츠심리학/147 한국체육사/154
운동생리학/160 운동역학/165 스포츠윤리/172

2022. 05. 07. 2급 전문/생활 스포츠지도사 필기시험 ·· 118
스포츠사회학/182 스포츠교육학/189 스포츠심리학/197 한국체육사/204
운동생리학/210 운동역학/217 스포츠윤리/223

2021. 05. 15. 2급 전문/생활 스포츠지도사 필기시험 ·· 233
스포츠사회학/234 스포츠교육학/241 스포츠심리학/249 한국체육사/256
운동생리학/262 운동역학/269 스포츠윤리/275

2020. 07. 04. 2급 전문/생활 스포츠지도사 필기시험 ·· 285
스포츠사회학/286 스포츠교육학/294 스포츠심리학/302 한국체육사/309
운동생리학/315 운동역학/321 스포츠윤리/327

Information

스포츠지도사 과목별 2025년 기출문제 키워드

과목	과목별 기출문제 키워드
스포츠사회학	스포츠클럽법, 구조기능주의, 선순환 모형, 스포츠 세계화의 동인, 사회계층의 이동, 차별교제 이론, 스포츠 폭력 유형, 파슨즈의 AGIL 이론, 스포츠의 교육적 순·역기능, 세방화, 스포츠 조작, 낙인, 스포츠 사회화 4단계, 스포츠 수용자 욕구, 상업주의 조건, 근대 스포츠 7대 특성, 머튼의 일탈유형
스포츠교육학	모스턴의 교수 스타일, 상호작용 교수, 협동 학습 모형, 링크의 과제 유형, 과제 제시, 개별성 자발성 적합성 통합성, 행동 관찰법, 수업 시간 구분, 온스타인의 신호 간섭, GPAI 평가 도구, 회상형 질문, 폐쇄기능, 개방기능, 마튼스 프로그램 개발 절차, 국민체육진흥법, 생활체육진흥법
스포츠심리학	목표설정 이론, 내적 동기 외적 동기, 자기효능감, 피츠 포스너 3단계 자율성 이론, 도드슨 법칙, 게슈탈트 학습 이론, 불안의 유형, 상태불안 특성불안, 링겔만 효과, 행동 평가 인지행동 상담, 인간중심 상담, 정신역동, 상담 불안, 바람직한 피드백, 자아존중감 증진, 우울 예방
한국체육사	각저총 벽화, 체육사관, 제천행사, 화랑도, 경당, 궁술, 석전, 방응, 훈련원, 활인심방, 병식체조, 황국신민체조, 서상천, 원산학사, 남북 단일팀, 제5공화국 체육 정책, 건민주의, 호돌이 계획, 신체육, 조선체육회 재건, 학도호국단
운동생리학	해당과정, 무산소성 대사, ATP 수, 근형질세망, 트로포마이오신, Type I / Type II 섬유, 심박출량, 산소-헤모글로빈 해리곡선, 보어효과, 마이오글로빈, 운동단위 동원 순서, 에피네프린, 글루카곤, 고지환경 적응, 알부민, 항이뇨호르몬, 혈류 재분배, 정맥 판막, 내인성 박동률, 건강관련체력, T-tubule, 연수, 부신수질, 근절
운동역학	운동학, 병진운동, 회전운동, 운동역학 사슬, 열린 사슬, 닫힌 사슬, 토크, 내력 외력, 전단응력, 압축응력, 인장응력, 평균속도, 각속도, 각가속도, 관성모멘트, 충격량, 운동량 보존, 반발계수, COP, 안정성 요인, 마찰력, 일과 에너지, 운동기술 분석
스포츠 윤리	도덕 판단, 윤리적 가치, 스포츠 인권, 스포츠 윤리센터, 폭력의 이중성, 게발트(Gewalt), 희생양 이론, 타이틀 나인, 도핑, 세계도핑방지기구, 동물권리론, 절차적 정의, 롤랜드 규칙 위반, 칸트의 의무론, 공리주의, 악의 평범성, 맹자의 사단, 탈리오 법칙, 트랜스젠더 논쟁, 차별사례(장애·인종 등)

스포츠지도사 기출문제 과목별 출제분석 — 스포츠사회학

출제유형
- 스포츠사회학은 올해 사례 적용 중심의 출제 경향을 유지했으며, 이론 암기 및 상황 해석 능력을 동시에 요구하는 문항 구성이 두드러졌다.
- 사회화, 사회계층, 사회일탈 관련 문항이 높은 비중을 차지하였으며, 교육·정치·미디어·경제·미래사회 영역도 균형 있게 포함되었다.
- 구조기능주의, 갈등이론과 같은 스포츠사회학의 기본이론에 대한 정확한 이해와 정밀한 해석이 필수였다.
- 문항 유형은 보기를 통한 제시형, 이론-사례 매칭형, 다지문·복수선택형, 보기 간 미세 차이 판단형 등 복합적 사고력을 유도하는 형태였다.
- 단순한 개념 암기보다는 통합 이해력과 실제 사례 연결 능력이 주요하게 평가되었다.

학습가이드
- 스포츠사회학 4대 이론의 차이점과 대표 사례를 정확히 정리하자!
- 사회화 4단계, 일탈이론, 사회이동 등은 사례와 함께 암기하자!
- 코클리(Coakley)의 상업주의 조건, 거트만(Guttmann)의 근대 스포츠 7대 특성 등은 이론과 예시를 세트로 묶어 학습하자!
- 정치·미디어·경제 영역은 현실 이슈(예: 프로스포츠 장려, 친환경 트렌드 등)와 정책사례 위주로 학습하자!
- 문제는 사례해석형, 이론 대입형, 개념 비교형, 복합선택형 등 다양한 유형으로 구성되므로, 보기 속 표현 차이나 문항 속 조건을 분석하는 훈련을 연습해보자!

출제 비율
스포츠사회학의 이해 15%, 스포츠와 교육 5%, 스포츠와 미디어 10%, 스포츠와 경제 10%, 미래사회의 스포츠 5%, 스포츠와 사회계급·계층 15%, 스포츠와 사회화 20%, 스포츠와 사회일탈 10%, 스포츠와 정치 10%

학습팁
- 핵심 이론과 대표 학자를 세트로 묶어 암기 및 정리
- 실제 뉴스와 사례를 연결해 보는 실전형 학습 연습
- 보기 속 함정을 주의하며 문제 푸는 순서와 조건 분석 훈련

Information

스포츠교육학

출제유형
- 스포츠교육학은 올해 실제 수업 및 교육 장면 중심의 출제 경향을 유지했으며, 이론 암기 및 교수 상황 해석 능력을 동시에 요구하는 문항 구성이 두드러졌다.
- 지도방법론, 프로그램 구성, 교수 스타일, 교수 전략 관련 문항이 높은 비중을 차지했으며, 정책·제도·평가 영역도 균형 있게 포함되었습니다.
- 교수 스타일, 교수 전략, 협동 학습 모형, 과제 제시 방식에 대한 정확한 이해와, 수업 시간 활용, 행동 관찰법, 피드백 유형, 수업 모형의 적용 상황 해석 등의 정밀 분석이 필수였다.
- 문항 유형은 보기를 통한 제시형, 이론-사례 연결형, 실천 판단형, 보기 간 표현 차이 판단형 등 복합적 사고력을 유도하는 형태였다.
- 단순한 개념 암기보다는 실제 교육 장면과 연계한 적용 능력과 수업 상황 판단 능력이 주요하게 평가됐다.

학습가이드
- 모스턴의 교수 스타일 스펙트럼의 특징과 의사결정 구조를 구체적 예시와 함께 정리하자!
- 링크의 교수 전략 및 과제 유형(시작형-확대형-세련형-응용형)과 수업 내 적용 상황을 연결해 학습하자!
- 학습자 특성 반영, 수업 시간 구분, 행동 관찰법 등은 사례 중심으로 정리하자!
- 평가 유형, 동료 평가, 게임 수행 평가 도구 등은 실제 양식 및 사례 기반으로 정리하자!
- 문제는 수업 장면 해석형, 교수 전략 선택형, 모형 비교형, 교수 행동 분석형 등으로 구성되며 보기 속 표현 차이나 문항 속 조건, 수업 상황을 해석하는 훈련을 연습해보자!

출제 비율
스포츠교육의 배경과 개념 5%, 스포츠교육의 정책과 제도 15%, 스포츠교육의 프로그램론 20%, 스포츠교육의 지도방법론 50% 스포츠교육의 평가론 10%

학습팁
- 핵심 교수이론과 실제 수업 사례를 세트로 묶어 정리
- 수업 장면을 이미지로 그리며 교수 전략을 적용해보는 실전형 학습 연습
- 문항 속 실천적 맥락을 파악하는 것이 중요하므로 보기 속 조건 해석, 교수자와 학습자간 역할 구분 훈련

Information

스포츠심리학

출제유형
- 스포츠심리학은 올해 개념의 정확한 이해와 실제 스포츠 수행 맥락 적용 능력을 요구하는 경향을 유지했다.
- 동기, 자신감, 불안, 집중, 성격, 목표설정, 피드백, 운동 수행과 심리적 상태의 관계를 묻는 문항이 높은 비중을 차지했다.
- 운동기술 습득 과정, 운동학습이론, 심리상담 이론, 발달단계별 특징 등은 상황 제시형으로 출제되어, 단순 암기보다는 맥락 판단력이 요구됐다.
- 문항 유형은 보기를 통한 분석형, 원인-결과 추론형, 사례 대입형, 이론 비교형, 행동 해석형 등으로 구성되며, 심리 개념을 실제 선수·학습자·지도자 사례에 연결하는 능력이 핵심적으로 평가되었다.

학습가이드
- 스포츠수행 관련 심리 요인은 상황별 적용 예시까지 정리하자!
- 운동행동 발달, 운동기술 습득 이론을 예시와 함께 암기하자!
- 사회 심리 요인과 운동심리학은 개념과 상황의 예를 분석해보자!
- 심리상담 이론은 핵심 기법, 상담 목표, 주요 전략까지 구분하여 정리하자!
- 보기 속 심리 상태나 지도 상황에 대한 원인과 결과를 해석하는 훈련을 연습해보자!

출제 비율
스포츠심리학의 개관 5%, 인간운동행동의 이해 20%, 스포츠수행의 심리적 요인 35%, 스포츠수행의 사회 심리적 요인 15%, 운동심리학 20%, 스포츠심리상담 5%

학습팁
- 개념과 사례 연결하는 연습
- 보기 유형 분석 시 심리 용어 간 차이, 상태와 특성 구분, 내적동기 및 외적동기, 유형별 피드백 구별하는 능력 연습
- 기출 사례와 용어의 정의를 역방향 문제로 만들어 응용력 키우기
- 심리상담 파트에서는 목표, 개입기법, 적용사례 3세트로 정리

Information

한국체육사

출제유형
- 한국체육사는 연대기 흐름을 중심으로 각 시대별 주요 사건·제도·인물·문헌에 대한 사실 기반 문제가 주로 출제되었다.
- 삼국시대의 체육 활동, 조선시대 무예·교육제도, 개화기~해방 전후의 근현대 체육사까지 폭넓은 범위에서 출제되었다.
- 고전 문헌 인용 문제, 시대 구분형, 다지문형 보기 문제, 인물 업적 매칭형 등 사료 기반과 선지 정확성 판단 능력이 요구되었다.
- 선사삼국, 고려조선, 개화기~현대사 흐름과 정책 변화, 기관 설립, 주요 인물의 활동을 연계해 이해할 수 있는 능력이 필요하도록 문제가 출제되었다.
- 시대 착오성 판단 문제, 보기 속 키워드 판단, 인물 및 정책 매칭 등의 세부 정보 정확성이 핵심 평가 요소이다.

학습가이드
- 씨름, 궁술, 제천행사 등 선사삼국시대의 의례, 제사, 군사 체육의 개념을 정리하자!
- 무과, 석전, 방응, 훈련원, 활인심방 등 고려조선시대의 제도와 문헌을 중심으로 공부하자!
- 개화기~근현대 병식체조, 원산학사, 서상천, 무단통치기/민족말살기 체육 변화 등 흐름을 파악하는 연습을 해보자!
- 올림픽 참가 시기, 남북 단일팀, 제5공화국 정책, 생활체육 정책 등 연대기별 정책을 정리해보자!
- 인물 업적, 문헌의 성격, 제도와 기관의 목적을 묶어서 정리하자!

출제 비율
체육사의 의미 5%, 선사·삼국시대 15%, 고려·조선시대 30%, 한국 근·현대체육사 50%

학습팁
- 단순 연도 외에도 시대별 사회·정치 배경을 연계해 체육 변화를 이해
- 문헌 중심의 정리와 인물의 업적을 세트로 묶어 암기
- 사료 원문 요지를 해석하는 능력과 시대를 분류하는 스킬 연습
- 많은 문항 수를 차지하는 '근·현대 체육사'에 충분한 학습 시간 할당

Information

운동생리학

출제유형
- 운동생리학은 에너지 대사, 근수축 메커니즘, 내분비·순환계·환경 적응까지 다양한 단원에서 고르게 출제되었으며, 개념 정확도와 현상 해석 능력을 동시에 요구하였다.
- 해당과정, 무산소·유산소 대사, 골격근의 미세구조, 호르몬 작용, 고지환경 적응 등에서 보기형 복수선택 문항의 비중이 높았다.
- 신체기관의 역할 연결형, 생리적 변화 유도형, 운동 중 나타나는 생체 반응 해석형 문항을 중심으로, 상황 판단형 및 기초 생리 지식 매칭 능력이 핵심이 되는 문제가 출제되었다.
- 운동 조건에 따라 변화하는 생리현상을 정확히 구분할 수 있어야 하며, 단어 하나 차이로 정답·오답이 갈리는 경우가 많았다.

학습가이드
- ATP 생성 시스템은 기전과 산출 ATP 수치, 기여 시점 구분까지 암기하자!
- 골격근 수축 과정, 운동 단위 동원, 근섬유 유형은 세포 구조 수준부터 정확히 정리하자!
- 산소-헤모글로빈 해리곡선, 박출량, 심장주기, 혈류 재분배 등 호흡·순환계 파트에서는 조건별 변화를 비교하면서 공부하자!
- 환경과 운동은 호르몬 분비 변화, 순응 메커니즘 중심으로 사례와 함께 정리하자!
- 인슐린, 글루카곤, 에피네프린, 알도스테론 등 내분비계 파트에서는 주요 호르몬 분비 위치 및 작용을 매칭하여 연습하자!

출제 비율
운동생리학의 개관 5%, 에너지 대사와 운동 15%, 신경조절과 운동 5%, 골격근과 운동 30%, 내분비계와 운동 5%, 호흡·순환계와 운동 30%, 환경과 운동 10%

학습팁
- 에너지 대사계에서 기여 시점, 산출 ATP 수, 해당 운동 예시를 세트로 암기
- 골격근 수축 메커니즘 순서 암기
- 산소-헤모글로빈 해리곡선, 보어효과, 심박출량·박출률 변화는 상황에 따른 변화를 패턴 중심으로 정리
- 환경 적응 파트는 헷갈리는 부분이 많아, 호르몬 이름-분비기관-역할-자극 조건을 일치시키는 연습

Information

운동역학

출제유형
- 운동역학은 올해 실전 적용 능력을 묻는 문항 구성으로 출제되었으며, 이론 암기와 실제 상황 분석 능력을 함께 요구하는 문제가 다수를 차지했다.
- 운동학, 인체역학, 일·에너지, 운동기술 분석 파트가 높은 출제 비중을 보였고, 기본 개념과 실제 스포츠 적용이 자연스럽게 연결된 문항이 많았다.
- 운동학의 스포츠 적용과 토크·관성모멘트 개념의 활용, 운동량 보존 법칙, 마찰력과 안정성 요인 등에 대한 응용적 사고력이 요구되었다.
- 문항 유형은 개념 응용형, 보기를 통한 선택형, 계산형, 상황 해석형 등 다양하게 구성되었으며, 단순 암기보다는 개념을 실제 사례에 적용하는 능력을 중요하게 평가했다.

학습가이드
- 운동학의 기본 개념을 공식과 함께 정리하고, 스포츠 장면 적용 문제를 반복 학습하자!
- 인체역학의 사슬 개념, 관절 토크, 근수축 형태 등은 실제 스포츠 동작과 연결하여 공부하자!
- 관성모멘트, 운동량 보존, 충격량, 마찰력 등은 공식 활용과 더불어 보기 속 조건을 분석하면서 공부하자!
- 일과 에너지 단원에서는 계산 문제 유형으로 자주 출제되므로 공식을 적용하는 연습과 풀이 순서를 병행하자!
- 닫힌 사슬과 열린 사슬, 안정성 요인, 동작분석 방법 등은 자주 헷갈리는 보기로 출제되므로 개념과 구별지어서 예시를 숙지하자!

출제 비율
운동역학의 개요 5%, 운동역학의 이해 10%, 인체역학 20%, 운동학의 스포츠 적용 25%, 운동역학의 스포츠 적용 25%, 일과 에너지 10%, 다양한 운동기술의 분석 5%

학습팁
- 운동학 개념과 인체 적용 사례 세트로 정리하여 출제된 지문 유형에 적응력 높이기
- 보기 속 단어 차이, 조건 해석에 따라 답이 갈리는 문제를 대비
- 정량과 정성 동작 분석, 토크와 모멘트, 충격량과 충격력 등 개념을 짝으로 비교하는 연습
- 계산 문제를 대비하기 위해 공식 암기 및 단위·시간 조건을 철저히 체크

스포츠윤리

출제유형
- 스포츠윤리는 올해 현대 스포츠 사회의 윤리적 쟁점을 다각도로 묻는 문제 구성이었으며, 단순한 개념 암기보다는 도덕철학 기반의 해석 능력과 사례판단력을 함께 요구하는 경향이 두드러졌다.
- 의무론·공리주의·칸트·아렌트 등의 철학 이론과 규칙 위반 유형 분류, 스포츠 인권 및 차별 사례 분석 등이 출제의 핵심을 이루었다.
- 문항 유형은 보기를 기반으로 한 해석형, 상황 적용형, 개념-사례 매칭형, 윤리 이론 대입형 등으로 구성되어 실제 사례를 통해 윤리적 가치 판단 능력을 평가하는 구조였다.

학습가이드
- 윤리 이론은 철학자별 개념과 스포츠 상황의 연결까지 숙지하면서 공부하자!
- 폭력, 차별, 인권 침해 등 스포츠 내 사회적 쟁점과 관련하여 실제 사례를 학습하자!
- 롤랜드의 규칙 위반 유형, 맹자의 사단, 칸트의 행위 구분 등은 문항에 자주 등장하므로 각각의 구분과 예시를 기억해두자!
- 스포츠조직의 윤리경영, 도핑, 환경과 동물윤리 등 윤리적 논쟁을 다루는 파트는 가치 판단형 문항으로 자주 출제되므로 주위깊게 살펴보면서 공부하자!
- 문항 해석 시, 문제의 초점이 가치판단인지 사실판단인지, 또는 윤리적 정당화 근거인지 결과 중심 판단인지 구별하면서 공부하자!

출제 비율
스포츠와 윤리 15%, 경쟁과 페어플레이 5%, 스포츠와 불평등 25%, 스포츠에서 환경과 동물윤리 10%, 스포츠와 폭력 15%, 경기력 향상과 공정성 5%, 스포츠와 인권 5%, 스포츠 조직과 윤리 10%, 윤리 이론 10%

학습팁
- 철학자 개념은 스포츠 사례와 연결하여 훈련
- 실제 제도 및 사건 사례를 통해 이론 적용 훈련
- 보기 해석형 문제에서 도덕적 판단 근거가 어디에 있는지 주의
- 규칙 위반 분류, 사단 구분, 탈리오 법칙 등은 반복 출제되므로 핵심 개념 암기 및 사례 대입 연습

2025. 04. 26.
2급 전문/생활 스포츠지도사 필기시험

유의사항

필기시험 제한시간 1시간 40분이다.

선택과목 7과목 중에서 5개 과목 선택(필수과목 없음) 한다.

과목마다 만점의 40% 이상 득점하고 전 과목 총점 60% 이상 득점해야 한다.

선택과목

스포츠사회학	☐	스포츠교육학	☐
스포츠심리학	☐	한국체육사	☐
운동생리학	☐	운동역학	☐
스포츠윤리	☐		

스포츠사회학

1 스포츠사회학의 주요 연구 영역에 관한 설명으로 적절하지 않은 것은?

① 스포츠 기능 향상의 심리적 기전을 연구한다.
② 스포츠 맥락에서 인간의 행위와 상호작용 현상을 연구한다.
③ 스포츠 사회 내 규범, 신념, 이데올로기, 환경의 변화를 연구한다.
④ 스포츠집단의 유형, 특성, 기능, 구조, 변화 과정을 연구한다

☑ **Advice** 스포츠사회학의 이해
① 스포츠 심리학 영역에 해당한다.

2 스포츠의 교육적 순기능에 관한 설명으로 옳지 않은 것은?

① 사회화를 촉진하여 전인교육 기능을 한다.
② 승리지상주의를 학습시켜 사회통합 기능을 한다.
③ 장애인의 적응력 배양으로 사회 선도 기능을 한다.
④ 여성의 참여 증가를 통한 여권신장으로 사회 선도 기능을 한다.

☑ **Advice** 스포츠와 교육
② 승리지상주의는 스포츠의 역기능에 해당한다. 승리지상주의는 부정적 경쟁, 비인간화, 편법 조장 등의 문제를 일으킬 수 있다.

3 〈보기〉의 사례에 해당하는 버렐(S. Birrell)과 로이(J. Loy)의 미디어스포츠 수용자의 욕구 유형으로 가장 적절한 것은?

─보기─
• NBA 팀의 정보를 얻으려고 인터넷 검색을 한다.
• 스포츠뉴스를 시청하며 이정후 선수가 속한 팀의 경기 결과와 리그 순위를 확인한다.

① 인지적 욕구
② 도피적 욕구
③ 소비적 욕구
④ 심동적 욕구

☑ **Advice** 스포츠와 미디어
① 〈보기〉에서는 스포츠와 관련된 정보와 사실을 알고 싶어하는 행위에 해당한다. 이는 인지적 욕구로 경기 결과, 선수 정보, 순위 확인 등을 하고 싶은 욕구에 해당한다.
② 스트레스 해소나 현실 도피와 같은 감정적인 욕구이다.
③ 스포츠 상품과 콘텐츠를 구매하거나 팬 활동을 중심으로 하는 욕구이다.
④ 미디어를 통해서 운동기술이나 동작을 배우고자 하는 욕구에 해당한다.

ANSWER 1.① 2.② 3.①

4 국제스포츠이벤트가 지역사회에 미치는 긍정적 영향으로 적절하지 않은 것은?

① 도시 브랜드 가치 향상
② 사회간접자본 시설의 확충
③ 지역사회 구성원의 문화 정체성 약화
④ 스포츠 참여 기회 확대 및 건강 증진 효과

Advice 스포츠와 경제

③ 문화 정체성이 약화되는 것은 역기능에 해당한다.

5 〈보기〉의 미래 스포츠 특성에 관한 설명으로 적절한 것을 모두 고른 것은?

─보기─
㉠ 노년층 스포츠 참가에 대한 중요성이 증가한다.
㉡ 프로스포츠에서 스포츠과학의 중요성이 감소한다.
㉢ 정보 기술의 발달로 스포츠 참여 형태가 다양해진다.
㉣ 탄소배출을 최소화한 친환경스포츠의 중요성이 증가한다.

① ㉠
② ㉠㉡
③ ㉠㉢㉣
④ ㉡㉢㉣

Advice 미래사회의 스포츠

㉡ 프로스포츠에서 스포츠과학은 기량 향상이나 부상을 예방하기 위하는 등의 다양한 이유로 중요성이 증가하고 있다.
㉠ 고령화 사회로 노인을 대상으로 하는 건강이나 여가 스포츠의 수요가 증가하고 있다.
㉢ VR스포츠나 온라인 피트니스 등의 새로운 참여 방식이 증가하고 있다.
㉣ 지속가능성과 환경보호에 대한 인식이 증가하면서 친환경 스포츠의 중요성이 증가하고 있다.

6 〈보기〉에서 ㉠에 해당하는 투민(M. Tumin)의 계층 특성과 ㉡에 해당하는 베블런(T. Veblen)의 이론은?

─보기─
㉠ 민철이는 취미로 골프를 시작하려 했지만, 골프 장비가 비싸서 포기했다. 결국 민철이는 초기 비용이 적게 드는 배드민턴을 하기로 했다. 반면, 부유한 집안에서 자란 준형이는 어렸을 때부터 부모님을 따라 자연스럽게 골프를 접할 수 있었고, 현재도 일주일에 한 번은 골프를 하고 있다.
㉡ 선영이는 요트에 흥미가 없지만 주변 지인들에게 자신의 경제력을 자랑하려고 요트를 구매했다. 선영이는 지인들과 요트를 함께 즐기면서 자연스럽게 자신의 부를 드러낸다.

	㉠	㉡
①	영향성	자본론
②	영향성	유한계급론
③	역사성	자본론
④	역사성	유한계급론

Advice 스포츠와 사회계급·계층

㉠ 경제적 자원이 계층에 따라서 스포츠에 접근하는 기회에 영향을 주는 것으로 투민(M. Tumin)의 영향성 개념과 부합한다.
㉡ 흥미는 없지만 경제력을 과시하기 위해서 고가의 소비를 하는 것으로 과시적 소비에 포함하는 베블런(T. Veblen)의 이론은 유한계급론 이론이다.

ANSWER 4.③ 5.③ 6.②

7 〈보기〉 중 스포츠가 미디어에 미친 영향에 해당하는 것으로만 묶은 것은?

―보기―
- ⊙ 탁구공의 색이 흰색에서 주황색으로 변경되었다.
- ⓒ 월드컵, 올림픽은 미디어 보급 및 확산에 기여하였다.
- ⓒ 정지 화면, 느린 화면, 클로즈업 등의 방송 기법이 발달하였다.
- ② 스포츠 관람 인구가 증가하고, 스포츠 활동이 생활의 일부로 확산되었다.

① ⊙ⓒ ② ⊙②
③ ⓒⓒ ④ ⓒ②

Advice 스포츠와 미디어
ⓒ 스포츠가 미디어에 긍정적인 영향을 주면서 시청자가 증가하고 기술 발전을 촉진하였다.
ⓒ 스포츠 중계의 필요성으로 방송 기술의 발전을 유도하였다.
⊙② 미디어가 스포츠에 영향을 미친 사례이다.

8 〈보기〉에서 설명하는 스포츠사회학 이론으로 적절한 것은?

―보기―
- 미시적 관점의 이론이다.
- 스포츠 참여 과정에 대한 이해와 하위문화 특성에 관심을 가진다.
- 인간은 사회구조 및 제도에 대해 능동적으로 사고하며 행동하게 된다

① 갈등이론 ② 비판이론
③ 구조기능주의이론 ④ 상징적 상호작용론

Advice 스포츠사회학의 이해
④ 상징적 상호작용론: 개인의 의미 부여와 상호작용을 중심으로 하는 미시적 관점이다. 사람들 간의 의미 해석과 자아 형성 과정에 초점을 맞춘다. 스포츠 참여자는 역할, 규칙, 상징을 해석하고 의미를 만들어가는 과정에 주목한다.
① 갈등이론: 사회는 갈등과 불평등으로 구성되었다는 것으로 거시적 관점에 해당한다. 지배와 피지배 계층의 갈등에 초점을 맞추고 스포츠는 지배계층의 이익유지 수단으로 본다.
② 비판이론: 이데올로기와 문화 지배 구조를 비판하는 것으로 거시적 관점에 가깝다. 대중이 지배적 가치에 비판적으로 사고하고 변화를 촉진하는 것에 초점을 두나, 스포츠는 지배적 가치나 불평등을 강화하고 극복하는 도구가 될 수 있다고 본다.
③ 구조기능주의이론: 사회는 각 부분이 조화를 이루는 유기체로 질서·안정·기능 유지에 초점을 둔다. 거시적 관점으로 스포츠는 사회 통합, 사회화, 규범 전달 등의 긍정적인 기능을 수행한다고 본다.

ANSWER 7.③ 8.④

9 국제스포츠 사례에 관한 설명으로 옳지 않은 것은?

① 1969년 온두라스와 엘살바도르의 월드컵 예선전은 양국의 정치적·사회적 갈등이 격화되는 계기가 되었으며, 이후 무력 충돌로 이어졌다.
② 2008년 베이징올림픽경기대회 개최를 앞두고 중국의 티베트 인권 탄압에 대한 국제사회의 비판이 제기되었다.
③ 1988년 서울올림픽경기대회에는 모스크바올림픽경기대회와 LA올림픽 경기대회의 보이콧 사례와 달리 미국과 소련 등 동서 진영 국가들이 참여하였다.
④ 1995년 남아프리카공화국 럭비월드컵경기대회에서는 아파르트헤이트(apartheid)에 대한 국제사회의 반발로 다수 국가의 보이콧이 발생했다.

Advice 스포츠와 정치

④ 1995년은 아파르트헤이트를 철폐하고 넬슨 만델라 대통령이 흑백 화합을 위해 럭비를 적극 활용하였다. 아파르트헤이트에 대한 보이콧이 아니라 국제사회가 환영하고 지지했던 대회에 해당한다.
① 실제 원인인 양국간 이민 문제, 토지갈등, 정치적 원인이었으나 월드컵 예선이 폭발의 도화선이 되어서 무력 충돌로 이어졌다.
② 2008년 베이징올림픽경기대회 개최를 앞두고 중국이 티베트를 탄압하고 소수민족을 억압하면서 인권 문제로 비판을 받았다.
③ 서울올림픽은 미국과 소련 등 동서 진영 국가가 참여한 대회에 해당한다.

10 〈보기〉의 ㉠에 해당하는 로버트슨(R. Robertson)이 제시한 스포츠 세계화의 결과와 ㉡에 해당하는 매기(J. Magee)와 서덴(J. Sugden)이 제시한 스포츠 노동 이주 유형으로 가장 적절한 것은?

─ 보기 ─

㉠ A 스포츠 업체는 글로벌 브랜드 정체성을 유지하면서 뉴질랜드 럭비 대표팀인 올 블랙스(All Blacks)의 경기 전 의식으로 잘 알려진 마오리족의 하카(haka)댄스를 광고에 포함함으로써 지역 문화를 브랜드 메시지에 자연스럽게 녹여냈다.
㉡ 축구 선수 B는 현재 베트남의 C팀에서 활동 중이다. 그의 관심은 오로지 더 높은 연봉을 제시하는 팀으로 이적하는 것이다. 베트남의 문화를 즐긴다거나 사람과의 관계를 맺는 것에는 관심이 없다. 그는 언제든 떠날 준비를 하고 있다. 이전에 활동했던 중국의 D팀, 사우디의 E팀이 위치한 지역에 오래 머무른 적도 없다

	㉠	㉡
①	세방화(glocalization)	용병형(mercenaries)
②	세방화(glocalization)	개척자형(pioneers)
③	국제적 고립 (global isolation)	용병형(mercenaries)
④	국제적 고립 (global isolation)	개척자형(pioneers)

Advice 스포츠와 사회계급·계층

㉠ 글로벌 브랜드에서 지역문화를 수용하고 지역 정체성을 섞어서 새로운 문화적 의미를 생산하는 세방화의 사례에 해당한다.
㉡ 용병형 선수는 돈과 조건만을 보고 이적하는 것으로 지역사회나 팀·문화 등에는 관심이 없다. 정착보다는 수익 극대화를 추구하는 선수에 해당한다. 축구 선수 B는 용병형 선수에 해당한다.

ANSWER 9.④ 10.①

11 〈보기〉의 사례에 해당하는 머튼(R. Merton)의 일탈행동 유형은?

―보기―
㉠ 승리지상주의에 염증을 느껴 선수 생활을 포기하는 경우
㉡ 프로스포츠 선수가 경기력 향상을 목적으로 불법 약물을 복용한 경우
㉢ 스포츠 경기 참가에 의의를 두지만, 경기 성적을 중시하지 않는 경우

	㉠	㉡	㉢
①	도피주의	혁신주의	의례주의
②	도피주의	동조주의	의례주의
③	반역주의	도피주의	혁신주의
④	반역주의	동조주의	혁신주의

☑ **Advice** 스포츠와 사회일탈 ·················
㉠ 승리지상주의에 염증을 느껴서 선수 생활을 포기하는 것은 목표와 수단을 모두 포기하는 도피주의에 해당한다.
㉡ 불법 약물을 복용하여 경기력 향상을 위해서 수단을 가리지 않고 편법을 사용하는 것으로 혁신주의에 해당한다.
㉢ 참여는 중요하지만 성적을 중요시 하지 않는 것은 수단은 유지하고 목표는 중시하지 않는 것으로 의례주의에 해당한다.

12 〈보기〉의 스포츠 계층 이동 유형과 사례에 관한 설명으로 옳은 것을 모두 고른 것은?

―보기―
㉠ 프로야구 선수가 대회에서 부진한 모습을 보여 2군으로 강등된 것은 수직이동의 사례이다.
㉡ 1980년대 프로스포츠 출범 후 운동선수의 지위가 전반적으로 높게 평가받게 된 것은 집단이동의 사례이다.
㉢ 프로배구 선수가 되면서 일용직 노동자였던 부모님에 비해 많은 수입과 높은 명성을 얻게 된 것은 세대 내 이동의 사례이다.
㉣ 고등학교 배구 선수가 전학 간 후에도 같은 포지션으로 활동한 것은 수평이동의 사례이다.

① ㉠㉡ ② ㉢㉣
③ ㉠㉡㉣ ④ ㉡㉢㉣

☑ **Advice** 스포츠와 사회계급·계층 ·················
㉢ 부모 세대에서 세대간 이동을 한 것이다. 세대 내 이동이 아니다.
㉠ 위계가 낮은 위치로 수직이동을 한 사례이다.
㉡ 개인이 아닌 한 집단의 전체가 지위가 상승한 집단이동에 해당한다.
㉣ 직급이나 위계의 변동 없이 위치만 수평적으로 변화한 것으로 수평이동 사례에 해당한다.

13 스포츠사회화 이론에 관한 설명으로 적절하지 않은 것은?

① 사회학습이론에서는 다른 구성원의 행동을 관찰 학습하여 사회화가 이루어진다고 설명한다.
② 사회학습이론에서는 모방, 강화 등을 통해 새로운 행동을 학습하여 사회화가 이루어진다고 설명한다.
③ 준거집단이론에서는 구성원이 속한 집단의 규칙을 따르지 않아도 사회화가 이루어진다고 설명한다.
④ 역할이론에서는 개인을 무대 위의 특정 역할을 부여받은 배우로 간주하여 그 역할을 수행하며 사회화가 이루어진다고 설명한다.

☑ **Advice** 스포츠와 사회화

③ 준거집단이론은 개인이 속하거나 동경하는 집단의 규범과 가치를 동조하면서 사회화가 이루어지는 것이다. 집단 규칙을 따르는 것이 사회화의 핵심조건으로 본다.
① Bandura의 모형에 따라 사회학습이론에서는 관찰, 모방, 강화 등을 통해서 행동 학습하는 것이 핵심이다.
② 모방과 직접적·간접적 강화는 사회적 행동이 학습된다.
④ 인간은 사회적 역할을 수행하는 존재로 보고, 역할을 수행하면서 사회화가 이루어진다는 것이 역할이론이다.

14 〈보기〉는 스포츠사회학 수업에서 교수와 학생의 대화이다. ㉠, ㉡에 들어갈 내용으로 적절한 것은?

―보기―

학생 1: 최근 테니스와 마라톤이 인기를 끌고 있는데, 사람들이 왜 이런 스포츠에 열광하는지 다양한 사례를 심층적으로 알아보려면 어떤 연구 방법이 좋은가요?
교수: 참여관찰, 심층면담 등으로 자료를 수집하고 해석적인 절차에 따라 원인을 파악하는 (㉠) 방법이 적합해요.
학생 2: 그러면 스포츠 육성 모델에는 어떤 것이 있나요?
교수: 국가별로 다양한 스포츠육성정책을 시행하고 있는데, 그릭스에 따르면, 스포츠 선진국은 엘리트 스포츠의 성과가 일반시민의 스포츠 참가를 촉진하고, 그렇게 형성된 자원 속에서 다시 우수한 엘리트 선수가 탄생하여 국가이미지 향상에 기여하는 (㉡)을 구축하고 있다고 해요.

* J. Grix(2016)

	㉠	㉡
①	질적 연구	선순환 모델
②	양적 연구	선순환 모델
③	질적 연구	피라미드 모델
④	양적 연구	피라미드 모델

☑ **Advice** 스포츠와 사회화

㉠ 테니스와 마라톤을 심층적으로 사례를 분석하고 참여관찰과 심층면담을 사용하는 것은 정량적 수치가 아니라 의미와 경험을 해석하는 접근이다. 통계보다는 맥락, 원인, 의미 해석을 중심으로 하는 것은 질적 연구에 해당한다.
㉡ 엘리트가 성과를 내고 일반 시민의 참여를 촉진하면서 다시 엘리트를 탄생시키면서 국가 이미지를 향상하는 것은 선수와 대중 간에 상호작용을 통해서 순환 구조를 만드는 것이다. 성과와 참여의 선순환 하는 구조로 선순환 모델에 해당한다.

ANSWER 13.③ 14.①

15 〈보기〉의 내용에 해당하는 거트만(A. Guttmann)이 제시한 근대스포츠의 특징은?

─ 보기 ─
- ㉠ 인종·성별과 관계없이 누구나 스포츠에 참여할 기회를 동등하게 부여받는다.
- ㉡ 현대 축구가 발전하면서 점차 수비수, 미드필더, 공격수 등의 포지션이 다양화되었다.
- ㉢ 현대스포츠 참여자는 신에 대한 숭배가 아니라 기분 전환과 오락, 이익과 보상을 추구한다.
- ㉣ 국제스포츠연맹은 규칙 제정, 기록 공인, 국제대회 운영 및 관리, 종목 진흥 등의 역할을 담당한다.

	㉠	㉡	㉢	㉣
①	합리화	평등성	세속화	관료화
②	합리화	수량화	전문화	세속화
③	평등성	관료화	세속화	전문화
④	평등성	전문화	세속화	관료화

☑ **Advice** 스포츠 사회학의 이해 ·······················
- ㉠ 인종과 성별에 차별 없이 누구나 참여하는 것은 평등성으로 스포츠 참여 기회가 보편화된다.
- ㉡ 역할이 구체화 되고 세분화 되는 것은 전문화에 해당한다.
- ㉢ 종교적인 의미를 벗어나서 세속적인 가치를 추구하는 것은 세속화에 해당한다.
- ㉣ 규칙, 운영, 공인 등의 체계적인 행정 구조를 만드는 것은 관료화에 해당한다.
- ※ 거트만(A. Guttmann)의 근대 스포츠 7가지 특징 : 세속화, 평등성, 전문화, 합리화, 수량화, 기록 추구, 관료화

16 〈보기〉의 사례에 해당하는 베커(H. Becker)의 스포츠 일탈 이론은?

─ 보기 ─
생활체육 배드민턴 동호회에서 신입 회원이 실력이 부족하다는 이유로 민폐 회원이라는 별명을 듣게 되었다. 어떤 회원은 게임에서 그를 배제하거나 눈치를 주었고, 몇몇은 노골적으로 비난했다. 시간이 지날수록 신입 회원은 자신이 정말 방해가 된다고 느끼며 위축되었고, 결국 동호회를 그만두고 운동도 포기하였다.

① 중화 이론(neutralization theory)
② 낙인 이론(labeling theory)
③ 욕구위계 이론(hierarchy of needs theory)
④ 인지발달 이론(cognitive development theory)

☑ **Advice** 스포츠와 사회일탈 ·······················
② 낙인 이론 : 일탈은 행위보다 타인의 규정으로 형성되는 것으로 타인의 부정적인 평가가 정체성과 행동에 영향을 준다는 이론이다.
① 중화 이론 : 일탈 행동을 할 때 죄책감 없이 행동을 정당화하기 위해 사용하는 심리적 합리화 전략이다.
③ 욕구위계 이론 : 매슬로우의 인간 동기 이론으로, 인간의 욕구는 생리적 욕구, 안전욕구, 사회적욕구, 존경욕구, 자아실현욕구 5단계로 구성되며 상위욕구는 하위욕구가 충족되어야 나타난다는 이론이다.
④ 인지발달 이론 : 인간의 사고 능력과 도덕 판단이 나이에 따라 단계적으로 발달한다는 이론이다.

ANSWER 15.④ 16.②

17 코클리(J. Coakley)가 제시한 상업주의 스포츠 출현의 사회적·경제적 조건에 해당하지 않는 것은?

① 자본주의 시장경제 체제
② 스태그플레이션(stagflation)
③ 소비가 장려되는 문화 형성
④ 인구 밀도가 높은 대도시 형성

☑ **Advice**   스포츠와 경제 ···

② 경기가 침체되어 물가가 상승하여 소비가 위축된다는 비정상적인 경제상황인 스태그플레이션은 코클리(J. Coakley)의 상업주의 스포츠의 출현 조건에 해당하지 않는다.
※ 코클리(J. Coakley)의 상업주의 스포츠의 출현 조건
  ㉠ 자본주의 시장경제 체재 : 이윤을 추구하고 경쟁을 중심으로 하는 구조이다.
  ㉡ 소비가 장려되는 문화 형성 : 광고와 스폰서십, 브랜드를 중심으로 소비가 촉진된다.
  ㉢ 인구 밀도가 높은 대도시의 형성 : 관객·팬·미디어의 집중이 가능하여 시장성이 확보된다.
  ㉣ 표현 기술과 미디어 기술의 발달 : 중계, 광고, 홍보 등이 가능해진다.

18 〈보기〉의 사례에 해당하는 정치가 스포츠를 이용하는 방법으로 가장 적절한 것은?

―보기―
스포츠는 정치인에게 권력을 강화하는 수단이 되기도 한다. 12.12 군사쿠테타와 5.18 민주화 운동을 거치며, 당시 사회는 극도의 불안감과 정권에 대한 불신이 극에 달했다. 정권은 언론을 통제하고 정치적 발언을 통제하려 했지만, 뜻대로 되지 않았다. 그래서 국민의 관심을 돌리고 정권을 유지하기 위해 프로스포츠를 장려했다.

출처 : M사, 시사교양(2005.6.)

① 상징   ② 조작
③ 동일화   ④ 전문화

☑ **Advice**   스포츠와 정치 ···

〈보기〉는 정권 위기 상황에 국민의 불만과 불신이 고조되고 있을 때 정권이 직접 통제하려다가 실패한 것이다. 국민의 관심을 돌리기 위해서 프로스포츠를 장려하는 것으로 정권 유지와 국민통제를 위해서 스포츠를 이용한 것으로 '조작'에 해당한다.
※ 베커(H. Becker)의 스포츠 일탈 이론
  ㉠ 상징 : 어떤 행동이나 대상이 사회적으로 특정 의미를 갖게 되는 것이다.
  ㉡ 조작 : 권력자가 대중의 관심을 다른 곳으로 돌리기 위해 스포츠를 이용하는 것이다.
  ㉢ 동일화 : 역할이나 집단과 자신을 동일시하며 행동을 강화하는 것이다.
  ㉣ 전문화 : 역할이 기능별로 세분화되며 고도로 집중되는 것을 의미한다.
  ㉤ 낙인 : 일탈은 행동이 아니라, 사회가 어떻게 해석하느냐에 따라 결정된다는 것이다.

ANSWER 17.② 18.②

19 〈보기〉의 사례에 해당하는 스포츠사회화 과정이 바르게 연결된 것은?

―보기―
- ㉠ 소영이는 '골때리는 그녀'라는 TV 프로그램을 보고 축구에 매력을 느껴 축구클럽에 가입하게 되었다.
- ㉡ 소영이는 축구에 흥미를 잃어 축구클럽을 탈퇴하였고, 6개월이 지났을 무렵, 친구의 권유로 테니스클럽에 가입하게 되었다.
- ㉢ 소영이는 테니스 활동을 하며 테니스 규칙, 기술, 매너 등을 잘 숙지한 테니스 동호인이 되었다.
- ㉣ 소영이는 무릎과 팔꿈치 부상이 잦아지면서 결국 좋아하는 테니스를 그만두게 되었다

	㉠	㉡	㉢	㉣
①	스포츠로의 재사회화	스포츠로의 사회화	스포츠를 통한 사회화	스포츠 탈사회화
②	스포츠로의 재사회화	스포츠를 통한 사회화	스포츠로의 사회화	스포츠 탈사회화
③	스포츠로의 사회화	스포츠를 통한 사회화	스포츠로의 재사회화	스포츠 탈사회화
④	스포츠로의 사회화	스포츠로의 재사회화	스포츠를 통한 사회화	스포츠 탈사회화

☑ **Advice**　스포츠와 사회학 ····································
- ㉠ TV프로그램을 보고서 축구클럽에 가입하게 되는 것은 스포츠에 처음 참여하게 되는 과정으로 '스포츠로의 사회화'에 해당한다.
- ㉡ 축구를 중단하고 다른 스포츠로 다시 참여하는 것은 '스포츠로의 재사회화'에 해당한다.
- ㉢ 스포츠 활동을 통해서 태도, 기술, 가치, 규범 등을 학습하고 익히는 것은 '스포츠를 통한 사회화'에 해당한다.
- ㉣ 부상으로 스포츠 활동을 그만두는 것은 '스포츠 탈사회화'에 해당한다.

20 〈보기〉의 사례에 해당하는 사회화 주관자는?

―보기―
- ㉠ 지영이는 배드민턴 동호회 활동을 하는 부모님의 권유로 배드민턴을 시작하게 되었다.
- ㉡ 민수는 동네 주민센터에서 청소년 농구 프로그램 회원 모집 공고를 보고, 직접 센터를 방문하여 등록하였다.

	㉠	㉡
①	가족	학교
②	학교	동료
③	동료	지역사회
④	가족	지역사회

☑ **Advice**　스포츠와 사회학 ····································
- ㉠ 부모님(가족)의 스포츠 참여가 지영이에게 영향을 준 것으로 사회화 주관자는 가족에 해당한다.
- ㉡ 지역사회 공공기관(주민센터)에서 공고를 확인하고 스포츠 프로그램에 등록한 것으로 사회화 주관자는 지역사회에 해당한다.

ANSWER　19.④　20.④

스포츠교육학

1 생활스포츠 교육 프로그램의 내용 선정 원리에 관한 설명으로 적절하지 않은 것은?

① 좋은 교육 내용이라면 실천 가능성과 관계없이 선정한다.
② 스포츠의 가치를 경험할 수 있도록 다양한 활동을 구성한다.
③ 생활스포츠의 교육목표를 성취하는 데 적합한 내용을 선정한다.
④ 참여자의 성별, 연령별 흥미와 요구를 반영하기 위한 조사를 실시한다.

☑ **Advice** 스포츠교육의 프로그램론

① 실천 가능성은 반드시 고려해야 한다. 현실에 적용이 불가능하다면 아무리 좋은 교육 내용이더라도 부적절하다. 교육 내용은 반드시 현실성, 실현 가능성, 학습자의 상황 등을 고려해야 한다.
② 스포츠를 통해서 협동, 규칙 준수, 성취감 등의 가치 경험을 유도한다.
③ 목표를 중심으로 내용을 구성하는 것은 핵심 원리이다.
④ 학습자의 특성을 반영하는 것은 프로그램 효과성의 핵심이다.

2 학교스포츠클럽 지도 시 효과적인 과제 제시 방법으로 적절하지 않은 것은?

① 실제 상황처럼 정확하게 시범을 보인다.
② 동작 설명과 시각적 정보를 함께 활용한다.
③ 은유나 비유보다는 개념 자체를 그대로 전달한다.
④ 학생이 이해할 수 있는 적절한 속도로 분명하게 전달한다.

☑ **Advice** 스포츠지도의 프로그램론

③ 은유나 비유는 이해를 돕는 유용한 전략에 해당한다. 특히 초보자나 아동에게 쉽게 내용을 전달할 수 있다.
① 정확한 시범을 통해서 학습자에게 명확한 기준을 제시할 수 있다.
② 동작 설명(청각)과 시각적 정보(시각)을 이중으로 사용하면 학습 효과가 상승한다.
④ 학습자 수준에 맞는 속도와 명확성이 핵심 교수 전략이다.

ANSWER 1.① 2.③

3 다음 설문지를 활용하는 데 가장 적절한 평가 단계는?

영역	질문 내용	응답('✓표기)
준비	준비된 개인 장비는?	☐ 라켓 ☐ 운동화 ☐ 운동복
준비	테니스 강습 시 희망하는 강습 형태는?	☐ 개인강습 ☐ 그룹강습 ☐ 상관없음
준비	최근 3년 이내 테니스 강습을 받은 경험은?	☐ 있다 ☐ 없다
수준	포핸드 그립을 잡을 수 있는가?	☐ 그렇다 ☐ 보통이다 ☐ 아니다
수준	백핸드 그립을 잡을 수 있는가?	☐ 그렇다 ☐ 보통이다 ☐ 아니다
수준	스플릿 스텝을 할 수 있는가?	☐ 그렇다 ☐ 보통이다 ☐ 아니다

① 진단평가　② 종합평가
③ 형성평가　④ 총괄평가

✓Advice 스포츠교육의 평가론

① 진단평가는 수업 이전에 교사가 학습 수준을 파악하기 위해서 평가하는 것이다.
※ 동료 평가(peer assessment)
　㉠ 정의 : 학습자들이 서로의 학습 과정이나 수행 결과를 평가하고 피드백을 제공하는 평가 방식이다.
　㉡ 특징
　　• 학생이 평가자가 되어 학습자 간을 평가한다.
　　• 학습도중에 피드백을 제공하여 학습 개선을 유도한다.
　　• 동료의 강점과 약점을 확인하며 상호작용을 통해 학습하는 과정이다.
　　• 스스로 타인을 평가하면서 비판적인 사고도 함께 성장시킨다.

4 〈보기〉에서 설명하는 생활스포츠 교육 프로그램의 지도 원리로 가장 적절한 것은?

―보기―
• 프로그램의 다양화를 지향한다.
• 직접 참여 활동과 간접 학습 활동을 균형 있게 제공한다.
• 스포츠 활동을 총체적으로 체험시켜 스포츠 학습의 질을 높인다.

① 개별성　② 자발성
③ 적합성　④ 통합성

✓Advice 스포츠교육의 지도방법론

〈보기〉는 여러 방식, 다양한 내용, 총체적인 체험을 통해 유기적으로 연결하고 균형 있게 제공하는 원리이다.
④ 통합성 : 스포츠 교육에서 다양한 내용과 방법, 활동 간의 유기적 연계와 균형 잡힌 구성을 지향하는 원리이다.
① 개별성 : 개별 학습자의 신체 능력, 흥미, 성격, 운동 경험 등의 차이를 고려하여 지도하는 원리이다.
② 자발성 : 학습자가 스스로 동기와 흥미를 가지고 적극적으로 참여할 수 있도록 유도하는 원리이다.
③ 적합성 : 학습자의 연령, 발달 수준, 능력에 맞는 활동과 내용을 제공하는 원리이다.

ANSWER　3.①　4.④

5 〈보기〉에서 설명하는 링크(J. Rink)의 내용 발달 과제는?

─ 보기 ─
- 과제 내 발달과 과제 간 발달이 있다.
- 단순한 과제에서 복잡한 과제로 전개한다.
- 쉬운 과제에서 어려운 과제 순으로 참여한다.

① 시작형 과제
② 확대형 과제
③ 세련형 과제
④ 응용형 과제

✓ Advice 　스포츠교육의 지도방법론

② 확대형 과제 : 과제를 점차 확장시키고 심화해 나가는 것이다. 쉬운동작에서부터 어려운 동작으로 확대시키고, 단순기술에서 복잡기술로 나아가는 것으로 학습자의 능력에 따라 점진적으로 과제를 조정하는 것이다.
① 시작형 과제 : 새로운 기능이나 개념을 처음 소개하는 과제이다.
③ 세련형 과제 : 이미 익힌 동작의 질을 향상시키기 위한 과제이다.
④ 응용형 과제 : 배운 기능을 새로운 상황에 적용하거나 전략적으로 활용하는 과제이다.
※ 링크(J. Rink)의 내용 발달 단계
'시작형 → 확대형 → 세련형 → 응용형'이다. 기능을 소개하고 기능을 확장시킨다. 이후 기능을 정교화 하고 실전에 적용한다.

6 〈보기〉에서 설명하는 협동 학습 모형의 전략은?

─ 보기 ─
- 1차 평가에서 모든 팀원의 점수를 합산하여 팀 점수로 발표한다.
- 지도자는 학생들과 토론하고 팀의 상호작용을 높일 수 있도록 조언한다.
- 모든 팀은 1차 평가와 동일한 과제를 반복해서 연습하고, 팀원 모두의 점수를 높이는 데 중점을 둔다.
- 2차 평가를 하여 1차 평가보다 향상된 정도에 따라 팀 점수를 부여한다.

① 직소(jigsaw)
② 팀-보조수업(team-assisted instruction)
③ 팀 게임 토너먼트(team games tournament)
④ 학생 팀-성취 배분(student teams-achievement division)

✓ Advice 　스포츠교육의 지도방법론

④ 학생 팀-성취 배분 : 학생 개인의 학습 성과 향상과 팀 전체의 협동 강화를 목표로 한다. 모두가 열심히 해야 팀이 성공할 수 있기 때문에 각 팀원이 자신의 향상도만큼 팀에 기여해야 한다.
① 직소 : 각 학생이 분담한 주제를 배우고 팀에 알려주는 것으로 점수 향상을 기반으로 하지 않는다.
② 팀-보조수업 : 개별 수준에 맞춘 과제를 팀이 도와주는 것으로 향상도평가보다는 개별화를 강조한다.
③ 팀 게임 토너먼트 : 퀴즈나 게임 형태로 팀 간 경쟁을 하는 것이다.

ANSWER　5.②　6.④

7 「생활체육진흥법」(2024.2.9.시행)의 내용에 해당하지 않는 것은?

① 모든 국민은 건강한 신체활동과 건전한 여가 선용을 위해 생활체육을 즐길 권리를 가진다.
② 국가 및 지방자치단체는 생활체육강좌의 설치·운영에 드는 경비를 지원할 수 있다.
③ 문화체육관광부장관은 생활체육의 진흥을 위한 기본계획을 10년마다 수립·시행해야 한다.
④ 지방자치단체는 그 지역주민의 생활체육 활동을 위하여 체육동호인 조직의 육성에 필요한 시책을 마련할 수 있다.

✓ **Advice** 스포츠교육의 정책과 제도
③ 문화체육관광부장관은 생활체육의 진흥을 위한 기본계획을 5년마다 수립·시행하여야 한다〈생활체육진흥법 제6조〉.

8 〈보기〉에서 설명하는 링크(J. Rink)의 교수 전략은?

― 보기 ―
- 상황에 따라 지시형 또는 연습형 스타일로 활용될 수 있다.
- 지도자는 과제의 단서를 선정하고 명확하게 전달해야 한다.
- 주로 집단 전체를 대상으로 하는 움직임 과제를 내용으로 선정한다.

① 동료 교수(peer teaching)
② 상호작용 교수(interactive teaching)
③ 스테이션 교수(station teaching)
④ 자기교수 전략(self-instruction strategies)

✓ **Advice** 스포츠교육의 프로그램론
② 상호작용 교수: 교사 중심의 직접 교수 형태에 해당한다. 교사가 집단 전체를 통제하며 과제를 제시한다. 지시형·연습형을 탄력적으로 사용한다.
① 동료 교수: 학생이 교사 역할을 맡아 다른 학생을 가르치는 교수법이다. 학생 간 상호작용이 중심이다.
③ 스테이션 교수: 여러 개의 스테이션을 만들어서 학생들이 순환하며 과제를 수행하는 방식이다. 소집단을 위한 전략이다.
④ 자기교수 전략: 학습자가 스스로 목표를 세우고 자신의 행동을 조절 및 점검하는 전략이다.

ANSWER 7.③ 8.②

9 〈보기〉에서 모스턴(M. Mosston)의 교수 스타일에 관한 설명으로 옳은 것을 모두 고른 것은?

―보기―
㉠ 교수 스타일은 비대비 접근 방식에 근거를 둔다.
㉡ 교수 스타일마다 의사결정의 주도권은 교사에게 있다.
㉢ 교수 스타일의 A ~ E까지는 창조(production)가 중심이 된다.
㉣ 교수 스타일은 과제 활동 전, 중, 후의 의사결정으로 구분된다.

① ㉠㉡
② ㉠㉣
③ ㉠㉢㉣
④ ㉡㉢㉣

Advice 스포츠교육의 지도방법론

㉠ 모스턴은 교수 스타일 간의 우열을 따지지 않고 비대립적인 관계로 보았다. 모든 교수 스타일은 상황과 목표에 따라 적절히 선택되어야 한다는 비대비 접근 방식에 근거를 두었다.
㉣ 수업 스타일 스펙트럼은 교사와 학습자가 언제(과제 전, 중, 후) 어떤 의사결정을 주도하는가에 따라 스타일을 구분한다. 지시형 스타일은 교사 중심이고 자기지도형에서 과제 수행은 학생이 주도한다.
㉡ 초기 스타일(A~C)은 교사 중심이었으나 이후 스타일(D~K)은 점점 학습자 중심으로 이동하였다.
㉢ A~E는 복제(Reproduction) 스타일로 이미 알려진 정보를 따라 학습을 한다. F~K가 창조(Production) 스타일에서 학습자가 스스로 탐색하고 창의적으로 문제 해결한다.

10 그리핀(L. Griffin), 미첼(S. Mitchell), 오슬린(J. Oslin)의 게임 수행 평가 도구(GPAI)를 활용하여 학생의 게임 수행 능력을 측정한 표이다. 게임 수행 점수가 높은 학생 순으로 바르게 나열한 것은?

측정 항목 이름	의사결정		기술실행		보조하기	
	적절	부적절	효율적	비효율적	적절	부적절
다은	3회	1회	3회	1회	3회	1회
세연	2회	2회	5회	0회	2회	2회
유나	2회	2회	2회	0회	2회	0회

① 유나 → 세연 → 다은
② 다은 → 세연 → 유나
③ 유나 → 다은 → 세연
④ 다은 → 유나 → 세연

Advice 스포츠교육의 지도방법론

GPAI(Game Performance Assessment Instrument)는 게임 수행 능력을 질적·양적으로 평가하는 도구에 해당한다. 각 항목에서 적절 행동의 횟수만 점수로 인정되며, 부적절 행동은 감점 요소는 아니지만 수행 수준 판단에 해당한다.
• 다은
- 적절/효율적 : 의사결정 3회+기술실행 3회+보조하기 3회=9점
- 부절절/비효율적 : 의사결정 1회+기술실행 1회+보조하기 1회=3점
• 세연
- 적절/효율적 : 의사결정 2회+기술실행 5회+보조하기 2회=9점
- 부절절/비효율적 : 의사결정 2회+기술실행 0회+보조하기 2회=4점
• 유나
- 적절/효율적 : 의사결정 2회+기술실행(효율적) 2회+보조하기(효율적) 2회=6점
- 부절절/비효율적 : 의사결정 2회+기술실행 0회+보조하기 0회=2점 세연과 다은은 적절/효율적 점수가 같지만 기술실행 점수가 더 높은 세연이가 우선이다.
그러므로, '유나(6점) → 다은(9점) → 세연(9점. 기술우수)' 순서가 된다.

ANSWER 9.② 10.③

11 〈보기〉의 내용에 해당하는 모스턴(M.Mosston)의 교수 스타일은?

─── 보기 ───
- 지도자는 난이도가 다른 과제를 선정하고 조직한다.
- 학생은 자신에게 맞는 난이도의 과제를 선택하고 참여한다.
- 높이뛰기의 경우, 학생들은 바(bar)의 높이가 다른 연습 과제를 선택할 수 있다.

① 연습형
② 포괄형
③ 자기점검형
④ 상호학습형

Advice 스포츠교육의 지도방법론
② 포괄형: 학생 개개인의 능력 차이를 고려하여 수업에 모두를 참여시키는 교수 스타일이다.
① 연습형: 교사가 제시한 동일 과제를 반복 연습하는 교수 스타일이다. 난이도를 선택하지 않고 모두 같은 과제를 수행한다.
③ 자기점검: 본인 스스로 정해진 기준에 따라 수행을 평가한다.
④ 상호학습형: 한명은 과제를 수행하고 다른 한명이 피드백을 제공하는 것으로 동일한 과제에 피드백을 해주는 구조이다.

12 〈보기〉의 소프(R. Thorpe), 벙커(D. Bunker), 알몬드(L. Almond)의 이해 중심 게임 수업 모형의 단계 중 ㉠, ㉡에 들어갈 용어는?

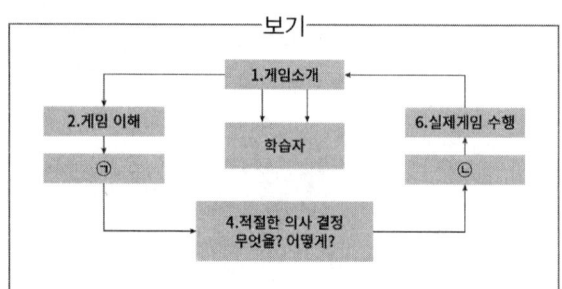

	㉠	㉡
①	전술 이해	기술 연습
②	과제 제시	기술 연습
③	기술 연습	전술 이해
④	전술 이해	게임 설계

Advice 스포츠교육의 지도방법론
㉠ 상황판단과 전략, 위치 선정 등과 같이 게임 맥락에서 의사를 결정하는 '전술 이해'가 들어가야 한다.
㉡ 전술을 실현하기 위한 '기술 연습'이 들어간다.

ANSWER 11.② 12.①

13 학교스포츠클럽 대회 운영 방식에 관한 설명으로 적절하지 않은 것은?

① 통합리그 유형은 조별리그 유형보다 경기 수가 많다.
② 스플릿(split) 리그는 통합리그의 성적을 바탕으로 그룹을 나누어 리그전을 진행하는 방식이다.
③ 더블 엘리미네이션(double elimination) 토너먼트는 모든 팀의 순위 산정이 가능한 방식이다.
④ 싱글 엘리미네이션(single elimination) 또는 녹아웃(knockout) 토너먼트의 패배 팀은 패자부활전으로 상위 라운드 진출이 가능하다.

☑ Advice 스포츠교육의 정책과 제도

④ 싱글 엘리미네이션(single elimination) 또는 녹아웃(knockout) 토너먼트는 한 번 패배하면 즉시 탈락하는 방식에 해당한다. 패자부활전으로 상위 라운드에 진출하는 것은 불가능하다.

14 〈보기〉에서 「국민체육진흥법」(2024.10.31. 시행) 제6조 '학교 체육의 진흥을 위한 조치'의 내용 중 학생 체력증진 및 체육활동 육성을 위한 학교의 역할을 모두 고른 것은?

─── 보기 ───
㉠ 운동회나 체육대회의 실시
㉡ 운동경기부와 선수의 육성·지원
㉢ 학생에 대한 한 종목 이상의 운동 권장과 지도
㉣ 체육동호인조직의 결성 등 학생의 자발적 체육활동의 육성·지원

① ㉠㉢
② ㉠㉡㉢
③ ㉠㉡㉣
④ ㉠㉡㉢㉣

☑ Advice 스포츠교육의 정책과 제도

학교 체육의 진흥을 위한 조치〈국민체육진흥법 시행령 제6조〉
㉠ 운동회나 체육대회의 실시
㉡ 학생에 대한 한 종목 이상의 운동 권장과 지도
㉢ 체육동호인조직의 결성 등 학생의 자발적 체육 활동의 육성·지원
㉣ 운동경기부와 선수의 육성·지원
㉤ 그 밖에 학교 체육의 진흥을 위하여 필요한 사항

ANSWER 13.④ 14.④

15 다음은 지도자의 교수 행동을 사건 기록법으로 관찰·기록한 표이다. 이 체계적 관찰 방법에 관한 설명으로 가장 적절한 것은?

행동	피드백 유형			
	긍정적	부정적	교정적	가치적
횟수	正正正正	正正	正正正	正
합계	20회	10회	15회	5회
비율	40%	20%	30%	10%

① 교수-학습에 관한 질적 정보를 얻기 위해 주로 활용한다.
② 지도자와 학생의 상호작용에 관한 기록을 간단히 측정할 수 있다.
③ 일정한 시간 간격을 기준으로 학생의 행동을 관찰하고 측정한다.
④ 교수-학습 시간 활용에 관한 구체적 정보가 필요할 때 사용한다.

☑**Advice**　스포츠교육의 프로그램론

① 질적 정보보다 정량적인 정보를 수집하는 것이 목적이다.
③ 일정한 시간 간격을 기준으로 행동을 관찰하는 것은 간격기록법에 해당한다.
④ 시간의 흐름에 따라서 행동을 기록하는 것은 지속시간 기록법이다. 사건기록법은 정량적인 횟수가 중심이다.
※ 사건기록법
　㉠ 특정 행동이 발생할 때마다 횟수를 체계적으로 기록하는 관찰 방법이다.
　㉡ 행동을 수량화 하여 부녀할 수 있다.
　㉢ 피드백의 유형별로 횟수와 비율을 기록하여 분석할 수 있다.

16 〈보기〉에서 인지적 영역이 학습 영역의 1순위인 학습자를 모두 고른 것은?

─보기─
㉠ 직접 교수 모형에서의 학습자
㉡ 개별화 지도 모형에서의 학습자
㉢ 전술 게임 모형에서의 학습자
㉣ 스포츠 교육 모형에서 코치의 역할을 부여받은 학습자
㉤ 동료 교수 모형에서 개인교사 역할을 부여받은 학습자

① ㉠㉡㉤ ② ㉡㉢㉣
③ ㉢㉣㉤ ④ ㉡㉢㉣㉤

☑**Advice**　스포교육의 지도방법론

㉢ 게임 상황에 따라서 전술적인 판단과 전략적인 의사결정이 중심이 되는 인지적 영역이 1순위이다.
㉣ 코치의 역할을 부여받은 학습자는 전략 수립, 경기 분석, 팀 조직 등 인지적 영역을 1순위로 한다.
㉤ 학습자는 피드백을 위해서 인지적 영역인 지식 이해와 분석 능력이 필요하다.
㉠㉡ 기능 및 기술 연습이 중심이 되는 심동적 영역이다.

[17~18] 다음은 배구스포츠클럽을 지도하는 박 코치의 지도일지이다.

---보기---

오늘 수업 내용은 배구 서브였다. ㉠ 출석 점검 후, ㉡ A팀은 서브 연습을 하였고, B팀은 서브 정확성이 낮은 학생이 많아 ㉢ 내가 서브 시범을 보여 주었다. C팀은 장난하는 학생이 많아 그때그때 ⓐ 손가락으로 학생의 부정적 행동을 가리키며 제지했다. 배구공이 부족해서 ㉣ D팀은 경기장 밖에서 대기하게 했다. 연습을 마친 후에는 ㉤ 학생들이 배구공과 네트를 정리하도록 했다.

17 〈보기〉의 ㉠~㉤ 중 수업 운영 시간에 해당하는 것을 모두 고른 것은?

① ㉠, ㉣
② ㉡, ㉢
③ ㉠, ㉡, ㉢
④ ㉠, ㉣, ㉤

Advice 스포츠교육의 지도방법론

㉠㉣㉤ 수업 운영 시간은 출석, 정리, 대기, 장비 정리, 이동 시간 등처럼 수업을 준비하거나 관리하기 위한 시간이다.
㉡㉢ 학습 참여 시간에 해당한다.

18 〈보기〉의 ⓐ에 해당하는 온스타인(A. Ornstein)과 레빈(D. Levine)이 제시한 부정적 행동 관리 전략은?

① 퇴장(time-out)
② 삭제 훈련(omission training)
③ 신호 간섭(signal interference)
④ 접근 통제(proximity control)

Advice 스포츠교육의 지도방법론

③ 신호 간섭 : 학생의 부적절한 행동을 수업을 방해하지 않으면서 조용히 제지하는 방법에 해당한다.
① 퇴장 : 수업 활동에서 부적절한 행동을 한 학생을 일시적으로 배제하는 방식이다.
② 삭제 훈련 : 부적절한 행동을 하면 보상이나 긍정적 강화 자극을 제거하는 것이다.
④ 접근 통제 : 교사가 학생 가까이 가는 것만으로 행동을 제지하는 방법이다.

19 〈보기〉는 마튼스(R. Martens)의 전문체육 프로그램 개발 단계이다. ㉠, ㉡에 들어갈 용어는?

---보기---

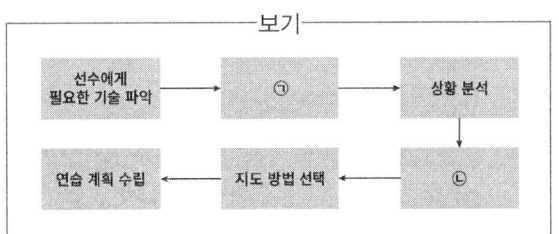

	㉠	㉡
①	선수 이해	우선순위 결정 및 목표 설정
②	선수 이해	전술 선택
③	종목 이해	우선순위 결정 및 목표 설정
④	종목 이해	전술 선택

Advice 스포츠교육의 프로그램론

㉠ 선수를 이해하는 것으로 선수의 특성과 성향 등을 파악한다.
㉡ 상황을 파악하고 우선순위를 결정하고 목표를 선정한다.

ANSWER 17.④ 18.③ 19.①

20 〈보기〉는 사회인 야구팀을 지도하는 조 코치의 지도일지이다. ㉠에 해당하는 질문 유형과 ㉡에 해당하는 운동 기능 유형은?

―보기―
- 투수의 투구 시간이 너무 오래 걸려 지난 시간에 배운 '피치 클락'을 알고 있는지 확인하기 위해 ㉠ "투구 제한 시간이 몇 초이지?"라고 질문했지만 선수가 제대로 대답하지 못해 다시 한번 알려줌.
- 학투수의 제구력이 불안정하여 ㉡ 포구 그물에 공을 정확하게 던져 넣는 연습을 반복하게 함.

	㉠	㉡
①	회상형(회고적) 질문	개방기능
②	회상형(회고적) 질문	폐쇄기능
③	수렴형(집중적) 질문	개방기능
④	수렴형(집중적) 질문	폐쇄기능

☑ Advice 스포츠교육의 평가론

㉠ 회고형 질문은 이미 배운 지식이나 규칙을 기억해서 말하는 것을 요구하는 질문으로 정답이 정해져 있다. 수렴형 질문은 여러 정보를 고려해서 하나의 결론에 도달하게 하는 사고 중심 질문에 해당한다.

㉡ 폐쇄기능은 환경이 안정적이고 예측 가능한 상태에서 수행하는 운동을 의미한다. 양궁, 골프 퍼팅, 농구 자유투, 포구 훈련 등이 있다. 개방기능은 환경이 변화하여 예측이 어려운 것으로 축구 드리블, 배구 리시브 등이 있다.

스포츠심리학

1 스포츠심리학자의 역할로 적절하지 않은 것은?

① 스포츠심리학 이론을 가르친다.
② 체력 향상을 위한 의약품을 판매한다.
③ 스포츠심리학 관련 연구를 수행하고 현장에 응용한다.
④ 심리기술훈련을 적용해 선수들의 경기력 향상을 돕는다.

☑ Advice 스포츠심리학의 개관

스포츠 심리학자는 스포츠심리학 이론을 교육하고, 선수 심리상태를 평가 및 조절하고 심리기술훈련을 적용하는 등의 역할을 한다. 의약품 판매는 의료인 또는 약사의 영역이다.

2 심상에 관한 설명으로 옳지 않은 것은?

① 동기를 유발하고 강화한다.
② 감정을 조절하는 데 도움이 된다.
③ 스포츠 전략을 습득하고 연습할 수 있다.
④ 통증과 부상을 대처하는 데 도움이 되지 않는다.

☑ Advice 스포츠수행의 심리적 요인

④ 심상을 통해 회복 이미지, 긍정적 자기암시 등을 반복하면서 통증에 대한 인내력이 향상되고 부상 회복에 도움이 된다.

ANSWER 20.② / 1.② 2.④

3 〈보기〉 중 내적동기를 향상하는 전략으로 옳은 것만을 모두 고른 것은?

─── 보기 ───
㉠ 성공 경험을 갖게 한다.
㉡ 언어적, 비언어적 칭찬을 자주 한다.
㉢ 팀의 의사결정에 선수를 참여시킨다.
㉣ 물질적 보상과 처벌을 주로 활용한다.
㉤ 최대한 높은 결과목표를 설정하여 도전하게 한다.

① ㉠, ㉡, ㉢
② ㉠, ㉡, ㉣
③ ㉡, ㉢, ㉣
④ ㉢, ㉣, ㉤

☑ **Advice** 스포츠수행의 심리적 요인
㉣ 외적 동기 전략에 해당한다.
㉤ 실현 불가능한 목표는 실패감을 유발하여 무기력을 높인다.

4 목표설정 원리로 적절하지 않은 것은?

① 수행목표보다 결과목표를 강조한다.
② 구체적이고 객관적인 목표를 설정한다.
③ 부정적인 목표보다 긍정적인 목표를 강조한다.
④ 단기목표, 중기목표, 장기목표를 함께 설정한다.

☑ **Advice** 스포츠수행의 심리적 요인
① 목표설정의 원리에서 중요한 것은 과정 중심과 자기 통제 가능한 목표를 우선하는 것이다. 결과목표보다 수행목표/과정목표를 더 강조해야 한다.

5 〈보기〉가 설명하는 가설은?

─── 보기 ───
운동은 세로토닌, 노르에피네프린, 도파민과 같은 신경전달물질 분비를 증가시켜 우울증을 개선한다.

① 열발생 가설
② 모노아민 가설
③ 사회심리적 가설
④ 생리적 강인함 가설

☑ **Advice** 운동심리학
② 모노아민 가설: 세로토닌, 노르에피네프린, 도파민 등의 분비를 증가시켜 기분을 개선하고, 우울증을 완화한다고 설명하는 이론이다.
① 열발생 가설: 운동으로 체온이 상승하면서 불안이나 긴장이 완화된다는 가설이다.
③ 사회심리적 가설: 운동이 사회적 상호작용을 통해 정서에 긍정적 영향을 준다는 가설이다.
④ 생리적 강인함 가설: 운동이 스트레스 대처능력 향상 등 생리적 회복 탄력성을 높인다는 이론이다.

ANSWER 3.① 4.① 5.②

6 〈보기〉에 해당하는 학자는?

―보기―
- 주요 활동은 1921~1938년
- 최초로 스포츠심리학 실험실 설립
- 북미 스포츠심리학의 아버지라고 불림
- 시카고 컵스 야구팀 스포츠 심리 상담사
- 코칭심리학(Psychology of Coaching, 1926) 책 출판

① 프랭클린 헨리(Franklin Henry)
② 콜먼 그리피스(Coleman Griffith)
③ 레이너 마틴즈(Rainer Martens)
④ 노먼 트리플렛(Norman Triplett)

☑ Advice 운동심리학 ··
② 콜먼 그리피스 : 현대 스포츠심리학의 선구자로 최초로 스포츠심리학 실험실 설립하였다.
① 프랭클린 헨리 : 운동과학 발전에 기여한 1960년대 학자이다.
③ 레이너 마틴즈 : 스포츠 심리 연구자로 코칭과학곽 관련한 책을 출판하였다.
④ 노먼 트리플렛 : 1898년 사이클 경주자들의 성과로 최초의 스포츠심리학 실험 연구를 진행하였다.

7 그림에서 ㉠의 고원현상에 관한 설명으로 옳지 않은 것은?

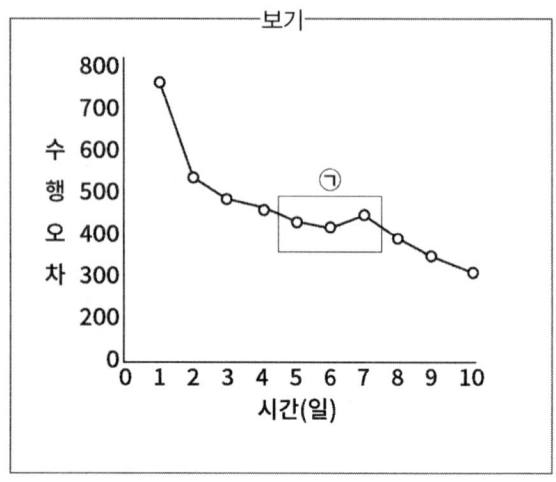

① 수행은 정체되지만, 학습은 진행된다.
② 연습 기간에 쌓인 피로나 동기 저하로 인해서 발생할 수 있다.
③ 협응 구조가 완성되어 더 이상의 질적인 변화가 없는 시기이다.
④ 하나의 동작 유형에서 다른 동작 유형으로 전환이 발생하는 시기이다.

☑ Advice 인간운동행동의 이해 ··
③ 고원현상은 학습자 수행 능력 향상이 일시적으로 정체되는 현상을 의미한다. 안정기로 큰 변화는 없지만 질적의 변화가 없는 시기를 의미하지 않는다.

ANSWER 6.② 7.③

8 루틴(routine)에 관한 설명으로 적절하지 않은 것은?

① 다음 수행을 준비할 때 도움이 된다.
② 경기 직전에 수정하면 경기력 향상에 도움이 된다.
③ 정신이 산만해질 때 운동과 무관한 것을 차단해 준다.
④ 최고의 경기력을 위해 필요한 자신만의 심리적·행동적 절차이다.

✓ Advice 인간운동행동의 이해
② 루틴은 선수들이 경기 전 또는 수행 직전에 반복하는 일정한 심리적·행동적 절차을 의미한다. 집중력 유지, 불안 감소, 자신감 강화, 수행 안정화를 위한 목적이다. 루틴은 안정성과 반복성이 중요하므로 경기 직전에 바꾸는 것은 경기력에 악영향을 준다.

9 〈보기〉가 설명하는 심리기술훈련은?

― 보기 ―
- 1958년 월피(J. Wolpe)가 개발함
- 불안을 일으키는 상황을 중요도 순서에 따라 10단계 정도를 준비함
- 불안이 낮은 순서부터 극도의 불안을 일으키는 중요도가 높은 순서로 배열하고 훈련함
- 불안이나 스트레스를 유발하는 자극에 노출될 때 불안반응 대신 편안한 반응을 나타냄으로써 불안이나 스트레스를 감소하는 기법임

① 자생훈련(autogenic training)
② 점진적 이완(progressive relaxation)
③ 인지 재구성(cognitive restructuring)
④ 체계적 둔감화(systematic desensitization)

✓ Advice 스포츠수행의 심리적 요인
④ 체계적 둔감화 : 불안을 유발하는 상황을 계층화하여 낮은 단계부터 점진적으로 노출하면서 이완 반응을 대체하도록 훈련하는 기법이다.
① 자생훈련 : 자기 암시와 이완을 통해 신체 반응을 조절하는 것이다.
② 점진적 이완 : 수축-이완 반복하는 근육 이완 훈련이다.
③ 인지 재구성 : 비합리적 사고를 합리적 사고로 교체하는 것이다.

10 〈보기〉의 스포츠 상황과 반응시간 유형이 바르게 연결된 것은?

스포츠 상황	가. 100 m 달리기 출발신호에 달려 나가는 상황 나. 타자가 다양한 구질 중 직구에만 타격하는 상황 다. 수비수들의 움직임에 따라 공격수가 각각 다르게 대응하는 상황

| 반응시간 유형 | ㉠ 자극: 적색 ○
반응: A | ㉡ 자극: 적색 녹색 청색 ◐◐●
반응: A B C | ㉢ 자극: 적색 녹색 청색 ○◐●
반응: A |

	가	나	다
①	㉠	㉡	㉢
②	㉠	㉢	㉡
③	㉡	㉢	㉠
④	㉢	㉠	㉡

✓ Advice 인간운동행동의 이해
가. 출발신호에 달리는 것으로 자극은 하나, 반응도 하나로 단순 반응시간인 ㉠에 해당한다.
나. 여러 자극 중에서 필요한 것만 선별하여서 반응하는 것으로 선택 반응 시간인 ㉢에 해당한다.
다. 수비수 움직임에 따라서 공격수가 각자 서로 다른 반응을 하는 변별 반응시간으로 ㉡에 해당한다.

ANSWER 8.② 9.④ 10.②

11 스포츠심리상담사의 상담 윤리에 관한 설명으로 옳은 것은?

① 내담자와 상담실 밖에서 사적인 관계를 유지한다.
② 비언어적 메시지보다 언어적 메시지에만 집중한다.
③ 알고 지내는 사람과 전문적인 상담을 진행하지 않는다.
④ 상담 내용은 내담자의 동의가 없어도 타인과 공유할 수 있다.

☑ **Advice** 스포츠심리상담
① 내담자와 사적인 관계를 갖는 것은 윤리적 위반이다.
② 상담자는 비언어적 신호인 표정, 태도, 몸짓 등도 매우 중요하게 해석해야 한다.
④ 상담 내용은 엄격한 비밀보장 원칙을 적용한다. 서면 동의 없이 공유하는 것은 불가하다.

12 추동이론(drive theory)에 관한 설명으로 옳은 것은?

① 각성수준과 운동수행은 비례한다.
② 각성을 어떻게 해석하느냐에 따라 각성과 정서의 관계가 달라진다.
③ 인지적 불안과 신체적 불안이 각성수준에 따라 수행에 다르게 영향을 미친다.
④ 적절한 각성수준에서는 최고의 수행을 보이고 각성수준이 낮거나 높으면 운동수행이 감소한다.

☑ **Advice** 스포츠수행의 심리적 요인
② 전환이론에 해당한다.
③ 다차원 불안 이론에 해당한다.
④ 역 U자 가설에 해당한다.
※ 추동이론 … 운동 수행은 '습관 강도 × 각성 수준'이라는 가정하에 각성수준이 높아질수록 운동 수행도 향상된다고 보는 것이다. 각성 수준과 수행은 정비례 관계이다.

13 〈보기〉의 ㉠, ㉡에 해당하는 용어가 바르게 나열된 것은?

―― 보기 ――
교사: 줄다리기의 경우, 집단이 내는 힘의 총합은 개인의 힘을 모두 합친 것보다 작아지게 된다. 이것을 (㉠) 효과라고 해.
학생: "나 하나쯤이야." 하는 생각 때문에 힘을 덜 쓰는 거 같아요.
교사: 게으름을 피우는 사람으로 인해 집단 내에 동기의 손실이 생기는데 이것을 (㉡)이라고 해.

	㉠	㉡
①	링겔만	사회적 태만
②	링겔만	사회적 촉진
③	플라시보	사회적 태만
④	플라시보	사회적 촉진

☑ **Advice** 스포츠수행의 사회 심리적 요인
㉠ 링겔만 효과는 줄다리기 실험을 통해 발견한 것으로 개인이 집단에 속할수록 개인 기여도가 줄어드는 현상을 의미한다. 플라시보 효과는 가짜 약을 주었을 때도 심리적으로 효과가 나는 현상이다.
㉡ 나 하나쯤은 안해도 된다는 심리로 의도적 또는 무의식적으로 노력을 줄이는 현상이다. 동기의 손실을 대표하는 사회적 태만이다. 사회적 촉진은 타인의 존재로 인해 수행이 향상되는 현상이다.

14 질문지 측정법 도구가 아닌 것은?

① POMS(Profile of Mood States)
② MBTI(Myers-Briggs Type Indicator)
③ 16PF(16 Personality Factor Questionnaire)
④ 주제통각검사(Thematic Apperception Test)

ANSWER 11.③ 12.① 13.① 14.④

☑ **Advice** 운동심리학
④ 주제통각검사 : 그림을 보여주고 이야기를 지어내게 하는 투사검사로 질문지 측정법 도구가 아니다.
① POMS : 기분 상태를 자가보고식 질문지로 측정한다.
② MBTI : 성격유형을 4가지 지표로 분류하는 자가보고식 성격검사이다.
③ 16PF : 16개 성격요인 질문지 검사이다.

15 그림에서 무관심 단계의 운동 실천 전략으로 가장 적절한 것은?

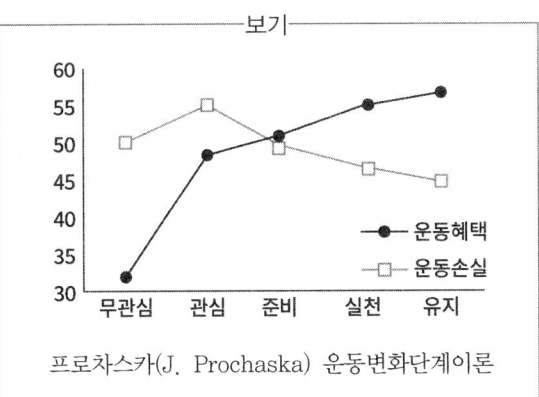

프로차스카(J. Prochaska) 운동변화단계이론

① 장시간 고강도 운동에 참여하도록 조언한다.
② 다른 사람의 운동 멘토 역할을 하도록 한다.
③ 운동의 긍정적 효과에 관한 정보를 제공한다.
④ 운동중독의 위험성에 관한 자료를 공유한다.

☑ **Advice** 운동심리학
① 무관심 단계에서는 장시간 고강도 운동을 조언하는 것은 거부감을 유발한다.
② 유지단계에서 가능하지만 무관심자에게는 너무 높은 수준에 해당한다.
④ 운동중독의 위험성에 관한 자료를 공유하면 운동에 대한 부정적인 인식을 심화시킬 위험이 있다.

16 본능이론(instinct theory)에 관한 설명으로 옳은 것은?

① 인간은 목표 달성이 좌절되면 공격성을 표출한다.
② 인간은 사회적 행위와 관찰학습으로 공격성을 배우고 표출한다.
③ 인간의 내부에는 공격성을 유발하는 에너지가 있어 공격성을 표출한다.
④ 인간은 목표가 좌절되면 무조건 공격행동을 유발하지 않고, 공격 행동이 적절하다는 단서가 있을 때 공격성을 표출한다.

☑ **Advice** 스포츠수행의 사회 심리적 요인
본능이론에서는 인간은 선천적으로 공격 본능을 타고난다고 본다. 공격 본능은 내면에 점점 쌓이는 에너지처럼 존재하며, 일정 수준에 도달하면 외부 자극 없이도 자연스럽게 표출된다고 설명한다.

ANSWER 15.③ 16.③

17 〈보기〉의 ㉠~㉢에 해당하는 베일리(R. Vealey)의 스포츠자신감 원천을 바르게 연결한 것은?

―보기―
㉠ 시합에서 좋은 성과를 낸다.
㉡ 주변 사람들이 나를 믿어준다.
㉢ 시합에 필요한 체력, 전략, 정신력을 갖춘다.

	㉠	㉡	㉢
①	성취 경험	자기조절	사회적 분위기
②	자기조절	사회적 분위기	성취 경험
③	성취 경험	사회적 분위기	자기조절
④	사회적 분위기	성취 경험	자기조절

☑ **Advice** 스포츠수행의 심리적 요인
㉠ 내가 잘해낸 경험으로부터 오는 자신감으로 '성취 경험'에 해당한다.
㉡ 주변 사람들이 나를 인정하고 도와줄 때오는 사회적 지지와 자기 표현 등으로 '사회적 분위기'에 해당한다.
㉢ 준비상태, 감정조절, 상황적 우위 등을 통해서 내가 스스로를 컨트롤할 수 있다고 믿는 상태로 '자기조절'에 해당한다.

18 주의집중을 높이는 방법으로 가장 적절한 것은?

① 테니스 선수가 경기 중 루틴을 변경해 서브를 시도한다.
② 야구 선수가 지난 이닝의 수비 실책을 생각하면서 수비한다.
③ 멀리뛰기 선수가 1등의 최고 기록을 직접 확인하고 도움닫기를 한다.
④ 골프 선수가 실제 시합과 유사한 상황을 만들어 놓고 모의훈련을 한다.

☑ **Advice** 스포츠수행의 심리적 요인
④ 주의집중을 높이기 위해서는 현재 순간에 몰입하고 실제 경기 상황에 심리적·환경적으로 익숙해져야 한다.
① 루틴은 일관성이 중요하다. 경기 중에 루틴을 변경하는 것은 주의집중을 흐트러뜨린다.
② 과거 회상은 주의를 분산시키고 주의집중을 방해한다.
③ 타인의 기록에 신경쓰는 것은 외적 요인에 주의가 분산되게 한다.

19 지도자의 처벌 행동 지침으로 옳은 것은?

① 처벌이 필요한 경우에는 처벌의 이유를 정확하게 말한다.
② 동일한 규칙을 위반하면 주장과 상급 학년 선수부터 처벌한다.
③ 규칙 위반에 대한 처벌 규정을 정할 때 선수의 의견은 반영하지 않는다.
④ 처벌이 필요할 때는 단호함을 보여주고 전체 선수 앞에서 본보기로 삼는다.

☑ **Advice** 스포츠수행의 사회 심리적 요인
② 지위에 따른 차별은 공정성을 훼손하므로 적절하지 않다.
③ 처벌 규정도 선수의 의견을 일정 부분 반영하면 수용도와 공정성이 증가한다.
④ 공개적 망신이나 창피 주는 것은 반감과 위축 유발한다.

ANSWER 17.③ 18.④ 19.①

20 〈보기〉는 맥락간섭의 양에 따른 연습 형태이다. ㉠~㉢에 해당하는 코치를 바르게 나열한 것은?

―보기―

맥락간섭 높음 중간 낮음
              ↑   ↑   ↑
연습형태   ㉠   ㉡   ㉢

[코치별 연습 형태]
운동기술 : 드라이브(●), 클리어(□), 스매시(▲)

A코치 : 무선연습
●□▲▲●▲ → □□●●□▲ → ●□▲●▲□

B코치 : 구획연습
●●●●●● → □□□□□□ → ▲▲▲▲▲▲

C코치 : 계열연습
●●□□▲▲ → ●●□□▲▲ → ●●□□▲▲

	㉠	㉡	㉢
①	A코치	B코치	C코치
②	B코치	C코치	A코치
③	C코치	A코치	B코치
④	A코치	C코치	B코치

☑ **Advice** 인간운동행동의 이해 ··

맥락간섭은 서로 다른 기술을 연습할 때 간섭되는 정도를 의미한다. 간섭이 높을수록 단기성과는 낮지만, 장기 학습은 효과적이다.
㉠ 맥락간섭이 높은 연습형태는 무선연습이다. 기술의 순서를 불규칙하게 섞어서 연습하는 것이다. A코치가 해당한다.
㉡ 맥락간섭이 중간인 것은 계열 연습으로 순서대로 규칙적으로 순환하여 연습하는 것이다. C코치가 해당한다.
㉢ 맥락간섭이 낮은 것은 구획 연습이다. 한 기술씩 몰아서 연습하는 것이다. B코치가 해당한다.

한국체육사

1. 고구려의 씨름에 관한 물적 자료는?

① 「경국대전(經國大典)」
② 각저총(角抵塚) 벽화
③ 무녕왕릉(武寧王陵) 벽화
④ 김홍도(金弘道)의 「씨름」 풍속화

☑ **Advice** 선사·삼국시대 ··

② 고구려 시대 무덤 벽화이다. 씨름(각저, 角抵) 장면이 생생하게 묘사되어 있는 가장 대표적인 물적 자료이다.
① 조선 성종 때 완성된 법전이다.
③ 씨름 장면이 없는 백제 시대 왕릉이다.
④ 조선 후기 풍속화에 해당한다.

2. 〈보기〉에서 체육사관(體育史觀)에 관한 옳은 설명을 모두 고른 것은?

―보기―

㉠ 체육과 스포츠의 역사에 관한 견해, 관념 등을 의미한다.
㉡ 체육과 스포츠의 역사적 사실이나 사건 등을 기록한 것이다.
㉢ 진보사관, 순환사관 등에 따라 체육사적 해석이 다른 경우도 있다.
㉣ 체육과 스포츠의 역사 서술과 역사가의 견해 형성에 바탕이 되기도 한다.

① ㉠, ㉡
② ㉡, ㉢
③ ㉠, ㉡, ㉣
④ ㉠, ㉢, ㉣

☑ **Advice** 체육사의 의미 ··

㉡ 역사적 사실이나 사건을 기록한 것으로 체육사에 관한 것으로 사관을 의미하지 않는다.
㉠ 체육사관의 정의이다.
㉢ 체육사관의 유형이다.
㉣ 체육사관은 해석의 방향성과 관점에 영향을 준다.

ANSWER 20.④ / 1.② 2.④

3. 부족국가 시대에 신체활동이 이루어진 행사가 아닌 것은?

① 대향사례(大鄕射禮)
② 성년의식(成年儀式)
③ 주술의식(呪術儀式)
④ 제천행사(祭天行事)

✓ Advice 선사·삼국시대

① 대향사례 : 고려시대 국자감에서 시행된 유교적 활쏘기 예법 의식을 의미한다. 부족국가 시대에 해당하지 않는다.
② 성년의식 : 성인으로 인정받기 위한 통과의례이다. 달리기·무예 등의 신체시험이 포함되었다.
③ 주술의식 : 주술·무속적 제의와 춤, 제례 체조 등의 신체활동을 동반하였다.
④ 제천행사 : 하늘에 제사하는 부족공동체 의례이다. 씨름·달리기·무예 등이 포함되었다.

4. 신라 화랑도의 체육활동과 사상에 관한 설명으로 옳지 않은 것은?

① 무예 활동을 통한 덕(德)의 함양
② 효(孝)와 신(信) 등의 윤리를 강조
③ 무과 별시(別試) 응시를 위한 무예 수련
④ 무사정신과 임전무퇴의 군사주의 체육 사상을 내포

✓ Advice 선사·삼국 시대

③ 무과는 고려·조선시대 제도에 해당한다. 화랑도는 청소년 수련 조직이다. 무예, 예술, 도덕, 종교, 자연 수련 등을 통해 심신의 단련과 국가 충성, 도덕적 인간 형성을 목표로 하였다.

5. 〈보기〉의 ㉠~㉢에 들어갈 용어는?

―보기―
고구려에 관한 사료인 (㉠)에 따르면, "풍속에 독서를 즐긴다. 천민의 집까지 이르는 거리에 큰 집을 지어 이를 (㉡)이라고 한다. 여기서 미혼의 자제들이 밤새워 책을 읽으며 (㉢)을/를 익힌다."라고 하였다.

	㉠	㉡	㉢
①	「구당서(舊唐書)」	경당(扃堂)	각저(角抵)
②	「구당서(舊唐書)」	경당(扃堂)	궁술(弓術)
③	「삼국지(三國志)」	학당(學堂)	각저(角抵)
④	「삼국지(三國志)」	학당(學堂)	궁술(弓術)

✓ Advice 고려·조선시대

㉠ 「구당서(舊唐書)」 : 당나라에서 편찬된 역사서에 해당한다. 고구려의 경당과 관련된 기록이 있다.
㉡ 경당(扃堂) : 고구려의 청소년 대상 교육기관이다. 독서와 무예 수련을 병행하였다.
㉢ 궁술(弓術) : 경당에서 익히던 대표적 신체활동에 해당한다.

6. 고려의 민속놀이에 관한 설명으로 옳은 것은?

① 석전(石戰) : 공놀이
② 추천(鞦韆) : 널뛰기
③ 풍연(風鳶) : 연날리기
④ 축국(蹴鞠) : 그네뛰기

✓ Advice 고려·조선시대

① 석전(石戰) : 돌싸움
② 추천(鞦韆) : 그네뛰기
④ 축국(蹴鞠) : 공놀이

ANSWER 3.① 4.③ 5.② 6.③

7. 〈보기〉에서 방응(放鷹)에 관한 설명을 모두 고른 것은?

─ 보기 ─
㉠ 매를 조련하여 수렵에 활용하였다.
㉡ 응방도감(鷹坊都監)에서 관장하였다.
㉢ 무예 훈련의 성격을 띠기도 하였다.
㉣ 삼국시대에도 전담하는 관청이 있었다.

① ㉠, ㉡, ㉢
② ㉠, ㉢, ㉣
③ ㉠, ㉡, ㉣
④ ㉡, ㉢, ㉣

Advice 고려·조선시대

㉣ 삼국시대에는 전담하는 관청이 없었다.
㉠㉡㉢ 방응은 매를 이용한 수렵활동 즉 매사냥을 하는 것을 의미한다. 주로 고려~조선 시대 왕실과 군사 훈련, 수렵 활동의 일환으로 활용되었다.

8. 조선시대의 훈련원(訓鍊院)에 관한 설명으로 옳지 않은 것은?

① 국왕의 친위 부대였다.
② 군사의 시재(試才)를 담당하였다.
③ 무예 교육과 훈련을 담당하였다.
④ 「무경칠서(武經七書)」 등의 병서 습득을 장려하였다.

Advice 고려·조선시대

① 훈련원은 교육·훈련 기관에 해당한다.
※ 훈련원(訓鍊院) … 조선시대 무관 양성과 무예 훈련을 담당한 교육기관에 해당한다. 무예 교수, 시재(시험), 병서 교육, 국가 무과 시험 시행 등의 역할을 하였다.

9. 〈보기〉에서 「활인심방(活人心房)」에 관한 옳은 설명을 모두 고른 것은

─ 보기 ─
㉠ 「활인심(活人心)」을 근거로 하였다.
㉡ 도인법(導引法)은 신체 단련 방법이다.
㉢ 조선시대에 간행된 보건 실용서이다.
㉣ 양생지법(養生之法)과 도인법 등을 다루고 있다.

① ㉠, ㉡
② ㉢, ㉣
③ ㉠, ㉡, ㉢
④ ㉠, ㉡, ㉢, ㉣

Advice 고려·조선시대

「활인심방(活人心房)」은 조선 세종대에 간행된 보건과 예방 중심의 의서에 해당한다. 활인심(活人心)을 근거로 하며, 국민 건강과 질병 예방 및 양생지법(養生之法)과 도인법 등을 다루는 실용서이다.

10. 조선시대의 식년무과(式年武科)에 관한 설명으로 옳은 것은?

① 소과(小科)와 대과(大科)로 구분하여 실시하였다.
② 초시(初試), 복시(覆試), 전시(殿試)의 단계로 실시하였다.
③ 초시(初試), 복시(覆試), 전시(殿試)에는 강서 시험을 포함하였다.
④ 전시(殿試)는 목전, 철전, 기사, 기창, 격구 등 무예 종목을 실시하였다

Advice 고려·조선시대

① 소과와 대과는 문과 체계 구분이다. 식년무과는 조선시대 3년마다 정기적으로 실시된 무과 시험이다.
③ 무과는 실기 위주로 강서(경서)와 같은 필기시험이 없었다.
④ 전시(殿試)는 무술 시험이 아니다. 국왕이 명단을 확정하는 의례적 절차에 해당한다.

11. 〈보기〉의 설명에 해당하는 체조는?

---보기---
개화기 학교에서는 정규과목으로 체조가 편성되었으며 연령과 성별에 따라서 다양하게 실시되었다. 당시의 체조는 군사적 목적을 고려하여 규율에 반응하는 신체를 만드는 데 유효한 방법이었다.
---

① 유희체조
② 병식체조
③ 리듬체조
④ 기공체조

📖 **Advice** 한국 근·현대체육사

① 유희체조 : 놀이 요소가 포함된 체조이다.
③ 리듬체조 : 음악과 함께하는 표현 중심 체조이다.
④ 기공체조 : 호흡과 기 에너지를 중심으로 하는 체조이다.

12. 〈보기〉에 해당하는 시기는?

---보기---
황국신민체조와 함께 검도, 유도, 궁도 등을 여학생에게 실시하게 한 것은 일본의 군국주의를 드러낸 것이었다. 학교체육의 성격은 점차 교련에 가까워졌다.
---

① 무단통치기
② 민족말살기
③ 문화통치기
④ 체조교습기

📖 **Advice** 한국 근·현대체육사

② 1930년대 후반~1945년 해방 전인 민족말살기에 검도, 유도, 궁도 등을 여학생에게 실시하였다. 군국주의와 교련주의 중심의 학교체육이었다.

13. 〈보기〉에서 문곡(文谷) 서상천(徐相天)의 활동을 모두 고른 것은?

---보기---
㉠ 우리나라에 역도를 도입하였다.
㉡ 조선체력증진법연구회를 설립하였다.
㉢ 「현대체력증진법」, 「현대철봉운동법」 등을 발간하였다.
㉣ 조선체육회의 임원으로 병식체조를 개선한 교육체조를 가르쳤다.
---

① ㉠, ㉡
② ㉡, ㉢
③ ㉠, ㉡, ㉢
④ ㉠, ㉡, ㉢, ㉣

📖 **Advice** 한국 근·현대체육사

㉣ 문곡(文谷) 서상천(徐相天)의 활동에서 조선체육회 활동과 관련된 기록은 없다.

14. 〈보기〉의 설명에 해당하는 교육기관은?

---보기---
이 교육기관은 개항 이후에 일본인의 세력에 대응하고자 설립되었다. 무예반에는 병서와 사격 과목이 편성되었고, 무예반의 비중이 컸다는 점에서 무비자강(武備自强)을 지향했다고 할 수 있다.
---

① 무예학교
② 원산학사
③ 배재학당
④ 경신학당

📖 **Advice** 한국 근·현대체육사

② 함경남도 원산에 설립되었던 최초의 근대식 사립학교이다. 서양 문물과 학문을 받아들이고 근대화 추진을 하여 일본인 세력에 대응하고자 하였다. 설립 초기에는 문예반과 무예반을 편성하였고 별군관을 양성하였다.

ANSWER 11.② 12.② 13.③ 14.②

15. 1991년에 있었던 남북한 단일팀의 국제대회 참가에 관한 설명으로 옳지 않은 것은?

① 단일팀은 '코리아', 'KOREA'라는 명칭을 사용하였다.
② 제6회 포르투갈 세계청소년축구대회에서 8강에 진출하였다.
③ 제41회 지바 세계탁구선수권대회의 여자단체전에서 우승하였다.
④ 제24회 서울 올림픽경기대회 중에 열린 남북회담을 계기로 이루어졌다.

✉Advice 한국 근·현대체육사

④ 서울올림픽은 1988년 개최되었다. 1988년 서울 올림픽기대회에서는 남북 단일팀이 구성되지 않았다.

16. 제5공화국의 스포츠 정책으로 옳지 않은 것은?

① 태릉선수촌이 건립되었다.
② 국군체육부대를 창설하였다.
③ 제10회 서울 아시아경기대회를 개최하였다.
④ 야구, 축구, 씨름의 프로리그가 시작되었다.

✉Advice 한국 근·현대체육사

① 박정희 정부(제3공화국) 시절에 건립되었다.

17. 광복 이후 우리나라 선수단이 최초로 참가한 올림픽경기대회는?

① 제14회 런던 하계올림픽경기대회
② 제6회 오슬로 동계올림픽경기대회
③ 제15회 헬싱키 하계올림픽경기대회
④ 제5회 생모리츠 동계올림픽경기대회

✉Advice 한국 근·현대체육사

④ 광복 후 대한민국 선수단이 최초로 스위스 생모르츠에서 개최되는 생모리츠 동계올림픽에 최초로 참가하였다.

18. 광복 이후 제5공화국까지의 체육에서 나타난 사상적 특징으로 옳지 않은 것은?

① 우수선수의 육성을 우선하는 엘리트주의가 나타났다.
② 「국민체육진흥법」의 국위선양은 국가주의를 나타낸다.
③ 국가 주도의 강한 신체 훈련을 앞세우는 실존주의가 나타났다.
④ 건전하고 강인한 국민성의 함양을 강조하는 건민주의가 나타났다.

✉Advice 한국 근·현대체육사

③ 실존주의는 개인의 자유, 선택, 자아실현을 중시하는 것이다. 국가가 주도하여 강제로 훈련하는 것은 실존주의 체육이 아니다.

ANSWER 15.④ 16.① 17.④ 18.③

19. '국민생활체육진흥종합계획(호돌이 계획)'의 내용으로 옳은 것은?

① 제24회 서울 올림픽경기대회를 대비하고자 추진되었다.
② 「국민체육진흥법」을 제정하여 스포츠 클럽을 체계적으로 관리하였다.
③ 국민생활체육협의회의 창설과 직장체육 프로그램의 보급이 이루어졌다.
④ 전문체육 육성을 위한 국가대표 연금과 우수선수 병역 혜택의 제도가 도입되었다.

☑ Advice 한국 근·현대체육사

① 1986년 아시안게임, 1988년 서울올림픽을 앞두고 국민 건강 증진과 전 국민 체육 참여의 필요성이 대두되면서 시행하게 되었다.
② 국민생활체육진흥종합계획은 1962년 제정되었다. 국민체육진흥법과는 시기적으로 차이가 있다.
④ 생활체육을 확대하기 위한 것으로 전문체육 육성과는 거리가 멀다.

20. 〈보기〉에서 광복 이후 1940년대 말까지 체육의 내용을 모두 고른 것은?

―보기―
㉠ 미국 '신체육'의 영향을 받았다.
㉡ 일제강점기에 해산되었던 조선체육회가 재건되었다.
㉢ 조선체육동지회의 결성은 민족 체육 재건의 계기가 되었다.
㉣ 학도호국단이 결성되었고, 많은 체육 교사들이 교관으로 활동하였다.

① ㉠, ㉡
② ㉡, ㉢
③ ㉠, ㉡, ㉢
④ ㉠, ㉡, ㉢, ㉣

☑ Advice 한국 근·현대사체육사

㉠ 광복 이후에 미국 교육제도와 신체육이 국내에 영향을 주었다.
㉡ 광복 직후 재건되어 민족 체육의 중추 역할을 하였다.
㉢ 광복 직후 체육인들이 결성하였다.
㉣ 1940년대 말 결성되어 학생과 교직원을 단원으로 있었고 체육 교사들이 교관으로 활동하였다.

ANSWER 19.③ 20.④

운동생리학

1. 400m 트랙을 약 60초로 전력 질주 시 가장 많이 기여하는 에너지 공급 시스템에서 1분자의 글루코스(glucose) 분해로 얻을 수 있는 ATP 수는?

① 2
② 4
③ 16
④ 18

✓Advice 에너지 대사와 운동 ··

400m 트랙을 약 60초 전력 질주하는 것은 무산소성이다. '글루코스 → 피루브산 → 젖산'은 산소 없이 진행된다. 이때 4개의 ATP가 생성되지만 2개는 초기단계에 사용되어 2 ATP를 얻을 수 있다.

2. 중-고강도 운동 시 필요한 ATP 합성에 사용되지 않는 기질(substrate)은?

① 혈중 알부민
② 혈중 포도당
③ 근육 글리코겐
④ 근육 중성지방

✓Advice 에너지 대사와 운동 ··

① 중·고강도 운동 시 에너지원(기질, substrate)으로 사용되는 것은 탄수화물과 지방이다. 알부민은 혈장 단백질의 일종으로 삼투압을 유지하거나 호르몬·지방산을 운반하는 역할을 한다.

3. 〈보기〉에서 장기간의 무산소 트레이닝에 따른 생리학적 적응으로 옳은 것만을 모두 고른 것은?

―보기―
㉠ 산화 능력 증가
㉡ 근육의 수축 속도 증가
㉢ 미토콘드리아 밀도 증가
㉣ PCr 또는 PFK 효소의 양 및 활성도 증가

① ㉠, ㉡
② ㉡, ㉣
③ ㉠, ㉡, ㉣
④ ㉠, ㉢, ㉣

✓Advice 골격근과 운동 ··

㉠ 산화능력은 산소를 사용하는 것으로 유산소 훈련에 의한 것이다.
㉢ 미토콘드리아는 유산소 대사기관이다. 유산소 훈련 결과에 의한 것이다.
㉡㉣ 무산소 트레이닝의 주요 생리적 적응은 속근 섬유가 발달하고 무산소성 효소가 활성이 증가되는 것이다.

4. 〈보기〉에서 설명하는 에너지 대사 과정은?

―보기―
· 무산소성 에너지 시스템이다.
· 에너지 투자와 에너지 생산 단계로 구성된다.
· 대사 과정의 최종 산물로 피루브산염 또는 젖산염을 생성한다.

① 지방분해(lipolysis)
② 해당과정(glycolysis)
③ 동화작용(anabolism)
④ 산화적 인산화(oxidative phosphorylation) 과정

✓Advice 에너지 대사와 운동 ··

① 지방분해 : 지방(트리글리세라이드)을 분해하여 지방산을 생성하는 과정이다. 유산소 대사와 관련된다.
③ 동화작용 : 에너지 소비 과정이다.
④ 산화적 인산화 과정 : 산소를 이용해 ATP 생성하는 유산소성 에너지 시스템이다.

ANSWER 1.① 2.① 3.② 4.②

5. 〈보기〉에서 설명하는 감각수용기는?

─── 보기 ───
- 주동근의 수축을 억제한다.
- 근육 손상을 예방하는 기능을 한다.
- 근육-건 복합체의 장력 변화를 감지한다.

① 근방추 ② 파치니소체
③ 골지건기관 ④ 마이스너소체

Advice 신경조절과 운동

① 근방추 : 근육의 길이 변화를 감지한다.
② 파치니소체 : 피부 및 관절의 진동이나 압력을 감지한다.
④ 마이스너소체 : 피부의 촉각을 감지한다.

6. 〈보기〉에서 장기간 유산소 트레이닝에 의한 생리적 적응 현상으로 옳은 것만을 모두 고른 것은?

─── 보기 ───
㉠ 좌심실 용적 증가
㉡ 마이오글로빈 함유량 증가
㉢ 1회 박출량(stroke volume) 증가
㉣ 골격근 내 모세혈관 밀도 증가

① ㉠, ㉡ ② ㉠, ㉢, ㉣
③ ㉡, ㉢, ㉣ ④ ㉠, ㉡, ㉢, ㉣

Advice 호흡·순환계와 운동

※ 장기간 유산소 트레이닝에 의한 생리적 적응 현상
  ㉠ 심장 : 심근 비대, 좌심실 확장, 1회 박출량 증가
  ㉡ 혈관 : 모세혈관 밀도 증가
  ㉢ 근육 : 미토콘드리아 수 증가, 마이오글로빈 증가
  ㉣ 호흡계 : 산소 섭취량(VO_2 max) 증가

7. 〈보기〉의 골격근 수축 과정에 관한 설명 중 ㉠~㉢에 들어갈 용어로 옳은 것은?

─── 보기 ───
- 활동전위(action potential)는 가로세관(T-tubles)으로 이동하여 (㉠)에서 (㉡) 방출을 자극한다.
- (㉠)에서 방출된 (㉡)이 트로포닌(troponin)과 결합하게 되면 (㉢)의 위치를 이동시켜 마이오신 머리(myosin head)와 액틴 필라멘트(actin filament)가 강하게 결합하게 한다.

	㉠	㉡	㉢
①	원형질막	아세틸콜린	근절
②	원형질막	칼슘이온	트로포마이오신
③	근형질세망	아세틸콜린	근절
④	근형질세망	칼슘이온	트로포마이오신

Advice 골격근과 운동

㉠㉡ 신경 자극이 근섬유에 전달되면 활동전위가 T-tubule을 따라 전달된다. 근형질세망을 자극하고 칼슘이온을 방출한다.
㉢ 칼슘이온이 트로포닌과 결합하여 트로포마이오신 자리로 이동하면서 액틴 필라멘트(actin filament)가 강하게 결합한다.

ANSWER 5.③ 6.④ 7.④

8. 〈그림〉의 산소-헤모글로빈 해리 곡선을 참고하여 〈보기〉에서 옳은 것만을 모두 고른 것은?

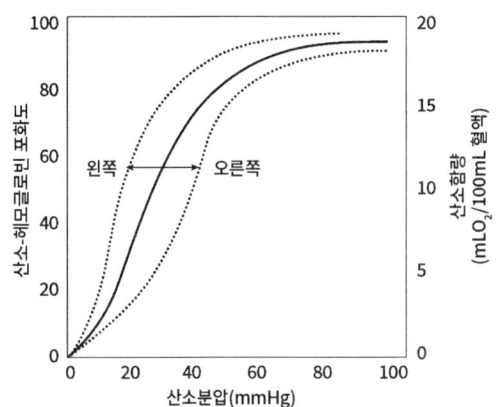

─────── 보기 ───────
㉠ 운동에 의한 체온상승(예: 심부온도 상승)은 헤모글로빈의 산소 친화력(affinity)을 높인다.
㉡ 고강도 운동 시 동-정맥 산소 차이(arteriovenous oxygen difference)는 안정 시와 비교하여 감소한다.
㉢ 고강도 운동에 의한 혈중 젖산 농도 증가는 산소-헤모글로빈 해리 곡선을 오른쪽으로 이동시킨다.
㉣ 운동 중 증가한 혈중 이산화탄소는 헤모글로빈의 산소 해리(dissociation)를 높이는데, 이를 보어 효과(Bohr effect)라고 한다.

① ㉠, ㉡
② ㉠, ㉢
③ ㉡, ㉣
④ ㉢, ㉣

Advice 호흡·순환계와 운동
㉠ 운동시 체온과 이산화탄소, pH의 변화로 산소 친화력이 내려간다.
㉡ 고강도 운동 시 근육의 대사율이 증가하면서 많은 산소가 필요하게 된다. 조직에서 혈액에 있는 산소를 많이 가져가면서 동-정맥 산소 차이는 증가한다.

9. 〈보기〉에서 건강관련체력 요인으로 옳은 것만을 모두 고른 것은?

─────── 보기 ───────
㉠ 근력
㉡ 유연성
㉢ 근지구력
㉣ 신체구성
㉤ 심폐지구력

① ㉠, ㉡, ㉣
② ㉠, ㉢, ㉤
③ ㉡, ㉢, ㉣, ㉤
④ ㉠, ㉡, ㉢, ㉣, ㉤

Advice 운동생리학의 개관
건강관련체력은 건강을 유지하고 질병을 예방하는 데 직접적으로 관련된 체력 요소에 해당한다. 근력, 유연성, 근지구력, 신체구성, 심폐지구력은 건강관련체력의 요인에 해당한다.

10. 〈보기〉에서 동방결절(SA node)에 관한 특성으로 옳은 것만을 모두 고른 것은?

─────── 보기 ───────
㉠ 심장의 페이스메이커(pacemaker)로 불림
㉡ 전도체계 중 가장 빠른 내인성 박동률을 가짐
㉢ 심실이 혈액을 충만하게 모을 수 있도록 자극 전도 시간을 지연시킴
㉣ 다른 심장 전도 시스템보다 약 6배 빠르게 전기적 자극을 심실 전체로 전달하여 심실의 거의 모든 부위가 동시에 수축할 수 있게 함

① ㉠, ㉡
② ㉠, ㉡, ㉢
③ ㉠, ㉢, ㉣
④ ㉡, ㉢, ㉣

Advice 호흡·순환계와 운동
㉢ 방실결절의 역할에 해당한다.
㉣ 푸르킨예 섬유의 기능이다.

ANSWER 8.④ 9.④ 10.①

11. 안정 시와 운동 중 심장 주기에 따른 좌심실의 용적과 압력을 나타낸 곡선을 참고하여 〈보기〉에서 옳은 것만을 모두 고른 것은?

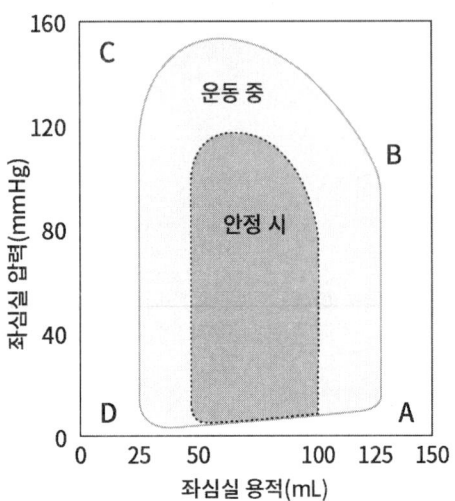

─── 보기 ───
㉠ A~B 구간은 이첨판(bicupid valve)과 대동맥 판막(aortic valve)이 모두 닫힌 상태이며, 이를 등용적 수축(isovolumic contraction)이라고 한다.
㉡ 운동 중 좌심실 수축력의 증가는 C시점에서의 좌심실 용적 증가로 이어진다.
㉢ 안정 시와 운동 중 좌심실 박출률(%ejection fraction)은 동일하다.
㉣ D ~ A 구간의 증가는 1회 박출량 증가로 이어진다.

① ㉠, ㉡　　② ㉠, ㉣
③ ㉡, ㉢　　④ ㉢, ㉣

☑**Advice**　호흡 · 순환계와 운동
㉡ 수축력이 증가하면 혈액이 더 많이 박출한다. C점에서 좌심실 용적은 줄어들게 된다.
㉢ 운동 중에는 박출률이 증가한다.

12. 〈보기〉에서 고지대 환경에서 장기간 노출 시 나타나는 생리학적 적응으로 옳은 것만을 모두 고른 것은?

─── 보기 ───
㉠ 심박출량 증가
㉡ 모세혈관 밀도 증가
㉢ 근육 단면적 증가
㉣ 산소운반능력 증가

① ㉠, ㉢
② ㉡, ㉣
③ ㉠, ㉢, ㉣
④ ㉡, ㉢, ㉣

☑**Advice**　환경과 운동
㉠ 장기적으로 적응하면 안정되거나 감소한다.
㉢ 고지대에서 산소나 에너지가 부족하면 근육 단면적이 감사한다.

13. 운동 자주에 관한 신체 내 기관(organs)과 기능에 대한 설명이다. ㉠ ~ ㉢에 해당하는 것으로 옳은 것은?

기능 \ 기관	뇌하수체	부신	㉠
고온다습한 환경에서 운동 중 체액량 조절을 위한 호르몬을 분비한다.	㉡	○	×
중강도 이상 운동 중 교감신경의 영향을 받아 호르몬 (㉢)을 분비한다.	×	○	×
부교감신경인 미주 신경(vagus nerve)이 위치하며, 운동 종료 후 심박수를 낮춘다.	×	×	○

○ : 맞음, × : 틀림

ANSWER　11.②　12.②

	㉠	㉡	㉢
①	연수	○	에피네프린
②	뇌간	×	알도스테론
③	대뇌피질	○	에피네프린
④	대뇌피질	×	알도스테론

✅ Advice 환경과 운동

㉠ 부교감신경인 미주 신경은 심박수를 낮춘다. 이 조절은 연수에서 진행된다.
㉡ 고온다습한 환경에서 운동 시 체액량을 조절하기 위해서 항이뇨호르몬이 분비된다.
㉢ 중강도 이상 운동을 하면 교감신경계가 활성화 되면서 부신수질에서 에피네프린과 노르에피네프린을 분비하게 한다.

14. 단축성 수축 시 그림의 골격근 초미세구조를 참고하여 〈보기〉에서 옳은 것만을 모두 고른 것은?

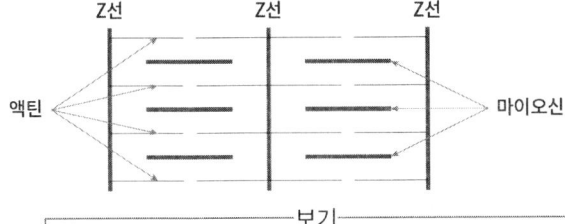

─보기─
㉠ I 밴드의 길이는 변하지 않는다.
㉡ A 밴드의 길이는 변하지 않는다.
㉢ 근절(sarcomere)의 길이는 짧아진다.
㉣ 액틴(actin)과 마이오신(myosin)의 길이는 짧아진다.

① ㉠, ㉡   ② ㉠, ㉣
③ ㉡, ㉢   ④ ㉢, ㉣

✅ Advice 골격근과 운동

㉠ I 밴드의 길이는 수축하면 짧아진다.
㉣ 길이 자체는 변하지 않는다.

15. 〈보기〉에서 속근섬유(type II) 관한 특성으로 옳은 것만을 모두 고른 것은?

─보기─
㉠ 피로 저항이 높음
㉡ 수축 속도가 빠름
㉢ 산화 능력이 높음
㉣ 칼슘이온 방출 속도가 빠름

① ㉠, ㉡   ② ㉠, ㉢
③ ㉡, ㉣   ④ ㉢, ㉣

✅ Advice 골격근과 운동

㉠ 지근(type I)의 특성 중에 하나이다. 속근의 경우는 피로에 약하다.
㉢ 속근은 해당계에 의존하여 산화능력이 낮다.
※ 속근의 특징
㉠ 수축 속도가 빠르다.
㉡ 힘은 강하지만 피로에 약하다.
㉢ 미오신 ATPase 활성이 높다.
㉣ 칼슘 방출 빠르기 때문에 빠른 수축이 가능하다.
㉤ 해당계 의존하여 산화능력이 낮다.

16. 순환계의 구조와 기능에 관한 설명으로 옳지 않은 것은?

① 혈액의 역류를 막기 위해 하지동맥 내에 판막이 존재한다.
② 호르몬 수송 및 면역기능 조절은 순환계의 기능 중 하나이다.
③ 관상동맥(coronary artery)은 심장근에 혈액을 공급하는 혈관이다.
④ 폐순환의 주요 기능은 폐에서의 가스 교환(예: 이산화탄소 배출)이다.

✅Advice　호흡 · 순환계와 운동

① 판막은 정맥에만 존재한다. 하지정맥에 중력에 의한 혈액 역류를 방지하기 위해서 필요하다. 동맥은 고압의 흐름으로 판막이 필요하지 않다.

17. 〈보기〉에서 설명하는 호르몬은?

―― 보기 ――
• 간의 글리코겐을 분해한다.
• 췌장 알파세포에서 분비된다.
• 혈중 글루코스 농도를 높인다.

① 인슐린　　　　② 코티졸
③ 글루카곤　　　④ 에피네프린

✅Advice　내분비계와 운동

① 인슐린 : 혈당을 낮추는 호르몬으로 췌장 베타세포에서 분비된다.
② 코티졸 : 부신피질 호르몬으로 장기적 스트레스, 혈당 유지에 관여한다.
④ 에피네프린 : 교감신경 호르몬에 해당한다.

18. 골격근의 운동단위(motor unit) 동원에 관한 설명으로 옳지 않은 것은

① 동원된 운동단위의 증가는 근 수축력 증가로 이어진다.
② 운동단위는 운동신경과 그에 연결된 근섬유를 지칭한다.
③ 저강도 운동(예: VO max 30% 이하)2시 Type IIx 근섬유가 가장 먼저 동원된다.
④ Type I 근섬유의 운동단위는 Type II 근섬유 운동단위보다 활성화 역치가 낮다.

✅Advice　골격근과 운동

③ Type I(지근), IIa(속근), IIx(속근, 빠른 섬유) 순서로 동원된다.

19. 〈보기〉의 ㉠, ㉡에 들어갈 용어는?

―― 보기 ――
• (㉠)은 근육조직에서 산소를 저장하고, 운반하는 데 중요한 역할을 한다.
• 적혈구용적률이 증가하면 혈액의 점성은 (㉡)한다.

	㉠	㉡
①	헤모글로빈	감소
②	헤모글로빈	증가
③	마이오글로빈	감소
④	마이오글로빈	증가

✅Advice　골격근과 운동

㉠ 근육세포 내에 존재하는 단백질로 산소 저장 및 전달 기능을 수행하는 것은 마이오글로빈이다.
㉡ 적혈구용적률이 증가하면 혈액 내 적혈구 비율과 혈액의 점도가 높아져서 심혈관계에 부담을 줄 수 있다.

20. 〈보기〉에서 운동 중 혈류 재분배(blood re-distribution)에 관한 설명으로 옳은 것만을 모두 고른 것은?

―보기―
㉠ 운동 시 골격근의 산소 요구량을 충족하기 위해 비활동 조직으로의 혈류량은 감소한다.
㉡ 최대 운동 시 심박출량은 증가하지만 안정 시와 비교하여 기관별(예: 신장, 내장, 골격근 등) 혈류 분배 비율은 동일하다.
㉢ 고강도 운동에 참여하는 골격근의 세동맥(arterioles) 혈관 저항은 안정 시와 비교하여 감소한다.

① ㉠, ㉡
② ㉠, ㉢
③ ㉡, ㉢
④ ㉠, ㉡, ㉢

Advice 호흡 · 순환계와 운동
㉡ 심박출량은 증가하지만 기관별 혈류 분배 비율은 달라진다.

운동역학

1 운동역학의 내용과 목적이 아닌 것은?

① 운동 기술의 향상
② 운동수행 시 힘의 측정
③ 운동수행 안전성의 향상
④ 인체 내 에너지 대사의 측정

Advice 운동역학의 개요
④ 운동생리학 영역에 해당한다.
①②③ 운동역학은 운동 중 인체의 움직임과 그에 작용하는 힘을 분석하는 학문에 해당한다.

2 〈보기〉에서 설명하는 동작분석 방법으로 옳지 않은 것은?

―보기―
동작을 측정하거나 계산하지 않는 비수치적 방법으로 지도자의 시각적 관찰로 움직임의 오류를 찾아 운동 기술 향상을 도모한다.

① 정량적 자료로 분석한다.
② 현장에서 즉각적인 분석이 가능하다.
③ 지도자 성향에 따라 결과가 달라진다.
④ 분석의 결과는 객관성을 담보할 수 없다.

Advice 운동역학의 이해
① 비수치적 동작분석 방법은 정성적 자료를 사용한다.

ANSWER 20.② / 1.④ 2.①

3 운동의 종류에 관한 설명으로 옳지 않은 것은?

① 직선운동은 병진운동의 한 종류이다.
② 곡선운동은 회전운동에 포함되는 운동이다.
③ 병진운동은 직선운동과 곡선운동 모두를 말한다.
④ 복합운동은 병진운동과 회전운동이 혼합된 운동이다.

Advice 운동역학의 이해
② 물체의 모든 점이 같은 거리만큼 이동하는 운동이 병진운동이다. 곡선운동은 병진운동의 한 종류에 해당한다.
① 직선운동은 직선 경로를 따라 이동하는 것이다.
③ 병진운동은 직선운동과 곡선운동 모두를 의미한다.

4 운동역학 사슬(kinetic chain)에 관한 설명으로 옳지 않은 것은?

① 힘의 적용 대상이 연결된 일련의 사슬고리이다.
② 사슬에 있는 연결 동작은 힘 전달에 영향을 미친다.
③ 닫힌형 운동역학 사슬(CKC)은 기능적이며, 스포츠에 특화될 수 있다.
④ 열린형 운동역학 사슬(OKC)에는 스쿼트, 팔굽혀펴기와 같은 동작이 있다.

Advice 인체역학
④ 운동역학 사슬은 인체 관절과 근육이 서로 연결되어 운동 시 힘이 연속적으로 전달되는 시스템을 의미한다. 열린사슬에는 레그익스텐션, 덤벨 컬 등과 같이 말단(손/발)이 고정되지 않고 자유롭게 움직일 수 있는 동작이 있다. 스쿼트, 푸쉬업, 런지 등은 말단이 고정되어 있고 움직임이 상위 관절에도 영향을 주는 닫힌 사실이다.

5 신체에 작용하는 역학적 부하(load)에 관한 정의로 옳지 않은 것은?

① 전단응력(shear): 조직의 장축을 따라 대칭으로 가해지는 힘
② 인장응력(tension): 두 힘이 서로 떨어지게끔 반대 방향으로 가해지는 힘
③ 압축응력(compression): 반대쪽의 두 힘이 서로 향하는 방향으로 가해지는 힘
④ 휨(bending): 축에서 벗어나는 두 힘이 가해져 한쪽에서 인장응력, 다른 한쪽에서 압축응력이 발생하는 힘

Advice 인체역학
① 전단응력은 서로 다른 방향의 평행한 힘이 작용할 때 축과 수직 방향에서 발생하는 힘이다.

6 〈보기〉에서 내력(internal force)에 관한 설명으로 옳은 것만 모두 고른 것은?

─── 보기 ───
㉠ 다이빙 동작에서 작용하는 중력
㉡ 높이뛰기의 도약 동작에서 선수가 발휘한 힘
㉢ 환경과의 상호작용으로 시스템에 작용하는 힘
㉣ 내력만으로 인체 전체의 위치는 이동할 수 없음

① ㉠, ㉡
② ㉡, ㉣
③ ㉠, ㉢, ㉣
④ ㉡, ㉢, ㉣

Advice 인체역학
㉠ 중력이라는 외부환경이 작용하는 외력에 해당한다.
㉢ 환경과 상호작용은 외력이 들어가는 것이다.
㉡㉣ 내력은 인체 시스템 내에 존재하는 구조들인 근육, 뼈, 인대 등의 사이에서 발생하는 힘에 해당한다.

ANSWER 3.② 4.④ 5.① 6.②

7 〈보기〉에서 제시한 A 학생의 항속 구간 평균 보행속도는? (단, 반올림하여 소수점 둘째 자리까지 표기)

─보기─
A 학생이 총 30m의 직선 구간을 걸었을 때, 가속과 감속 구간 각 5m씩 총 10m를 제외한 항속 구간에서의 스텝 수는 25회였고, 16초가 소요되었다.

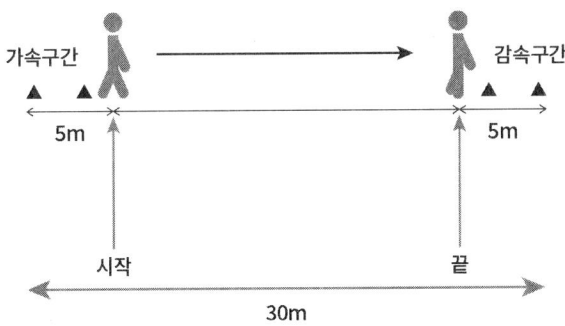

① 0.80 m/s
② 1.25 m/s
③ 1.56 m/s
④ 1.88 m/s

☑**Advice**　운동학의 스포츠 적용 ·······················

• 총 거리 : 30m
• 가속+감속 구간 : 5m + 5m = 10m
• 항속구간 : 30m − 10m = 20m
• 항속 구간 소요시간 : 16초

평균 속도 = $\frac{거리}{시간} = \frac{20m}{16s} = 1.25 m/s$

8　각가속도에 관한 설명으로 옳지 않은 것은?

① 회전하는 물체의 각가속도가 0이 되면 물체는 멈추게 된다.
② 각가속도는 각속도의 변화량을 시간의 변화량으로 나눈 값이다.
③ 처음 각속도가 30°/s에서 6초 후 90°/s로 변화했을 때 평균 각가속도는 10°/s 이다.
④ 각속도가 양(+)의 방향으로 선형적인 증가를 할 때 각가속도는 일정한 양(+)의 값을 가진다.

☑**Advice**　운동학의 스포츠 적용 ·······················

① 각가속도가 0이라는 건 각속도가 일정하다는 의미이다.
※ 각가속도 … 물체의 각속도가 시간에 따라 얼마나 빨라지거나 느려지는지를 나타내는 물리량에 해당한다. 각가속도는 각속도의 변화량에서 시간을 나누면 구할 수 있다.

ANSWER　7.② 8.①

9 그림에 관한 설명으로 옳지 않은 것은? (단, 착지 전략을 제외한 모든 조건은 동일함)

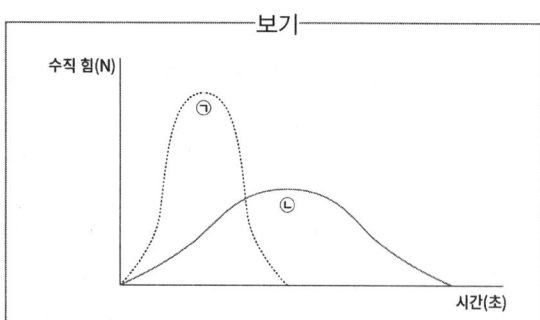

─────보기─────
그림은 기계체조 선수가 경기 중 각 1회의 ㉠ 뻣뻣한 착지와 ㉡ 부드러운 착지를 수행하였을 때 착지구간에서 시간에 따른 수직 힘의 변화를 나타낸다.

① ㉠과 ㉡의 운동량의 변화량은 동일하다.
② ㉠의 경우 신체에 작용하는 수직 충격력이 더 크다.
③ ㉠의 경우 신체에 작용하는 수직 충격량이 더 크다.
④ 착지 직전의 무게중심의 속도는 ㉠과 ㉡ 모두 동일하다.

Advice 운동학의 스포츠 적용
③ 시간은 짧고 힘은 크지만 ㉠과 ㉡의 충격량은 총 면적과 동일하여 변화량이 없다.
① 착지 직전-후 속도가 동일하기 때문에 운동량의 변화량은 동일하다.
② 충격이 작용하는 순간의 힘 크기인 충격력은 힘의 최대값이다. ㉠은 짧은 시간에도 큰 힘으로 수직 충격량이 더 크다.
④ 착지 전의 조건은 동일하기 때문에 무게중심 속도는 모두 동일하다.

10 〈보기〉에서 임팩트 직후 골프공의 선속도는? (선운동량 보존의 법칙 적용)

─────보기─────
- 골프 클럽의 질량 : 600g, 골프공의 질량 : 40g
- 스윙 시 클럽의 임팩트 직전 선속도 : 50m/s, 임팩트 직후 선속도 : 45m/s (외부에서 따로 작용하는 힘은 없으며, 운동량의 손실 없이 정확하게 전달됨을 가정함)

① 65m/s
② 70m/s
③ 75m/s
④ 80m/s

Advice 운동학의 스포츠 적용
- 골프 클럽의 질량 0.6kg
- 골프공의 질량 : 0.04kg
- 클럽 임팩트 전 속도 50m/s
- 클럽 임팩트 후 속도 : 45m/s
- 골프공 임팩트 전 속도 : 0m/s

운동량 보존 공식 $m_1 \cdot v_{1i} + m_2 \cdot v_{2i} = m_1 \cdot v_{1f} + m_2 \cdot v_{2f}$으로 $60 \times 50 + 0.04 \times 0 = 0.6 \times 45 + 0.04 \times v_{2f}$에 해당한다.
$v_{2f} = \frac{3}{0.04} = 75m/s$가 된다.

ANSWER 9.③ 10.③

11 스포츠에 적용된 각속도(angular velocity)에 관한 사례로 옳지 않은 것은?

① 숙련된 운동선수일수록 각속도를 잘 조절한다.
② 철봉의 대차돌기(휘돌기) 하강 국면에서 발의 무게중심점은 일정한 각속도를 유지한다.
③ 골프 클럽헤드의 각속도는 0에서 시작하여 최댓값으로 증가했다가 다시 0으로 돌아온다.
④ 야구에서 배트의 각속도가 일정하다면 회전반경이 클수록 임팩트된 공의 선속도는 증가한다.

✓ Advice 운동학의 스포츠 적용

② 중력, 관성, 중심 위치에 따라서 각속도의 변화가 크기 때문에 회전 중일 때에는 각속도는 일정하지 않다.
※ 각속도 … 물체가 회전할 때 단위 시간당 얼마나 많이 회전하는지를 나타내는 값이다.

12 인체의 움직임에서 토크(torque)에 관한 개념이 적용된 사례로 옳지 않은 것은?

① 사지의 근육은 각 관절을 돌림시키는 토크를 생성한다.
② 덤벨 컬 시 덤벨의 무게는 팔꿈치를 폄하는 토크를 가진다.
③ 외적 토크보다 내적 토크가 크면 근육은 신장성 수축을 한다.
④ 동일한 힘을 낼 때 팔꿈치 각도 90° 보다 굽히거나 폄에 따라 모멘트팔이 짧아져 내적 토크도 감소한다.

✓ Advice 운동역학의 스포츠 적용

③ 외적 토크보다 내적 토크가 크면 근육은 단축성 수축을 한다. 내적 토크보다 외적 토크가 크면 신장성 수축을 한다.
※ 토크(torque)
  ㉠ 내적 토크 : 회전을 유도하며, 근육에서 발생한다.
  ㉡ 외적 토크 : 중력이나 부하와 같은 외부 힘에 의해서 발생한다. 저항 작용을 한다.

13 〈보기〉에서 설명한 내용 중 인체의 관성모멘트(moment of inertia)를 감소시킨 사례로 옳은 것만 모두 고른 것은?

─ 보기 ─
㉠ 피겨스케이팅에서 양팔을 벌리고 회전한다.
㉡ 달리기 시 체공기(swing phase)에 있는 다리를 굽힌다.
㉢ 다이빙에서 공중 앞돌기 시 터크(움크린) 자세를 만든다.
㉣ 골프 아이언 헤드의 질량 분포를 양 끝으로 넓게 하여 클럽 헤드의 관성을 조작한다.

① ㉠, ㉡
② ㉡, ㉢
③ ㉠, ㉡, ㉢
④ ㉠, ㉢, ㉣

✓ Advice 운동역학의 스포츠 적용

㉠ 질량이 축에서 멀어지기 때문에 관성모멘트가 증가한다.
㉣ 질량을 양쪽 끝에 배치하여 회전 저항이 증가하면서 관성모멘트가 증가한다.
※ 관성모멘트 … 회전 운동에서 질량이 회전축에서 멀수록 관성모멘트는 커진다. 관성모멘트가 감소하는 것은 질량을 중심축 가까이 모으는 순간에 해당한다.

ANSWER 11.② 12.③ 13.②

14 그림에 관한 설명으로 옳지 않은 것은? (단, 공의 높이는 무게중심을 기준으로 함)

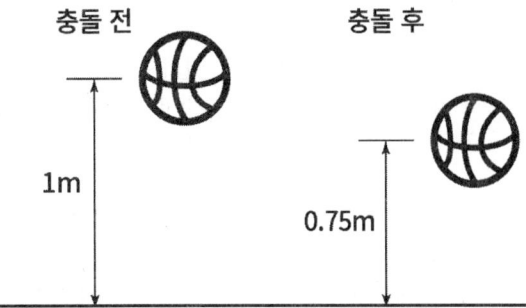

① 비탄성충돌이다.
② 충돌 전, 후 농구공의 속도는 다르다.
③ 운동에너지가 보존되지 않았다는 것을 의미한다.
④ 반발계수(복원계수, coefficient of restitution)는 0.75이다.

☑ **Advice** 운동역학의 스포츠 적용 ································

④ 반발계수 $e = \sqrt{\dfrac{h_{반발}}{h_{낙하}}} = \sqrt{\dfrac{0.75}{1}} = \sqrt{0.75} \approx 0.866$에 해당한다.

15 압력중심점(center of pressure, COP)에 관한 설명으로 옳지 않은 것은?

① 압력중심점은 균형능력을 평가하기 위한 자료로 활용된다.
② 보행 시 한발 지지기(stance phase)에서 압력중심점은 변한다.
③ 허리를 앞으로 굽혔을 때, 압력중심점은 기저면 밖에 위치한다.
④ 압력중심점이란 지면에 접촉하는 부분 중 지면반력 전체가 작용 된다고 가정되는 어느 한 점을 말한다.

☑ **Advice** 운동역학의 스포츠 적용 ································

③ 기저면 밖에 압력중심점이 위치하면 균형을 상실하게 된다.

16 일과 에너지에 관한 설명으로 옳지 않은 것은?

① 에너지는 일을 할 수 있는 능력이다.
② 위치에너지는 운동에너지로 변환될 수 있다.
③ 질량이 일정하면 속도 변화는 운동에너지의 변화를 의미한다.
④ 어떤 물체가 에너지를 갖기 위해서는 움직임이 있어야만 한다.

☑ **Advice** 일과 에너지 ································

④ 물체가 높이에 따라서 정지해 있는 상태에서도 존재하는 에너지인 위치에너지가 존재한다.

ANSWER 14.④ 15.③ 16.④

17 〈보기〉에서 설명한 A 선수의 이동 거리와 변위가 옳은 것은?

─── 보기 ───
육상 장거리 종목의 선수 A는 트랙의 길이가 400 m인 경기장을 총 25바퀴를 달렸고, 28분 30초의 기록으로 결승점을 통과했다.

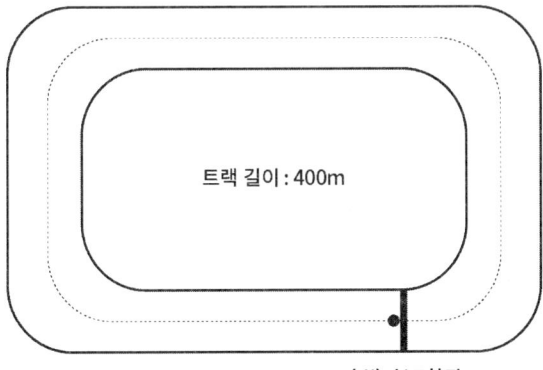

	이동거리(m)	변위(m)
①	0	400
②	0	10,000
③	10,000	10,000
④	10,000	0

📝 **Advice** 운동학의 스포츠 적용 ·········

트랙 한바퀴에 400m이고 A선수는 25바퀴를 달렸다. 출발점과 도착점이 같은 원형 트랙에 해당한다. 400m×25바퀴=10,000m에 해당하고 출발점과 도착점이 같기 때문에 변위는 0m에 해당한다.

18 〈보기〉에서 수행한 일과 일률이 바르게 나열된 것은?

─── 보기 ───
• 물체에 2초 동안 2 N의 힘을 가하여 2 m를 움직였을 때 수행한 일은 (㉠) J이며 일률은 (㉡) J/s이다(단, 힘의 작용방향과 물체의 이동방향은 일치함).

	㉠	㉡
①	2	1
②	2	2
③	4	2
④	4	4

📝 **Advice** 일과 에너지 ·········

㉠ 일=힘×이동거리×cos(θ)에 해당한다. 힘 2N, 이동거리 2m, cos(θ)는 1에 해당하므로 일은 4J에 해당한다.
㉡ 일률 = $\frac{일}{시간} = \frac{4J}{2s} = 2J/s$에 해당한다.

19 인체의 안정성을 결정짓는 요인이 아닌 것은?

① 기저면의 크기와 관련이 있으며 형태와는 관련이 없다.
② 무게중심선이 기저면 밖에 있으면 불안정한 상태가 된다.
③ 무게중심선이 기저면의 중심에 가까울수록 안정성은 높아진다.
④ 무게중심의 높이와 관련이 있으며 낮을수록 안정성은 높아진다.

📝 **Advice** 인체역학 ·········

① 기저면의 형태는 안정성에 영향을 준다. 기저면의 크기가 클수록 안정성이 높아지고 기저면 중심에 가까울수록 안정적이다.

ANSWER 17.④ 18.③ 19.①

20 마찰력에 관한 설명으로 옳지 않은 것은?

① 최대정지마찰력은 운동마찰력보다 크다.
② 마찰력은 마찰계수와 물체 질량의 곱으로 구한다.
③ 마찰력은 물체 표면에 수직으로 작용하는 힘(수직항력, normal force)과 관계가 있다.
④ 마찰력은 접촉면과 평행하게 작용하며 물체의 운동 방향과 반대 방향으로 작용한다.

☑ **Advice**　운동역학의 스포츠 적용 ·····················
② 마찰력은 마찰계수와 수직항력을 곱하여 구한다.

스포츠윤리

1　스포츠윤리센터의 주요 역할에 해당하지 않는 것은?

① 체육 관련 입시 비리에 관한 조사
② 스포츠 산업 종사자의 직업 안정성 확보와 처우 개선
③ 스포츠 비리 및 스포츠 인권 침해 방지를 위한 예방 교육
④ 승부 조작 또는 편파 판정 등 불공정에 관한 신고 접수와 조사

☑ **Advice**　스포츠와 윤리 ·····················
② 스포츠윤리센터는 스포츠 인권 보호와 공정성 확보를 주요 목적으로 한다. 스포츠 산업 종사자 처우 개선은 스포츠윤리센터의 역할과는 거리가 멀다. 스포츠윤리센터에서는 체육의 공정성 확보 및 체육인의 인권보호가 주요하다.

2　스포츠에 관한 가치 판단에 해당하지 않는 것은?

① 도핑을 이용한 실력 향상은 옳지 않다.
② 스포츠에서 희생과 헌신은 승리보다 가치가 있다.
③ 하얀색 복장 착용은 윔블던 테니스대회의 규정이다.
④ 스포츠에서 승리 추구는 규정 준수보다 더 중요하다.

☑ **Advice**　스포츠와 윤리 ·····················
③ 복장 규정에 관한 것은 객관적인 사실을 설명하는 사실 판단에 해당한다.
①②④ 어떤 행위나 상황이 옳은지, 바람직한지, 더 중요한지를 평가하는 것이 가치판단에 해당한다.

ANSWER　20.② / 1.② 2.③

3 〈보기〉의 스포츠 상황에 부합하는 개념과 해석은?

---보기---
태권도 겨루기에서 소극적인 자세로 경기에 임하는 선수는 제재를 받는다. 적극적이고 공격적인 태도의 요구는 투쟁심을 독려하는 것이지만, 그 폭력적인 성향이 지나치면 또 다른 제재의 대상이 되기도 한다. 이처럼 스포츠는 폭력적인 성향의 분출을 자극함과 동시에 그것을 감시하고 제어한다.

① 게발트(Gewalt) – 스포츠 폭력의 부당성
② 게발트(Gewalt) – 스포츠 폭력의 이중성
③ 희생양(Scapegoat) – 스포츠 폭력의 부당성
④ 희생양(Scapegoat) – 스포츠 폭력의 이중성

Advice 스포츠와 폭력

〈보기〉는 스포츠가 공격성과 폭력을 유도하면서도 동시에 그것을 통제하는 이중인 기능을 하고 있음을 말하고 있다.
①② 게발트(Gewalt) : 독일어로 힘, 폭력을 의미한다. 스포츠에서는 공격성과 폭력성을 허용하는 동시에 규율하고 통제하는 구조를 지칭할 때 사용한다.
③④ 희생양(Scapegoat) : 집단의 갈등이나 긴장을 특정 개인이나 집단에 전가하여 해소하려는 현상을 의미한다.

4 '타이틀 나인(Title IX)'에 따른 스포츠계의 변화로 가장 적절한 것은?

① 미국 프로야구리그의 도핑 실태에 관한 보고서 발간
② 남아프리카공화국에서 흑인에 대한 차별 정책의 시행
③ 학교 스포츠 프로그램에서 의도적인 성차별 발생 시 재정 지원의 제한
④ 공공 및 민간 스포츠 시설의 출입구 등에 휠체어 이동 통로의 설치 및 확충

Advice 스포츠와 불평등

타이틀 나인(Title IX)은 미국 연방법으로 교육 프로그램이나 활동에서 성별을 이유로 한 차별을 금지하는 법안에 해당한다.

5 세계도핑방지기구(World Anti-Doping Agency)가 정한 '금지 방법'의 분류 목록에 해당하지 않는 것은?

① 기술 도핑
② 화학적, 물리적 조작
③ 유전자 및 세포 도핑
④ 혈액 및 혈액 성분의 조작

Advice 스포츠와 불평등

세계도핑방지기구(World Anti-Doping Agency)에서 정한 주요 금지 방법은 혈액 및 혈액 성분 조작, 화학적 및 물리적 조작, 유전자 및 세포 도핑이 있다.

6 레건(T. Regan)의 동물권리론에 가장 부합하는 태도는?

① 모든 동물에게 자유를 보장하고 스포츠에 동물을 이용하지 않도록 한다.
② 세계시민주의적 사고에 따라 재활승마에서는 기수와 말의 친화를 강조한다.
③ 천연 거위털 셔틀콕의 성능이 인조 거위털 셔틀콕보다 더 좋으므로 생산을 장려한다.
④ 경마나 소싸움은 합법적으로 동물을 활용할 수 있는 종목이며 경제적으로도 유용하다.

Advice 스포츠에서 환경과 동물윤리

② 동물을 수단으로 이용하는 점에서 부합하지 않다.
③ 동물을 상품화하고 착취하는 것으로 간주된다.
④ 동물을 수단화하는 것에 해당한다.
※ 레건(T. Regan)의 동물권리론
　㉠ 동물은 고통을 느끼고 삶의 주체로 고유한 권리가 있다.
　㉡ 동물을 인간의 수단으로 여기는 것은 비도덕적이다.
　㉢ 동물실험, 동물스포츠, 식용·오락용 동물 사용은 부당하다.

ANSWER 3.② 4.③ 5.① 6.①

7 〈보기〉의 대화 내용에 해당하는 정의(justice)의 유형에 가장 가까운 것은?

―보기―
A : 오늘 테니스 경기 봤어? 한쪽 코트는 해가 정면에서 비치고 다른 쪽은 완전 그늘이더라.
B : 응. 그런 조건이면 한쪽 선수가 불리할 것 같아.
C : 그래서 테니스는 계속 코트를 바꾸면서 경기를 진행해.
A : 그러면 시합을 시작할 때 코트나 서브권은 어떻게 정해?
C : 동전 던지기로 정하는 경우가 많아.

① 평균적 정의
② 절차적 정의
③ 분배적 정의
④ 보상적 정의

Advice 경쟁과 페어플레이
② 〈보기〉 대화에서는 경기 환경의 불균형에 대해서 공정하게 조정하자는 것을 절차를 통해 결정하자는 것에 해당한다.
① 평균적 정의 : 모든 사람에게 동일하게 적용하는 것이다.
③ 분배적 정의 : 필요나 기여에 따라 나누는 것이다.
④ 보상적 정의 : 피해나 손해를 보상하는 것이다.

8 롤랜드(S. Loland)가 분류한 규칙 위반의 유형에 연결한 사례로 옳지 않은 것은?

① 의도적 구성 규칙 위반-축구 경기에서 수비수가 실점을 당하지 않기 위해 손으로 공을 막았다.
② 의도적 규제 규칙 위반-육상 100m 경기에서 경쟁 선수를 방해 하기 위해 레인을 침범했다.
③ 비의도적 구성 규칙 위반-골프 경기 중 페어웨이에서 흙이 묻은 볼을 무의식적으로 닦고 진행했다.
④ 비의도적 규제 규칙 위반-농구 경기 중 상대 수비를 피하는 과정에서 의도치 않게 3걸음을 걷고 슛을 쏘았다.

Advice 스포츠와 윤리
※ 롤랜드(S. Loland)의 규칙 위반
㉠ 규칙 성격
• 구성 규칙 : 경기 자체를 성립시키는 기본 규칙이다.
• 규제 규칙 : 경기 중에 행동을 제어하기 위한 규칙이다.
㉡ 행위자 의도
• 의도적 위반
• 비의도적 위반

ANSWER 7.② 8.①②③④

9 칸트(I. Kant)의 의무론에서 〈보기〉 속 A와 B의 태도에 부합하는 행위 유형은?

─── 보기 ───
선생님: 도핑을 하면 경기 결과가 달라질 수 있는데, 여러분은 왜 하지 않나요?
A: 저는 도핑이 공정하지 못한 행위이기 때문에 하지 않아요. 제 실력으로 인정받고 싶어요.
B: 저는 사실 도핑 검사에 걸리면 처벌을 받으니까 하고 싶어도 못하고 있어요.

	A	B
①	의무에서 나온 (aus Pflicht)행위	의무에서 합치하는 (pflichtmäßig)행위
②	의무에 합치하는 (pflichtmäßig)행위	의무에 위배되는 (aus Pflicht)행위
③	의무에 합치하는 (pflichtmäßig)행위	의무에서 나온 (aus Pflicht)행위
④	의무에 위배되는 (pragmatische)행위	의무에서 나온 (aus Pflicht)행위

Advice 윤리 이론 ··

A: 도덕 법칙 자체에 따라서 행동한다. 도핑이 옳지 않다고 판단했기 때문에 선택한 것이다. 의무에서 나온 행위에 해당한다.
B: 처벌회피를 위해서 도핑을 하지 않는 것이다. 외적동기에 의해서 행위가 도덕 법칙에 합치하지만 동기는 도덕적이지 않기 때문에 의무에서 합치하는 행위이다.

10 부올레(P. Vuolle)가 분류한 스포츠 환경이 아닌 것은?

① 시설(built) 환경 – 농구, 탁구
② 개발(developed) 환경 – 골프, 스키
③ 가상(virtual) 환경 – e스포츠, 버츄얼 태권도
④ 순수(genuine) 환경 – 스쿠버다이빙, 트레일러닝

Advice 스포츠에서 환경과 동물윤리 ···························

부올레가 분류한 스포츠 환경에는 자연 그대로의 스포츠 환경인 순수환경, 자연에 일정의 변형을 준 개발환경, 자연과 분리된 실내인 시설환경이 있다.

11 뒤르켐(E. Durkheim)의 도덕교육론에 근거한 스포츠윤리 교육의 내용과 방법으로 옳지 않은 것은?

① 감독의 지도에 의존하는 도덕적 판단력을 길러준다.
② 스포츠를 통한 도덕적 습관과 행동의 변화에 초점을 맞춘다.
③ 스포츠윤리 교육을 스포츠 인성 교육의 유용한 틀로 활용한다.
④ 스포츠맨십을 경험하는 실천적 교육으로 도덕적 인격 형성을 유도한다.

Advice 스포츠와 인권 ···

① 뒤르켐의 도덕교육론에서는 개인의 자율적 도덕 판단력을 강조한다. 감독의 지도에 의존하는 것은 타율적 도덕성을 강조하는 것이다.

ANSWER 9.① 10.③ 11.①

12 스포츠조직의 윤리경영에 관한 설명으로 옳지 않은 것은?

① 스포츠조직을 투명하고 합리적으로 운영한다.
② 과대 선전 등으로 스포츠 소비자를 속이지 않는다.
③ 스포츠 시설 운영에서 공해, 소음 등으로 인한 사회적 비용을 고려한다.
④ 스포츠센터의 운영 수익을 더 늘이기 위해 지도자의 노동 강도를 높인다.

☑ Advice 스포츠 조직과 윤리 ·······································
④ 지도자의 노동 강도를 높이는 것인 인권과 복지를 무시하고 수익 중심으로 하는 경영으로 비윤리적인 경영에 해당한다.

13 〈보기〉의 사례에서 ㉠에 해당하는 심판의 자질과 ㉡에 해당하는 맹자의 사단(四端)은?

---보기---
배구 경기의 주심인 ㉠ A심판은 최근 개정된 규정을 정확하게 숙지하지 못하여 오심을 범했다. 부심으로 경기를 관장하던 B 심판은 오심임을 알았으나 A 심판에 대한 징계가 걱정되어 침묵했다. 시합이 끝난 후 ㉡ B심판은 양심의 가책을 지우지 못하고 활동을 중단했다.

	㉠	㉡
①	심판의 청렴성	사양지심(辭讓之心)
②	심판의 전문성	수오지심(羞惡之心)
③	심판의 자율성	시비지심(是非之心)
④	심판의 공정성	측은지심(惻隱之心)

☑ Advice 스포츠 조직과 윤리 ·······································
㉠ A 심판은 규정을 정확히 숙지하지 못해 오심을 범했으므로 심판에게 요구되는 전문성의 부족을 나타낸다.
㉡ 수오지심(부끄러움을 알고 악을 미워하는 마음)으로 활동을 중단하였다.
※ 맹자의 사단
　㉠ 사양지심(辭讓之心) : 겸손하게 사양하는 마음
　㉡ 수오지심(羞惡之心) : 부끄러움을 알고 악을 미워하는 마음
　㉢ 시비지심(是非之心) : 옳고 그름을 가릴 줄 아는 마음
　㉣ 측은지심(惻隱之心) : 남을 불쌍히 여기는 마음

ANSWER 12.④ 13.②

14 공리주의 윤리 규범을 스포츠에 바르게 적용한 것이 아닌 것은?

① 스포츠에서 결과에 따른 만족을 중시한다.
② 스포츠 규칙 제정은 공정과 평등의 원칙에 근거한다.
③ 스포츠 상황에서 행위의 유용성보다 인성의 바름을 강조한다.
④ 스포츠에서 소수보다 다수의 이익을 우선하는 것이 정당화될 수 있다.

Advice 윤리 이론
③ 유용성보다 인성의 바름을 강조하는 것은 의무론적인 관점에 해당한다.
①②③ 공리주의는 행위의 도덕성을 결과 중심으로 평가하는 윤리 이론에 해당한다.

15 〈보기〉에서 장애 차별의 개선을 위한 스포츠 실천의 조건만을 고른 것은?

─── 보기 ───
㉠ 참여 종목과 대회는 지도자의 결정에 맡겨야 한다.
㉡ 비장애인과 분리하여 수업하는 것을 원칙으로 한다.
㉢ 활동 장비와 기구에 대한 재정적인 지원을 확보해야 한다.
㉣ 다양한 사람과의 관계를 통해 사회성 함양의 기회를 제공해야 한다.

① ㉠, ㉡
② ㉡, ㉢
③ ㉡, ㉣
④ ㉢, ㉣

Advice 스포츠와 불평등
㉠ 당사자의 참여의사와 자율성이 존중되어야 한다.
㉡ 통합 교육과 포용적인 참여가 차별 개선의 중요한 점이다.

16 〈보기〉의 내용에 부합하는 철학자와 개념의 연결이 옳은 것은?

─── 보기 ───
• 지도자와 선배의 체벌과 폭력이 일상화되어 있다.
• 악은 포악한 괴물이나 악마처럼 괴이하지 않고 합숙소 생활과 같은 일상에 함께 있다.
• 폭력을 멈추게 할 방법은 행위의 내용과 책임을 묻고 반성하는 '사유' 또는 '이성'에 있다.

① 홉스(T. Hobbes) - 리바이어던
② 홉스(T. Hobbes) - 악의 평범성
③ 아렌트(H. Arendt) - 리바이어던
④ 아렌트(H. Arendt) - 악의 평범성

Advice 스포츠와 폭력
④ 악은 비정상적이지 않고 평범한 일상 속에서도 발생한다는 아렌트의 악의 평범성 개념이다.
①② 홉스는 리바이어던에 해당한다. 국가 권력을 정당화하는 정치 철학이다.

ANSWER 14.③ 15.④ 16.④

17 의무주의 윤리 규범에 근거할 경우, 〈보기〉의 괄호 안에 들어갈 내용으로 옳은 것은?

---보기---
나는 반칙을 하지 않으려고 노력한다. 왜냐하면 (　　　　　) 때문이다.
---

① 퇴장을 당하면 손해를 보기
② 반칙을 하는 것은 옳지 않기
③ 나의 플레이를 보는 사람들을 만족시켜야 하기
④ 사람들이 나를 훌륭한 선수라고 칭송할 것이기

✓ Advice　윤리 이론 ································
② 칸트의 의무주의는 어떤 행위가 결과적으로 좋은 결과를 낳느냐가 아니라, 그 행위 자체가 옳은가에 따라 도덕성을 판단한다. 반칙이 옳지 않다는 행위 자체의 도덕적인 옳고 그름에 기반으로 하고 있다.

18 〈보기〉는 트랜스젠더 여성의 여성 스포츠 참여에 관한 설명이다. 이를 지지하는 견해의 근거가 아닌 것은?

---보기---
국제올림픽위원회(IOC)는 2016년 1월에 올림픽 대회를 비롯한 국제 경기대회에서 외과적인 수술을 받지 않은 성 전환자들도 선수로 출전할 수 있도록 허용해야 한다는 새로운 지침을 발표했다. 이에 따라 트랜스젠더 선수들은 꼭 성 전환 수술을 받지 않더라도 일정 요건만 충족하면 올림픽 등 국제 대회에 참가할 수 있게 되었다.
---

① 전통적인 젠더 이분법을 극복하고 양성 평등을 지향
② 트랜스젠더 여성의 스포츠 접근권은 공정성보다 우선
③ 트랜스젠더에 대한 차별과 배제가 아닌 관용과 포용의 정책
④ 트랜스젠더 여성 선수가 불공평한 이득을 가져 스포츠 본연의 의미 변화

✓ Advice　스포츠와 불평등 ································
④ 지지하지 않는 근거에 해당한다. 여성과 트랜스젠더 여성 선수가 함께 출전하는 것은 경쟁의 공정성을 해친다는 비판적인 입장에 해당한다.

ANSWER　17.②　18.④

19 함무라비 법전의 탈리오 법칙(Lex Talionis)이 정확하게 적용된 상황은?

① 농구 경기에서 한 경기에 5개의 파울을 한 선수를 퇴장시킨다.
② 축구 경기에서 부상 선수가 발생하면 선수의 안전을 위해 공을 밖으로 걷어낸다.
③ 야구 경기에서 빈볼을 맞게 되면, 상대팀에게도 동일하게 빈볼을 던져 보복을 한다.
④ 수영과 육상 경기의 결승전에서 준결승의 기록이 좋은 선수를 가운데 레인에 우선으로 배정한다.

☑ **Advice** 스포츠와 폭력 ··

함무라비 법전의 탈리오 법칙은 '눈에는 눈 이에는 이'로 응징의 법칙에 해당한다. '야구 경기에서 빈볼을 맞게 되면, 상대팀에게도 동일하게 빈볼을 던져 보복을 하는 것은 피해를 입은 만큼 동일한 방식으로 되갚는 탈리오 법칙에 해당한다.

20 인종 차별과 관련된 사례로 맞지 않은 것은?

① 1936년 베를린 올림픽경기대회에서 히틀러는 육상종목 4관왕 제시 오웬스에게 시상 거부
② 1948년 런던 올림픽경기대회에서 독일과 일본 선수의 참가를 불허
③ 1968년 멕시코 올림픽경기대회 시상식에서 미국의 토미 스미스와 존 카롤로스의 저항 표현
④ 2008년 미국여자프로골프협회(LPGA) 출전 선수의 영어 사용 의무화

☑ **Advice** 스포츠와 불평등 ··

② 독일과 일본이 참가하지 못한 이유는 제2차 세계대전의 전범국이었기 때문이다.
① 흑인 선수였던 제시 오웬스에게 시상을 거부한 사례이다.
③ 토미 스미스와 존 카롤로스가 흑인 인권을 상징하는 퍼포먼스를 하였다.
④ 영어사용 의무화는 아시아계 선수에 대한 차별 논란을 불러일으킨 사례에 해당한다.

ANSWER 19.③ 20.②

2024. 04. 27.

2급 전문/생활 스포츠지도사 필기시험

유의사항

필기시험 제한시간 1시간 40분이다.

선택과목 7과목 중에서 5개 과목 선택(필수과목 없음) 한다.

과목마다 만점의 40% 이상 득점하고 전 과목 총점 60% 이상 득점해야 한다.

선택과목

스포츠사회학	☐	스포츠교육학	☐
스포츠심리학	☐	한국체육사	☐
운동생리학	☐	운동역학	☐
스포츠윤리	☐		

2024. 4. 27. 스포츠지도사 2급

스포츠사회학

1 〈보기〉에서 훌리한(B. Houlihan)이 제시한 '정부(정치)의 스포츠 개입 목적'에 관한 사례인 것을 모두 고른 것은?

―――― 보기 ――――
㉠ 시민들의 건강 및 체력유지를 위해 체육단체에 재원을 지원한다.
㉡ 체육을 포함한 교육 현장의 양성 평등을 위해 Title IX을 제정했다.
㉢ 공공질서를 보호하기 위해 공원에서 스케이트보드 금지, 헬멧 착용 등의 도시 조례가 제정되었다.

① ㉠
② ㉠, ㉢
③ ㉡, ㉢
④ ㉠, ㉡, ㉢

✉ **Advice** 스포츠와 정치 ······································
㉠ 국민의 건강 증진과 체력 유지를 목적으로 스포츠에 개입하는 사례이다.
㉡ Title IX는 미국에서 교육 프로그램과 활동에서 성차별을 금지하는 법으로 정부가 스포츠에서 양성 평등을 위해 개입한 사례이다.
㉢ 공공질서와 안전을 위해 정부가 스포츠 활동에 규제를 가하는 사례이다.
※ 훌리한(B. Houlihan)의 정부(정치)의 스포츠 개입 목적
　㉠ 사회적 통합과 사회적 응집력 강화
　㉡ 국가 이미지와 위상의 제고
　㉢ 경제적 발전
　㉣ 국민 건강 증진

2 스포츠클럽법(시행 2022.6.16.)의 내용으로 옳지 않은 것은?

① 지정스포츠클럽은 전문선수 육성 프로그램을 운영할 수 없다.
② 스포츠클럽의 지원과 진흥에 필요한 사항을 규정하고 있다.
③ 국민체육진흥과 스포츠 복지 향상 및 지역사회 체육발전에 기여함을 목적으로 한다.
④ 국가 및 지방자치 단체는 스포츠클럽의 지원 및 진흥에 필요한 시책을 수립·시행하여야 한다.

✉ **Advice** 스포츠 사회학의 이해 ·····························
① 「스포츠클럽법」 제9조(지정스포츠클럽) 제1항에 따라 스포츠클럽과 「학교체육 진흥법」에 따른 학교스포츠클럽 및 학교운동부와의 연계, 종목별 전문선수의 육성, 연령·지역·성별 특성을 반영한 스포츠 프로그램의 운영, 대통령령으로 정하는 기초 종목 및 비인기 종목의 육성, 그 밖에 대통령령으로 정하는 사항의 사업을 추진하기 위해서 지정스포츠클럽을 지정할 수 있다.
②③ 이 법은 스포츠클럽의 지원과 진흥에 필요한 사항을 규정함으로써 국민체육 진흥과 스포츠복지 향상 및 지역사회 체육발전에 기여함을 목적으로 한다〈스포츠클럽법 제1조(목적)〉.
④ 국가 및 지방자치단체는 스포츠클럽의 지원 및 진흥에 필요한 시책을 수립·시행하여야 한다〈스포츠클럽법 제3조(국가 및 지방자치단체의 책무)〉

ANSWER 1.④ 2.①

3 〈보기〉에서 스티븐슨(C. Stevenson)과 닉슨(J. Nixon)이 구조기능주의 관점으로 설명한 스포츠의 사회적 기능 중 옳은 것만을 모두 고른 것은?

―보기―
㉠ 사회・정서적 기능
㉡ 사회갈등 유발 기능
㉢ 사회 통합 기능
㉣ 사회계층 이동 기능

① ㉠, ㉡
② ㉠, ㉢
③ ㉡, ㉣
④ ㉠, ㉢, ㉣

Advice 스포츠 사회학의 이해

구조기능주의는 사회를 유기체에 비유하여 각 부분이 전체의 안정성과 질서를 유지하기 위해 협력하는 구조를 의미한다. 사회・정서적 기능, 사회 통합 기능, 사회계층 이동 기능이 있다.

4 〈보기〉의 ㉠~㉢에 해당하는 스포츠 육성 정책 모형이 바르게 제시된 것은?

―보기―
㉠ 학생들의 스포츠 참여 저변이 확대되면, 이를 기반으로 기량이 좋은 학생선수가 배출된다.
㉡ 우수한 학생선수들을 육성하면 그들의 영향으로 학생들의 스포츠 참여가 확대된다.
㉢ 스포츠 선수들의 우수한 성과는 청소년의 스포츠 참여를 촉진하고, 이를 통해 형성된 스포츠 참여 저변 위에서 우수한 스포츠 선수들이 성장한다.

	㉠	㉡	㉢
①	선순환 모형	낙수효과 모형	피라미드 모형
②	피라미드 모형	선순환 모형	낙수효과 모형
③	피라미드 모형	낙수효과 모형	선순환 모형
④	낙수효과 모형	피라미드 모형	선순환 모형

Advice 스포츠 사회학의 이해

㉠ 피라미드 모형은 학생들의 스포츠 참여 저변이 확대되면 기량이 좋은 학생선수가 배출되는 구조이다.
㉡ 낙수효과 모형은 우수한 학생선수들을 육성하면 그들의 영향으로 학생들의 스포츠 참여가 확대되는 구조이다. 엘리트 선수들이 미치는 영향이 일반 학생들의 참여를 촉진한다.
㉢ 선순환 모형은 스포츠 선수들의 우수한 성과가 청소년의 스포츠 참여를 촉진하여 형성된 스포츠 참여 저변 위에서 우수한 스포츠 선수들이 성장하는 구조이다.

ANSWER 3.④ 4.③

5 〈보기〉에서 스포츠 세계화의 동인으로 옳은 것만을 모두 고른 것은?

―――――보기―――――
㉠ 민족주의
㉡ 제국주의 확대
㉢ 종교 전파
㉣ 과학기술의 발전
㉤ 인종차별의 심화

① ㉠, ㉡, ㉢
② ㉡, ㉢, ㉤
③ ㉠, ㉡, ㉢, ㉣
④ ㉠, ㉢, ㉣, ㉤

Advice 미래사회의 스포츠

㉤ 인종차별은 스포츠 세계화에 부정적인 영향을 미치는 요인으로 장애물로 작용된다.
㉠ 스포츠는 종종 국가의 자부심과 정체성을 강화하는 수단으로 사용되며, 국제 대회에서의 성공은 국가적인 자부심을 높인다.
㉡ 과거 제국주의 시대에 제국들은 그들의 문화를 식민지에 전파하는 과정에서 스포츠도 확산되었다.
㉢ 선교사들이나 종교 단체들이 스포츠를 활용하여 활동을 진행했다.
㉣ 교통과 통신 기술의 발전은 스포츠의 세계화를 크게 촉진해서 글로벌 방송, 인터넷, 소셜 미디어 등을 통해 스포츠 이벤트는 전 세계적으로 실시간으로 공유되고 있다.

6 투민(M. Tumin)이 제시한 사회계층의 특성을 스포츠에 적용한 설명으로 옳은 것은?

① 보편성 : 대부분의 스포츠 현상에는 계층 불평등이 나타난다.
② 역사성 : 현대 스포츠에서 계층은 종목 내, 종목 간에서 나타난다.
③ 영향성 : 스포츠에서 계층 불평등은 역사발전 과정을 거치며 변천해 왔다.
④ 다양성 : 스포츠 참여에서 나타나는 사회적 불평등은 일상 생활에도 유사하게 나타난다.

Advice 스포츠와 사회계급/계층

② 역사성은 사회 계층이 시간의 흐름에 따라 변화하고 발전해왔다는 것을 의미한다. 계층이 종목 내, 종목 간에서 나타나는 것은 역사성에 해당하지 않는다.
③ 영향성은 계층 불평등이 사회적·경제적·정치적 측면에서 큰 영향을 미친다는 것을 의미한다. 역사발전 과정을 거치며 변천했다는 것은 역사성에 해당한다.
④ 다양성은 사회적 불평등이 다양한 형태로 나타난다는 것이다. 사회적 불평등이 일상 생활에도 유사하게 나타난다는 것은 보편성에 해당한다.

ANSWER 5.③ 6.①

7 스포츠에서 나타나는 사회계층 이동에 대한 설명으로 옳지 않은 것은?

① 스포츠는 계층 이동을 위한 수단으로 활용된다.
② 사회계층의 이동은 사회적 상황과 개인적 상황을 반영한다.
③ 사회 지위나 보상 체계에 차이가 뚜렷하게 발생하는 계층 이동은 '수직 이동'이다.
④ 사회계층의 이동 유형은 이동 방향에 따라 '세대 내 이동', '세대 간 이동'으로 구분한다.

Advice 스포츠와 사회계급/계층 ·····················

④ 사회계층 이동의 유형은 일반적으로 이동 방향에 따라 수직 이동(상승, 하강)과 수평 이동(동일한 사회적 지위 내에서의 이동)으로 구분된다. 세대 내 이동은 개인의 생애 동안 발생하는 이동을 의미하며, 세대 간 이동은 부모 세대와 자녀 세대 간의 사회적 지위 변화이다.

8 〈보기〉에서 설명하는 스포츠 일탈과 관련된 이론은?

―보기―
• 스포츠 일탈을 상호작용론 관점으로 설명한다.
• 일탈 규범을 내면화하는 사회화 과정이 존재한다.
• 다른 사람과 상호작용을 통해 스포츠 일탈 행동을 학습한다.

① 문화규범 이론
② 차별교제 이론
③ 개인차 이론
④ 아노미 이론

Advice 스포츠 일탈 ·····················

② 차별교제 이론은 일탈 행동이 다른 사람들과의 상호작용론 관점을 통해 설명한다. 일탈 규범을 내면화하는 사회화 과정이 존재하며, 다른 사람과 상호작용을 통해 스포츠 일탈 행동을 학습한다.
① 문화규범 이론은 특정 사회나 문화 내에서 허용되는 행동과 그렇지 않은 행동을 규정하는 규범이 존재한다는 것이다.
③ 개인차 이론은 개인의 성격, 심리적 특성, 생리적 차이 등이 일탈 행동의 주요 원인으로 여기는 것이다.
④ 아노미 이론은 사회적 규범이 붕괴하거나 부재할 때 개인이 느끼는 혼란 상태를 의미한다. 사회적 목표와 이를 달성하기 위한 합법적 수단 간의 괴리가 일탈 행동을 유발한다고 보는 것이다. 목표와 수단의 불일치가 아노미 상태를 초래하고, 이는 개인이 일탈 행동을 하게 만드는 원인이 된다.

ANSWER 7.④ 8.②

9 스미스(M. Smith)가 제시한 경기장 내 신체 폭력 유형 중 〈보기〉의 설명에 해당하는 것은?

---보기---
- 경기의 규칙을 위반하는 행위지만, 대부분의 선수나 지도자들이 용인하는 폭력 행위 유형이다.
- 이 폭력 유형은 경기 전략의 하나로 활용되며, 상대방의 보복 행위를 유발할 수 있다.

① 경계 폭력
② 범죄 폭력
③ 유사 범죄 폭력
④ 격렬한 신체 접촉

☑ **Advice** 스포츠와 일탈
① 경계 폭력 : 경기의 규칙을 위반하는 행위지만, 대부분의 선수나 지도자들이 용인하는 폭력 행위 유형에 해당한다. 경기 전략의 하나로 상대방의 보복 행위를 유발할 수 있다.
② 범죄 폭력 : 경기 중 발생하는 심각한 폭력 행위로, 법적으로 처벌받을 수 있는 수준의 행동이다.
③ 유사 범죄 폭력 : 경기 규칙을 심각하게 위반하는 행위로, 사회적·법적 처벌은 아니지만 심각한 수준의 폭력 유형에 해당한다.
④ 격렬한 신체 접촉 : 스포츠 경기에서 일상적으로 발생하는 신체적 접촉에 해당한다. 규칙 내에서 허용되는 폭력 유형으로 스포츠의 특성상 불가피하게 발생하며, 규칙에 위반되지 않는 접촉이다.

10 코클리(J. Coakley)가 제시한 상업주의와 관련된 스포츠 규칙 변화에 따른 결과로 옳지 않은 것은?

① 극적인 요소가 늘어났다.
② 득점이 감소하게 되었다.
③ 상업 광고 시간이 늘어났다.
④ 경기의 진행 속도가 빨라졌다.

☑ **Advice** 스포츠와 경제
② 득점의 감소는 상업주의의 영향과는 반대되는 결과에 해당한다. 상업주의는 득점을 증가시켜 경기를 더 흥미롭고 시청자 친화적으로 만든다.

11 파슨즈(T. Parsons)의 AGIL이론에 관한 설명으로 옳지 않은 것은?

① 상징적 상호작용론 관점의 이론이다.
② 스포츠는 체제 유지 및 긴장 처리 기능을 한다.
③ 스포츠는 사회구성원을 통합시키는 기능을 한다.
④ 스포츠는 사회구성원이 사회체제에 적응하게 하는 기능을 한다.

☑ **Advice** 스포츠 사회학의 이해
① 구조기능주의 관점의 이론에 해당한다.
②③④ 파슨즈(Talcott Parsons)의 AGIL 이론에서는 사회 시스템이 유지를 위해서 적응, 목표달성, 통합, 체제 유지 기능이 있다.

ANSWER 9.① 10.② 11.①

12 에티즌(D. Eitzen)과 세이지(G. Sage)가 제시한 스포츠의 정치적 속성 중 〈보기〉의 설명에 해당하는 것은?

―보기―
- 국가대표 선수는 스포츠를 통해 국위를 선양하고 국가는 선수에게 혜택을 준다.
- 국가대표 선수가 올림픽에 출전하여 메달을 획득하면 군복무 면제의 혜택을 준다.

① 보수성
② 대표성
③ 상호의존성
④ 권력투쟁

Advice 스포츠와 정치

③ 상호의존성은 스포츠와 정치가 서로 영향을 주고받는 관계를 의미한다. 선수는 국제대회에서 뛰어난 성과를 통해 국가의 위상을 높여 혜택을 제공하는 것으로 국가와 스포츠가 서로 의존·협력하는 관계에 해당한다. 〈보기〉의 설명은 상호의존성을 의미한다.

13 〈보기〉의 ㉠~㉣에 들어갈 스트랭크(A. Strenk)의 '국제정치 관계에서 스포츠 기능'을 바르게 제시한 것은?

―보기―
- (㉠) : 1936년 베를린 올림픽
- (㉡) : 1971년 미국 탁구팀의 중화인민공화국 방문
- (㉢) : 1972년 뮌헨올림픽에서의 검은구월단 사건
- (㉣) : 남아프리카공화국의 아파르트헤이트에 대한 국제사회의 대응

	㉠	㉡	㉢	㉣
①	외교적 도구	외교적 항의	정치이념 선전	갈등 및 적대감의 표출
②	정치이념 선전	외교적 도구	갈등 및 적대감의 표출	외교적 항의
③	갈등 및 적대감의 표출	정치이념 선전	외교적 항의	외교적 도구
④	외교적 항의	갈등 및 적대감의 표출	외교적 도구	정치이념 선전

Advice 스포츠와 정치

㉠ 나치 독일은 이 올림픽을 통해 아리안 인종의 우수성을 선전하고, 독일의 정치이념을 세계에 홍보하는 도구로 사용했다.
㉡ 미국과 중국 간의 외교 관계를 개선하는 중요한 역할을 한 핑퐁 외교이다.
㉢ 팔레스타인 테러 조직 검은구월단이 이스라엘 선수단을 공격한 사건으로, 이는 국가 간 갈등 및 적대감이 표출된 것이다.
㉣ 국제사회는 남아프리카공화국의 인종차별 정책에 반대하여 스포츠 제재와 보이콧 등의 외교적 항의에 해당한다.

ANSWER 12.③ 13.②

14 베일(J.Bale)이 제시한 스포츠 세계화의 특징에 관한 설명으로 옳지 않은 것은?

① IOC, FIFA 등 국제스포츠 기구가 성장하였다.
② 다국적 기업의 국제적 스폰서십 및 마케팅이 증가하였다.
③ 글로벌 미디어 기업의 스포츠에 관한 개입이 증가하였다.
④ 외국인 선수 증가로 팀, 스폰서보다 국가의 정체성이 강화되었다.

☑ **Advice** 미래사회의 스포츠 ··
④ 외국인 선수의 증가로 팀과 리그가 국제화되는 것이며, 이는 팀과 스폰서의 정체성을 강화시키는 방향으로 작용한다. 국가의 정체성 강화보다는 팀 정체성과 글로벌 브랜드 정체성을 더 강화한다.

15 스포츠의 교육적 역기능에 해당하는 것은?

① 정서 순화
② 사회 선도
③ 사회화 촉진
④ 승리지상주의

☑ **Advice** 스포츠 사회학의 이해 ··
④ 승리지상주의는 승리를 최우선 목표로 삼아, 과정보다는 결과에 집착하는 태도로 지나친 경쟁과 부정행위, 스트레스 증가 등을 초래하는 교육적 역기능 중에 하나이다.
①②③ 교육적 순기능은 정서 순화, 사회 선도, 사회화 촉진 등이 있다.

16 스포츠미디어가 생산하는 성차별 이데올로기에 관한 설명으로 옳지 않은 것은?

① 경기의 내용보다는 성(性)적인 측면을 강조한다.
② 여성 선수를 불안하고 취약한 존재로 묘사한다.
③ 여성들이 참여하는 경기를 '여성 경기'로 부른다.
④ 여성성보다 그들의 성과에 더 많은 관심을 보인다.

☑ **Advice** 스포츠와 미디어 ··
④ 성차별 이데올로기는 특정 성별을 열등하거나 부차적인 존재로 간주하고 정당화하는 사회적 신념과 태도이다. 미디어가 여성 선수들의 성과에 더 많은 관심을 보이는 것은 성차별적이지 않은 긍정적인 접근에 해당한다.

17 〈보기〉의 사례에 관한 스포츠 일탈 유형과 휴즈(R. Hughes)와 코클리(J. Coakley)가 제시한 윤리 규범이 바르게 연결된 것은?

─보기─
- 2002년 한일월드컵 당시 황선홍 선수, 김태영 선수의 부상 투혼
- 2022년 카타르 월드컵에서 손흥민 선수의 마스크 투혼

	스포츠 일탈 유형	스포츠 윤리 규범
①	과소동조	한계를 이겨내고 끊임없이 도전해야 한다.
②	과소동조	경기에 헌신해야 한다.
③	과잉동조	위험을 감수하고 고통을 인내해야 한다.
④	과잉동조	탁월성을 추구해야 한다.

Advice 스포츠와 일탈

부상을 입었음에도 불구하고 경기에 참여한 행위는 스포츠 규범을 지나치게 준수하는 행동으로 과잉동조에 해당한다.

18 레오나르드(W. Leonard)의 사회학습이론에서 〈보기〉의 설명과 관련된 사회화 기제는?

─보기─
- 새로운 운동기능과 반응이 학습된다.
- 학습자에게 동기를 부여할 수 있게 된다.
- 지도자가 적합하다고 생각하는 새로운 지식을 알게 된다.

① 강화
② 코칭
③ 보상
④ 관찰학습

Advice 스포츠와 사회화

② 코칭은 지도자가 학습자에게 새로운 기술과 지식을 전달하고, 동기를 부여하며, 적절한 피드백을 제공하는 과정이다. 코칭을 통해 학습자는 새로운 운동기능을 습득하고, 지도자가 제공하는 지식을 학습하며, 동기를 얻을 수 있다.
① 특정 행동을 장려하거나 억제하기 위해 긍정적 또는 부정적 피드백을 제공하는 것이다.
③ 긍정적인 행동에 대해 보상을 제공하여 그 행동이 지속되도록 유도하는 것이다.
④ 다른 사람의 행동을 관찰하고 모방함으로써 학습하는 것이다.

ANSWER 17.③ 18.②

19 스포츠로부터의 탈사회화에 관한 설명으로 옳은 것은?

① 부상, 방출 등의 자발적 은퇴로 탈사회화를 경험한다.
② 스포츠 참여를 통한 행동의 변화를 스포츠로부터의 탈사회화라고 한다.
③ 개인의 심리상태, 태도에 의해 참여가 제한되는 것을 내재적 제약이라고 한다.
④ 재정, 시간, 환경적 상황에 의해 참여가 제한되는 것을 대인적 제약이라고 한다.

⊠Advice 스포츠와 일탈
② 행동의 변화는 스포츠를 통한 사회화와 관련이 있다. 스포츠 참여를 통한 행동의 변화는 사회와 과정의 일부로 스포츠를 통한 사회화 이다. 탈사회화는 스포츠 활동을 그만두는 과정이다.
④ 재정, 시간, 환경적 상황에 의한 제약은 대인적 제약이 아니라 외재적 제약에 해당한다.

20 과학기술의 발전에 따른 스포츠의 변화에 관한 설명으로 옳지 않은 것은?

① IoT, 웨어러블 디바이스 발전으로 경기력 측정의 혁신을 가져왔다.
② 프로야구 경기에서 VAR 시스템 적용은 인간심판의 역할을 강화 시켰다.
③ 4차 산업혁명에 따른 초지능, 초연결은 스포츠 빅데이터의 활용을 확대시켰다.
④ VR, XR 디바이스의 발전으로 가상현실 공간을 활용한 트레이닝이 가능해졌다.

⊠Advice 스포츠와 경제
② VAR 시스템은 인간심판의 역할을 보완하고, 오심을 줄이는 데 기여하지만, 인간심판의 역할을 강화시키는 역할을 하지 않는다.

ANSWER 19.①,③ 20.②

스포츠교육학

1 슐만(L. Shulman)의 '교사 지식 유형' 중 가르칠 교과목 내용에 관한 지식에 해당하는 것은?

① 내용 지식(content knowledge)
② 내용교수법 지식(pedagogical content knowledge)
③ 교육환경 지식(knowledge of educational contexts)
④ 학습자와 학습자 특성 지식(knowledge of learners and their characteristics)

Advice 스포츠교육의 프로그램론

① 내용지식 : 교과목 내용에 관한 지식
② 내용교수법 지식 : 교과나 주제를 학습자의 특성에 맞도록 구성한 교수법에 대한 지식
③ 교육환경 지식 : 수업에 영향을 주는 환경에 대한 지식
④ 학습자와 학습자 특정 지식 : 학습자에 대한 특정 지식
※ 슐만(L. Shulman)의 교사 지식 유형
  ㉠ 교육과정 지식 : 교과목의 내용을 구성하고 있는 교육과정에 대한 지식
  ㉡ 교육환경 지식 : 교육이 이루어지는 물리적·사회적 환경에 대한 지식
  ㉢ 교육목적 지식 : 교육의 목표와 목적, 가치, 교육 철학 등에 대한 지식
  ㉣ 내용지식 : 교과목의 내용 자체에 대한 지식
  ㉤ 내용교수법 지식 : 교과 내용을 효과적으로 가르치기 위한 교수법에 대한 지식
  ㉥ 학습자와 학습자 특정 지식 : 학습자의 발달 단계, 학습 스타일, 동기, 배경 등에 대한 지식

2 동료 평가(peer assessment)에 관한 설명으로 적절하지 않은 것은?

① 학생들의 비평 능력이 향상될 수 있다.
② 교사는 학생에게 평가의 정확한 방법을 숙지시킨다.
③ 학생은 교사에게 받은 점검표를 통해 서로 평가한다.
④ 교사와 학생 간 대화를 통해 심층적인 정보를 수집한다.

Advice 스포츠교육의 평가론

④ 동료 평가는 주로 학생들 간의 평가와 피드백에 초점을 맞춘 것으로 교사와 학생 간의 대화를 통한 정보 수집은 동료 평가와 관련이 없다.

ANSWER 1.① 2.④

3 〈보기〉에서 설명하는 박 코치의 '스포츠 지도 활동'에 해당하는 용어는?

―보기―
박 코치는 관리시간을 줄이기 위해서 다음과 같이 지도 활동을 반복한다. 출석 점검은 수업 전에 회원들이 스스로 출석부에 표시하게 한다. 이후 건강에 이상이 있는 회원들을 파악한다. 수업 중에는 대기시간을 최소화하기 위해 모둠별로 학습 활동 구역을 미리 지정한다. 수업 후에는 일지를 회수한다.

① 성찰적 활동
② 적극적 활동
③ 상규적 활동
④ 잠재적 활동

☑ Advice 스포츠교육의 지도방법론

③ 상규적 활동: 수업 중 반복적으로 이루어지는 규칙적이고 일상적인 활동이다.
① 성찰적 활동: 수업 후 자신의 지도 방법과 학생들의 학습 과정을 반성하고 개선하기 위한 활동이다.
② 적극적 활동: 수업 중에 학생들과 적극적으로 상호작용하고, 지도하는 활동이다.
④ 잠재적 활동: 수업 중 드러나지 않지만, 교사의 행동과 태도를 통해 학생들에게 영향을 미치는 활동이다.

4 글로버(D. Glover)와 앤더슨(L. Anderson)이 인성을 강조한 수업 모형 중 〈보기〉의 ㉠, ㉡에 해당하는 것을 바르게 제시한 것은?

―보기―
㉠ '서로를 위해 서로 함께 배우기'를 통해 팀원 간 긍정적 상호의존, 개인의 책임감 수준 증가, 인간관계 기술 및 팀 반성 등을 강조한 수업
㉡ '통합, 전이, 권한 위임, 교사와 학생의 관계'를 통해 타인의 권리와 감정 존중, 자기 목표 설정 가능, 훌륭한 역할 본보기 되기 등을 강조한 수업

	㉠	㉡
①	스포츠교육 모형	협동학습 모형
②	협동학습 모형	개인적·사회적 책임감 지도 모형
③	협동학습 모형	스포츠교육 모형
④	개인적·사회적 책임감 지도 모형	협동학습 모형

☑ Advice 스포츠교육의 지도방법론

㉠ 서로를 위해 서로 함께 배우는 협동학습 모형의 특징이다.
㉡ 감정 존중, 자기 목표 설정 가능, 훌륭한 역할 본보기 되기 등을 강조하는 수업은 개인적·사회적 책임감 지도 모형에 해당한다.

ANSWER 3.③ 4.②

5 〈보기〉의 ㉠~㉢에 들어갈 교사 행동에 관한 용어가 바르게 제시된 것은?

―보기―
- (㉠)은 안전한 학습 환경, 피드백 제공
- (㉡)은 학습 지도 중에 소방 연습과 전달 방송 실시
- (㉢)은 학생의 부상, 용변과 물 마시는 활동의 관리

	㉠	㉡	㉢
①	직접기여 행동	간접기여 행동	비기여 행동
②	직접기여 행동	비기여 행동	간접기여 행동
③	비기여 행동	직접기여 행동	간접기여 행동
④	간접기여 행동	비기여 행동	직접기여 행동

Advice 스포츠교육의 지도방법론

㉠ 직접적으로 학습과 관련된 활동으로, 학습자가 과제를 수행하는 데 필요한 피드백을 제공하고, 안전한 학습 환경을 조성하는 행동으로 직접기여 행동에 해당한다.
㉡ 소방 연습이나 방송 전달 등은 학습 시간과 직접적으로 연결되지 않는 행동으로 비기여 행동에 해당한다.
㉢ 학습 환경을 간접적으로 지원하는 활동으로 간접기여 행동에 해당한다.

6 〈보기〉의 ㉠~㉢에 들어갈 기본 움직임 기술을 바르게 제시한 것은?

―보기―

기본 움직임	예시
(㉠)	걷기, 달리기, 뛰기, 피하기 등
(㉡)	서기, 앉기, 구부리기, 비틀기 등
(㉢)	치기, 잡기, 배팅하기 등

	㉠	㉡	㉢
①	이동 움직임	비이동 움직임	표현 움직임
②	전략적 움직임	이동 움직임	표현 움직임
③	전략적 움직임	이동 움직임	조작 움직임
④	이동 움직임	비이동 움직임	조작 움직임

Advice 스포츠교육의 프로그램론

㉠ 걷기, 달리기, 뛰기, 피하기 등과 같이 신체의 위치를 이동시키는 동작으로 이동 움직임에 해당한다.
㉡ 서기, 앉기, 구부리기, 비틀기 등 신체의 위치는 변하지 않지만, 신체 부위의 위치가 변화하는 동작으로 비이동 움직임에 해당한다.
㉢ 치기, 잡기, 배팅하기 등은 도구나 물체를 조작하는 동작으로 조작 움직임에 해당한다.

ANSWER 5.② 6.④

7 학교체육진흥법(시행 2024.3.24.) 제10조 '학교스포츠클럽 운영'의 내용에 해당하지 않은 것은?

① 학교스포츠클럽을 운영하는 경우 전담교사를 지정해야 한다.
② 전담교사에게 학교 예산의 범위에서 소정의 지도 수당을 지급한다.
③ 활동 내용은 학교생활기록부에 기록하지만, 상급학교 진학자료로 활용할 수 없다.
④ 학교의 장은 학교스포츠클럽을 운영하여 학생들의 체육활동 참여 기회를 확대해야 한다.

☑ Advice 스포츠교육의 정책과 제도
③ 학교의 장은 학교스포츠클럽 활동내용을 학교생활기록부에 기록하여 상급학교 진학자료로 활용할 수 있도록 하여야 한다〈학교체육 진흥법 제10조(학교스포츠클럽 운영) 제4항〉.

8 다음 중 모스턴(M. Moston) '상호학습형 교수 스타일'에 관한 설명으로 적절하지 않은 것은?

① 학습자는 교과내용을 선정한다.
② 학습자는 수행자나 관찰자의 역할을 수행한다.
③ 관찰자는 지도자가 제시한 수행 기준에 따라 피드백을 제공한다.
④ 지도자는 관찰자의 질문에 답하고, 관찰자에게 피드백을 제공한다.

☑ Advice 스포츠교육의 지도방법론
① 학습자들이 수행자와 관찰자 역할을 번갈아 가며 수행하는 교수방법으로 학습자들은 서로 피드백을 주고받으며 학습을 진행하는 것이다. 교과내용 선정은 지도자의 역할에 해당한다.

9 〈보기〉에서 '학교체육 전문인 자질'로 ㉠~㉢에 들어갈 용어를 바르게 제시한 것은?

―보기―

(㉠)	(㉡)	(㉢)
학습자 이해 교과지식	교육과정 운영 및 개발 수업 계획 및 운영 학습 모니터 및 평가 협력 관계 구축	교직 인성 사명감 전문성 개발

	㉠	㉡	㉢
①	교수	기능	태도
②	지식	수행	태도
③	지식	기능	학습
④	교수	수행	학습

☑ Advice 스포츠교육자의 전문적 성장
㉠ 지식 : 학습자 이해 교과지식
㉡ 수행 : 교육과정 운영 및 개발 수업 계획 및 운영 학습모니터 및 평가 협력관계구축
㉢ 태도 : 교직 인성 사명감 전문성 개발

10 〈보기〉에서 설명하는 모스턴(M. Moston)의 교수 스타일의 '인지(사고) 과정' 단계는?

―― 보기 ――
- 학습자가 해답을 찾고자 하는 욕구가 있는 단계이다.
- 학습자에 대한 자극(질문)이 흥미, 욕구, 지식 수준과 적합할 때 이 단계가 발생한다.
- 학습자에게 알고자 하는 욕구를 실행에 옮기도록 동기화 시키는 단계이다.

① 자극(stimulus)
② 반응(response)
③ 사색(mediation)
④ 인지적 불일치(dissonance)

Advice 스포츠교육의 지도방법론

④ 기존의 지식과 새로운 정보 사이에 불일치를 인식한 문제를 해결하기 위한 단계에 해당한다.
※ 모스턴(M. Mosston)의 교수 스타일에서 '인지(사고) 과정'

11 〈보기〉에서 국민체육진흥법(시행 2024.3.15.) 제11조의 '스포츠윤리 교육 과정'에 관한 내용으로 옳은 것만을 모두 고른 것은?

―― 보기 ――
㉠ 도핑 방지 교육
㉡ 성폭력 등 폭력 예방 교육
㉢ 교육부장관령으로 정하는 교육
㉣ 스포츠 비리 및 체육계 인권침해 방지를 위한 예방 교육

① ㉠, ㉡
② ㉡, ㉢, ㉣
③ ㉠, ㉡, ㉣
④ ㉠, ㉡, ㉢, ㉣

Advice 스포츠교육의 정책과 제도

㉢ 문화체육관광부령으로 정하는 교육에 해당한다.
※ 체육지도자의 양성(국민체육진흥법 제11조 제3항) … 연수과정에는 성폭력 등 폭력 예방교육, 스포츠비리 및 체육계 인권침해 방지를 위한 예방교육, 도핑 방지 교육, 그 밖에 체육의 공정성 확보와 체육인의 인권보호를 위하여 문화체육관광부령으로 정하는 교육으로 구성된 스포츠윤리교육 과정이 포함되어야 한다.

ANSWER 10.④ 11.③

12 〈보기〉의 '수업 주도성 프로파일'에 해당하는 체육 수업 모형은?

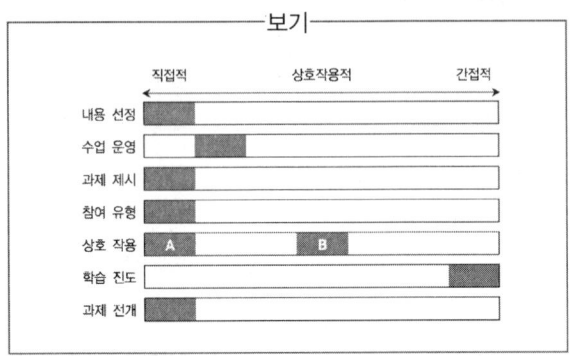

① 동료교수 모형
② 직접교수 모형
③ 개별화지도 모형
④ 협동학습 모형

✉ **Advice**　스포츠교육의 지도방법론 ················

① 학생의 참여가 높고, 지도자의 학습 주도로 학습 진도가 진행되는 동료교수모형 수업 주도성 프로파일에 해당한다.

13 〈보기〉에서 설명하는 시덴탑(D. Siedentop)의 교수(teaching) 기능 연습법에 해당하는 용어는?

───보기───
김 교사는 교수 기능의 향상을 위해 다음과 같은 절차로 연습을 했다.
• 학생 6~8명의 소집단을 대상으로 학습 목표와 평가 방법을 설명한 후, 수업을 진행한다.
• 수업에 참여한 학생들의 질문지 자료를 토대로 김 교사와 학생, 다른 관찰자들이 모여 김 교사의 교수법에 대해 '토의'를 한다.
• 객관적인 자료를 근거로 교수 기능 효과를 살핀다.

① 동료 교수　　② 축소 수업
③ 실제 교수　　④ 반성적 교수

✉ **Advice**　스포츠교육자의 전문적 성장 ················

④ 반성적 교수 : 소규모 학생을 대상으로 수업을 진행하고 교사와 학생, 관찰자들이 함께 교수법을 토의하고, 객관적 자료를 토대로 교수 기능 효과를 분석하는 방식이다.
① 동료 교수 : 동료 교사들이 서로를 가르치거나 관찰하고 피드백을 주고받는 형태의 연습법이다.
② 축소 수업 : 제한된 시간과 소규모 학생을 대상으로 특정 교수 기능을 집중적으로 연습하는 방법이다.
③ 실제 교수 : 실제 수업 환경에서 교사가 수업을 진행하는 방식이다.
※ 교수기능 발달단계
　㉠ 1인 연습 : 교사가 혼자서 교수 기능을 연습하는 방법이다.
　㉡ 동료 교수 : 동료 교사들과 서로 교수법을 가르치고 피드백을 주고받는 방법이다.
　㉢ 축소 수업(마이크로티칭) : 소규모 학생들을 대상으로 짧은 시간 동안 교수 기능을 연습하는 방법이다.
　㉣ 반성적 교수(현장개선연구) : 실제 수업 환경에서 교수 기능을 연습하고 평가하는 방법이다.
　㉤ 실제 교수 : 수업 후 피드백을 주고받으며 교수법을 분석하고 개선하는 방법이다.
　㉥ 대집단 단시간 교수 : 실제 수업 환경에서 학생을 대상으로 10~20분 단위로 단시간으로 수업을 연습하는 방법이다.
　㉦ 소집단 교수 : 실제 수업 환경에서 소집단의 실제 학생을 대상으로 제한된 시간 동안 수업을 연습하는 방법이다.

ANSWER　12.①　13.④

14 스포츠강사의 자격조건에 관한 설명으로 옳은 것은?

① 「초·중등교육법」제2 조제2호에 따른 초등학교에 스포츠강사를 배치할 수 없다.
② 「국민체육진흥법」제2조 제6호에 따른 체육지도자 중에서 스포츠 강사를 임용할 수 있다.
③ 「학교체육진흥법」제2조 제6항 학교에 소속되어 학교운동부를 지도·감독하는 사람을 말한다.
④ 「학교체육진흥법」제4조 재임용 여부는 강사로서의 자질, 복무 태도, 학생의 만족도, 경기 결과에 따라 결정하여야 한다.

Advice 스포츠교육의 정책과 제도

② 「학교체육 진흥법 시행령」제4조(스포츠강사의 자격기준 등) 제1항
① 「학교체육 진흥법」제13조(스포츠강사의 배치) 제1항에 따라 초등학교에 스포츠강사를 배치할 수 있다.
③ 학교운동부는 학생선수로 구성된 학교 내 운동부를 말한다(학교체육진흥법 제2조(정의) 제6항).
④ 「학교체육 진흥법 시행령」제4조(스포츠강사의 자격기준 등) 제3항에 따라 강사로서의 자질, 복무 태도, 학생의 만족도에 따라 재임용 여부를 결정하여야 한다.

15 메츨러(M. Metzler)가 제시한 '체육학습 활동' 중 정식 게임을 단순화 하고 몇 가지 기능에 초점을 두며 진행하는 것은?

① 역할 수행 (role-playing)
② 스크리미지 (scrimmage)
③ 리드-업 게임(lead-up game)
④ 학습 센터 (learning centers)

Advice 스포츠교육의 지도방법론

③ 리드-업 게임 : 정식 게임을 단순화하여 몇 가지 기능에 초점을 맞추며 진행하는 형태의 학습 활동이다.
① 역할 수행 : 학습자들이 특정 역할을 맡아 시나리오를 연기하며 학습하는 방법이다.
② 스크리미지 : 실제 게임과 유사한 상황에서 연습 경기를 하는 방법이다.
④ 학습 센터 : 학습자들이 다양한 학습 활동을 독립적으로 수행할 수 있도록 여러 활동 중심을 마련한 학습 방법이다.

ANSWER 14.② 15.③

16 〈보기〉는 시덴탑(D. Siedentop)이 제시한 '스포츠 교육 모형'의 특징을 설명한 것이다. ㉠~㉢에 들어갈 용어가 바르게 제시된 것은?

─────보기─────
- 이 모형의 주제 중에 (㉠)은 스포츠를 참여하는 태도와 관련된 정의적 영역이다.
- 시즌 중 심판으로서 역할을 할 때 학습영역 중 우선하는 것은 (㉡) 영역이다.
- 학습자 수준에 적합하게 경기방식을 (㉢)해서 참여를 유도한다.

	㉠	㉡	㉢
①	박식	정의적	고정
②	열정	인지적	변형
③	열정	정의적	변형
④	박식	인지적	고정

☑**Advice** 스포츠교육의 프로그램론 ························

시덴탑(D.siedentop)은 유능하고, 박식하고, 열정적인 스포츠인으로 성장하도록 하기 위해서 스포츠 교육 모형을 설계하였다.
㉠ 정의적인 영역은 열정에 해당한다.
㉡ 심판으로서 역할을 하면서 학습영역을 우선하는 것은 규칙을 이해하고 적용하는 인지적 영역에 해당한다.
㉢ 학습자에게 풍부한 스포츠 경험을 제공하기 위해서 경기방식을 변형하여 참여를 유도한다.

17 〈보기〉에서 설명하는 체육수업 연구 방법으로 적절한 것은?

─────보기─────
- 연구의 특징은 집단적(협동적), 역동적, 연속적으로 이루어짐
- 연구의 절차는 문제 파악 – 개선계획 – 실행 – 관찰 – 반성 등으로 순환하는 과정임
- 연구의 주체는 지도자가 동료나 연구자의 도움을 받아 자신의 수업을 탐구함

① 문헌(literature) 연구
② 실험(experiment) 연구
③ 현장 개선(action) 연구
④ 근거 이론(grounded theory) 연구

☑**Advice** 스포츠교육의 연구 방법론 ························

③ 현장 개선(action) 연구 : 연구자가 자신의 실천 활동을 개선하고 이해하기 위해 체계적으로 문제를 해결하는 과정에 해당한다. 문제 파악 → 개선계획 → 실행 → 관찰 → 반성의 과정이 순환적으로 나타난다.
① 문헌(literature) 연구 : 기존 문헌을 통해 연구 주제와 관련된 자료를 수집하고 분석하는 연구 방법이다.
② 실험(experiment) 연구 : 변인들을 통제하여 원인과 결과를 분석하는 연구 방법이다.
④ 근거이론(grounded theory) 연구 : 자료를 통해 이론을 개발하는 연구 방법이다.

ANSWER 16.② 17.③

18 학습자 비과제 행동을 예방하고 과제 지향적인 수업을 유지하기 위한 교수 기능 중 쿠닌(J, Kounin)이 제시한 '동시처리(overlapping)'에 해당 하는 것은?

① 수업의 흐름을 유지하면서 수업 이탈 행동 학생을 제지하는 것이다.
② 학생들의 행동을 항상 인지하고 있다는 것을 알리는 것이다.
③ 학생의 학습 활동을 중단시키고 잠시 퇴장 시키는 것이다.
④ 모든 학생에게 과제에 몰입하도록 경각심을 주는 것이다.

☑ Advice 스포츠교육의 지도방법론

① 동시처리: 교사가 내용을 지도하고 수업을 운영하는 일을 동시에 처리하는 것으로 수업 흐름을 유지하면서 이탈 행동 학생을 제지하는 것도 이에 해당한다.
② 상황이해
④ 집단 경각심
※ 쿠닌의 예방적 관리 교수기능
  ㉠ 상황이해: 교사가 학생의 행동을 파악하고 있음을 알려 탈선을 방지하는 것이다.
  ㉡ 동시처리: 교사가 내용을 지도하고 수업을 운영하는 일을 동시에 처리하는 것이다.
  ㉢ 유연한 수업 전환: 수업이 중단 없이 자연스럽게 진행되도록 하고, 불필요한 중단을 최소화하는 것이다.
  ㉣ 집단 경각심: 모든 학생들이 수업에 참여하고 집중할 수 있도록 하는 방법이다.
  ㉤ 학생 책무성: 학생이 과제를 수행할 때에 책임감을 부여하는 것이다.

19 〈그림〉은 '국민체력 100'의 운영 체계이다. 체력인증센터가 이용자에게 제공하는 서비스가 아닌 것은?

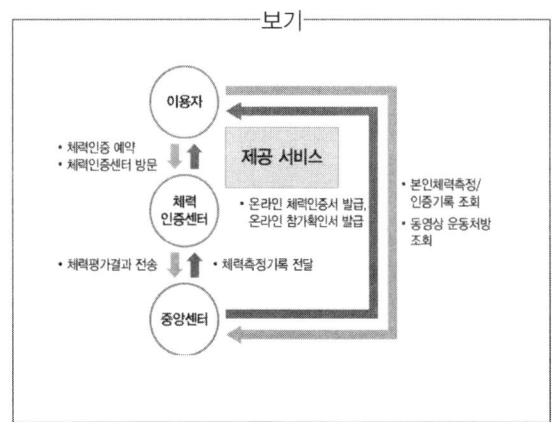

① 체력측정 서비스
② 맞춤형 운동처방
③ 국민 체력 인증서 발급
④ 스포츠클럽 등록 및 운영지원

☑ Advice 스포츠교육의 정책과 제도

①②③ 국민체력인증센터에서는 이용자에게 체력측정 서비스, 맞춤형 운동처방, 국민체력인증서를 발급한다.

ANSWER 18.① 19.④

20 〈보기〉에서 해당하는 평가기법으로 적절한 것은?

―보기―
- 운동 수행을 평가하는 데 자주 사용하는 평가 방법이다.
- 운동 수행의 질적인 면을 파악하여 수준이나 숫자를 부여하는 평가 방법이다.

① 평정척도
② 사건기록법
③ 학생저널
④ 체크리스트

✓ Advice 스포츠교육의 평가론

① 평정척도 : 운동 수행의 질적인 면을 평가하여 수준이나 숫자를 부여하는 것으로 특정 기술을 얼마나 잘 수행했는지 평가할 때 사용된다.
② 사건기록법 : 특정 행동이나 사건의 발생 빈도를 기록하는 방법이다. 이는 주로 행동의 빈도를 파악할 때 사용된다.
③ 학생저널 : 학생들이 자신의 학습 경험과 활동을 기록하는 방법이다. 이는 자기반성과 성찰을 촉진하는 데 사용된다.
④ 체크리스트 : 수행해야 할 항목을 목록화를 하고 체크하면서 평가하는 방법이다. 이는 주로 수행 여부를 확인하는 데 사용된다.

스포츠심리학

1 〈보기〉가 설명하는 성격 이론은?

―보기―
자기가 좋아하는 국가대표선수가 무더위에서 진행된 올림픽 마라톤 경기에서 불굴의 정신력으로 완주하는 모습을 보고, 자기도 포기하지 않는 정신력으로 10km 마라톤을 완주하였다.

① 특성이론
② 사회학습이론
③ 욕구위계이론
④ 정신역동이론

✓ Advice 스포츠수행의 사회 심리적 요인

② 사회학습이론은 개인이 타인의 행동을 관찰하고 모방하는 과정을 통해 학습이 이루어진다는 것이다. 〈보기〉에서 제시된 예시는 올림픽 마라톤 선수의 불굴의 정신력을 관찰하고 이를 통해 자신도 포기하지 않고 10km 마라톤을 완주한 상황으로 사회학습이론에 해당한다.
① 특성이론 : 개인의 성격이 특정한 일관된 특성들(예: 외향성, 신경증적 성향 등)에 의해 설명될 수 있다는 이론이다.
③ 욕구위계이론 : 인간의 욕구는 생리적 욕구, 안전 욕구, 사회적 욕구, 존경 욕구, 자아실현 욕구의 다섯 단계로 구성되고 하위 욕구가 충족되어야 상위 욕구가 동기 부여된다는 이론이다.
④ 정신역동이론 : 인간의 행동은 무의식적인 동기와 갈등에 의해 결정된다는 프로이트의 이론이다. 주로 무의식적인 욕구, 방어기제, 성격 발달 등을 강조한다.

ANSWER 20.① / 1.②

2 개방운동기술(open motor skills)에 해당하지 않는 것은?

① 농구 경기에서 자유투하기
② 야구 경기에서 투수가 던진 공을 타격하기
③ 자동차 경주에서 드라이버가 경쟁하면서 운전하기
④ 미식축구 경기에서 쿼터백이 같은 팀 선수에게 패스하기

✅ Advice 인간운동행동의 이해

① 폐쇄운동기술(closed motor skills)은 환경이 안정적이고 변하지 않으며, 운동 수행자가 미리 계획된 대로 기술을 수행할 수 있는 기술이다. 환경이 일정하고 변하지 않으며, 선수는 일정한 조건에서 미리 계획된 대로 기술을 수행하는 자유투는 폐쇄운동기술에 해당한다.
②③④ 개방운동기술(open motor skills)은 환경이 변동적이고 예측할 수 없기 때문에 운동 기술을 수행하는 동안 환경에 맞추어 조절해야 하는 기술이다.

3 〈보기〉의 ㉠~㉢에 들어갈 개념을 바르게 나열한 것은?

― 보기 ―
- (㉠) : 노력의 방향과 강도로 설명된다.
- (㉡) : 스포츠 자체가 좋아서 참여한다.
- (㉢) : 보상을 받거나 처벌을 피하고자 스포츠에 참여한다.

	㉠	㉡	㉢
①	동기	외적 동기	내적 동기
②	동기	내적 동기	외적 동기
③	귀인	내적 동기	외적 동기
④	귀인	외적 동기	내적 동기

✅ Advice 스포츠수행의 심리적 요인

㉠ 동기 : 노력의 방향과 강도로 설명되는 개념으로 어떤 행동을 하게 만드는 내적 또는 외적 요인이다.
㉡ 내적 동기 : 스포츠 자체가 좋아서 참여하는 것으로, 내적 즐거움이나 만족감을 위해 활동하는 것이다.
㉢ 외적 동기 : 보상을 받거나 처벌을 피하기 위해 스포츠에 참여하는 것으로, 외부의 보상이나 처벌이 행동의 주된 동기이다.

ANSWER 2.① 3.②

4 〈보기〉의 ㉠, ㉡에 들어갈 정보처리 단계를 바르게 나열한 것은?

―보기―
- (㉠) : 테니스 선수가 상대 코트에서 넘어오는 공의 궤적, 방향, 속도에 관한 환경정보를 탐지한다.
- (㉡) : 환경정보를 토대로 어떤 종류의 기술로 어떻게 받아쳐야 할지 결정한다.

	㉠	㉡
①	반응 선택	자극 확인
②	자극 확인	반응 선택
③	반응/운동 프로그래밍	반응 선택
④	반응/운동 프로그래밍	자극 확인

✉Advice 인간운동행동의 이해

㉠ 테니스 선수가 상대 코트에서 넘어오는 공의 궤적, 방향, 속도와 같은 환경정보를 탐지하는 단계는 자극 확인 단계이다.
㉡ 환경정보를 바탕으로 어떤 종류의 기술로 공을 받아쳐야 할지 결정하는 단계로 반응 선택 단계이다.
※ 정보처리 단계
  ㉠ 자극 확인 : 환경 정보에 대한 자극을 수용하여 그 정보를 바탕으로 분석과 탐지를 하여 자극의 의미를 확인하는 단계이다.
  ㉡ 반응 선택 : 자극에 대한 인지가 된 이후에 자극에 대한 반응을 결정하는 것이다.
  ㉢ 반응/운동 프로그래밍(반응 실행) : 반응의 움직임을 생성하여 체계를 생성하고 조직하는 단계이다.

5 〈보기〉에서 설명하는 심리기술훈련 기법은?

―보기―
- 멀리뛰기의 도움닫기에서 파울을 할 것 같은 부정적인 생각이 든다.
- 부정적인 생각은 그만하고 연습한 대로 구름판을 강하게 밟자고 생각한다.
- 스스로 통제할 수 있는 것에 집중하자고 다짐한다.

① 명상
② 자생 훈련
③ 인지 재구성
④ 인지적 왜곡

✉Advice 스포츠수행의 심리적 요인

③ 인지 재구성 : 부정적인 생각을 긍정적이고 유익한 생각으로 바꾸는 과정이다. 〈보기〉에서 부정적인 생각(파울을 할 것 같은 생각)을 멈추고, 긍정적이고 실행 가능한 생각(구름판을 강하게 밟자고 생각하는 것)으로 바꾸는 과정이 인지 재구성에 해당한다.
① 명상 : 마음을 차분하게 하고 내면의 평화를 찾는 기술이다.
② 자생 훈련 : 긴장을 풀고 신체적 이완을 촉진하는 기술이다.
④ 인지적 왜곡 : 부정적이고 비합리적인 생각 패턴이다.

ANSWER 4.② 5.③

6 반두라(A. Bandura)가 제시한 4가지 정보원에서 자기효능감에 가장 큰 영향력을 미치는 것은?

① 대리경험
② 성취경험
③ 언어적 설득
④ 정서적/신체적 상태

Advice 스포츠수행의 심리적 요인 ·····································
② 성취경험 : 성공적인 경험은 자기효능감을 높이는 데 가장 큰 영향력을 부여한다. 자신이 과거에 특정 과제를 성공적으로 수행한 경험을 통해 얻는 자신감이다.
① 대리경험 : 다른 사람의 성공적인 수행을 관찰함으로써 얻는 자신감이다.
③ 언어적 설득 : 다른 사람의 격려나 긍정적인 피드백을 통해 얻는 자신감이다.
④ 정서적/신체적 상태 : 자신의 정서적 및 신체적 상태가 자기효능감에 영향을 준다.

7 운동발달의 단계가 순서대로 바르게 제시된 것은?

① 반사단계 → 기초단계 → 기본움직임단계 → 성장과 세련단계 → 스포츠기술단계 → 최고수행단계 → 퇴보단계
② 기초단계 → 기본움직임단계 → 반사단계 → 스포츠기술단계 → 성장과 세련단계 → 최고수행단계 → 퇴보단계
③ 반사단계 → 기초단계 → 기본움직임단계 → 스포츠기술단계 → 성장과 세련단계 → 최고수행단계 → 퇴보단계
④ 기초단계 → 기본움직임단계 → 반사단계 → 성장과 세련단계 → 스포츠기술단계 → 최고수행단계 → 퇴보단계

Advice 인간운동행동의 이해 ·····································
※ 운동발달의 단계
  ㉠ 반사단계 : 출생 직후의 반사적 움직임이 주로 나타나는 단계이다.
  ㉡ 기초단계 : 기본적인 움직임 패턴이 형성되기 시작하는 단계이다.
  ㉢ 기본움직임단계 : 걷기, 뛰기, 던지기 등 기초적인 움직임이 발달하는 단계이다.
  ㉣ 스포츠기술단계 : 특정 스포츠와 관련된 기술이 발달하는 단계이다.
  ㉤ 성장과 세련단계 : 스포츠 기술이 세련되고 복잡한 움직임이 발달하는 단계이다.
  ㉥ 최고수행단계 : 신체적 능력이 최고조에 이르는 단계이다.
  ㉦ 퇴보단계 : 나이가 들면서 신체적 능력이 점차 감소하는 단계이다.

ANSWER 6.② 7.③

8 〈보기〉에서 연습방법에 관한 설명으로 옳은 것만을 모두 고른 것은?

───── 보기 ─────
㉠ 집중연습은 연습구간 사이의 휴식시간이 연습시간보다 짧게 이루어진 연습방법이다.
㉡ 무선연습은 선택된 연습과제들을 순서에 상관없이 무작위로 연습하는 방법이다.
㉢ 분산연습은 특정 운동기술과제를 여러 개의 하위 단위로 나누어 연습하는 방법이다.
㉣ 전습법은 한 가지 운동기술과제를 구분 동작 없이 전체적으로 연습하는 방법이다.

① ㉠, ㉡
② ㉢, ㉣
③ ㉠, ㉡, ㉣
④ ㉠, ㉢, ㉣

Advice 인간운동행동의 이해
㉢ 분산연습은 연습과 연습 사이의 휴식시간이 긴 연습방법이다. 특정 운동기술과제를 여러 개의 하위 단위로 나누어 연습하는 방법은 세분화연습이다.
㉠ 집중연습 : 연습구간 사이의 휴식시간이 연습시간보다 짧은 연습방법이다.
㉡ 무선연습 : 선택된 연습과제들을 순서에 상관없이 무작위로 연습하는 방법이다.
㉣ 전습법 : 한 가지 운동기술과제를 구분 동작 없이 전체적으로 연습하는 방법이다.

9 미국 응용스포츠심리학회(AAASP)의 스포츠심리상담 윤리 규정이 아닌 것은?

① 스포츠에 참여하는 모든 사람과 전문적인 상담을 진행한다.
② 직무수행상 자신의 한계를 인식하고 한계를 넘는 주장과 행동은 하지 않는다.
③ 회원 스스로 윤리적인 행동을 실천하고 남에게 윤리적 행동을 하도록 적극적으로 권장한다.
④ 다른 전문가에 의한 서비스 수행 촉진, 책무성 확보, 기관이나 법적의무 완수 등의 목적을 위해 상담이나 연구 결과를 기록으로 남긴다.

Advice 스포츠심리상담
① 윤리 규정은 전문적인 상담이 필요한 경우에 한하여 이를 진행하는 것을 권장한다. 모든 사람에게 전문적인 상담을 진행하는 것은 스포츠심리상담 윤리 규정에 해당하지 않는다.

10 운동학습에 의한 인지역량의 변화에 관한 설명으로 옳지 않은 것은?

① 정보를 처리하는 속도가 빨라진다.
② 주의집중 역량을 활용하는 주의 체계의 역량이 좋아진다.
③ 운동과제 수행의 수준과 환경의 요구에 대한 근골격계의 기능이 효율적으로 좋아진다.
④ 새로운 정보와 기존의 정보를 연결하여 정보를 쉽게 보유할 수 있는 기억체계 역량이 좋아진다.

Advice 인간운동행동의 이해
③ 운동학습에 의한 인지역량의 변화가 아니라, 운동학습에 따른 신체적·근골격계의 변화에 대한 것이다.

ANSWER 8.③ 9.① 10.③

11 〈보기〉가 설명하는 기억의 유형은?

―보기―
- 학창 시절 자전거를 타고 학교에 등하교 했던 A는 오랜 기간 자전거를 타지 않았음에도 불구하고 여전히 자전거를 탈 수 있다.
- 어린 시절 축구선수로 활동했던 B는 축구의 슛 기술을 어떻게 수행하는지 시범 보일 수 있다.

① 감각 기억(sensory memory)
② 일화적 기억(episodic memory)
③ 의미적 기억(semantic memory)
④ 절차적 기억(procedural memory)

Advice 인간운동행동의 이해

④ 절차적 기억 : 어떤 기술이나 동작을 수행하는 방법에 대한 기억이다. 자전거 타기나 축구 기술 시연처럼 특정한 행동을 수행하는 능력과 관련이 있다.
① 감각 기억 : 감각 자극을 매우 짧은 시간 동안 저장하는 기억 유형이다. 즉각적이고 일시적인 정보 저장을 담당한다.
② 일화적 기억 : 개인의 삶에서 일어난 사건이나 경험에 대한 기억이다. 특정 시간과 장소에 대한 구체적인 정보가 있다.
③ 의미적 기억 : 일반적인 지식, 사실, 개념 등에 대한 기억으로, 특정한 사건 등이 있다.

12 〈보기〉는 피들러(F. Fiedler)의 상황부합 리더십 모형이다. 〈보기〉의 ㉠, ㉡에 들어갈 내용을 바르게 나열한 것은?

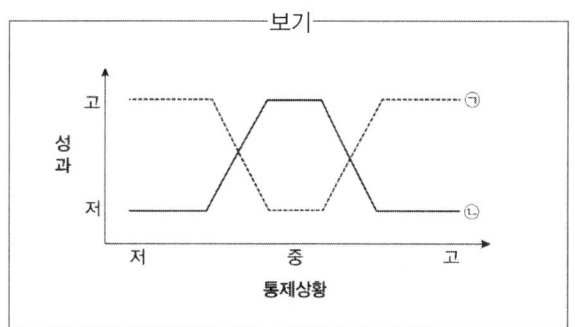

	㉠	㉡
①	관계지향리더	과제지향리더
②	과제지향리더	관계지향리더
③	관계지향리더	민주주의리더
④	과제지향리더	권위주의리더

Advice 스포츠수행의 사회 심리적 요인

㉠ 과제지향리더 : 높은 통제성(상황이 매우 호의적)과 낮은 통제성(상황이 매우 비호의적) 상황에서 더 효과적이다.
㉡ 관계지향리더 : 중간 정도의 통제성(상황이 중간 정도로 호의적) 상황에서 더 효과적이다.

※ 피들러(F. Fiedler)의 상황부합 리더십
  ㉠ 작업 수행과 목표 달성에 초점을 맞추며, 과업의 효율성을 중시하는 과제지향 리더와 팀원들과의 관계 형성, 팀의 화합, 그리고 팀원들의 만족을 중시하는 관계지향 리더로 분류한다.
  ㉡ 리더-구성원 관계, 과업 구조, 리더의 권한 요소로 리더십의 효과가 결정된다.
  ㉢ 요소에 따라 상황의 호의성을 평가한다.
  ㉣ 과제지향 리더는 매우 호의적인 상황과 매우 비호의적인 상황에서 효과적이다. 관계지향 리더는 중간 정도의 호의적인 상황에서 효과적이다.

ANSWER 11.④ 12.②

13 〈보기〉는 아이젠(I. Ajzen)의 계획행동이론이다. 〈보기〉의 ㉠~㉢에 들어갈 개념을 바르게 나열한 것은?

─ 보기 ─

(㉠)는 행동을 수행하는 것에 대한 개인의 정서적이고 평가적인 요소를 반영한다. (㉡)은/는 어떤 행동을 할 것인지 또는 안 할 것인지에 대해 개인이 느끼는 사회적 압력을 말한다. 어떠한 행동은 개인의 (㉢)에 따라 그 행동 여부가 결정된다. (㉣)은/는 어떤 행동을 하기가 쉽거나 어려운 정도에 대한 인식 정도를 의미한다.

	㉠	㉡	㉢	㉣
①	태도	의도	주관적 규범	행동통제인식
②	의도	주관적 규범	행동통제인식	태도
③	태도	주관적 규범	의도	행동통제인식
④	의도	태도	행동통제인식	주관적 규범

✅ **Advice** 운동심리학

㉠ 행동을 수행하는 것에 대한 개인의 정서적이고 평가적인 요소를 반영하는 것은 태도이다.
㉡ 주관적 규범은 어떤 행동을 할 것인지 또는 안 할 것인지에 대해 개인이 느끼는 사회적 압력이다.
㉢ 의도는 행동을 할지 말지 결정하는 개인의 의지이다.
㉣ 행동통제인식은 행동을 하기가 쉽거나 어려운 정도에 대한 개인의 인식을 의미한다.
※ 아이젠(I. Ajzen)의 계획행동이론
특정 행동을 수행하려는 의도가 그 행동을 실제로 수행하게 만드는 주요 결정 요인이라는 것이다. 구성요소에는 태도, 주관적 규범, 행동통제인식, 의도, 실제 행동이 있다. '태도, 주관적 규범, 행동통제인식 → 의도 → 행동'의 관계이다.

14 〈보기〉에서 정보처리이론에 관한 설명으로 옳은 것만을 모두 고른 것은?

─ 보기 ─

㉠ 정보처리이론은 인간을 능동적인 정보처리자로 설명한다.
㉡ 도식이론은 기억흔적과 지각흔적의 작용으로 움직임을 생성하고 제어한다고 설명한다.
㉢ 개방회로이론은 대뇌피질에 저장된 운동프로그램을 통해 움직임을 생성하고 제어한다고 설명한다.
㉣ 폐쇄회로이론은 정확한 동작에 관한 기억을 수행 중인 움직임과 비교한 피드백 정보를 활용하여 움직임을 생성하고 제어한다고 설명한다.

① ㉠, ㉡
② ㉢, ㉣
③ ㉠, ㉡, ㉣
④ ㉠, ㉢, ㉣

✅ **Advice** 인간운동행동의 이해

㉡ 도식이론은 운동 학습과 수행을 설명하기 위해 사용된다. 기억흔적과 지각흔적이 아니라 일반화된 운동 프로그램과 회상의 도식, 인지적 도식을 활용한다.

ANSWER 13.③ 14.④

15 〈보기〉의 ㉠~㉢에 들어갈 개념을 바르게 나열한 것은?

―― 보기 ――
- (㉠) : 타인의 존재가 과제수행에 미치는 영향을 말한다.
- (㉡) : 타인의 존재만으로도 각성과 욕구가 생긴다.
- (㉢) : 타인의 존재가 운동과제에 대한 집중을 방해하기도 하지만, 수행자의 욕구 수준을 증가시키기도 한다.

	㉠	㉡	㉢
①	사회적 촉진	단순존재가설	주의 분산/갈등 가설
②	사회적 촉진	단순존재가설	평가우려가설
③	단순존재가설	관중효과	주의 분산/갈등 가설
④	단순존재가설	관중효과	평가우려가설

☑ **Advice** 스포츠수행의 사회 심리적 요인 ··············

㉠ 사회적 촉진 : 타인의 존재가 과제 수행에 미치는 영향으로 타인의 존재는 수행을 촉진하거나 방해할 수 있다. 잘 학습된 과제에서는 촉진 효과가 나타나고, 학습이 덜 된 과제에서는 방해 효과가 나타난다.
㉡ 단순존재가설 : 타인의 단순한 존재만으로도 각성과 욕구가 생긴다는 이론으로 타인이 존재하는 것만으로도 수행자의 각성 수준이 증가한다는 것을 의미한다.
㉢ 주의 분산/갈등 가설 : 타인의 존재가 운동과제에 대한 집중을 방해할 수 있으며 동시에 수행자의 욕구 수준을 증가시킨다는 가설이다. 타인의 존재는 주의가 분산되거나 갈등을 유발하여 수행에 영향을 준다.

16 힉스(W. Hick)의 법칙에 관한 설명으로 옳은 것은?

① 자극-반응 대안의 수가 증가할수록 반응시간은 길어진다.
② 근수축을 통해 생성한 힘의 양에 따라 움직임의 정확성이 달라진다.
③ 두 개의 목표물 간의 거리와 목표물의 크기에 따라 움직임 시간이 달라진다.
④ 움직임의 속력이 증가하면 정확도가 떨어지는 속력-정확성 상쇄(speed-accuracy trade-off) 현상이 나타난다.

☑ **Advice** 인간운동행동의 이해 ··············

① 힉스의 법칙(W. Hick's Law)은 정보 이론에서 나온 개념으로, 자극-반응 대안의 수가 증가할수록 반응시간이 길어진다는 법칙이다. 인간의 정보 처리 능력이 제한되어 있음을 나타내고, 선택할 수 있는 대안이 많아질수록 결정하는 데 시간이 더 많이 걸린다는 것을 의미한다.
②④ 운동제어 이론과 관련된다.
③ 핏츠의 법칙(Fitts' Law)에 대한 설명이다.

ANSWER 15.① 16.①

17 〈보기〉의 ㉠에 들어갈 용어는?

―보기―
- 복싱선수가 상대의 펀치를 맞고 실점하는 장면이 계속해서 떠오른다.
- 이 선수는 (㉠)을/를 높이는 훈련이 필요하다.

① 내적 심상
② 외적 심상
③ 심상 조절력
④ 심상 선명도

✓ Advice   스포츠수행의 심리적 요인

③ 복싱선수가 상대의 펀치를 맞고 실점하는 장면이 계속해서 떠오른다는 것은 부정적인 심상이 자주 떠오른다는 것이다. 심상을 의도적으로 조절하고 원하는 이미지를 떠올릴 수 있는 능력인 심상조절력에 해당한다.
① 내적 심상: 자신이 직접 그 상황을 경험하는 것처럼 이미지화하는 과정이다.
② 외적 심상: 외부에서 자신을 관찰하는 것처럼 이미지화하는 과정이다.
④ 심상 선명도: 심상이 얼마나 생생하고 선명하게 떠오르는지를 의미한다.

18 〈보기〉의 ㉠, ㉡에 들어갈 운동 수행에 관한 개념이 바르게 제시된 것은?

―보기―
- 운동 기술 과제가 너무 쉬울 때 (㉠)가 나타난다.
- 운동 기술 과제가 너무 어려울 때 (㉡)가 나타난다.

	㉠	㉡
①	학습 고원 (learning plateau)	슬럼프 (slump)
②	천장 효과 (ceiling effect)	바닥 효과 (floor effect)
③	웜업 감소 (warm-up decrement)	수행 감소 (performance decrement)
④	맥락 간섭 효과 (contextual-interference effect)	부적 전이 (negative transfer)

✓ Advice   스포츠수행의 심리적 요인

㉠ 운동 기술 과제가 너무 쉬울 때 나타나는 현상으로, 수행자가 쉽게 최고 수준의 수행에 도달해 더 이상의 향상이 어려운 상태는 천장 효과에 해당한다.
㉡ 운동 기술 과제가 너무 어려울 때 나타나는 현상으로, 수행자가 과제를 제대로 수행하지 못하고 매우 낮은 수준의 수행을 보이는 상태는 바닥효과에 해당한다.

ANSWER 17.③ 18.②

※ 운동 수행에 관한 개념
  ㉠ 학습 고원(learning plateau) : 학습 과정 중 일정 기간 동안 성과나 능력의 향상이 정체되는 현상으로, 학습 초기에는 성과가 빠르게 향상되지만, 어느 시점에 도달하면 더 이상의 진전이 나타나지 않다가 다시 향상이 시작되는 것이다.
  ㉡ 슬럼프(slump) : 성취나 수행의 일시적인 저하를 의미합니다. 운동 선수나 학습자가 지속적으로 높은 성과를 유지하다가 갑작스럽게 성과가 떨어지는 상태이다. 심리적 요인, 신체적 피로, 동기 저하 등 다양한 원인에 의해 발생한다.
  ㉢ 웜업 감소(warm-up decrement) : 활동을 시작할 때 초기 수행이 일시적으로 저하되는 현상이다. 운동이나 학습 활동을 시작할 때 발생하며 신체나 정신이 활동에 적응하면서 저하된 성과가 회복되는 과정에 해당한다.
  ㉣ 수행 감소(performance decrement) : 피로, 스트레스, 부상, 동기 저하, 환경적 요인 등에 의해서 수행 능력이 저하되는 현상이다.
  ㉤ 맥락 간섭 효과(contextual - interference effect) : 여러 과제를 섞어서 연습할 때, 학습 초기에는 성과가 떨어질 수 있지만, 장기적으로는 더 나은 학습 효과를 가져오는 현상이다.
  ㉥ 부적 전이(negative transfer) : 이전에 학습한 내용이나 기술이 새로운 과제 학습에 방해가 되는 현상이다. 기존의 습관이나 패턴이 새로운 과제의 요구와 충돌할 때 발생한다.

19 〈보기〉에서 운동 실천을 위한 환경적 영향요인을 모두 고른 것은?

―보기―
㉠ 지도자
㉡ 교육수준
㉢ 운동집단
㉣ 사회적 지지

① ㉠, ㉡
② ㉢, ㉣
③ ㉠, ㉡, ㉣
④ ㉠, ㉢, ㉣

Advice 운동심리학
㉡ 교육수준은 개인적 요인이다.

20 〈보기〉가 설명하는 개념은?

―보기―
농구 경기에서 수비수가 공격수의 첫 번째 페이크 슛 동작에 반응하면서, 바로 이어지는 두 번째 실제 슛 동작에 제대로 반응하지 못하는 현상이 발생한다.

① 스트룹 효과(Stroop effect)
② 무주의 맹시(inattention blindness)
③ 지각 협소화(perceptual narrowing)
④ 심리적 불응기(psychological-refractory period)

Advice 운동심리학
④ 심리적 불응기 : 두 자극이 연속적으로 제시될 때, 첫 번째 자극에 대한 반응이 완료되기 전에 두 번째 자극이 제시되면 두 번째 자극에 대한 반응 시간이 지연되는 현상이다.
① 스트룹 효과 : 반응을 일으키는 자극이 서로 충돌할 때 반응 시간이 지연되는 현상으로, 글자의 색상과 글자의 의미가 다를 때 반응이 느려지는 것이다.
② 무주의 맹시 : 주의를 기울이지 않은 사물을 인식하지 못하는 현상으로 주의가 다른 곳에 집중되어 있을 때, 눈앞에 명백하게 나타난 물체를 인식하지 못하는 것이다.
③ 지각 협소화 : 각성 수준이 높아지면서 주의 범위가 좁아지는 현상으로 높은 스트레스 상황에서 중요한 정보에만 집중하면서 주변 정보의 누락이 증가하는 것이다.

ANSWER 19.④ 20.④

한국체육사

1 〈보기〉에서 한국체육사에 관한 설명으로 옳은 것만을 모두 고른 것은?

―보기―
- ㉠ 한국 체육과 스포츠의 시대별 양상을 연구한다.
- ㉡ 한국 체육과 스포츠를 역사학적 방법으로 연구한다.
- ㉢ 한국 체육과 스포츠에 관한 역사 기술은 사실 확인보다 가치 평가가 우선한다.
- ㉣ 한국 체육과 스포츠의 과거를 살펴보고, 이를 통해 현재를 직시하고 미래를 조망한다.

① ㉠, ㉡, ㉢
② ㉠, ㉡, ㉣
③ ㉠, ㉢, ㉣
④ ㉡, ㉢, ㉣

☑ Advice 체육사의 의미 ································

㉢ 한국 체육사는 체육과 스포츠의 시대별 양상을 연구하며 역사학적 방법으로 접근한다. 과거의 체육과 스포츠를 살펴봄으로써 현재를 이해하고 미래를 전망하기도 한다. 가치 평가가 우선되는 것이 아닌 객관적인 사실 확인이 중요하다.

2 〈보기〉에서 신체활동이 행해진 제천의식과 부족국가가 바르게 연결된 것만을 모두 고른 것은?

―보기―
- ㉠ 무천 – 신라
- ㉡ 가배 – 동예
- ㉢ 영고 – 부여
- ㉣ 동맹 – 고구려

① ㉠, ㉡
② ㉢, ㉣
③ ㉠, ㉡, ㉣
④ ㉡, ㉢, ㉣

☑ Advice 선사·삼국시대 ································

㉠㉡ 무천은 동예의 제천의식이고, 가배는 신라의 제천의식에 해당한다.

ANSWER 1.② 2.②

3 〈보기〉에 해당하는 부족국가시대 신체활동의 목적은?

―보기―
중국 역사 자료인 「위지·동이전 (魏志·東W傳)」에 따르면, "나이 어리고 씩씩한 청년들의 등가죽을 뚫고 굵은 줄로 그곳을 꿰었다. 그리고 한 장(一丈) 남짓의 나무를 그곳에 매달고 온종일 소리를 지르며 일을 하는데도 아프다고 하지 않고, 착실하게 일을 한다. 이를 큰사람이라 부른다."

① 주술의식
② 농경의식
③ 성년의식
④ 제천의식

Advice 선사·삼국시대

③ 〈보기〉에서는 청년들이 고통을 견디며 특정한 의식을 수행하는 내용으로 성년이 되는 과정을 의미하는 성년의식에 해당한다. 성년의식에는 부족사회에서 청소년들이 성인이 되기 위해 통과해야 하는 의례로, 신체적 고통을 견디는 과정이 있다.
① 주술의식 : 초자연적인 힘이나 신비한 힘을 빌어 특정한 목적을 이루기 위해 행하는 의식이다.
② 농경의식 : 농업과 관련된 의식으로 풍년을 기원하거나 농작물의 수확을 축하하기 위한 것으로 농작물의 생장과 수확에 영향을 미치는 자연의 힘에 대한 감사와 기원을 한다.
④ 제천의식 : 하늘에 제사를 지내는 의식이다. 천신에게 감사하거나 축복을 빌기 위해 진행되며 공동체의 안녕과 번영을 기원하는 목적이 있다.

4 〈보기〉에서 삼국시대의 무예에 관한 설명으로 옳은 것만을 모두 고른 것은?

―보기―
㉠ 신라 : 궁전법(弓箭法)을 통해 인재를 등용하였다.
㉡ 고구려 : 경당(扃堂)에서 활쏘기 교육이 이루어졌다.
㉢ 백제 : 훈련원(訓鍊院)에서 무예 시험과 훈련이 행해졌다.

① ㉠, ㉡
② ㉠, ㉢
③ ㉡, ㉢
④ ㉠, ㉡, ㉢

Advice 선사·삼국시대

㉢ 훈련원은 조선 시대의 군사 교육 기관에 해당한다.

ANSWER 3.③ 4.①

5 고려시대 최고 교육기관과 무학(武學) 교육이 바르게 연결된 것은?

① 성균관(成均館) - 대빙재(待將齋)
② 성균관(成均館) - 강예재(講藝齋)
③ 국자감(國子監) - 대빙재(待將齋)
④ 국자감(國子監) - 강예재(講藝齋)

Advice 고려 · 조선시대
④ 국자감은 고려시대의 최고 교육기관에 해당한다. 강예재는 국자감 내에서 무학 교육을 담당하는 기관이었다.
① 성균관은 조선시대의 최고 교육기관이자 국립대학에 해당한다. 주로 유교 경전을 가르치며 관리 양성을 목표로 하는 기관이었다. 대빙재는 고려시대에 둔 칠재(七齋)의 하나로 상서(尙書)를 익히던 분야이다.

6 고려시대의 신체활동에 관한 설명으로 옳지 않은 것은?

① 기격구(騎擊毬) : 서민층이 유희로 즐겼다.
② 궁술(弓術) : 국난을 대비하여 장려되었다.
③ 마술(馬術) : 무인의 덕목 중 하나로 장려되었다.
④ 수박(手搏) : 무관이나 무예 인재의 선발에 활용되었다.

Advice 고려 · 조선시대
① 기격구는 말을 타고 하는 격구로, 주로 귀족층이나 무사 계층이 즐긴 스포츠였다.

7 석전(石戰)의 성격에 관한 설명으로 옳지 않은 것은?

① 관료 선발에 활용되었다.
② 명절에 종종 행해지던 민속놀이였다.
③ 전쟁에 대비한 군사훈련에 활용되었다.
④ 실전 부대인 석투군(石投軍)과 관련이 있었다.

Advice 고려 · 조선시대
① 석전은 돌을 던지는 전투 형태의 놀이로, 주로 민간에서 명절이나 행사 때 행해지던 민속놀이이다. 관료 선발과는 무관하다.

8 조선시대 서민층이 주로 행했던 민속놀이와 설명으로 옳지 않은 것은?

① 추천(鞦韆) : 단오절이나 한가위에 즐겼다.
② 각저(角抵), 각력(角力) : 마을 간의 겨룸이 있었는데, 풍년 기원의 의미도 있었다.
③ 종정도(從政圖), 승경도(勝景圖) : 관직 체계의 이해와 출세 동기 부여의 뜻이 담겨 있었다.
④ 삭전(索戰), 갈전(葛戰) : 농경사회의 대표적인 민속놀이로서 농사의 풍흉(豊凶)을 점치는 의미도 있었다.

Advice 고려 · 조선시대
③ 종정도(從政圖), 승경도(勝景圖) : 관직 체계의 이해와 출세 동기 부여와 관련된 그림이나 놀이에 해당한다. 상류층이나 학문을 공부하는 계층이 하는 것으로 서민층이 주로 행했던 민속놀이와는 거리가 있다.

9 조선시대의 무예서에 관한 설명으로 옳지 않은 것은?

① 「무예도보통지(武藝圖譜通志)」: 정조의 명에 따라 24기의 무예가 수록, 간행되었다.
② 「무예신보(武藝新譜)」: 사도세자의 주도 하에 18기의 무예가 수록, 간행되었다.
③ 「권보(拳譜)」: 광해군의 명에 따라 「무예제보」에 수록되지 않은 4기의 무예가 수록, 간행되었다.
④ 「무예제보(武藝諸譜)」: 선조의 명에 따라 전란 중에 긴급하게 필요 했던 단병기 6기가 수록, 간행되었다.

Advice 고려·조선시대
③ 「무예제보」에는 「권보」가 수록되지 않았다.

10 〈보기〉에서 조선시대의 궁술에 관한 설명으로 옳은 것만을 모두 고른 것은?

── 보기 ──
㉠ 군사훈련의 수단이었다.
㉡ 무과(武科) 시험의 필수 과목이었다.
㉢ 심신 수련을 위한 학사사상(學射思想)이 강조되었다.
㉣ 불국토사상(佛國土思想)을 토대로 훈련이 이루어졌다.

① ㉠, ㉡
② ㉢, ㉣
③ ㉠, ㉡, ㉢
④ ㉡, ㉢, ㉣

Advice 고려·조선시대
㉣ 불국토사상은 불교적 사상으로 궁술과는 연관이 없다.

11 고종(高宗)의 교육입국조서(敎育立國詔書)에서 삼양(三養)이 표기된 순서는?

① 덕양(德養), 체양(體養), 지양(智養)
② 덕양(德養), 지양(智養), 체양(體養)
③ 체양(體養), 지양(智養), 덕양(德養)
④ 체양(體養), 덕양(德養), 지양(智養)

Advice 한국 근·현대
고종(高宗)의 교육입국조서(敎育立國詔書)에서 삼양(三養)이 표기된 순서는 덕양(德養), 체양(體養), 지양(智養)에 해당한다. 덕양(德養)은 오륜(五倫)의 행실로 풍속의 기강을 문란하게 하지 않고 질서 유지 및 사회 행복 증진을 위한 것이다. 체양(體養)은 동작에 일정함으로 안일하지 않고 고난을 피하지 말고 신체를 건강하게 유지하라는 것이다. 지양(智養)은 사물의 이치를 연구하고 본성을 구별하지 말고 통달하여 대중의 이익을 도모하라는 것이다.

ANSWER 9.③ 10.③ 11.①

12 〈보기〉에서 설명하는 개화기의 기독교계 학교는?

―― 보기 ――
- 헐벗(H.B. Hulbert)이 도수체조를 지도하였다.
- 1885년 아펜젤러(H.G. Appenzeller)가 설립하였다.
- 과외활동으로 야구, 축구, 농구 등의 스포츠를 실시하였다.

① 경신학당
② 이화학당
③ 숭실학교
④ 배재학당

✓**Advice** 한국 근·현대 ··
① 경신학당: 1885년에 미국 북장로교 선교사인 언더우드(Horace Grant Underwood)에 의해 설립된 학교이다. 한국 최초의 근대식 중등 교육기관 중에 하나이다.
② 이화학당: 1886년에 메리 스크랜턴(Mary F. Scranton)에 의해 설립된 한국 최초의 여성 교육기관이다. 이화여자대학교의 전신으로, 한국 여성 교육의 선구자 역할을 했다.
③ 숭실학교: 1897년에 미국 북장로교 선교사 배커(Baecher)에 의해 평양에서 설립된 학교이다. 한국에서 최초로 서구식 학제를 도입한 학교로 과학과 기술 교육을 주요하게 하였다.

13 개화기 학교 운동회에 관한 설명으로 옳지 않은 것은?

① 민족의식을 고취하는 역할을 하였다.
② 초기에는 구기 종목이 주로 이루어졌다.
③ 사회체육 발달의 촉진제 역할을 하였다.
④ 근대스포츠의 도입과 확산에 기여하였다.

✓**Advice** 한국 근·현대 ··
② 초기에는 구기 종목보다는 육상 경기가 주로 이루어졌다.

14 다음 중 개화기에 설립된 체육단체가 아닌 것은?

① 대한체육구락부
② 조선체육진흥회
③ 대동체육구락부
④ 황성기독교청년회운동부

✓**Advice** 한국 근·현대 ··
② 일제강점기 시기에 설립된 체육단체이다.

ANSWER 12.④ 13.② 14.②

15 〈보기〉의 활동을 주도한 체육사상가는?

―보기―
- 체조 강습회 개최
- 체육 활동의 저변 확대를 위해 대한국민체육회 창립
- 체육 활동을 통한 애국심 고취를 위해 광무학당 설립

① 서재필
② 문일평
③ 김종상
④ 노백린

☑Advice 한국 근·현대 ·····

④ 노백린은 조선시대 말기와 일제강점기에 활동한 체육사상가로, 체조 강습회를 개최하고 대한국민체육회를 창립하는 등 체육 활동의 저변 확대와 애국심 고취를 위해 노력한 인물이다.
① 서재필(1864-1951)은 조선 말기와 일제강점기 시대의 개혁가, 언론인, 의사, 독립운동가이다. 독립신문을 창간하여 언론을 통해 민중계몽과 개혁을 주도했다.
② 문일평(1888-1939)은 한국의 독립운동가이자 사학자이다. 조선학 운동을 주도하며 한국의 역사와 문화를 연구하고 보존했다.
③ 김종상(1896-1984)은 한국 근현대사의 교육자이자 체육인으로 일제강점기와 해방 후의 교육발전에 기여했다.

16 일제강점기의 체육사적 사실에 관한 설명으로 옳지 않은 것은?

① 원산학사가 설립되었다.
② 체조교수서가 편찬되었다.
③ 학교에서 체조가 필수 과목이 되었다.
④ 황국신민체조가 학교체육에 포함되었다.

☑Advice 한국 근·현대 ·····

① 원산학사는 1883년에 설립된 한국 최초의 근대식 교육기관으로 일제강점기 이전에 설립되었다.

17 〈보기〉에서 일제강점기의 조선체육회에 관한 설명으로 옳은 것만을 모두 고른 것은?

―보기―
㉠ '전조선축구대회'를 창설하였다.
㉡ 조선체육협회에 강제로 흡수되었다.
㉢ 국내 운동가, 일본 유학 출신자 등이 설립하였다.
㉣ 종합체육대회 성격의 전조선종합경기대회를 개최하였다.

① ㉠, ㉡
② ㉢, ㉣
③ ㉡, ㉢, ㉣
④ ㉠, ㉡, ㉢, ㉣

☑Advice 한국 근·현대 ·····

㉠ 조선체육회는 '전조선축구대회'를 창설하여 축구를 비롯한 여러 스포츠 대회를 개최하였다.
㉡ 일제강점기 후반 조선체육회는 조선체육협회에 강제로 흡수되었다.
㉢ 조선체육회는 국내 운동가들과 일본 유학 출신자들에 의해 설립되었다.
㉣ 조선체육회는 종합체육대회인 전조선종합경기대회를 개최하여 다양한 종목의 경기를 진행하였다.

ANSWER 15.④ 16.① 17.④

18 〈보기〉의 괄호 안에 들어갈 일제강점기의 체육사상가는?

―보기―
( )은/는 '체육 조선의 건설'이라는 글에서 사회를 강하게 하는 것은 구성원의 힘을 강하게 하는 것이며, 그 방법은 교육이며, 여러 교육의 기초는 체육이라고 강조하였다.

① 박은식 ② 조원희
③ 여운형 ④ 이기

☑ **Advice** 한국 근·현대 ··
③ 여운형은 일제강점기 시기에 활동한 독립운동가이자 체육사상가로, '체육 조선의 건설'이라는 글에서 체육의 중요성을 강조한 인물이다.
① 박은식(1859~1925)은 한국의 독립운동가, 사학자, 언론인이다. 한국통사, 한국독립운동지혈사 등의 저서가 있다.
② 조원희(1895~1981)는 한국의 교육자이자 체육인으로, 일제강점기와 해방 이후 한국 체육 교육의 발전에 기여했다.
④ 이기(1896~1984)는 한국의 교육자, 정치가로, 일제강점기와 해방 이후 한국의 교육과 정치 분야에서 중요한 역할을 했다. 한국체육회장과 교육부 장관을 역임하며 체육과 교육의 발전에 기여했다.

19 대한민국 정부의 체육정책 담당 부처의 변천 순서가 옳은 것은?

① 체육부 → 문화체육관광부 → 문화체육부
② 체육부 → 문화체육부 → 문화체육관광부
③ 문화체육부 → 체육부 → 문화체육관광부
④ 문화체육부 → 문화체육관광부 → 체육부

☑ **Advice** 한국 근·현대 ··
② 대한민국 정부의 체육정책 담당 부처는 '체육부 → 문화체육부 → 문화체육관광부' 순서로 변하였다.

20 〈보기〉는 국제대회에서 한국 여자 대표팀이 거둔 성과를 나타낸 것이다. 〈보기〉의 ㉠~㉢에 들어갈 종목이 바르게 제시된 것은?

―보기―
• (㉠) : 1973년 사라예보 세계선수권대회에서 단체전 우승 달성
• (㉡) : 1976년 몬트리올 올림픽대회에서 구기 종목 사상 최초의 동메달 획득
• (㉢) : 1988년 서울 올림픽대회에서 당시 최강국을 이기고 금메달 획득

	㉠	㉡	㉢
①	배구	핸드볼	농구
②	배구	농구	핸드볼
③	탁구	핸드볼	배구
④	탁구	배구	핸드볼

☑ **Advice** 한국 근·현대 ··
㉠ 1973년 사라예보 세계선수권대회에서 한국 여자 탁구 대표팀이 단체전 우승을 달성했다.
㉡ 1976년 몬트리올 올림픽대회에서 한국 여자 배구 대표팀이 구기 종목 사상 최초로 동메달을 획득했다.
㉢ 1988년 서울 올림픽대회에서 한국 여자 핸드볼 대표팀이 당시 최강국을 이기고 금메달을 획득했다.

ANSWER 18.③ 19.② 20.④

운동생리학

1 지구성 훈련에 의한 지근섬유(Type I)의 생리적 변화로 옳지 않은 것은?

① 모세혈관 밀도 증가
② 마이오글로빈 함유량 감소
③ 미토콘드리아의 수와 크기 증가
④ 절대 운동강도에서의 젖산 농도 감소

✓ **Advice** 골격근과 운동
② 마이오글로빈은 산소를 저장하고 운반하는 역할을 한다. 지구성 훈련을 통해 함유량이 증가하여 산소 공급을 원활하게 한다.

2 유산소성 트레이닝을 통한 근육 내 미토콘드리아 변화와 관련된 설명으로 옳지 않은 것은?

① 근원섬유 사이의 미토콘드리아 밀도 증가
② 근육 내 젖산과 수소 이온(H^+) 생성 감소
③ 손상된 미토콘드리아 분해 및 제거율 감소
④ 근육 내 크레아틴인산(phosphocreatine) 소모량 감소

✓ **Advice** 골격근과 운동
③ 유산소성 트레이닝은 오토파지(autophagy) 과정을 활성화시켜 손상된 미토콘드리아를 더 효과적으로 제거하고 분해한다.

3 운동 중 지방분해를 촉진하는 요인으로 옳지 않은 것은?

① 인슐린 증가
② 글루카곤 증가
③ 에피네프린 증가
④ 순환성(cyclic) AMP 증가

✓ **Advice** 내분비계와 운동
① 인슐린은 지방 합성을 촉진하고 지방분해를 억제하는 호르몬이다. 운동 중 인슐린 수준이 감소하면 지방분해가 촉진된다.

4 운동에 대한 심혈관 반응에 관한 설명으로 옳은 것은?

① 점증 부하 운동 시 심근산소소비량 감소
② 고강도 운동 시 내장 기관으로의 혈류 분배 비율 증가
③ 일정한 부하의 장시간 운동 시 시간 경과에 따른 심박수 감소
④ 고강도 운동 시 활동근의 세동맥(arterioles) 확장을 통한 혈류량 증가

✓ **Advice** 호흡·순환계와 운동
① 점증 부하 운동에서는 운동 강도가 증가함에 따라 심근 산소 소비량이 증가한다.
② 고강도 운동 시에는 활동근으로의 혈류량이 증가하고 내장 기관으로의 혈류 분배는 감소한다.
③ 일정한 부하의 장시간 운동 시 심박수는 체온 증가와 탈수 등으로 인해 서서히 증가하는 경향은 심혈관 부하(cardiovascular drift)이다.

ANSWER 1.② 2.③ 3.① 4.④

5 〈보기〉의 ㉠, ㉡에 들어갈 용어가 바르게 나열된 것은?

─── 보기 ───
- 심장의 부담을 나타내는 심근산소소비량은 심박수와 (㉠)을 곱하여 산출한다.
- 산소섭취량이 동일한 운동 시 다리 운동이 팔 운동에 비해 심근산소소비량이 더 (㉡)나타난다.

	㉠	㉡
①	1회 박출량	높게
②	1회 박출량	낮게
③	수축기 혈압	높게
④	수축기 혈압	낮게

☑ **Advice** 호흡·순환계와 운동 ·····························

㉠ 심근산소소비량은 심장의 부담이다. 심박수(HR)와 수축기 혈압(SBP)을 곱하여 산출한다.
㉡ 동일한 산소섭취량에서 팔 운동은 다리 운동보다 상대적으로 더 높은 심박수와 혈압 반응을 유발한다. 팔 운동이 다리 운동보다 더 작은 근육 그룹을 사용하므로 혈액 공급을 위한 심장의 부담이 더 크다. 산소섭취량이 동일한 경우에는 다리 운동은 팔 운동보다 심근 산소소비량이 낮다.

6 골격근의 수축 특성을 결정하는 요인에 대한 설명 중 〈보기〉의 ㉠, ㉡에 들어갈 용어가 바르게 연결된 것은?

─── 보기 ───
- 특이장력 = 근력 / (㉠)
- 근파워 = 힘 × (㉡)

	㉠	㉡
①	근횡단면적	수축속도
②	근횡단면적	수축시간
③	근파워	수축속도
④	근파워	수축시간

☑ **Advice** 골격근과 운동 ·····························

㉠ 특이장력은 근육의 횡단면적 당 근력(힘)을 나타내는 지표이다. 근력(N)을 근횡단면적으로 나누어 계산한다.
㉡ 근파워는 일정 시간 동안 발휘할 수 있는 힘의 양이다. 힘(N)과 수축속도(m/s)의 곱으로 계산한다.

ANSWER 5.④ 6.①

7 〈보기〉의 ㉠~㉢에 들어갈 용어가 바르게 나열된 것은?

―보기―

수용기	역할
근방추	(㉠) 정보 전달
골지건기관	(㉡) 정보 전달
근육의 화학수용기	(㉢) 정보 전달

	㉠	㉡	㉢
①	근육의 길이	근육 대사량	힘 생성량
②	근육 대사량	힘 생성량	근육의 길이
③	근육 대사량	근육의 길이	힘 생성량
④	근육의 길이	힘 생성량	근육 대사량

✓**Advice**　신경조절과 운동 ················
㉠ 근방추는 근육의 길이를 감지하여 이를 중추 신경계로 전달하는 역할을 한다.
㉡ 골지건기관은 근육의 힘 생성량(근력)을 감지하여 이를 중추 신경계로 전달하는 역할을 한다.
㉢ 근육의 화학수용기는 근육의 대사 상태, 즉 대사량을 감지하여 이를 중추 신경계로 전달하는 역할을 한다.

8 〈그림〉은 도피반사(withdrawal reflex)와 교차신전반사(crossed-extensor reflex)를 나타낸 것이다. 이에 관한 설명으로 옳지 않은 것은?

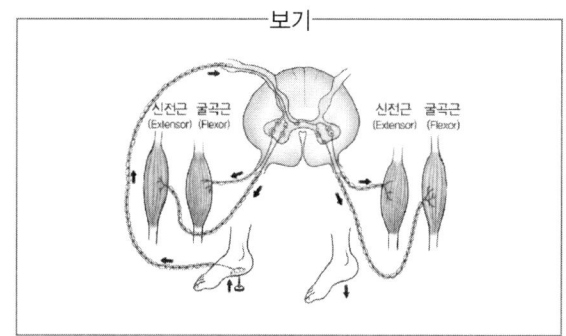

① 반사궁 경로를 통해 통증 자극에 대한 빠른 반사가 일어난다.
② 통증 수용기로부터 활동전위가 발생하여 척수로 전달된다.
③ 신체 균형을 유지하기 위해 반대편 대퇴의 굴곡근 수축이 억제된다.
④ 통증을 회피하기 위해 통증 부위 대퇴의 굴곡근과 신전근이 동시에 수축된다.

✓**Advice**　신경조절과 운동 ················
④ 도피반사에서는 통증 부위의 굴곡근이 수축하고 신전근이 이완되어 다리를 들어 올린다.

ANSWER　7.④　8.④

9 〈보기〉에서 고온 환경의 장시간 최대하 운동 시 운동수행능력을 저하시키는 요인으로 옳은 것만을 모두 고른 것은? (단, 심각한 탈수 현상은 발생하지 않는 환경)

─── 보기 ───
㉠ 글리코겐 고갈 가속
㉡ 근혈류량 감소
㉢ 1회 박출량 감소
㉣ 운동단위 활성 감소

① ㉠, ㉢
② ㉠, ㉡, ㉣
③ ㉡, ㉢, ㉣
④ ㉠, ㉡, ㉢, ㉣

☑ **Advice** 환경과 운동 ··

㉠ 고온 환경에서는 신체 대사가 빨라지며 글리코겐의 사용이 증가하여 빨리 고갈될 수 있다.
㉡ 고온 환경에서는 체온 조절을 위해 피부로의 혈류가 증가하고, 이로 인해 근육으로의 혈류량이 감소할 수 있다.
㉢ 고온 환경에서는 혈액의 재분배와 체온 상승으로 인해 심장으로 돌아오는 혈액량이 감소하면서 1회 박출량이 감소할 수 있다.
㉣ 고온 환경에서 체온 상승과 피로 증가로 인해 운동 단위의 활성도가 감소할 수 있다.

10 〈보기〉의 조건으로 트레드밀 운동 시 운동량은?

─── 보기 ───
• 체중 = 50kg
• 트레드밀 속도 = 12km/h
• 운동시간 = 10분
• 트레드밀 경사도 = 5%
(단, 운동량(일) = 힘×거리)

① 300kpm
② 500kpm
③ 5,000kpm
④ 30,000kpm

☑ **Advice** 에너지 대사와 운동 ··

운동량(일)은 힘×거리에 해당한다. 힘은 체중 50kg에 해당한다.
거리는 트레드밀 경사도 5%를 고려하여 수직 이동 거리를 계산한다.
수직 이동 거리는 경사도와 거리를 곱하여 계산한다.
거리는 트레드밀 속도(200 m/min) × 운동시간(10분) = 2,000m가 나온다.
수직 이동 거리 = 5% × 2,000m = 100m
운동량(일) = 50kg × 100m = 5,000kpm

ANSWER 9.② 10.③

11 에너지 대사 과정과 속도조절효소의 연결이 옳지 않은 것은?

	에너지 대사 과정	속도조절효소
①	ATP-PC 시스템	크레아틴 키나아제 (creatine kinase)
②	해당작용	젖산 탈수소효소 (lactate dehydrogenase)
③	크랩스회로	이소시트르산탈수소효소 (isocitrate dehydrogenase)
④	전자전달체계	사이토크롬산화효소 (cytochrome oxidase)

☑ **Advice** 에너지 대사와 운동

② 포도당 대사 과정의 속도조절효소는 인산과당 키나아제(phosphofructokinase, PFK)이다. 젖산 탈수소효소(lactate dehydrogenase)는 해당작용의 최종 단계에서 피루브산을 젖산으로 전환시키는 효소이지만, 해당작용의 속도조절효소가 아니다.

12 〈보기〉에서 근육의 힘, 파워, 속도의 관계에 대한 설명 중 옳은 것만을 모두 고른 것은?

─── 보기 ───
㉠ 단축성(concentric) 수축 시 수축 속도가 빨라짐에 따라 힘(장력)생성은 감소한다.
㉡ 신장성(eccentric) 수축 시 신장 속도가 빨라짐에 따라 힘(장력) 생성은 증가한다.
㉢ 근육이 발현할 수 있는 최대 근파워는 등척성(isometric) 수축 시에 나타난다.
㉣ 단축성 수축 속도가 동일할 때 속근섬유가 많을수록 큰 힘을 발휘한다.

① ㉠, ㉡, ㉢
② ㉠, ㉡, ㉣
③ ㉠, ㉢, ㉣
④ ㉡, ㉢, ㉣

☑ **Advice** 골격근과 운동

㉢ 최대 근파워는 대개 일정한 속도에서 단축성 수축 중에 나타난다. 등척성 수축에서는 근육이 움직이지 않기 때문에 파워가 최대치에 도달하지 않는다.

13 카테콜라민에 대한 설명으로 옳지 않은 것은?

① 부신피질에서 분비
② 교감신경의 말단에서 분비
③ $\alpha 1$ 수용체 결합 시 기관지 수축
④ $\beta 1$ 수용체 결합 시 심박수 증가

☑ **Advice** 골격근과 운동

① 카테콜라민은 부신수질(adrenal medulla)에서 분비된다. 부신피질(adrenal cortex)에서는 글루코코르티코이드(glucocorticoid)와 같은 스테로이드 호르몬이 분비된다.
③ 카테콜라민이 수용체에 결합할 때 기관지가 확장된다. 주로 베타 2 아드레날린 수용체(beta-2 adrenergic receptors)에 결합하여 기관지 확장을 유도한다.

ANSWER 11.② 12.② 13.①,③

14 〈보기〉의 에너지 대사 과정에 관한 설명 중 옳은 것만을 모두 고른 것은?

─────── 보기 ───────
㉠ 해당과정 중 NADH는 생성되지 않는다.
㉡ 크랩스 회로와 베타산화는 미토콘드리아에서 관찰되는 에너지 대사 과정이다.
㉢ 포도당 한 분자의 해당과정의 최종산물은 ATP 2분자와 피루브산염 2분자(또는 젖산염 2분자)이다.
㉣ 낮은 운동강도(예 : VO_2max 40%)로 30분 이상 운동 시 점진적으로 호흡교환율이 감소하고 지방 대사 비중은 높아진다.

① ㉠, ㉡   ② ㉠, ㉣
③ ㉡, ㉢   ④ ㉡, ㉢, ㉣

✓Advice 환경과 운동 ·····························
㉠ 에너지 대사 과정 중에서 NADH가 생성된다. 포도당이 피루브산으로 전환되는 과정에서 NAD^+가 NADH로 환원된다.

15 운동 중 혈중 포도당 농도를 유지하기 위한 호르몬에 대한 설명으로 옳지 않은 것은?

① 성장호르몬 – 간에서 포도당신생합성 증가
② 코티솔 – 중성지방으로부터 유리지방산으로 분해 촉진
③ 노르에피네프린 – 골격근 조직 내 유리지방산 산화 억제
④ 에피네프린 – 간에서 글리코겐 분해 촉진 및 조직의 혈중 포도당 사용 억제

✓Advice 환경과 운동 ·····························
③ 노르에피네프린은 골격근 조직 내에서 유리지방산의 산화를 촉진한다.

16 운동 중 수분과 전해질 균형에 관한 설명으로 옳은 것만을 모두 고른 것은?

─────── 보기 ───────
㉠ 장시간의 중강도 운동 시 혈장량과 알도스테론 분비는 감소한다.
㉡ 땀 분비로 인한 혈장량 감소는 뇌하수체 후엽의 항이뇨호르몬 분비를 유도한다.
㉢ 충분한 수분 섭취 없이 장시간 운동 시 체내 수분 재흡수를 위해 레닌-안지오텐신 II 호르몬이 분비된다.
㉣ 운동에 의한 땀 분비는 수분 상실을 초래하며 혈중 삼투질 농도를 감소시킨다.

① ㉠, ㉢
② ㉠, ㉣
③ ㉡, ㉢
④ ㉡, ㉣

✓Advice 환경과 운동 ·····························
㉠ 장시간의 중강도 운동 시 혈장량은 감소하지만, 알도스테론 분비는 증가한다. 알도스테론은 나트륨 재흡수를 촉진하여 혈장량을 유지하는 역할이다.
㉣ 운동에 의한 땀 분비는 수분 상실을 초래하며 혈중 삼투질 농도를 증가시킨다.

ANSWER 14.④ 15.③ 16.③

17 〈표〉는 참가자의 폐환기 검사 결과이다. 〈보기〉에서 옳은 것만을 모두 고른 것은?

참가자	1회 호흡량 (mL)	호흡률 (회/min)	분당환기량 (mL/min)	사강량 (mL)	폐포 환기량 (mL/min)
주은	375	20	( )	150	( )
민재	500	15	( )	150	( )
다영	750	10	( )	150	( )

─────보기─────
㉠ 세 참가자의 분당환기량은 동일하다.
㉡ 다영의 폐포 환기량은 분당 6L/min이다.
㉢ 주은의 폐포 환기량이 가장 크다.

① ㉠, ㉡ ② ㉠, ㉢
③ ㉡, ㉢ ④ ㉠, ㉡, ㉢

☑Advice　환경과 운동
㉠ '분당환기량 = 1회 호흡량×호흡률'으로 계산된다. 주은, 민재, 다영의 분당환기량은 모두 동일하게 7,500mL에 해당하기 때문에 세 참가자의 분당환기량은 동일하다.
㉡㉢ '폐포환기량 = (1회 호흡량－사강량)×호흡률'으로 계산되어 아래와 같다.
주은 : (375mL－150mL)×20회/분=225mL×20회/분=4500mL/분
민재 : (500mL－150mL)×15회/분=350mL×15회/분=5250mL/분
다영 : (750mL－150mL)×10회/분=600mL×10회/분=6000mL/분

18 1회 박출량(stroke volume) 증가 요인으로 옳지 않은 것은?

① 심박수 증가
② 심실 수축력 증가
③ 평균 동맥혈압(MAP) 감소
④ 심실 이완기말 혈액량(EDV) 증가

☑Advice　환경과 운동
① 심박수가 너무 빠르면 심실이 완전히 채워질 시간이 부족하여 1회 박출량이 감소하기도 한다.

19 골격근 섬유에 관한 설명으로 옳은 것은?

① 근수축에 필요한 칼슘(Ca^{2+})은 근형질세망에 저장되어 있다.
② 운동단위(motor unit)는 감각뉴런과 그것이 지배하는 근섬유의 결합이다.
③ 신경근 접합부(neuromuscular junction)에서 분비되는 근수축 신경전달물질은 에피네프린이다.
④ 지연성 근통증은 골격근의 신장성(eccentric) 수축보다 단축성(concentric) 수축 시 더 쉽게 발생한다.

☑Advice　환경과 운동
② 운동단위는 운동뉴런(motor neuron)과 그것이 지배하는 근섬유의 결합이다.
③ 신경근 접합부에서 분비되는 근수축 신경전달물질은 아세틸콜린(acetylcholine)이다.
④ 지연성 근통증(Delayed Onset Muscle Soreness, DOMS)은 주로 신장성 수축(eccentric contraction) 시 더 쉽게 발생한다.

ANSWER　17.①　18.①　19.①

20 지근섬유(Type Ⅰ)와 비교되는 속근섬유(Type Ⅱ)의 특성으로 옳은 것은?

① 높은 피로 저항력
② 근형질세망의 발달
③ 마이오신 ATPase의 느린 활성
④ 운동신경세포(뉴런)의 작은 직경

☑**Advice** 환경과 운동 ···
② 속근섬유(Type Ⅱ)는 근형질세망이 더 발달되었다. 칼슘을 더 빠르게 방출하고 재흡수하여 빠르고 강한 수축을 한다.
①③④ 지근섬유(Type Ⅰ)의 특징에 해당한다.

운동역학

1 뉴턴(I. Newton)의 3가지 법칙과 관련이 없는 것은?

① 외력이 가해지지 않으면, 정지하고 있는 물체는 계속 정지하려 한다.
② 가속도는 물체에 가해진 힘에 비례한다.
③ 수직 점프를 할 때, 지면을 강하게 눌러야 높게 올라갈 수 있다.
④ 외력이 가해지지 않으면, 물체가 가진 각운동량은 변하지 않는다.

☑**Advice** 운동역학 개요 ···
뉴턴의 3가지 법칙에는 제1법칙 관성의 법칙, 제2법칙 가속도의 법칙, 제3법칙 작용-반작용의 법칙이 있다.
①④ 제1법칙 관성의 법칙
② 제2법칙 가속도의 법칙
③ 제3법칙 작용-반작용의 법칙

2 〈보기〉에서 힘(force)에 관한 설명으로 옳은 것을 모두 고른 것은?

―보기―
㉠ 움직임을 일으키는 원인으로 에너지이다.
㉡ 질량과 가속도의 곱으로 결정된다.
㉢ 단위는 N(Newton)이다.
㉣ 크기를 갖는 스칼라(scalar)이다.

① ㉠, ㉡
② ㉠, ㉣
③ ㉡, ㉢
④ ㉢, ㉣

☑**Advice** 운동역학 개요 ···
㉠ 움직임을 일으키는 원인은 에너지가 아닌 힘(force)이다. 에너지는 일을 할 수 있는 능력이다.
㉣ 힘은 벡터량으로 크기와 방향을 모두 갖는다.

ANSWER 20.② / 1.모두정답 2.③

3 쇼트트랙 경기에서 원운동을 할 때 원심력과 구심력에 관한 설명으로 옳은 것은?

① 원심력과 구심력은 크기가 같고, 방향이 반대이다.
② 원심력은 원운동을 하는 선수의 질량과 관계가 없다.
③ 원심력을 극복하는 방법으로 반지름을 작게 하여 원운동을 한다.
④ 신체를 원운동 중심의 방향으로 기울이는 것은 접선속도를 크게 만들기 위함이다.

Advice 운동역학 개요

② 원심력은 질량, 속도, 반지름에 따라 결정된다. 원심력은 $F_e = m \cdot \dfrac{v^2}{r}$ 로 질량에 비례한다.
③ 원심력은 반지름(r)에 반비례하므로, 반지름을 작게 하면 원심력이 증가한다.
④ 신체를 원운동 중심 방향으로 기울이는 것은 구심력을 증가시킨다.

4 선운동량 또는 충격량에 관한 설명으로 옳은 것은?

① 선운동량은 질량과 속도를 더하여 결정되는 물리량이다.
② 충격량은 충격력과 충돌이 가해진 시간의 곱으로 결정되는 물리량이다.
③ 시간에 따른 힘 그래프에서 접선의 기울기는 충격량을 의미한다.
④ 충격량이 선운동량으로 전환되기 위해서는 먼저 충격량이 토크로 전환되어야 한다.

Advice 운동역학 개요

① 선운동량(linear momentum)은 질량(m)과 속도(v)의 곱이다.
③ 시간에 따른 힘 그래프에서 접선의 기울기는 힘의 변화율을 의미한다.
④ 충격량은 직접적으로 선운동량의 변화이다. 충격량이 선운동량의 변화를 가져오고 토크와는 별개 개념에 해당한다.

5 운동학적(kinematic) 분석과 운동역학적(kinetic) 분석에 관한 설명으로 옳지 않은 것은?

① 일률, 속도, 힘은 운동역학적 분석요인이다.
② 운동학적 분석은 움직임을 공간적·시간적으로 분석한다.
③ 근전도 분석, 지면반력 분석은 운동역학적 분석방법이다.
④ 신체중심점의 위치변화, 관절각의 변화는 운동학적 분석요인이다.

Advice 운동역학 개요

① 속도는 운동학적 분석 요인이다. 일률과 힘이 운동역학적 분석 요인에 해당한다.

6 〈보기〉에서 물리량에 대한 설명으로 옳은 것만 고른 것은?

― 보기 ―
㉠ 압력은 단위면적당 가해지는 힘이며 벡터이다.
㉡ 일은 단위시간당 에너지의 변화율이며 벡터이다.
㉢ 마찰력은 두 물체의 마찰로 발생하는 힘이며 스칼라이다.
㉣ 토크는 회전을 일으키는 효과이며 벡터이다.

① ㉠, ㉡
② ㉠, ㉣
③ ㉡, ㉢
④ ㉢, ㉣

Advice 운동역학 개요

㉡ 일은 에너지의 변화를 나타내는 스칼라량이다.
㉢ 마찰력은 두 물체 사이의 마찰로 인해 발생하는 힘으로 벡터이다.

ANSWER 3.① 4.② 5.① 6.②

7 〈보기〉에서 항력과 관련된 설명으로 옳은 것만 고른 것은?

---보기---
㉠ 육상의 원반 투사 시, 최적의 공격각(attack angle)은 $\frac{항력}{양력}$ 이 최대일 때의 각도이다.
㉡ 야구에서 투구 시 공에 회전을 넣어 커브 구질을 만든다.
㉢ 파도와 같이 물과 공기의 접촉면에서 형성된 난류에 의하여 발생하기도 한다.
㉣ 날아가는 골프공의 단면적(유체의 흐름방향에 수직인 물체의 면적)에 비례한다.

① ㉠, ㉡
② ㉠, ㉣
③ ㉡, ㉢
④ ㉢, ㉣

☑ **Advice** 운동역학 개요
㉠ 최적의 공격각은 항력과 양력의 비율을 고려하여 투사체가 최대 비거리를 낼 수 있는 각도이다.
㉡ 커브 구질은 야구에서 투수가 공을 던질 때 신체나 피칭의 특징에 따라 궤적이 나타나는 것이다. 신체적 특징, 피칭 메커니즘에 따라서 달라진다.

8 2차원 영상분석에서 배율법(multiplier method)에 관한 설명으로 옳지 않은 것은?

① 동작이 수행되는 평면에 직교하게 카메라를 설치한다.
② 분석대상이 운동평면에서 벗어나면 투시오차(perspective error)가 발생할 수 있다.
③ 체조의 공중회전(somersault)과 트위스트(twist)와 같은 운동 동작을 분석하는 데 주로 활용된다.
④ 기준자(reference ruler)는 영상평면에서의 분석대상 크기를 실제 운동 평면에서의 크기로 조정하기 위해 사용된다.

☑ **Advice** 운동역학 개요
③ 배율법은 2차원 평면에서의 운동 분석에 적합하다. 체조의 공중회전과 트위스트와 같은 복잡한 3차원 운동 동작의 분석은 3차원 분석이 필요하다.

9 〈보기〉에서 각운동에 관한 설명으로 옳은 것만 고른 것은?

---보기---
㉠ 각속력은 벡터이고, 각속도(angular velocity)는 스칼라이다.
㉡ 각속력(angular speed)은 시간당 각거리(angular distance)이다.
㉢ 각가속도(angular acceleration)는 시간당 각속도의 변화량이다.
㉣ 각거리는 물체의 처음과 마지막 각위치의 변화량이다.

① ㉠, ㉡   ② ㉠, ㉣
③ ㉡, ㉢   ④ ㉢, ㉣

☑ **Advice** 운동역학 개요
㉠ 각속력(angular speed)은 스칼라이고, 각속도(angular velocity)는 방향성을 가지는 벡터이다.
㉣ 거리는 물체가 이동한 전체 각거리로, 처음과 마지막 각위치의 변화량(각변위)과 다르다. 각변위는 처음과 마지막 위치 간의 최단 각거리이다.

ANSWER 7.④ 8.③ 9.③

10 〈보기〉와 같이 조건을 (A)에서 (B)로 변경하였을 때, ㉠~㉢에 들어갈 내용으로 바르게 나열한 것은? (단, 각운동량 그리고 줄과 공의 질량은 변화가 없는 것으로 가정)

─── 보기 ───

(A)

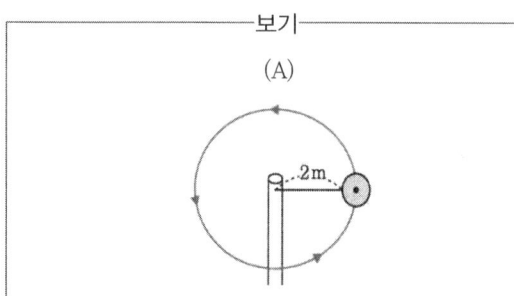

- 회전축에서 공의 중심까지 거리 : 2m
- 회전속도 : 1회전/sec

(B)

회전축에서 공까지의 거리를 1m로 줄이면, 회전반경이 (㉠)로 줄어들고 관성모멘트가 (㉡)로 감소하기 때문에 공의 회전속도는 (㉢)로 증가한다.

	㉠	㉡	㉢
①	$\frac{1}{2}$	$\frac{1}{2}$	2회전/sec
②	$\frac{1}{2}$	$\frac{1}{4}$	2회전/sec
③	$\frac{1}{4}$	$\frac{1}{2}$	4회전/sec
④	$\frac{1}{2}$	$\frac{1}{4}$	4회전/sec

📌**Advice**　운동역학 개요　·····

(A) 상태에서 (B) 상태로 변경할 때, 회전축에서 공의 중심까지 거리가 2m에서 1m로 줄어들어 발생하는 변화이다. 각운동량 보존 법칙에 따르면, 초기 상태와 최종 상태의 각운동량은 같다.

㉠ (A)에서 공의 중심까지의 거리는 2m이고 (B)에서 1m로 $\frac{1}{2}$이 줄어든다.
㉡ 관성모멘트는 $I = mr^2$이다.
　(A) $I = m(2)^2 = 4m$이고, (B) $I = m(1)^2 = 1$이므로 $\frac{1}{4}$이 줄어든다.
㉢ $L($각운동량$) = I($관성모멘트$) \times w($각속도$)$이다. 각운동량 보존에 따라서 $L_A = L_B$에 해당한다. 계산식에 따라 각운동량은 4회전/sec이 된다.

11 〈보기〉의 ㉠~㉣에 들어갈 내용이 바르게 제시된 것은?

─── 보기 ───

- (㉠)가 커질수록 부력도 커진다.
- (㉡)가 올라갈수록 부력은 작아진다.
- (㉢)는 수중에서의 자세 변화에 따라 달라진다.
- (㉣)은 물에 잠긴 신체의 부피에 비례하여 수직으로 밀어 올리는 힘이다.

	㉠	㉡	㉢	㉣
①	신체의 밀도	신체의 온도	무게중심의 위치	부력
②	유체의 밀도	신체의 온도	무게중심의 위치	항력
③	신체의 밀도	물의 온도	부력중심의 위치	항력
④	유체의 밀도	물의 온도	부력중심의 위치	부력

📌**Advice**　운동역학 개요　·····

㉠ 부력은 물체가 유체에 잠길 때 유체에 의해 위로 밀어 올려지는 힘으로 유체의 밀도가 커질수록 부력도 커진다.
㉡ 물의 온도가 올라가면 물의 밀도가 감소하고 부력이 작아진다.
㉢ 부력중심의 위치는 물체가 유체 내에서 어떻게 배치되었느냐에 따라서 달라진다.
㉣ 부력의 정의이다.

ANSWER　10.④　11.④

12 인체에 적용되는 지레(levers)의 원리에 관한 설명으로 옳지 않은 것은?

① 1종 지레에서 축(받침점)은 힘점과 저항점(작용점) 사이에 위치하고 역학적 이점이 1보다 크거나 작을 수 있다.
② 2종 지레는 저항점이 힘점과 축 사이에 위치하고 역학적 이점이 1보다 크다.
③ 3종 지레에서 힘점은 축과 저항점 사이에 위치하고 역학적 이점이 1보다 크다.
④ 지면에서 수직 방향으로 발뒤꿈치를 들고 서는 동작(calf raise)은 2종 지레이다.

☑ **Advice** 운동역학 개요
③ 3종 지레에서 힘점은 축과 저항점 사이에 위치하지만 역학적 이점은 항상 1보다 작다.

13 〈그림〉의 수직점프(vertical jump) 동작에 관한 운동역학적 특성을 바르게 설명한 것은? (단, 외력과 공기저항은 작용하지 않는 것으로 가정)

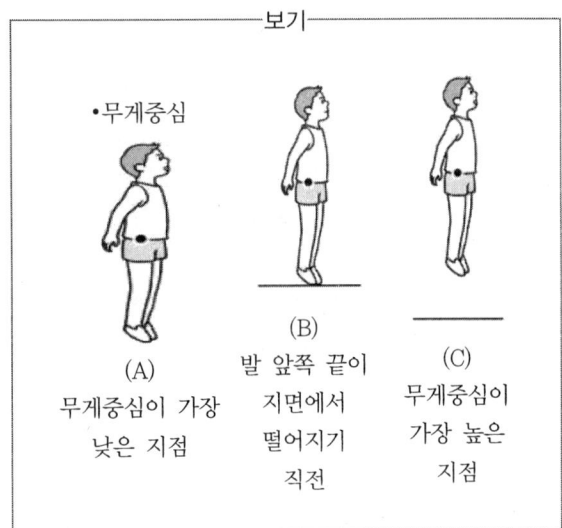

① (A)부터 (B)까지 한 일(work)은 위치에너지의 변화량과 같다.
② (A)부터 (B)까지 넙다리네갈래근(대퇴사두근, quadriceps)은 신장성 수축(eccentric contraction)을 한다.
③ (B)부터 (C)까지 무게중심의 수직가속도는 증가한다.
④ (C) 지점에서 인체 무게중심의 수직속도는 0m/sec이다.

☑ **Advice** 운동역학 개요
① 신체가 상승하면서 위치에너지가 증가한다.
② 수축성 수축(concentric contraction)을 한다.
③ 무게중심의 속도가 증가하지만, 수직가속도는 중력가속도로 일정하게 유지된다.

14 회전운동에 관한 설명으로 옳지 않은 것은?

① 회전하는 물체의 접선속도는 각속도와 반지름의 곱으로 구한다.
② 회전하는 물체의 각속도는 호의 길이를 소요시간으로 나누어 구한다.
③ 인체의 관성모멘트(moment of inertia)는 회전축의 방향에 따라 변한다.
④ 토크는 힘의 연장선이 물체의 중심에서 벗어난 지점에 작용할 때 발생한다.

☑ **Advice** 운동역학 개요
② 회전하는 물체의 각속도는 회전각을 소요시간으로 나누어 계산한다.
③ 관성모멘트는 물체가 회전 운동에 저항하는 정도를 나타내는 물리량이다. 인체의 경우, 관성모멘트는 사람의 자세, 회전축의 위치와 방향, 신체 부분의 질량 분포에 따라서 변한다. 회전축 주변에 질량이 분포된 모양에 따라서 변하게 된다.

15 인체의 무게중심에 관한 설명으로 옳지 않은 것은?

① 무게중심은 인체 외부에 위치할 수 있다.
② 무게중심의 위치는 안정성에 영향을 준다.
③ 무게중심은 토크의 합이 '0'인 지점이다.
④ 무게중심의 위치는 동작의 변화와 관계없이 일정하다.

☑ **Advice** 운동역학 개요
④ 무게중심의 위치는 신체의 자세나 동작의 변화에 따라 변한다.

16 중력가속도의 개념에 관한 설명으로 옳지 않은 것은?

① 중력가속도의 크기는 9.8m/sec^2이다.
② 중력가속도는 지구 중심방향으로 작용한다.
③ 인체의 무게는 질량과 중력가속도의 곱으로 산출한다.
④ 토스한 배구공이 상승하는 과정에서는 중력가속도의 영향을 받지 않는다.

☑ **Advice** 운동역학 개요
④ 토스한 배구공이 상승하는 과정에서도 중력가속도의 영향을 받는다. 중력가속도는 공이 상승할 때에도 항상 작용하여 속도를 줄이고, 최고점에 도달한 후에는 공을 지구로 끌어당긴다.

17 인체의 근골격계에 관한 설명으로 옳은 것은?

① 골격근의 수축은 관절에서 회전운동을 일으키지 못한다.
② 인대(ligament)는 골격근을 뼈에 부착시키는 역할을 한다.
③ 작용근(주동근, agonist)은 의도한 운동을 발생시키는 근육이다.
④ 팔꿈치관절에서 굽힘근(굴근, flexor)의 수축은 관절의 각도를 커지게 한다.

☑ **Advice** 운동역학 개요
① 골격근의 수축은 관절에서 회전운동을 일으킨다.
② 인대는 뼈와 뼈를 연결하는 조직이다. 골격근을 뼈에 부착시키는 역할을 하는 것은 건(tendon)에 해당한다.
④ 굽힘근의 수축은 관절의 각도를 줄인다.

ANSWER 14.②③ 15.④ 16.④ 17.③

18 기저면의 변화를 통해 안정성을 증가시킨 동작으로 옳지 않은 것은?

① 산에서 내려오며 산악용 스틱을 사용하여 지면을 지지하기
② 씨름에서 상대방이 옆으로 당기자 다리를 좌우로 벌리기
③ 평균대 외발서기 동작에서 양팔을 좌우로 벌리기
④ 스키점프 착지 동작에서 다리를 앞뒤로 교차하여 벌리기

☑ **Advice** 운동역학 개요
③ 양팔을 좌우로 벌리는 것은 균형을 잡기 위한 동작이지만, 기저면의 크기를 변화시키지 않는다.

19 역학적 일(work)과 일률(power)의 개념을 바르게 설명한 것은?

① 일의 단위는 watt 또는 joule/sec이다.
② 일률은 힘과 속도의 곱으로 산출한다.
③ 일률은 이동한 거리를 고려하지 않는다.
④ 일은 가해진 힘의 크기에 반비례한다.

☑ **Advice** 운동역학 개요
① 일의 단위는 줄(joule, J)이다. 와트(watt, W) 또는 줄/초(joule/sec)는 일률(power)의 단위이다.
③ 일률은 시간당 일의 양을 의미하며, 간접적으로 이동한 거리를 고려해야 한다.
④ 일은 가해진 힘의 크기와 이동한 거리의 곱으로 계산된다. 가해진 힘의 크기에 비례한다.

20 운동역학을 스포츠 현장에 적용한 사례로 적절하지 않은 것은?

① 멀리뛰기에서 도약력 측정을 위한 지면반력 분석
② 다이빙에서 각운동량 산출을 위한 3차원 영상분석
③ 축구에서 운동량 측정을 위한 웨어러블 센서(wearable sensor)의 활용
④ 경기장 적응을 위해 가상현실을 활용한 양궁 심상훈련 지원

☑ **Advice** 운동역학 개요
④ 가상현실을 활용한 양궁 심상훈련은 심리적 훈련 및 기술적 훈련 방법으로 운동역학에 적용하는 사례로 적절하지 않다. 스포츠 심리학 및 기술 훈련의 범주에 해당한다.

ANSWER 18.③ 19.② 20.④

스포츠윤리

1 〈보기〉에서 설명하는 법령은?

―보기―

이 법은 국민 모두가 스포츠 및 신체활동에 자유롭고 평등하게 참여하여 건강하고 행복한 삶을 영위할 수 있도록 스포츠의 가치가 교육, 문화, 환경, 인권, 복지, 정치, 경제, 여가 등 우리 사회 영역 전반에 확산될 수 있게 국가와 지방자치단체가 그 역할을 다하며, 개인이 스포츠 활동에서 차별받지 아니하고, 스포츠의 다양성, 자율성과 민주성의 원리가 조화롭게 실현되도록 하는 것을 기본 이념으로 한다.

① 스포츠클럽법
② 스포츠기본법
③ 국민체육진흥법
④ 학교체육진흥법

☑ Advice 스포츠와 인권

② 스포츠에 관한 국민의 권리와 국가 및 지방자치단체의 책임을 정하고 스포츠 정책의 방향과 그 추진에 필요한 기본적인 사항을 규정함으로써 스포츠의 가치와 위상을 높여 모든 국민이 건강하고 행복한 삶을 영위하고 나아가 국가사회의 발전과 사회통합을 도모하는 것을 목적으로 하는 「스포츠기본법」에 해당한다.

2 〈보기〉에서 스포츠에서 발생하는 폭력의 유형과 특징으로 옳은 것만을 모두 고른 것은?

―보기―

㉠ 직접적 폭력은 가시적, 파괴적이다.
㉡ 직접적 폭력은 상해를 입히려는 의도가 있는 행위이다.
㉢ 구조적 폭력은 비가시적이며 장기간 이루어진다.
㉣ 구조적 폭력은 의도가 노골적이지 않지만 관습처럼 반복된다.
㉤ 문화적 폭력은 언어, 행동양식 등의 상징적 행위를 통해 가해진다.
㉥ 문화적 폭력은 위해를 '옳은 것'이라 정당화하여 '문제가 되지 않게' 만들기도 한다.

① ㉠, ㉢, ㉤
② ㉠, ㉢, ㉣, ㉥
③ ㉠, ㉡, ㉢, ㉣, ㉤
④ ㉠, ㉡, ㉢, ㉣, ㉤, ㉥

☑ Advice 스포츠와 폭력

㉠㉡ 직접적 폭력은 눈에 보이는 형태로 신체적 상해나 파괴를 수반하며 타인에게 신체적 상해를 입히려는 의도를 가진 행위이다.
㉢㉣ 구조적 폭력은 눈에 보이지 않으며 사회적 구조나 시스템 속에서 오랜 시간 동안 지속된다. 명백한 의도가 드러나지 않더라도, 사회적 관습이나 규범으로 반복된다.
㉤㉥ 문화적 폭력은 언어나 행동양식 등을 통해 상징적으로 나타나고 특정 집단에 대한 차별이나 편견을 포함한다. 특정 행위를 정당화하여 그 행위가 문제가 되지 않게 만드는 특징이 있다.

ANSWER 1.② 2.④

3 〈보기〉에서 ㈎의 문제를 해결하기 위해 생명중심주의 입장에서 ㈏를 제시한 학자는?

―보기―

㈎
스포츠에서 환경문제가 발생하는 근본 원인은 스포츠의 사회 문화적 가치와 환경 혹은 자연의 보전 가치 사이의 충돌이다.

㈏
• 불침해의 의무: 다른 생명체에 해를 끼쳐서는 안 된다.
• 불간섭의 의무: 생태계에 간섭해서는 안 된다.
• 신뢰의 의무: 낚시나 덫처럼 동물을 기만하는 행위를 해서는 안 된다.
• 보상적 정의의 의무: 부득이하게 해를 끼친 경우 피해를 보상해야 한다.

① 테일러(P. Taylor)
② 베르크(A. Berque)
③ 콜버그(L. Kohlberg)
④ 패스모어(J. Passmore)

✓Advice 스포츠에서 환경과 동물윤리

① 테일러(P. Taylor)는 생명중심주의 입장에서 불침해의 의무, 불간섭의 의무, 신뢰의 의무, 보상적 정의의 의무를 제시하였다.

4 〈보기〉의 ㉠ ~ ㉢에 들어갈 용어로 바르게 묶인 것은?

―보기―

• (㉠): 생물학적, 형태학적 특징에 따라 분류된 인간 집단
• (㉡): 특정 종목에 유리하거나 불리한 인종이 실제로 존재 한다는 사고 방식
• (㉢): 선수의 능력 차이를 특정 인종의 우월이나 열등으로 과장하여 차등을 조장하는 것

	㉠	㉡	㉢
①	인종	인종주의	인종 차별
②	인종	인종 차별	젠더화 과정
③	젠더	인종주의	인종 차별
④	젠더	인종 차별	젠더화 과정

✓Advice 스포츠와 불평등

㉠ 생물학적, 형태학적 특징으로 분류된 인간 집단은 인종에 해당한다. 젠더는 성별에 따라 분류된 것이다.
㉡ 특정 종목에 유리하거나 불리한 인종이 존재한다는 사고방식은 인종주의에 해당한다.
㉢ 선수의 능력 차이를 특정 인종의 우월이나 열등으로 과장하여 차등을 조장하는 것은 인종차별에 해당한다.

5 스포츠에서 여성에 대한 차별이 발생하거나 심화되는 원인으로 볼 수 없는 것은?

① 생물학적 환원주의
② 남녀의 운동 능력 차이
③ 남성 문화에 기반한 근대스포츠
④ 여성 참정권

✓Advice 스포츠와 불평등

④ 여성 참정권은 여성 차별을 해소하기 위해서 나타난 것이다. 차별 발생이나 심화되는 원인이 아니다

ANSWER 3.① 4.① 5.④

6 〈보기〉의 축구 경기 비디오 판독 (VAR)에서 심판 B의 판정 견해를 지지하는 윤리 이론에 가장 부합하는 것은?

―보기―

심판 A : 상대 선수가 부상을 입었지만 퇴장은 가혹하다.
심판 B : 그 선수가 충돌을 피할 수 있는 시간은 충분했다. 그러나 그는 피하려 하지 않았다. 따라서 퇴장의 처벌은 당연하다.

① 최대다수의 최대행복
② 의무주의
③ 쾌락주의
④ 좋음은 옳음의 근거

Advice 경기력 향상과 공정성

② 〈보기〉에서 심판 B는 선수가 피하려는 의무를 다하지 않았기에 처벌을 받아야 한다는 것으로 의무주의에 해당한다. 의무주의는 어떤 행위를 하는 경우에 일정한 주의를 하여야 하는 의무이다.
① 최대다수의 최대행복 : 벤담을 중심으로 공리주의 기본 원칙으로, 가장 많은 사람에게 가장 많은 행복을 주는 행위가 도덕적으로 선(善)에 해당한다는 것이다.
③ 쾌락주의 : 쾌락이 가장 가치 있는 목적이라는 윤리학에 해당한다.
④ 좋음은 옳음의 근거 : 존 롤스의 정의론으로 선(善)을 극대화 하는 것이 정당한 것이라는 개념이다.

7 〈보기〉에 담긴 윤리적 규범과 관련이 없는 것은?

―보기―

나는 운동선수로서 경기의 규칙을 숙지하고 준수하여 공정하게 시합을 한다.

① 페어플레이(fair play)
② 스포츠딜레마(sport dilemma)
③ 스포츠에토스(sport ethos)
④ 스포츠퍼슨십(sportpersonship)

Advice 스포츠와 윤리

② 스포츠딜레마(sport dilemma)는 스포츠 경기나 스포츠 선수들 사이에서 발생하는 윤리적, 도덕적 고민이나 갈등이다. 경기에서 승리를 위해 윤리적이지 않은 방법을 사용할 것인지, 체육 정신을 지킬 것인가에 대한 고민이다.
① 페어플레이(fair play)는 스포츠에서 가장 중요한 도덕적 원칙으로 올바른 경기 진행을 지향하는 태도이다.
③ 스포츠에토스(sport ethos)는 스포츠가 가지고 있는 특유의 도덕적, 윤리적 가치와 원칙이다. 공정성, 팀워크, 존중, 체육정신, 노력의 보상 등과 같은 다양한 가치가 있다.
④ 스포츠퍼슨십(sportspersonship)은 스포츠 참가자들이 나아가는 데 있어서 중요한 도덕적 태도와 행동을 의미한다. 팀 동료, 경쟁 상대 및 관중들과의 존중, 상호작용, 공정한 경기 진행에 대한 책임감을 의미한다.

ANSWER 6.② 7.②

8 〈보기〉의 사례로 나타나는 품성으로 스포츠인에게 권장하지 않는 것은?

―보기―
- 경기 규칙의 위반은 옳지 않음을 알면서도 불공정한 파울을 행하기도 한다.
- 도핑이 그릇된 일이라는 점을 알고 있지만, 기록갱신과 승리를 위해 도핑을 강행한다.

① 테크네(techne)
② 아크라시아(akrasia)
③ 에피스테메(episteme)
④ 프로네시스(phronesis)

☑Advice 스포츠와 윤리 ·····················
② 아크라시아 : 이성적으로 그릇된 것임을 알면서도 그릇된 행동을 하는 것으로, 의지박약을 의미한다. 자신의 지식에 반하여 행동하는 것이다.
① 테크네 : 기술, 기술적 지식, 또는 예술을 의미하며, 특정 기술이나 능력을 습득하는 것이다.
③ 에피스테메 : 이론적 지식 또는 과학적 지식이다.
④ 프로네시스 : 실천적 지혜 또는 실천적 지식을 의미한다. 윤리적이고 도덕적인 결정을 내리는 능력이다.

9 〈보기〉의 내용과 가장 밀접한 것은?

―보기―
- 정정당당하게 경기에 임하라.
- 어떠한 경우에도 최선을 다해라.
- 운동선수는 페어플레이를 해야 한다.

① 모방욕구
② 가언명령
③ 정언명령
④ 배려윤리

☑Advice 경쟁과 페어플레이 ·····················
③ 정언명령 : 조건 없이 무조건적으로 따라야 하는 도덕적 명령으로 〈보기〉의 내용은 정언명령에 해당한다.
① 모방욕구 : 다른 사람의 행동을 따라하고자 하는 욕구이다.
② 가언명령 : 행동을 지시하는 명령이다. 성공하고 싶다면 열심히 하라는 것으로 조건부 명령에 해당한다.
④ 배려윤리 : 다른 사람을 배려하고 돌보는 윤리를 강조하는 것이다.

ANSWER 8.② 9.③

10 〈보기〉의 내용에 해당하는 윤리적 태도는?

―보기―

나는 경기에 참여할 때마다, 나의 행동 하나하나가 가능한 많은 사람이 만족하는데 기여할 수 있도록 노력한다.

① 행위 공리주의
② 규칙 공리주의
③ 제도적 공리주의
④ 직관적 공리주의

Advice 경기력 향상과 공정성

① 행위 공리주의 : 각각의 행위가 가능한 한 많은 사람에게 최대의 행복을 가져다주는지 여부에 따라 그 행위의 옳고 그름을 판단하는 것이다.
② 규칙 공리주의 : 특정 행위의 옳고 그름을 판단하는 것이 아니라, 행동의 일반적인 규칙이 가능한 한 많은 사람에게 최대의 행복을 가져다줄 경우 그 규칙을 따르는 것을 옳다고 보는 것이다.
③ 제도적 공리주의 : 사회 제도나 정책이 가능한 한 많은 사람에게 최대의 유용성을 가져다주는지에 따라 그 옳고 그름을 판단한다.
④ 직관적 공리주의 : 사람들이 직관적으로 옳다고 느끼는 행동이 최대의 행복이라는 것이다.

11 〈보기〉의 설명에 해당하는 스포츠에서의 정의(justice)는?

―보기―

정의는 공정과 준법을 요구한다. 모든 선수에게 동등한 기회를 보장해야 한다는 공정의 원칙은 지켜지지 않을 때가 있다. 스포츠에서는 완전한 통제가 어려운 불평등을 줄이기 위해 공수 교대, 전후반 진영 교체, 홈·원정 경기, 출발 위치 제비뽑기 등을 한다.

① 자연적 정의
② 평균적 정의
③ 분배적 정의
④ 절차적 정의

Advice 경쟁과 페어플레이

④ 절차적 정의 : 의사결정 과정의 공정성을 강조하는 개념이다. 결과의 공정성보다는 과정의 공정성을 중시한다. 모든 사람에게 동일한 절차와 규칙을 적용한다.
① 자연적 정의 : 모든 사람에게 자연적으로 공평하고 타당하게 대우받을 권리가 있다는 것이다.
② 평균적 정의 : 개인 간의 거래나 교환에서 공정성을 유지하는 것이다.
③ 분배적 정의 : 사회적 자원이나 혜택을 공정하게 분배하는 것이다.

ANSWER 10.① 11.④

12 〈보기〉의 ㉠~㉢에 해당하는 용어가 바르게 제시된 것은?

―보기―

공자의 사상은 (㉠)(으)로 설명할 수 있다. (㉡)은/는 마음이 중심을 잡아 한쪽으로 치우치지 않는 상태를 의미하고, (㉢)은/는 나와 타인의 마음이 서로 다르지 않다는 뜻으로 배려와 관용을 나타낸다. 공자는 (㉢)에 대해 "내가 원하지 않은 일을 남에게 하지 말라(己所不欲 勿施於人)"는 정언명령으로 규정한다. 이는 스포츠맨십과 상통한다.

	㉠	㉡	㉢
①	충효(忠孝)	충(忠)	효(孝)
②	정의(正義)	정(正)	의(義)
③	정명(正名)	정(正)	명(名)
④	충서(忠恕)	충(忠)	서(恕)

Advice 스포츠와 윤리 ···

㉠ 공자의 핵심 사상 중 하나로 충(忠)과 서(恕)를 합친 충서(忠恕)이다.
㉡ 충(忠)은 마음이 중심을 잡고 한쪽으로 치우치지 않는 상태이다.
㉢ 나와 타인의 마음이 서로 다르지 않다는 뜻으로 배려와 관용의 서(恕)이다.

13 〈보기〉의 주장과 가장 밀접한 관련이 있는 것은?

―보기―

스포츠 경기에서 승자의 만족도는 '1'이고, 패자의 만족도는 '0'이라고 말하는 사람이 있다. 그러나 스포츠 경기에서 양자의 만족도 합은 '0'에 가까울 수 있고, '2'에 가까울 수도 있다. 승자와 패자의 만족도가 각각 '1'에 가까울 수 있기 때문이다.

① 칸트
② 정언명령
③ 공정시합
④ 공리주의

Advice 경쟁과 페어플레이 ···

〈보기〉는 승자와 패자의 만족도에 대한 설명이다. 칸트와 정언명령은 도덕적 의무를, 공정시합은 규칙 준수와 스포츠맨십을, 공리주의는 최대 다수의 행복을 증가시킨다.

ANSWER 12.④ 13.모두정답

14 〈보기〉의 설명에 해당하는 반칙의 유형은?

―보기―
- 동기, 목표가 뚜렷하다.
- 스포츠의 본질적인 성격을 부정하는 의미로 해석할 수 있다.
- 실격, 몰수패, 출전 정지, 영구 제명 등의 처벌이 따른다.

① 의도적 구성 반칙
② 비의도적 구성 반칙
③ 의도적 규제 반칙
④ 비의도적 규제 반칙

Advice 스포츠와 윤리

① 의도적 구성 반칙 : 스포츠의 기본 규칙과 본질을 의도적으로 위반하는 행위이다. 명확한 동기와 목표를 가지고 있으며, 스포츠의 본질을 부정하는 행위이다. 실격, 몰수패, 출전 정지, 영구 제명 등의 엄격한 처벌이 따른다.
② 비의도적 구성 반칙 : 스포츠의 기본 규칙을 비의도적으로 위반하는 행위이다.
③ 의도적 규제 반칙 : 경기 중 일어나는 규제 규칙을 의도적으로 위반하는 행위이다.
④ 비의도적 규제 반칙 : 경기 중 규제 규칙을 비의도적으로 위반하는 행위이다.

15 〈보기〉의 대화에서 '윤성'의 윤리적 관점은?

―보기―
진서 : 나 어젯밤에 투우 중계방송 봤는데, 스페인에서 엄청 인기더라구! 그런데 동물을 인간 오락의 대상으로 삼는 것은 윤리적으로 허용될 수 없는 거 아니야?
윤성 : 난 다르게 생각해! 스포츠 활동은 인간의 이상을 추구하기 위한 것이고, 그 이상의 실현을 위해 동물은 수단으로 활용될 수 있는 거 아닐까? 승마의 경우 인간과 말이 훈련을 통해 기량을 향상시키고 결국 사람 간의 경쟁에 동물을 도구로 활용한다고 볼 수 있잖아.

① 동물해방론
② 동물권리론
③ 종차별주의
④ 종평등주의

Advice 스포츠에서 환경과 동물윤리

③ 〈보기〉에서 윤성은 스포츠 활동을 통해 인간의 이상을 추구하고, 이를 위해 동물을 수단으로 사용할 수 있다고 주장하고 있다. 동물과 인간의 가치를 다르게 보는 관점으로 인간의 목적을 위해 동물을 이용하는 것이 정당하다는 입장이다. 이는 종차별주의에 해당한다.
① 동물해방론 : 동물의 고통과 착취를 반대하고, 동물을 인간과 동등하게 대우해야 한다는 윤리적 관점이다.
② 동물권리론 : 동물도 인간과 마찬가지로 고유한 권리를 가지고 있으며, 이러한 권리는 존중되고 보호받아야 한다는 윤리적 관점이다.
④ 종평등주의 : 모든 종이 동등한 도덕적 지위를 가져야 한다고 주장하는 윤리적 관점이다.

ANSWER 14.① 15.③

16 〈보기〉의 사례에서 나타나는 윤리적 태도와 가장 밀접한 관련이 있는 것은?

―보기―
선수는 윤리적 갈등을 겪을 때면, 우리 사회에서 오랫동안 본보기가 되어온 위인들을 떠올린다. 그리고 그 위인들처럼 행동 하려고 노력한다.

① 멕킨타이어(A. MacIntyre)
② 의무주의(deontology)
③ 쾌락주의(hedonism)
④ 메타윤리(metaethics)

☑**Advice** 스포츠와 윤리
① 멕킨타이어의 덕 윤리에 해당한다. 덕 윤리에서는 도덕적 삶의 중심에 덕이 자리 잡고 있으며 도덕적 인물들이나 공동체의 전통을 통해 도덕적 덕을 배우고 실천하는 것이 중요하다고 주장한다.

18 〈보기〉에서 학생운동선수의 학습권 보호와 관련된 것으로 옳은 것만 모두 고른 것은?

―보기―
㉠ 최저 학력 제도
㉡ 리그 승강 제도
㉢ 주말 리그 제도
㉣ 학사 관리 지원 제도

① ㉠, ㉡, ㉢
② ㉠, ㉡, ㉣
③ ㉠, ㉢, ㉣
④ ㉡, ㉢, ㉣

☑**Advice** 스포츠와 인권
㉡ 리그 승강 제도는 스포츠 리그에서 성적에 따라 상위 리그로 승격하거나 하위 리그로 강등하는 시스템이다. 이는 학습권 보호와 관련이 없다.

17 스포츠윤리의 특징으로 적절하지 않은 것은?

① 스포츠 경쟁의 윤리적 기준이다.
② 올바른 스포츠 경기의 방향이 된다.
③ 보편적 윤리로는 다룰 수 없는 독자성이 있다.
④ 스포츠인의 행위, 실천의 기준이다.

☑**Advice** 스포츠와 윤리
③ 스포츠윤리는 일반적인 윤리 원칙을 스포츠 상황에 적용한다. 스포츠윤리가 독자성을 가지지만 보편적 윤리와 연계된다.

ANSWER 16.① 17.③ 18.③

19 〈보기〉의 주장에 나타난 윤리적 관점은?

---보기---

스포츠 행위의 도덕적 가치는 사회에 따라, 또는 사람에 따라 다를 수 있다. 물론 도덕적 준거가 없는 것은 아니다.

① 윤리적 절대주의
② 윤리적 회의주의
③ 윤리적 상대주의
④ 윤리적 객관주의

Advice 스포츠와 윤리

③ 윤리적 상대주의 : 도덕적 가치와 규범이 보편적이지 않으며, 사회적, 문화적, 개인적 차이에 따라 달라진다고 주장하는 관점이다.
① 윤리적 절대주의 : 도덕적 가치와 규범이 보편적이고 절대적이며, 상황이나 문화에 관계없이 모든 사람에게 동일하게 적용된다고 주장하는 관점이다.
② 윤리적 회의주의 : 도덕적 지식이나 도덕적 진리가 존재하는지, 또는 우리가 그것을 알 수 있는지에 대해 의문을 제기하는 관점이다.
④ 윤리적 객관주의 : 도덕적 진리가 객관적으로 존재하며, 주관적 의견이나 감정과 무관하게 도덕적 사실이 존재한다고 주장하는 관점이다.

20 〈보기〉의 대화에서 논란이 되고 있는 도핑의 종류는?

---보기---

지원 : 스포츠 뉴스 봤어? 케냐의 마라톤 선수 킵초게가 1시간 59분 40초의 기록을 세웠대!
사영 : 우와! 2시간의 벽이 드디어 깨졌네요! 인간의 한계는 끝이 없나요?
성현 : 그런데 이번 기록은 특수 제작된 신발을 신고 달렸으니 킵초게 선수의 능력만으로 달성했다고 볼 수 없는 거 아니야? 스포츠에 과학기술의 도입은 필요하지만, 이러다가 스포츠에서 탁월성의 근거가 인간에서 기술로 넘어가는 거 아니야?
혜름 : 맞아! 수영의 전신 수영복, 야구의 압축 배트가 금지된 사례도 있잖아!

① 약물도핑(drug doping)
② 기술도핑(technology doping)
③ 브레인도핑(brain doping)
④ 유전자도핑(gene doping)

Advice 경기력 향상과 공정성

② 기술도핑(technology doping) : 운동 성과를 향상시키기 위해 과학기술을 사용하는 것이다. 경기에서 사용되는 장비나 의류 등에서 기술적 이점을 통해 성과를 높이는 행위가 있다.
① 약물도핑(drug doping) : 성능 향상을 목적으로 금지된 약물을 사용하거나, 허용된 약물이라도 비정상적인 용량을 사용하여 운동 능력을 향상시키는 행위이다.
③ 브레인도핑(brain doping) : 인지능력이나 정신적 성과를 향상시키기 위해 뇌 기능에 영향을 미치는 약물이나 기술을 사용하는 것이다.
④ 유전자도핑(gene doping) : 유전자 변형이나 유전자 치료 기술을 이용하여 운동 성과를 향상시키는 행위이다.

ANSWER 19.③ 20.②

2023. 04. 29.
2급 전문/생활 스포츠지도사 필기시험

유의사항

필기시험 제한시간 1시간 40분이다.

선택과목 7과목 중에서 5개 과목 선택(필수과목 없음) 한다.

과목마다 만점의 40% 이상 득점하고 전 과목 총점 60% 이상 득점해야 한다.

선택과목

스포츠사회학	☐	스포츠교육학	☐
스포츠심리학	☐	한국체육사	☐
운동생리학	☐	운동역학	☐
스포츠윤리	☐		

스포츠사회학

1 〈보기〉에서 스포츠의 교육적 순기능으로만 묶인 것은?

―보기―
㉠ 학교와 지역사회의 통합
㉡ 평생체육의 연계
㉢ 스포츠의 상업화
㉣ 학업활동의 격려
㉤ 참여기회의 제한
㉥ 승리지상주의

① ㉠, ㉡, ㉣
② ㉠, ㉢, ㉤
③ ㉡, ㉢, ㉣
④ ㉡, ㉤, ㉥

☑ Advice 스포츠와 교육 ························

교육적 순기능에는 ㉠ 학교와 지역사회의 통합, ㉡ 평생체육의 연계, ㉣ 학업활동의 격려가 있다.

2 〈보기〉에서 코클리(J. Coakley)의 상업주의에 따른 스포츠의 변화에 관한 설명으로 옳은 것을 모두 고른 것은?

―보기―
㉠ 스포츠 조직의 변화 : 스포츠 조직은 경품 추첨, 연예인의 시구와 같은 의전행사에 관심을 갖게 되었다.
㉡ 스포츠 구조의 변화 : 스포츠의 심미적 가치보다 영웅적 가치를 중시하게 되었다.
㉢ 스포츠 목적의 변화 : 아마추어리즘보다 흥행에 입각한 프로페셔널리즘을 추구하게 되었다.
㉣ 스포츠 내용의 변화 : 프로 농구의 경우, 전·후반제에서 쿼터제로 변경되었다.

① ㉠, ㉡
② ㉠, ㉢
③ ㉡, ㉢, ㉣
④ ㉠, ㉢, ㉣

☑ Advice 스포츠와 경제 ························

㉡ 스포츠 구조의 변화는 주로 경기 규칙이나 경기 방식의 변화이다. 스포츠 내용의 변화에 해당한다.
㉣ 프로 농구의 경우, 전·후반제에서 쿼터제로의 변경은 스포츠 구조의 변화에 해당한다.

ANSWER 1.① 2.②

3 〈보기〉에서 설명하는 스포츠 세계화의 원인은?

―보기―
'코먼웰스 게임(commonwealth games)'은 영연방국가들이 참가하는 스포츠 메가 이벤트로, 영연방국가의 통합에 기여하는 측면이 있다. 영국의 스포츠로 알려진 크리켓과 럭비는 대부분 영국의 식민지였던 영연방국가에서 인기가 있다.

① 제국주의
② 민족주의
③ 다문화주의
④ 문화적 상대주의

✓Advice   스포츠와 정치
코먼웰스 게임(commonwealth games)은 영국의 과거 식민지 국가들 간의 유대감을 강화하고, 스포츠를 통해 통합을 도모하는 역할을 한다. 크리켓과 럭비는 영국의 식민지 시절에 전파되어 영연방국가들에 인기가 좋다. 〈보기〉는 제국주의로 문화적 영향력 확산으로 스포츠 세계화를 촉진한 것이다.

4 〈보기〉에 해당하는 케년(G. Kenyon)의 스포츠 참가유형은?

―보기―
• 특정 선수의 사인볼 수집
• 특정 스포츠 관련 SNS 활동
• 특정 스포츠 물품에 대한 애착

① 일탈적 참가
② 행동적 참가
③ 정의적 참가
④ 인지적 참가

✓Advice   스포츠와 사회화
② 특정 선수의 사인볼 수집하는 것은 행동적 참가유형에 해당한다.
③ 특정 스포츠 물품에 대한 애착은 정의적 참가유형에 해당한다.
④ 특정 스포츠 물품에 대한 애착은 인지적 애착에 해당한다.

ANSWER   3.①   4.②③④

5 〈보기〉의 ㉠, ㉡에 해당하는 거트만(A. Guttmann)의 근대스포츠 특징은?

―보기―
- (㉠) : 국제스포츠조직은 규칙의 제정, 대회의 운영, 종목 진흥 등의 역할을 담당한다.
- (㉡) : 투수라는 같은 포지션 내에서도 선발, 중간, 마무리 등으로 구분된다.

	㉠	㉡
①	관료화	평등성
②	합리화	평등성
③	관료화	전문화
④	합리화	전문화

☑ **Advice** 스포츠 사회학의 이해

㉠ 스포츠는 점점 더 조직화되고, 체계적인 규칙과 관리 체계가 마련된다. 국제스포츠조직이 규칙을 제정하고 대회를 운영하며 종목을 진흥하는 등의 역할을 담당하는 것은 스포츠의 관료화이다.
㉡ 스포츠에서 특정 역할이나 포지션이 더욱 세분화되고 전문화되는 것이다.

6 스나이더(E. Snyder)가 제시한 스포츠 사회화의 전이 조건이 아닌 것은?

① 참가의 가치
② 참가의 정도
③ 참가의 자발성 여부
④ 사회화 주관자의 위신과 위력

☑ **Advice** 스포츠와 사회화

① 스나이더(E. Snyder)는 스포츠 사회화의 전이 조건에서 참가의 가치는 포함되지 않는다. 스나이더(E. Snyder)는 스포츠 사회화의 전이 조건에는 참가의 정도, 참가의 자발성 여부, 사회화 주관자의 위신과 위력, 참가자 개인적 특성, 사회적 지원과 관계 등이 있다.

7 〈보기〉는 버렐(S. Birrell)과 로이(J. Loy)의 스포츠 미디어를 통해 충족할 수 있는 욕구에 관한 설명이다. ㉠ ~ ㉢에 해당하는 용어가 바르게 연결된 것은?

―보기―
- (㉠) 욕구 : 스포츠 경기의 결과, 선수와 팀에 대한 통계적 지식을 제공해 준다.
- (㉡) 욕구 : 스포츠에 대한 흥미와 흥분을 제공해 준다.
- (㉢) 욕구 : 다른 사회집단과 경험을 공유하게 하며 공동체 의식을 갖게 한다.

	㉠	㉡	㉢
①	정의적	인지적	통합적
②	인지적	통합적	정의적
③	정의적	통합적	인지적
④	인지적	정의적	통합적

☑ **Advice** 스포츠와 미디어

㉠ 인지적 욕구 : 스포츠 경기의 결과, 선수와 팀에 대한 통계적 지식을 제공하는 것은 정보를 습득하는 것이다.
㉡ 정의적 욕구 : 스포츠에 대한 흥미와 흥분을 제공하는 것은 감정적인 반응을 유도하는 것이다.
㉢ 통합적 욕구 : 다른 사회집단과 경험을 공유하게 하며 공동체 의식을 갖게 하는 사회적 유대감이다.

ANSWER 5.③ 6.① 7.④

8 〈보기〉에서 설명하는 프로스포츠의 제도는?

―보기―
- 프로스포츠 구단이 소속 선수와의 계약을 해지하고 다른 구단에게 해당 선수를 양도받을 의향이 있는지 공개적으로 묻는 제도이다.
- 기량이 떨어지거나 심각한 부상을 당한 선수를 방출하는 수단으로 이용하고 있다.

① 보류 조항(reserve clause)
② 웨이버 조항(waiver rule)
③ 선수대리인(agent)
④ 자유계약(free agent)

Advice 스포츠와 경제

② 웨이버 조항 : 프로스포츠에서 구단이 소속 선수와의 계약을 해지하고 다른 구단이 해당 선수를 양도받을 의향이 있는지 공개적으로 묻는 제도이다. 이 조항은 구단이 기량이 떨어지거나 부상을 당한 선수를 방출하는 데 사용된다. 제도를 통해 다른 구단이 해당 선수를 영입할 수 있는 기회를 제공한다.
① 보류 조항 : 구단이 선수의 계약을 보류하고 다른 구단으로의 이적을 제한하는 조항이다.
③ 선수대리인 : 선수의 계약 협상 및 기타 법적, 재정적 문제를 대리하는 인물이다.
④ 자유계약 : 계약이 만료된 선수가 어느 구단과도 자유롭게 계약할 수 있는 상태이다.

9 〈보기〉의 ㉠, ㉡에 해당하는 용어가 바르게 연결된 것은?

―보기―
- (㉠) : 국민의 관심이 높은 스포츠 경기를 무료 혹은 저렴한 비용으로 시청할 수 있는 권리를 말한다.
- (㉡) : 선수 개인의 사생활을 중심으로 대중을 자극하고 호기심에 호소하는 흥미 위주의 스포츠 관련 보도를 지칭한다.

	㉠	㉡
①	독점 중계권	뉴 저널리즘(new journalism)
②	보편적 접근권	옐로 저널리즘(yellow journalism)
③	독점 중계권	옐로 저널리즘(yellow journalism)
④	보편적 접근권	뉴 저널리즘(new journalism)

Advice 스포츠와 미디어

㉠ 보편적 접근권은 국민의 관심이 높은 스포츠 경기나 문화 행사 등을 무료 혹은 저렴한 비용으로 시청할 수 있는 권리이다. 공공의 이익을 위해 중요한 경기나 행사를 모든 사람들이 접근할 수 있게 한다.
㉡ 옐로 저널리즘은 선정적이고 감각적인 보도로 대중의 관심을 끌기 위해 선수 개인의 사생활을 중심으로 자극적이고 호기심을 유발하는 내용을 다루는 언론 스타일을 의미한다.

ANSWER 8.② 9.②

10 스포츠 일탈의 순기능에 관한 사례로 적절하지 않은 것은?

① 승부조작 사례를 보고 많은 선수들이 경각심을 갖는다.
② 아이스하키 경기에서 허용된 주먹다짐은 잠재된 공격성을 해소시켜 준다.
③ 스포츠에서 선수들의 약물복용이 지속되면 경기의 공정성이 훼손된다.
④ 높이뛰기에서 배면뛰기 기술의 창안은 기록경신에 기여하고 있다.

Advice 스포츠와 일탈
③ 약물복용은 경기의 공정성을 훼손하고 스포츠의 본질을 해치는 일탈 행동으로 역기능에 해당한다.

11 〈보기〉에서 설명하는 부르디외(P. Bourdieu)의 문화자본 유형은?

─보기─
- 테니스의 경기 기술뿐만 아니라 경기 매너도 습득하게 된다.
- 스포츠 활동처럼 몸으로 체득하게 되는 성향을 의미한다.
- 획득하는데 시간이 오래 걸리고, 타인에게 양도나 전이, 교환이 어렵다.

① 체화된(embodied) 문화자본
② 객체화된(objectified) 문화자본
③ 제도화된(institutionalized) 문화자본
④ 주체화된(subjectified) 문화자본

Advice 스포츠와 사회계급/계층
① 체화된 문화자본은 스포츠 기술뿐만 아니라, 그 스포츠에 관련된 매너와 규범이다.
※ 부르디외의 문화자본 유형
  ㉠ 체화된 문화자본 : 개인의 몸과 정신에 체득된 기술, 습관, 지식 등을 의미한다. 이는 신체와 정신을 통해 내면화된 문화적 역량이다. 시간이 걸려야 습득되며 타인에게 양도나 전이가 어렵다. 언어 능력, 교육을 통해 습득한 지식, 스포츠 기술 및 매너 등이 해당한다.
  ㉡ 객관화된 문화자본 : 물리적 형태로 존재하는 문화적 재산이다. 개인이 소유할 수 있는 물리적 객체로 경제적 자본으로 교환이 가능하고 사회적 상징성을 가진다. 책, 그림, 악기, 스포츠 장비 등 물리적 형태로 존재하는 모든 문화적 객체가 이에 해당한다.
  ㉢ 제도화된 문화자본 : 제도적으로 인정받는 자격이나 자격증이다. 교육제도나 전문기관에 의해 공식적으로 인정받는 형태의 문화자본이다.

ANSWER 10.③ 11.①

12 〈보기〉는 스트렌크(A. Strenk)가 제시한 국제정치에서 스포츠의 기능에 관한 설명이다. ㉠~㉢에 해당하는 내용이 바르게 연결된 것은?

―보기―
- (㉠): 2002년 한일월드컵 4강 진출로 대한민국이 축구 강국으로 인식
- (㉡): 1980년 모스크바올림픽에서 서방 국가들의 보이콧 선언
- (㉢): 1936년 베를린올림픽에서 나치즘의 정당성과 우월성 과시

	㉠	㉡	㉢
①	외교적 도구	정치이념 선전	국위선양
②	국위선양	외교적 항의	정치이념 선전
③	국위선양	외교적 도구	외교적 항의
④	외교적 도구	외교적 항의	정치이념 선전

Advice 스포츠와 정치
㉠ 2002년 한일월드컵에서 대한민국이 4강에 진출한 것은 대한민국이 축구 강국으로 인식하게 한 국위선양의 사례이다.
㉡ 1980년 모스크바 올림픽에서 서방 국가들이 소련의 아프가니스탄 침공에 대한 항의로 보이콧을 선언한 것은 외교적 항의의 사례이다.
㉢ 1936년 베를린 올림픽은 나치 독일이 자신의 정치 이념과 우월성을 전 세계에 선전하기 위함이다.

13 〈보기〉에서 투민(M. Tumin)이 제시한 스포츠계층의 특성 중 보편성(편재성)에 해당하는 것으로만 묶인 것은?

―보기―
㉠ 스포츠는 인기종목과 비인기종목으로 구분된다.
㉡ 과거에 비해 운동선수들의 지위가 향상되고 있다.
㉢ 종합격투기는 체급에 따라 대전료와 중계권료 등에 차등이 있다.
㉣ 계층에 따라 스포츠 참여 빈도, 유형, 종목이 달라지며, 이러한 차이는 개인의 삶에 영향을 미친다.

① ㉠, ㉡
② ㉠, ㉢
③ ㉡, ㉣
④ ㉢, ㉣

Advice 스포츠와 사회계급/계층
㉡ 계층의 역사적 변화를 나타내는 것으로 역사성에 해당한다.
㉣ 스포츠 참여와 관련된 사회적 불평등을 나타낸다. 이는 영향성에 해당한다.
※ 투민의 스포츠 계층의 특성
사회성, 역사성, 보편성(편재성), 다양성, 영향성이 있다.

ANSWER 12.② 13.②

14 〈보기〉의 밑줄 친 ㉠, ㉡을 설명하는 집합행동 이론이 바르게 연결된 것은?

보기

이 코치 : 어제 축구 봤어? 경기 도중 관중폭력이 발생했잖아.

김 코치 : ㉠ 나는 그 경기를 경기장에서 직접 봤는데 관중들의 야유소리가 점점 커지면서 관중폭력이 일어났어.

이 코치 : ㉡ 맞아! 그 경기 이전에 이미 관중의 인종차별 사건이 있었잖아. 만약 인종차별이 먼저 발생하지 않았다면, 어제 경기에서 그런 관중폭력은 없었을 거야.

	㉠	㉡
①	전염이론	규범생성이론
②	수렴이론	부가가치이론
③	전염이론	부가가치이론
④	수렴이론	규범생성이론

☑ **Advice**　스포츠와 일탈

㉠ 군중 속에서 개인이 감정적으로 고조되고, 행동이 전염되어 비합리적인 행동을 하게 되는 과정은 전염이론에 해당한다.
㉡ 사회적 조건들이 결합하여 집합 행동이 발생하는 과정으로, 특정 사건이나 환경적 요인이 결합되어 발생한 폭력을 의미한다.

15 메기(J. Magee)와 서덴(J. Sugden)이 제시한 스포츠 노동이주의 유형에 관한 설명 중 적절하지 않은 것은?

① 개척자형 : 스포츠 보급을 통해 금전적 보상을 추구하는 유형
② 정착민형 : 영구적으로 정착할 수 있는 곳을 찾는 유형
③ 귀향민형 : 해외에서의 스포츠 경험을 바탕으로 자국으로 복귀하는 유형
④ 유목민형 : 개인의 취향대로 흥미로운 장소를 돌아다니면서 스포츠에 참여하는 유형

☑ **Advice**　스포츠와 사회계급/계층

① 새로운 스포츠 시장을 개척하거나 스포츠를 보급하기 위해 이동하는 유형으로, 금전적 보상을 추구하는 것보다 스포츠의 확산과 보급에 중점을 둔다.

※ 메기와 서덴의 스포츠 노동이주의 유형
- 개척자형 : 새로운 스포츠 시장을 개척하거나 스포츠를 보급하기 위해 이동하는 유형
- 정착민형 : 영구적으로 정착할 수 있는 곳을 찾는 유형
- 귀향민형 : 해외에서의 스포츠 경험을 바탕으로 자국으로 복귀하는 유형
- 유목민형 : 개인의 취향대로 흥미로운 장소를 돌아다니면서 스포츠에 참여하는 유형

ANSWER　14.③　15.①

16 〈보기〉는 코클리(J. Coakley)가 제시한 스포츠 일탈에 관한 설명이다. ㉠, ㉡에 해당하는 용어가 바르게 연결된 것은?

─── 보기 ───
- (㉠)에 따르면 스포츠 일탈이 용인되는 범위는 사회적으로 타협하는 과정을 통해 구성된다.
- (㉡)는 과훈련(over-training), 부상 투혼 등을 거부감 없이 무비판적으로 수용하는 것이다.

	㉠	㉡
①	상대론적 접근	과소동조
②	절대론적 접근	과잉동조
③	절대론적 접근	과소동조
④	상대론적 접근	과잉동조

Advice 스포츠와 일탈

㉠ 상대론적 접근은 스포츠 일탈이 사회적 상황과 맥락에 따라 달라지는 것으로 스포츠 일탈이 용인되는 범위는 사회적으로 타협하고 협상을 통해서 구성된다.
㉡ 과잉동조는 스포츠 규범과 윤리적 기준을 무비판적으로 수용하고 과도하게 따르는 것으로 과훈련이나 부상 투혼 등을 거부감 없이 무비판적으로 받아들이는 행위이다.

17 스포츠사회화를 이해하기 위한 사회학습이론의 관점으로 적절하지 않은 것은?

① 상과 벌을 통해 행동이 변화한다.
② 다른 사람의 행동을 관찰하여 모방이 일어난다.
③ 사회화 주관자의 가르침을 통해 행동이 변화한다.
④ 개인은 자신이 처해있는 상황을 스스로 학습하고 변화한다.

Advice 스포츠와 사회화

④ 사회학습이론은 주로 사회적 맥락에서의 상호작용과 관찰을 통해 학습이 이루어진다고 주장하는 것에 해당한다.

18 〈보기〉에서 설명하는 스포츠의 정치적 속성은?

─── 보기 ───
에티즌(D. Eitzen)과 세이지(G. Sage)에 의하면 다양한 팀, 리그, 선수단체 및 행정기구는 각각의 특성에 따라 불평등하게 배분된 자원과 권한을 갖게 되고, 더 많은 권한을 갖기 위해 대립적 갈등을 겪게 된다.

① 보수성
② 긴장관계
③ 권력투쟁
④ 상호의존성

Advice 스포츠와 정치

③ 자원과 권한이 불평등하게 배분된 상황에서, 각기 다른 팀, 리그, 선수단체 및 행정기구가 더 많은 권한과 자원을 확보하기 위해 갈등을 겪는 과정인 권력투쟁에 해당한다.

※ 에티즌과 세이지의 스포츠의 정치적 속성

- 대표성 : 스포츠는 특정 지역, 국가, 단체 등을 대표하며, 국제경기나 대회에서 국가나 지역의 명성을 드높이는 역할을 한다. 국가주의와 민족주의를 고취시킨다.
- 보수성 : 스포츠의 변화보다는 전통과 현상을 유지하려는 경향이다. 변화보다는 안정과 연속성을 중시한다.
- 긴장관계 : 스포츠는 경쟁적 특성으로 인해 긴장된 관계를 조성한다. 선수들 간의 경쟁, 팬들 간의 충돌, 그리고 정치적 갈등으로 나타나기도 한다.
- 권력투쟁 : 다양한 팀, 리그, 선수단체 및 행정기구는 자원과 권한을 불평등하게 배분받으며, 더 많은 권한을 얻기 위해 대립하고 갈등을 겪는 것이다. 스포츠 내에서의 정치적 갈등과 권력 다툼을 의미한다.
- 상호의존성 : 스포츠 조직과 관련된 다양한 주체들은 서로 의존적 관계에 있다. 스포츠는 상호 협력과 연대를 통해 발전하고 갈등을 조정하는 역할을 한다.

ANSWER 16.④ 17.④ 18.③

19 〈보기〉에서 설명하는 맥퍼슨(B. McPherson)의 스포츠 미디어 이론은?

―보기―
- 대중매체를 통한 개인의 스포츠 소비 형태는 중요타자의 가치와 소비행동에 의해 영향을 받는다.
- 스포츠 수용자 역할로의 사회화는 스포츠에 참여하는 가족구성원으로부터 받은 스포츠 소비에 대한 승인 정도가 중요하게 작용한다.

① 개인차 이론
② 사회범주 이론
③ 문화규범 이론
④ 사회관계 이론

⋈ Advice　스포츠와 미디어　······································
④ 사회관계 이론 : 개인의 스포츠 소비가 중요한 사회적 관계, 즉 가족이나 친구와의 상호작용에 의해 결정된다는 것이다. 스포츠 수용자 역할로의 사회화가 가족구성원으로부터 받은 스포츠 소비에 대한 승인 정도에 따라 달라진다.
① 개인차 이론 : 개인의 심리적, 생리적 차이에 따라 미디어의 영향을 다르게 받는다는 이론이다.
② 사회범주 이론 : 연령, 성별, 사회계층 등 특정 사회범주에 따라 미디어의 영향이 다르게 나타난다는 이론이다.
③ 문화규범 이론 : 문화적 규범과 가치가 미디어 소비에 영향을 미친다는 이론이다.

20 〈보기〉에서 설명하는 스포츠사회학 이론은?

―보기―
- 일상에서 특정 물건을 소비하는 것은 자신의 계급 위치를 상징화하는 행위이다.
- 자원과 시간의 소비가 요구되는 스포츠에 참여하는 것은 계급 표식행위이다.
- 고가의 스포츠용품, 골프 회원권 등의 과시적 소비 양상이 나타난다.

① 갈등이론
② 구조기능이론
③ 비판이론
④ 상징적 상호작용론

⋈ Advice　스포츠와 사회계급/계층　······································
① 갈등이론 : 사회는 자원을 둘러싼 갈등과 경쟁에 의해 구성되며, 지배계급이 피지배계급을 착취하는 구조이다.
② 구조기능이론 : 사회는 각 부분이 기능적으로 통합되어 있는 시스템으로 보며, 각 부분이 사회 전체의 안정과 기능을 유지하는 역할을 한다는 것이다.
③ 비판이론 : 기존 사회 구조와 문화에 대한 비판을 통해 사회 변화를 추구하는 이론이다.
④ 상징적 상호작용론 : 상징을 통해서 사회구성원들 사이에 상호작용으로 사회현상을 이해하는 이론이다.

ANSWER　19.④　20.모두정답

스포츠교육학

1 〈보기〉에서 설명하는 스포츠 교육 평가의 신뢰도 검사 방법은?

―보기―
- 동일한 검사에 대해 시간 차이를 두고 2회 측정해서 측정값을 비교해 차이가 작으면 신뢰도가 높고, 크면 신뢰도가 낮은 것으로 판단한다.
- 첫 번째와 두 번째 측정 사이의 시간 차이가 너무 길거나 짧으면 신뢰도가 낮게 나올 수 있다.

① 검사 – 재검사
② 동형 검사
③ 반분 신뢰도 검사
④ 내적 일관성 검사

Advice 스포츠교육의 평가론
① 동일한 검사를 일정한 시간 간격을 두고 두 번 실시한 후, 두 결과 간의 일치도를 통해 신뢰도를 평가하는 방법은 검사 – 재검사이다.
※ 신뢰도 검사방법의 종류
 ㉠ 검사-재검사 : 동일한 검사를 일정한 시간 간격을 두고 두 번 실시한 후, 두 결과 간의 일치도를 통해 신뢰도를 평가하는 방법이다.
 ㉡ 동형검사 : 두 개의 동형 검사를 개발하여 같은 집단에게 실시한 후 두 검사 간의 상관관계를 평가하는 방법이다.
 ㉢ 반분 신뢰도 검사 : 나의 검사를 반으로 나누어 각각의 점수를 비교하여 신뢰도를 평가하는 방법이다.
 ㉣ 내적 일관성 검사 : 검사 항목들 간의 일관성을 평가하는 방법이다.

2 로젠샤인(B. Rosenshine)과 퍼스트(N. Furst)가 제시한 학습성취와 관련된 지도자 변인에 해당하지 않는 것은?

① 지도자의 경력
② 명확한 과제제시
③ 지도자의 열의
④ 프로그램의 다양화

Advice 스포츠교육의 지도방법론
① 지도자의 경력은 중요 요소이기도 하지만, 로젠샤인과 퍼스트가 제시한 학습성취와 관련한 요소에 포함되지 않는다.
②③④ 지도자 변인에는 명확한 과제제시, 프로그램의 다양화, 지도자의 열의, 명확한 과제 제시, 학생의 학습기회가 있다.

ANSWER 1.① 2.①

3 〈보기〉의 수업 장면에서 활용한 모스턴(M. Mosston)의 교수 스타일에 관한 설명으로 적절하지 않은 것은?

┌─────────── 보기 ───────────┐
| 신체활동 | 축구 |
| 학습목표 | 인프런트킥으로 상대방 수비수를 넘겨 동료에게 패스할 수 있다. |

수업 장면

지도자 : 네 앞에 상대방 수비수가 있을 때, 수비수를 넘겨 동료에게 패스하려면 어떻게 공을 차야 할까?
학습자 : 상대방 수비수를 넘길 수 있을 정도의 높이로 공을 띄워야 해요.
지도자 : 그럼, 발의 어느 부분으로 공의 밑 부분을 차면 수비수를 넘길 수 있을까?
학습자 : 발등과 발 안쪽의 중간 지점이요. (손가락으로 엄지발가락을 가리킨다)
지도자 : 좋은 대답이야. 그럼, 우리 한 번 상대방 수비수를 넘기는 킥을 연습해볼까?
└───────────────────────────┘

① 지도자는 논리적이며 계열적인 질문을 설계해야 한다.
② 지도자는 질문에 대한 학습자의 해답을 검토하고 확인한다.
③ 지도자는 학습자에게 예정된 해답을 즉시 알려준다.
④ 지도자는 학습자와 지속적으로 상호작용하며 의사결정을 한다.

☑ **Advice** 스포츠교육의 지도방법론 ·····················

모스턴 교수의 수렴발견형 스타일에 해당한다. 수렴발견형 스타일은 논리적이며 계열적인 질문을 설계하고, 학습자의 질문에 대해서 지도자는 해답을 검토하고 확인한다. 학습자와 지도자는 지속적으로 상호작용을 한다.

4 링크(J. Rink)가 제시한 교수 전략(teaching strategy) 중 한 명의 지도자가 수업에서 공간을 나누어 두 가지 이상의 과제를 동시에 진행하는 것은?

① 자기 교수(self teaching)
② 팀 티칭(team teaching)
③ 상호 교수(interactive teaching)
④ 스테이션 교수(station teaching)

☑ **Advice** 스포츠교육의 지도방법론 ·····················

④ 스테이션 교수 : 한 명의 지도자가 공간을 나누어 여러 개의 스테이션(또는 작업 공간)을 설정하고, 각 스테이션에서 다른 과제를 진행하는 교수 전략이다.
① 자기 교수 : 학습자가 자기 주도적으로 학습을 진행하는 전략이다.
② 팀 티칭 : 여러 명의 교사가 협력하여 하나의 수업을 공동으로 계획하고 진행하는 전략이다.
③ 상호 교수 : 교사와 학생 간의 상호작용을 중심으로 학습을 진행하는 전략이다.

ANSWER 3.③ 4.④

5 〈보기〉는 국민체육진흥법(시행 2025. 1. 1.) 제18조의3 '스포츠윤리센터의 설립'에 관한 내용이다. ㉠, ㉡에 들어갈 용어가 바르게 연결된 것은?

―보기―
· 체육의 (㉠) 확보와 체육인의 (㉡)를 위하여 스포츠윤리센터를 설립한다.

	㉠	㉡
①	정당성	권리 강화
②	정당성	인권 보호
③	공정성	권리 강화
④	공정성	인권 보호

✓**Advice** 스포츠교육의 배경과 개념 ··············

체육의 (㉠공정성) 확보와 체육인의 (㉡인권보호)를 위하여 스포츠윤리센터를 설립한다〈국민체육진흥법 제18조의3(스포츠윤리센터의 설립) 제1항〉.

6 스포츠 교육 프로그램의 지도 원리에 관한 설명이 적절하지 않은 것은?

① 개별성의 원리 : 개인차를 고려한 다양한 수준별 지도
② 효율성의 원리 : 학습자 스스로 내용을 파악하고 문제해결
③ 적합성의 원리 : 지도자의 창의적인 지도 활동의 선정과 활용
④ 통합성의 원리 : 교수·학습 내용의 다양화와 신체활동의 총체적 체험

✓**Advice** 스포츠교육의 지도방법론 ··············

② 학습자의 시간과 노력을 최소화하면서 최대의 학습 효과를 거두는 것으로 자기주도적 학습과 효율성의 원리는 관련이 없다.

7 직접교수모형에 관한 설명으로 적절하지 않은 것은?

① 학습 영역의 우선순위는 심동적 영역이다.
② 스키너(B. Skinner)의 조작적 조건화 이론에 근거한다.
③ 지도자 중심으로 의사결정이 이루어져 학습자의 과제참여 비율이 감소한다.
④ 수업의 단계는 전시과제 복습, 새 과제 제시, 초기과제 연습, 피드백과 교정, 독자적 연습, 본시 복습의 순으로 진행된다.

✓**Advice** 스포츠교육의 지도방법론 ··············

③ 직접교수모형에서 학습자에게 명확한 지시와 피드백을 제공하여 학습자의 적극적인 참여를 유도한다.

ANSWER 5.④ 6.② 7.③

8 스포츠기본법(시행 2022.6.16.) 제7조 '스포츠 정책 수립·시행의 기본원칙' 중 국가와 지방자치단체의 스포츠 정책에 관한 고려사항에 해당하지 않는 것은?

① 스포츠 활동을 존중하고 사회 전반에 확산되도록 할 것
② 스포츠 대회 참가 목적을 국위선양에 두어 지원할 것
③ 스포츠 활동 참여와 스포츠 교육의 기회가 확대되도록 할 것
④ 스포츠의 가치를 존중하고 스포츠의 역동성을 높일 수 있을 것

✓ Advice   스포츠교육의 정책과 제도

스포츠 정책 수립·시행의 기본원칙〈스포츠기본법 제7조〉… 국가와 지방자치단체는 스포츠에 관한 정책을 수립하고 시행할 때에는 다음 각 호의 사항을 충분히 고려하여야 한다.
1. 스포츠권을 보장할 것
2. 스포츠 활동을 존중하고 사회전반에 확산되도록 할 것
3. 국민과 국가의 스포츠 역량을 높이기 위한 여건을 조성하고 지원할 것
4. 스포츠 활동 참여와 스포츠 교육의 기회가 확대되도록 할 것
5. 스포츠의 가치를 존중하고 스포츠의 역동성을 높일 수 있을 것
6. 스포츠 활동과 관련한 안전사고를 방지할 것
7. 스포츠의 국제 교류·협력을 증진할 것

9 모스턴(M. Mosston)의 포괄형(inclusion) 교수 스타일에 관한 설명으로 적절하지 않은 것은?

① 지도자는 발견 역치(discovery threshold)를 넘어 창조의 단계로 학습자를 유도한다.
② 지도자는 기술 수준이 다양한 학습자들의 개인차를 수용한다.
③ 학습자가 성취 가능한 과제를 선택하고 자신의 수행을 점검한다.
④ 과제 활동 전, 중, 후 의사결정의 주체는 각각 지도자, 학습자, 학습자 순서이다.

✓ Advice   스포츠교육의 지도방법론

① 유도발견형 스타일이다. 유도발견형은 미리 정해진 답을 학습자가 발견할 수 있도록 유도한다.
②③④ 포괄형 스타일은 학습자가 스스로 수행이 가능한 난이도를 선택하여 동일한 과제에 참여하는 교수 스타일에 해당한다.

ANSWER 8.② 9.①

10 〈보기〉에서 설명하는 링크(J. Rink)의 학습 과제 연습 방법은?

―보기―
- 복잡한 운동 기술의 경우, 기술의 주요 동작이나 마지막 동작을 초기 동작보다 먼저 연습하게 한다.
- 테니스 서브 과제에서 공을 토스하는 동작을 연습하기 전에 공을 라켓에 맞추는 동작을 먼저 연습한다.

① 규칙 변형
② 역순 연쇄
③ 반응 확대
④ 운동수행의 목적 전환

Advice 스포츠교육의 지도방법론

② 역순 인쇄: 복잡한 운동 기술을 학습할 때, 기술의 주요 동작이나 마지막 동작을 먼저 연습한 후, 초기 동작을 연습하는 방법이다.
① 규칙 변형: 게임의 규칙을 수정하여 학습자가 특정 기술을 더 자주 사용하도록 유도하는 방법이다.
③ 반응 확대: 학습자의 반응 범위를 넓히기 위해 과제를 변형하거나 확장하여 연습하는 방법이다.
④ 운동수행의 목적 전환: 운동 수행의 목적을 변환하여 연습하는 방법이다.

11 〈보기〉에 해당하는 쿠닌(J. Kounin)의 교수 기능은?

―보기―
- 지도자가 자신의 머리 뒤에도 눈이 있다는 듯이 학습자들의 행동을 파악하는 것
- 지도자가 학습자들 간에 발생하는 사건을 인지하는 것

① 접근통제(proximity control)
② 긴장 완화(tension release)
③ 상황이해(with-it-ness)
④ 타임아웃(time-out)

Advice 스포츠교육의 지도방법론

③ 지도자가 교실의 모든 곳에서 무슨 일이 일어나고 있는지 알고 있으며, 학습자들 사이에서 발생하는 문제를 인지하는 것은 상황이해에 해당한다.
※ 쿠닌의 예방적 관리 관련 교수기능
  ㉠ 상황이해: 교사가 교실에서 일어나는 모든 일을 알고 있는 상태를 유지하고, 학생들의 행동을 파악하는 능력이다.
  ㉡ 동시처리: 교사가 여러 가지 과제를 동시에 처리하는 능력으로 한 학생의 질문에 답하면서도 다른 학생들의 행동을 주시하는 것이다.
  ㉢ 유연한 수업전환: 수업이 중단 없이 자연스럽게 진행하고 불필요한 중단을 최소화하는 능력이다.
  ㉣ 집단 경각심: 모든 학생들이 수업에 참여하고 집중할 수 있도록 하는 방법으로 교사가 질문을 할 때 무작위로 학생을 지명하여 모든 학생들이 경각심을 갖도록 하는 것이다.
  ㉤ 도입과 마무리: 수업의 시작과 끝을 명확히 하여 학생들이 수업의 목표와 내용을 잘 이해할 수 있도록 하는 것이다.

ANSWER 10.② 11.③

12 〈보기〉에서 활용된 스포츠 지도 행동의 관찰기법은?

─── 보기 ───
- 지도자 : 강 감독
- 수업내용 : 농구 수비전략
- 관찰자 : 김 코치
- 시간 : 19:00 ~ 19:50

	피드백 유형	표기(별도)	비율
대상	전체	V V V V V (5회)	50%
	소집단	V V V (3회)	30%
	개인	V V (2회)	20%
성격	긍정	V V V V V V V V (8회)	80%
	부정	V V (2회)	20%
구체성	일반적	V V V (3회)	30%
	구체적	V V V V V V V (7회)	70%

① 사건 기록법(event recording)
② 평정 척도법(rating scale)
③ 일화 기록법(anecdotal recording)
④ 지속시간 기록법(duration recording)

Advice 스포츠교육의 평가론

① 사건 기록법 : 특정 행동의 발생 빈도를 기록하는 방법으로 행동의 발생횟수 측정에 유용하다.
② 평정 척도법 : 특정 행동이나 특성을 평가하기 위해 점수나 등급을 매기는 방법이다.
③ 일화 기록법 : 특정 사건이나 행동에 대한 서술적 기록을 작성하는 방법이다.
④ 지속시간 기록법 : 특정 행동이 발생한 총 시간을 기록하는 방법이다.

13 배구 수업에서 운동기능이 낮은 학습자의 참여 증진을 위한 스포츠지도 방법으로 적절하지 않은 것은?

① 네트 높이를 낮춘다.
② 소프트한 배구공을 사용한다.
③ 서비스 라인을 네트와 가깝게 위치시킨다.
④ 정식 게임(full-sided game)으로 운영한다.

Advice 스포츠교육의 지도방법론

④ 정식 게임은 규칙이 복잡하고 운동기능이 높은 학습자들에게는 적합하지만 운동기능이 낮은 학습자들에게는 참여가 어렵다.

14 메이거(R. Mager)가 제시한 학습 목표 설정의 요소가 아닌 것은?

① 설정된 운동수행 기준
② 운동수행에 필요한 상황과 조건
③ 학습자에게 기대되는 성취행위
④ 목표 달성이 불가능할 경우의 대처방안

Advice 스포츠교육의 지도방법론

④ 학습 목표는 학습자가 달성해야 할 기준, 조건, 행동을 명확히 정의하는 것이 중요하기 때문에 목표 달성 여부에 대한 대처방안은 목표설정 요소가 아니다.
※ 메이거(R. Mager)의 학습목표 진술 요소
 ㉠ 설정된 운동수행 기준을 명확하게 설정
 ㉡ 운동수행에 필요한 상황과 조건을 명확하게 정의
 ㉢ 학습자가 달성해야 할 구체적인 행동이나 성과를 정의

ANSWER 12.① 13.④ 14.④

15 〈보기〉에서 메츨러(M. Metzler)의 탐구수업모형에 관한 설명으로 옳은 것을 모두 고른 것은?

─보기─
㉠ 모형의 주제는 '문제해결자로서의 학습자'이다.
㉡ 학습 영역의 우선순위는 심동적, 인지적, 정의적 순이다.
㉢ 지도자는 학습자가 '생각하고 움직이기'를 할 수 있도록 과제를 제시한다.
㉣ 지도자의 질문에 학습자가 바로 대답하지 못하는 경우 즉시 답을 알려준다.

① ㉠, ㉢
② ㉡, ㉢
③ ㉠, ㉡, ㉢
④ ㉠, ㉡, ㉣

☑ Advice 스포츠교육의 지도방법론

㉡ 인지적, 심동적, 정의적 영역 순서에 해당한다.
㉣ 학습자가 스스로 답을 찾도록 유도한다.

16 스포츠 참여자 평가에서 심동적(psychomotor) 영역에 해당하는 것은?

① 몰입
② 심폐지구력
③ 협동심
④ 경기 규칙 이해

☑ Advice 스포츠교육의 지도방법론

② 신체 운동 활동과 관련된 것은 심동적 영역에 해당한다.
①③ 정의적 영역
④ 인지적 영역

17 〈보기〉에 해당하는 운동기능의 학습 전이(transfer) 유형은?

─보기─
• 야구에서 배운 오버핸드 공 던지기가 핸드볼에서 오버핸드 공 던지기 기능으로 전이되는 경우이다.

① 대칭적 전이
② 과제 내 전이
③ 과제 간 전이
④ 일상으로의 전이

☑ Advice 스포츠교육의 지도방법론

③ 과제 간 전이 : 한 운동 과제에서 배운 기술이 다른 운동 과제에 적용되는 것으로 야구에서 배운 오버핸드 공 던지기 기술이 핸드볼에서 사용될 때 해당한다.
① 대칭적 전이 : 운동 기술이 양쪽 신체 부위에서 동일하게 수행될 때 발생하는 것으로 오른손잡이가 왼손으로도 동일한 기술을 수행할 수 있게 되는 경우이다.
② 과제 내 전이 : 동일한 과제 내에서 기술이나 전략이 다른 상황에 적용되는 것으로 배구의 서브 기술이 연습에서 게임 상황으로 전이되는 경우이다.
④ 일상으로의 전이 : 운동 기술이 스포츠 외의 일상 활동에 적용되는 것으로 축구에서 배운 균형 잡기 기술이 일상 생활에서 도움이 되는 경우이다.

ANSWER 15.① 16.② 17.③

18 스포츠 교육 프로그램의 구성요소에 관한 설명으로 적절하지 않은 것은?

① 평가 : 프로그램을 개선하는 데 도움을 준다.
② 내용 : 스포츠 지도의 철학, 이념 또는 비전이다.
③ 지도법 : 프로그램을 체계적으로 전달하는 방법이다.
④ 목적 및 목표 : 일반적인 목표와 구체적인 목표로 구분할 수 있다.

Advice 스포츠교육의 프로그램론
② 내용은 스포츠 교육 프로그램에서 가르칠 실제 교육 내용과 활동으로 구체적인 스포츠 기술, 규칙, 전략 등이다.

19 메츨러(M. Metzler)의 개별화지도모형의 주제로 적절한 것은?

① 지도자가 수업 리더 역할을 한다.
② 나는 너를, 너는 나를 가르친다.
③ 유능하고, 박식하며, 열정적인 스포츠인으로 성장한다.
④ 학습자가 가능한 한 빨리, 필요한 만큼 천천히 학습 속도를 조절한다.

Advice 스포츠교육의 지도방법론
④ 학습자가 자신의 학습 속도를 조절할 수 있도록 하는 것이다. 학습자가 가능한 한 빠르고 필요한 만큼 천천히 학습을 진행할 수 있는 자율성을 부여받아, 각자의 능력과 필요에 맞게 학습할 수 있다.
① 직접교수모형
② 동료교수모형
③ 스포츠교육모형

20 학교체육진흥법 시행령(시행 2023. 9. 15.) 제3조 '학교운동부지도자의 자격기준 등'에서 제시한 학교운동부지도자 재임용의 평가 내용이 아닌 것은?

① 복무 태도
② 학교운동부 운영 성과
③ 인권교육 연 1회 이상 이수 여부
④ 학생선수의 학습권 및 인권 침해 여부

Advice 스포츠교육의 정책과 제도
학교운동부지도자의 자격기준 등〈학교체육진흥법 시행령 제3조 제4항〉… 학교의 장은 학교운동부지도자를 재임용할 때에는 다음 각 호의 사항을 평가한 후 그 결과에 따라 재임용 여부를 결정해야 한다.
1. 직무수행 실적
2. 복무 태도
3. 학교운동부 운영 성과
4. 학생선수의 학습권 및 인권 침해 여부

ANSWER 18.② 19.④ 20.③

스포츠심리학

1 스포츠심리학의 주된 연구의 동향과 영역에 포함되지 않는 것은?

① 인지적 접근과 현장 연구
② 경험주의에 기초한 성격 연구
③ 생리학적 항상성에 관한 연구
④ 사회적 촉진 및 각성과 운동수행의 관계 연구

☑ Advice 스포츠심리학의 개관 ....
③ 생리학적 항상성은 신체가 외부 환경의 변화에도 불구하고 내부의 안정성을 유지하려는 특성으로 운동생리학에서 연구되는 영역이다.

2 데시(E. Deci)와 라이언(R. Ryan)이 제시한 자기결정이론(self-determination theory)에서 외적동기 유형으로 분류되지 않는 것은?

① 무동기(amotivation)
② 확인규제(identified regulation)
③ 통합규제(integrated regulation)
④ 의무감규제(introjected regulation)

☑ Advice 운동심리학 ....
① 동기가 없는 무동기는 내적동기나 외적동기로 분류되지 않는다.
②③④ 외적동기 유형에는 확인규제, 통합규제, 의무감규제가 있다.

3 〈보기〉에서 설명하는 개념은?

―보기―
체육관에서 관중의 함성과 응원 소리에도 불구하고, 작전타임에서 코치와 선수는 서로 의사소통이 가능하다.

① 스트룹 효과(Stroop effect)
② 지각협소화(perceptual narrowing)
③ 무주의 맹시(inattention blindness)
④ 칵테일파티 효과(cocktail party effect)

☑ Advice 인간운동행동의 이해 ....
④ 칵테일파티 효과 : 소음이 많은 환경에서도 중요한 소리를 선택적으로 듣고 이해할 수 있는 능력이다. 시끄러운 파티에서 자신의 이름이 언급되는 것을 즉각적으로 알아차리는 것으로 체육관에서 관중의 소음 속에서도 코치와 선수 간의 의사소통이 가능한 현상이다.
① 스트룹 효과 : 단어의 의미와 단어의 색상이 상충될 때, 반응 시간이 느려지거나 오류가 발생하는 현상이다.
② 지각협소화 : 각성 수준이 높아질 때, 주의의 범위가 좁아지는 현상으로 스트레스 상황에서 주변 환경에 대한 인식이 제한되는 경우이다.
③ 무주의 맹시 : 시각적 자극이 존재해도 주의를 기울이지 않으면 인식하지 못하는 현상으로 한 가지 과제에 집중하고 있을 때 주변에서 일어나는 다른 일을 보지 못하는 경우이다.

ANSWER 1.③ 2.① 3.④

4 〈표〉는 젠타일(A. Gentile)의 이차원적 운동기술분류이다. 야구 유격수가 타구된 공을 잡아서 1루로 송구하는 움직임이 해당하는 곳은?

구분		동작의 요구(기능)			
		신체 이동 없음 (신체의 안정성)		신체 이동 있음 (신체의 불안정성)	
		물체 조작 없음	물체 조작 있음	물체 조작 없음	물체 조작 있음
환경적 맥락	안정적인 조절 조건	동작 시도 간 환경 변이성 없음			
		동작 시도 간 환경 변이성			
	비안정적 조절 조건	동작 시도 간 환경 변이성 없음	①		③
		동작 시도 간 환경 변이성		②	④

☑ **Advice** 인간운동행동의 이해 ················

야구 유격수가 타구된 공을 잡아서 1루로 송구하는 움직임은 타구된 공을 잡고 송구하는 것으로 신체의 불안정성에 해당한다. 또한 공을 잡으러 이동하고 송구하는 과정으로 신체의 이동이 있는 것이다.

5 뉴웰(K. Newell)이 제시한 움직임 제한(constraints) 요소의 유형이 다른 것은?

① 운동능력이 움직임을 제한한다.
② 인지, 동기, 정서상태가 움직임을 제한한다.
③ 신장, 몸무게, 근육형태가 움직임을 제한한다.
④ 과제목표와 특성, 규칙, 장비가 움직임을 제한한다.

☑ **Advice** 인간운동행동의 이해 ················

④ 과제적 요인
①②③ 개인적 요인
※ 뉴웰(K. Newell)은 움직임을 제한하는 요소
　㉠ 개인적 요인 : 운동능력, 신장, 몸무게, 근육형태와 같은 신체적 특성과 인지, 동기, 정서상태와 같은 심리적 특성에 해당한다.
　㉡ 환경적 요인 : 외부 환경의 물리적 및 사회적 조건으로 날씨, 중력, 시설의 상태 등이 해당한다.
　㉢ 과제적 요인 : 과제의 목표와 특성, 규칙, 장비 등이 있다. 경기의 규칙, 사용하는 장비, 수행해야 할 특정 운동 기술 등이 해당한다.

ANSWER　4.④　5.④

6 〈보기〉에서 설명하는 게셀(A. Gesell)과 에임스(L. Ames)의 운동발달의 원리가 아닌 것은?

―보기―
- 머리에서 발 방향으로 발달한다.
- 운동발달은 일련의 방향성을 갖는다.
- 운동협응의 발달순서가 있다.
  양측 : 상지 혹은 하지의 양측을 동시에 움직이는 형태를 보인다.
  동측 : 상하지를 동시에 움직이는 형태를 보인다.
  교차 : 상하지를 동시에 움직이는 형태를 보인다.
- 운동기술의 습득 과정에서 몸통이나 어깨 근육을 조절하는 능력을 먼저 갖추고, 이후에 팔, 손목, 손, 그리고 손가락 근육을 조절하는 능력을 갖춘다.

① 머리-꼬리 원리(cephalocaudal principle)
② 중앙-말초 원리(proximodistal principle)
③ 개체발생적 발달 원리(ontogenetic development principle)
④ 양측-동측-교차 운동협응의 원리 (bilateral-unilateral(ipsilateral)-crosslateral principle)

☑ Advice   인간운동행동의 이해 ·················
③ 개체발생적 발달 원리 : 특정 운동발달 과정이 생물학적 진화와 유사한 경로를 따른다는 원리이다.
① 머리-꼬리 원리 : 운동발달이 머리에서 시작하여 꼬리 쪽으로 진행된다는 원리이다.
② 중앙-말초 원리 : 운동발달이 몸의 중앙에서 말초로 진행된다는 원리이다.
④ 양측-동측-교차 운동협응의 원리 : 운동협응이 양측에서 시작하여, 동일한 측의 상하지가 동시에 움직이는 동측 운동, 교차측 상하지가 동시에 움직이는 교차 운동으로 발달한다는 원리이다.

7 스포츠를 통한 인성 발달 전략에 대한 설명으로 옳지 않은 것은?

① 상황에 맞는 바람직한 행동을 설명한다.
② 도덕적으로 적절한 행동에 대하여 설명한다.
③ 바람직한 행동을 강화하고, 적대적 공격행동은 처벌한다.
④ 격한 상황에서 자신의 감정을 공격적으로 표출하도록 격려한다.

☑ Advice   스포츠수행의 사회 심리적 요인 ·················
④ 인성 발달 전략에 격한 상황에서 공격적으로 감정을 표출하는 것은 올바르지 않다.

8 〈보기〉에서 설명하는 목표의 유형은?

―보기―
- 운동기술을 잘 수행하기 위해서 필요한 핵심 행동에 중점을 둔다.
- 자기효능감과 자신감을 높이고 인지 불안을 낮추는 데 도움이 된다.
- 자신의 운동수행에 대한 목표를 달성하는데 중점을 두는 목표로 달성의 기준점이 자신의 과거 기록이 된다.

① 과정목표와 결과목표
② 수행목표와 과정목표
③ 수행목표와 객관적목표
④ 객관적목표와 주관적목표

☑ Advice   스포츠수행의 심리적 요인 ·················
〈보기〉에서 운동기술을 잘 수행하기 위해서 필요한 핵심 행동에 중점을 두는 것은 과정목표를 의미하고 자신의 운동수행에 대한 목표를 달성하는데 중점을 두는 목표는 수행목표에 해당한다.

ANSWER 6.③ 7.④ 8.②

9 스미스(R. Smith)와 스몰(F. Smol)이 개발한 유소년 지도자 훈련 프로그램인 CET(Coach Effectiveness Training)의 핵심 원칙이 아닌 것은?

① 자기관찰
② 운동도식
③ 상호지원
④ 발달모델

✓Advice 스포츠심리상담
② 운동학습 이론에서 사용되는 개념이다. CET 프로그램의 핵심 원칙과는 관련이 없다.

10 균형유지와 사지협응 및 자세제어에 주된 역할을 하는 뇌 구조(영역)는?

① 소뇌(cerebellum)
② 중심고랑(central sulcus)
③ 대뇌피질의 후두엽(occipital lobe of cerebrum)
④ 대뇌피질의 측두엽(temporal lobe of cerebrum)

✓Advice 인간운동행동의 이해
① 균형 유지, 사지 협응, 그리고 자세 제어를 담당한다. 운동의 정확성과 조화를 유지하는 데 중요한 역할을 하는 영역은 소뇌에 해당한다.

11 골프 퍼팅 과제를 100회 연습한 뒤, 24시간 후에 동일 과제에 대해 수행하는 검사는?

① 속도검사(speed test)
② 파지검사(retention test)
③ 전이검사(transfer test)
④ 지능검사(intelligence test)

✓Advice 인간운동행동의 이해
골프 퍼팅 과제를 100회 연습한 뒤, 24시간 후에 동일 과제에 대해 수행하는 검사는 파지검사에 해당한다.

12 〈보기〉에서 구스리(E. Guthrie)가 제시한 '운동기술 학습으로 인한 변화'에 관한 설명으로 옳은 것을 모두 고른 것은?

─── 보기 ───
㉠ 최대의 확실성(maximum certainty)으로 운동과제를 수행할 수 있다.
㉡ 최소의 인지적 노력(minimum cognitive effect)으로 운동과제를 수행할 수 있다.
㉢ 최소의 움직임 시간(minimum movement time)으로 운동과제를 수행할 수 있다.
㉣ 최소의 에너지 소비(minimum energy expenditure)로 운동과제를 수행할 수 있다.

① ㉠, ㉡, ㉢
② ㉠, ㉢, ㉣
③ ㉡, ㉢, ㉣
④ ㉠, ㉡, ㉢, ㉣

✓Advice 인간운동행동의 이해
구스리(Guthrie, 1952)는 운동기술 학습의 목표로 최대의 확실성, 최소의 움직임의 시간, 최소의 에너지 소비로 제시하였다.

ANSWER 9.② 10.① 11.② 12.②

13 〈보기〉에서 설명하는 일반화된 운동프로그램(generalized motor program)의 불변 특성(invariant feature) 개념은?

━━━━━━━━━━━ 보기 ━━━━━━━━━━━

A 움직임 시간(movement time)=500ms			
하위 움직임 1 = 25%	하위 움직임 2 = 25%	하위 움직임 3 = 25%	하위 움직임 4 = 25%

B 움직임 시간(movement time)=900ms			
하위 움직임 1 = 25%	하위 움직임 2 = 25%	하위 움직임 3 = 25%	하위 움직임 4 = 25%

- A 움직임 시간은 500ms, B 움직임 시간은 900ms로 서로 다르다
- 4개의 하위 움직임 구간의 시간적 구조 비율은 변하지 않는다.
- 단, A와 B 움직임은 모두 동일인이 수행한 동작이며, 하위움직임 구성도 4개로 동일함

① 어트랙터(attractor)
② 동작유도성(affordance)
③ 상대적 타이밍(relative timing)
④ 절대적 타이밍(absolute timing)

📌 **Advice** 인간운동행동의 이해 ·····················

③ 상대적 타이밍은 운동의 전체 시간에 대한 각 하위 움직임 구간의 시간 비율이 변하지 않는 것을 의미한다. 〈보기〉에서 A와 B의 총 운동 시간이 다르지만 각 하위 움직임 구간의 시간 비율이 동일한 것은 상대적 타이밍에 해당한다.

---

14 〈보기〉에 제시된 공격성에 관한 설명과 이론(가설)이 바르게 연결된 것은?

━━━━━━━━━━━ 보기 ━━━━━━━━━━━
- (㉠) 환경에서 관찰과 강화로 공격행위를 학습한다.
- (㉡) 인간의 내부에는 공격성을 유발하는 에너지가 존재한다.
- (㉢) 좌절(예, 목표를 추구하는 행위가 방해받는 경험)이 공격 행동을 유발한다.
- (㉣) 좌절이 무조건 공격행동을 유발하지 않고, 공격행동이 적절하다는 외부적 단서가 있을 때 나타난다.

	㉠	㉡	㉢	㉣
①	사회학습이론	본능이론	좌절-공격 가설	수정된 좌절-공격 가설
②	사회학습이론	본능이론	수정된 좌절-공격 가설	좌절-공격 가설
③	본능이론	사회학습이론	좌절-공격 가설	수정된 좌절-공격 가설
④	본능이론	사회학습이론	수정된 좌절-공격 가설	좌절-공격 가설

📌 **Advice** 인간운동행동의 이해 ·····················

㉠ 환경에서 관찰과 강화로 공격행위를 학습하는 것은 사회학습이론에 해당한다.
㉡ 인간의 내부에는 공격성을 유발하는 에너지가 존재한다는 것은 본능이론에 해당한다.
㉢ 좌절(예, 목표를 추구하는 행위가 방해받는 경험)이 공격 행동을 유발한다는 것은 좌절-공격 가설이다.
㉣ 좌절이 무조건 공격행동을 유발하지 않고, 공격행동이 적절하다는 외부적 단서가 있을 때 나타난다는 것은 수정된 좌절-공격 가설이다.

ANSWER 13.③ 14.①

15 〈보기〉에서 하터(S. Harter)의 유능성 동기이론 모형에 관한 설명으로 옳은 것을 고른 것은?

───보기───

㉠ 심리적 요인과 관련된 단일차원의 구성개념이다.
㉡ 실패 경험은 부정적 정서를 갖게 하여 유능성 동기를 낮추고, 결국에는 운동을 중도 포기하게 한다.
㉢ 성공 경험은 자기효능감과 긍정적 정서를 갖게 하여 유능성 동기를 높이고, 숙달(mastery)을 경험하게 한다.
㉣ 스포츠 상황에서 성공하기 위한 능력이 있다는 확신의 정도나 신념으로 특성 스포츠 자신감과 상태 스포츠 자신감으로 구분한다.

① ㉠, ㉡
② ㉠, ㉣
③ ㉡, ㉢
④ ㉡, ㉣

Advice 인간운동행동의 이해

㉠ 하터의 유능성 동기이론은 여러 차원에서 유능성을 경험할 수 있음을 강조한다.
㉣ 하터의 유능성 동기이론에서는 유능성 동기의 발달을 통한 숙달과 자기효능감을 강조한다.

16 〈보기〉에서 설명하는 용어는?

───보기───

번스타인(N. Bernstein)은 움직임의 효율적 제어를 위해 중추신경계가 자유도를 개별적으로 제어하지 않고, 의미 있는 단위로 묶어서 조절한다고 설명하였다.

① 공동작용(synergy)
② 상변이(phase transition)
③ 임계요동(critical fluctuation)
④ 속도-정확성 상쇄 현상(speed-accuracy trade-off)

Advice 인간운동행동의 이해

번스타인(N. Bernstein)은 운동 제어와 학습에서 자유도(degrees of freedom) 문제를 해결을 위해서 중추신경계가 다양한 요소들을 효율적으로 관리한다. 이때에는 자유도를 개별적으로 제어하지 않고 여러 요소를 의미 있는 단위로 묶어서 조절하는 방식을 사용한다. 이것은 공동작용에 해당한다.

17 〈보기〉에서 연구 결과를 통해 확인할 수 있는 목표 설정에 관한 설명으로 옳은 것을 고른 것은?

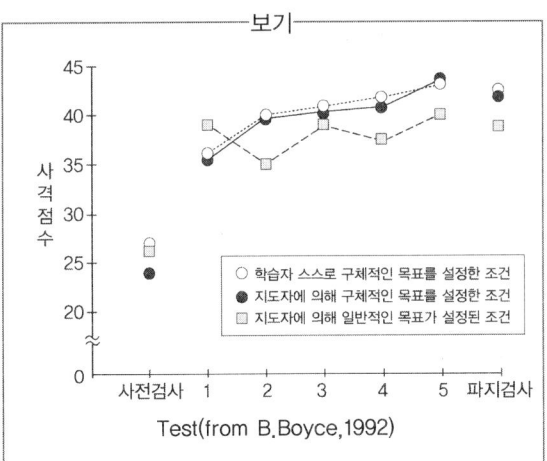

─── 보기 ───
㉠ 목표설정이 운동의 수행과 학습에 효과적이다.
㉡ 학습자에게 어려운 목표를 설정하도록 조언해야 한다.
㉢ 구체적인 목표를 설정했던 집단에서 더 높은 학습 효과가 나타났다.
㉣ 구체적이고 도전적인 목표를 향해 전념하도록 격려하는 것은 운동의 수행과 학습의 효과를 감소시킨다.

① ㉠, ㉡
② ㉠, ㉢
③ ㉡, ㉢
④ ㉡, ㉣

✓ Advice 인간운동행동의 이해
㉡ 〈보기〉 연구에서 목표의 난이도 조건은 확인할 수 없다.
㉣ 구체적인 목표를 설정한 집단이 더 높은 학습 효과를 보인다.

18 〈보기〉에서 설명하는 피드백 유형은?

─── 보기 ───
높이뛰기 도약 스텝 기술을 연습하게 한 후에 지도자는 학습자의 정확한 도약 기술 습득을 위해 각 발의 스텝번호(지점)을 바닥에 표시해주었다.

① 내적 피드백(intrinsic feedback)
② 부적 피드백(negative feedback)
③ 보강 피드백(augmented feedback)
④ 부적합 피드백(incongruent feedback)

✓ Advice 인간운동행동의 이해
③ 높이뛰기 도약 스텝 기술을 연습한 후 지도자가 학습자의 정확한 도약 기술 습득을 위해 각 발의 스텝번호를 바닥에 표시해준 것은 외부에서 제공된 피드백은 외부에서 제공되는 보강 피드백을 의미한다.

ANSWER 17.② 18.③

19 〈보기〉는 칙센트미하이(M. Csikszentmihalyi)가 주장한 몰입의 개념이다. ㉠~㉣에 들어갈 개념이 바르게 연결된 것은?

─────── 보기 ───────
- (㉠)과 (㉡)이 균형을 이루는 상황에서 운동 수행에 완벽히 집중하는 것을 몰입(flow)이라 한다.
- (㉡)이 높고, (㉠)이 낮으면 (㉢)을 느낀다.
- (㉡)이 낮고, (㉠)이 높으면 (㉣)을 느낀다.

	㉠	㉡	㉢	㉣
①	기술	도전	불안	이완
②	도전	기술	각성	무관심
③	기술	도전	각성	불안
④	도전	기술	이완	지루함

☑ **Advice** 인간운동행동의 이해 ································
㉠ 기술과 ㉡ 도전이 균형을 이루는 상황이다. ㉡ 도전이 높고 ㉠ 기술이 낮으면 ㉢ 불안을 느낀다. ㉡ 도전이 낮고, ㉠ 기술이 높으면 ㉣ 이완을 느낀다.

20 학습된 무기력(learned helplessness) 상태에 있는 학습자에게 귀인 재훈련(attribution retraining)을 위한 적절한 전략은?

① 실패의 원인을 외적 요인에서 찾게 한다.
② 능력의 부족을 긍정적으로 받아들이게 한다.
③ 운이 따라 준다면 다음에 성공할 수 있다고 지도한다.
④ 실패의 원인을 노력 부족이나 전략의 미흡으로 받아들이게 한다.

☑ **Advice** 인간운동행동의 이해 ································
학습된 무기력(learned helplessness)은 반복된 실패 경험으로 인해 자신의 노력이나 능력으로는 상황을 변화시킬 수 없다는 무력감을 느끼는 상태이다. 노력이 부족하거나 전략이 미흡하다고 여기면 학습자는 자신의 노력과 전략을 개선하려는 동기를 가지면서 무기력 상태를 벗어나게 한다.

한국체육사

1 체육사 연구에서 사관(史觀)에 관한 설명으로 적절하지 않은 것은?

① 유물사관, 관념사관, 진보사관, 순환사관 등이 있다.
② 체육 역사에 대한 견해, 해석, 관념, 사상 등을 의미한다.
③ 체육 역사가의 관점으로 다양한 과거의 역사적 사실을 해석한다.
④ 과거 체육과 관련된 사실을 담고 있는 역사 자료를 의미한다.

☑ **Advice** 체육사의 의미 ································
④ 사관은 역사 자료 그 자체를 의미하는 것이 아닌 역사 자료를 해석하는 관점이나 견해이다.

2 〈보기〉의 ㉠~㉢에 들어갈 용어가 바르게 연결된 것은? (단, 시대구분은 나현성의 방식을 따름)

─────── 보기 ───────
- (㉠) 이전은 무예를 중심으로 한 무사 체육 등의 (㉡) 체육을 강조하였다.
- (㉠) 이후는 「교육입국조서(敎育立國詔書)」를 통한 학교 교육에 기반을 둔 (㉢) 체육을 강조하였다.

	㉠	㉡	㉢
①	갑오경장(1894)	전통	근대
②	갑오경장(1894)	근대	전통
③	을사늑약(1905)	전통	근대
④	을사늑약(1905)	근대	전통

☑ **Advice** 한국 근·현대 ································
㉠ 갑오경장(1894) 이전은 무예를 중심으로 한 무사 체육 등의 ㉡ 전통 체육을 강조하였다. 이후에는 학교 교육에 기반을 둔 ㉢ 근대 체육을 강조하였다.

ANSWER 19.① 20.④ / 1.④ 2.①

3 〈보기〉에서 설명하는 민속놀이는?

─── 보기 ───
- 사희(柶戲)라고도 불리었다.
- 부여의 사출도(四出道)라는 관직명에서 유래되었다.
- 남녀노소 누구나 즐길 수 있으며, 장소에 크게 구애받지 않은 놀이였다.

① 바둑 ② 장기
③ 윷놀이 ④ 주사위

📩 **Advice** 선사 · 삼국시대

③ 사희(柶戲)라고도 부르며 부여의 사출도라는 관직명에서 유래한 민속놀이는 윷놀이에 해당한다.

---

4 화랑도에 관한 설명으로 옳지 않은 것은?

① 진흥왕 때에 조직이 체계화되었다.
② 세속오계는 도의교육(道義敎育)의 핵심이었다.
③ 신체미 숭배 사상, 국가주의 사상, 불국토 사상이 중시되었다.
④ 서민층만을 대상으로 한 청소년단체로서 문무겸전(文武兼全)을 추구하였다.

📩 **Advice** 선사 · 삼국시대

④ 귀족의 자제들도 포함한 청소년 단체이다.

---

5 〈보기〉에서 설명하는 신체활동은?

─── 보기 ───
- 가죽 주머니로 공을 만들어 발로 차는 놀이였다.
- 한 명, 두 명, 열 명 등 다양한 형식으로 실시되었다.
- 〈삼국사기(三國史記)〉와 〈삼국유사(三國遺事)〉에 따르면 김유신과 김춘추가 이 신체활동을 하였다.

① 석전(石戰) ② 축국(蹴鞠)
③ 각저(角抵) ④ 도판희(跳板戲)

📩 **Advice** 선사 · 삼국시대

② 가죽 주머니로 만든 공을 발로 차는 놀이로 다양한 형식으로 즐길 수 있다.

---

6 〈보기〉에서 민속놀이와 주요 활동 계층이 바르게 연결된 것으로만 묶인 것은?

─── 보기 ───
㉠ 풍연(風鳶) – 귀족
㉡ 격구(擊毬) – 서민
㉢ 방응(放鷹) – 귀족
㉣ 추천(鞦韆) – 서민

① ㉠, ㉡ ② ㉢, ㉣
③ ㉠, ㉣ ④ ㉡, ㉢

📩 **Advice** 선사 · 삼국시대

㉠ 연날리기는 주로 서민들이 즐겼던 놀이이다.
㉡ 격구는 주로 귀족들이 즐겼던 스포츠이다.

ANSWER 3.③ 4.④ 5.② 6.②

7 고려시대 수박(手搏)에 관한 설명으로 옳지 않은 것은?

① 관람형 무예 경기로 성행되었다.
② 응방도감(鷹坊都監)에서 관장하였다.
③ 무인 선발의 기준과 수단이 되었다.
④ 무예 수련과 군사훈련 등의 목적으로 활용되었다.

Advice 고려·조선시대 ·······························
② 응방도감(鷹坊都監)은 매사냥과 관련된 기관이다.

8 〈보기〉에서 조선시대의 훈련원에 관한 설명으로 옳은 것을 모두 고른 것은?

┌─────────── 보기 ───────────┐
㉠ 성리학 교육을 담당하였다.
㉡ 활쏘기, 마상무예 등의 훈련을 실시하였다.
㉢ 무인 양성과 관련된 공식적인 교육기관이었다.
㉣ 〈무경칠서(武經七書)〉, 〈병장설(兵將說)〉 등의 병서 습득을 장려하였다.
└──────────────────────────┘

① ㉠, ㉡
② ㉢, ㉣
③ ㉡, ㉢, ㉣
④ ㉠, ㉡, ㉢, ㉣

Advice 고려·조선시대 ·······························
㉠ 성리학 교육을 담당한 곳은 서원이다.

9 조선시대 궁술(弓術)에 관한 설명으로 옳지 않은 것은?

① 육예(六藝) 중 어(御)에 해당하였다.
② 무관 선발을 위한 무과 시험의 한 과목이었다.
③ 대사례(大射禮), 향사례(鄕射禮) 등으로 행해졌다.
④ 왕, 무관, 유학자 등 다양한 계층에서 실시하였다.

Advice 고려·조선시대 ·······························
① 궁술은 육예 중 사(射)에 해당한다.

10 〈보기〉에서 설명하는 조선시대의 무예는?

┌─────────── 보기 ───────────┐
• 24종류의 무예가 기록되어 있다.
• 정조의 명령하에 국가사업으로 간행되었다.
• 한국, 중국, 일본의 관련 문헌 145권이 참조되었다.
└──────────────────────────┘

① 무예제보(武藝諸譜)
② 무예신보(武藝新譜)
③ 무예도보통지(武藝圖譜通志)
④ 무예제보번역속집(武藝諸譜翻譯續集)

Advice 고려·조선시대 ·······························
〈보기〉는 「무예도보통지(武藝圖譜通志)」에 대한 설명이다.

ANSWER 7.② 8.③ 9.① 10.③

11 〈보기〉에서 설명하는 개화기 민족사립학교는?

―보기―
- 1907년에 이승훈이 설립하였다.
- 대운동회를 매년 1회 실시하였다.
- 체육은 주로 군사훈련의 성격을 띠었다.

① 오산학교
② 대성학교
③ 원산학사
④ 숭실학교

Advice 한국 근·현대 ·····················

오산학교(五山學校)는 1907년 이승훈이 설립한 민족사립학교이다. 대운동회를 매년 1회 실시하고 군사훈련 성격의 체육을 진행하였다.

12 개화기의 체육사적 사실에 관한 설명으로 옳은 것은?

① 동래무예학교는 문예반 50명, 무예반 200명을 선발하였다.
② 개화기 최초의 운동회는 일본인 학교에서 주관한 화류회(花柳會)였다.
③ 양반들이 주도하여 배재학당, 이화학당, 경신학당 등 미션스쿨을 설립하였다.
④ 고종은 「교육입국조서(敎育立國詔書)」를 반포하고, 덕양, 체양, 지양을 강조하였다.

Advice 한국 근·현대 ·····················

① 문예반 50명, 무예반 200명을 선발하는 학교는 원산학사이다.
② 영어학교(英語學校)에서 화류회(花柳會)를 열었다.
③ 외국인 선교사들에 의해 설립하였다.

13 개화기의 체육단체에 관한 설명으로 옳은 것은?

① 청강체육부: 탁지부 관리들이 친목 도모를 위해 1902년에 조직하였고, 최초로 연식정구를 도입하였다.
② 회동구락부: 최성희, 신완식 등이 1910년에 조직하였고, 정례적으로 축구 시합을 하였다.
③ 무도기계체육부: 우리나라 최초 기계체조 단체로서 이희두와 윤치오가 1908년에 조직하였다.
④ 대동체육구락부: 체조 교사인 조원희, 김성집, 이기동 등이 주축이 되어 보성중학교에서 1909년에 조직하였고, 병식체조를 강조하였다.

Advice 한국 근·현대 ·····················

① 회동구락부에 대한 설명이다.
② 청강구락부에 대한 설명이다.
④ 체조연구회에 대한 설명이다.

14 일제강점기 체육에 관한 사실로 옳지 않은 것은?

① 박승필은 1912년에 유각권구락부를 설립해 권투를 지도하였다.
② 조선체육협회는 1920년에 동아일보사 후원으로 설립되었다.
③ 서상천은 1926년에 일본체육회 체조학교를 졸업하고, 역도를 소개하였다.
④ 손기정은 1936년에 베를린올림픽경기대회 마라톤 종목에서 우승하였다.

Advice 한국 근·현대 ·····················

② 1918년 조선에 있는 정구단이 1919년 통합하여 조선체육협회가 되었다.
③ 서상천은 1923년에 일본체육회 체조학교를 졸업하였다.

ANSWER 11.① 12.④ 13.③ 14.②,③

15 〈보기〉에서 설명하는 단체는?

―보기―
- 외국인 선교사가 근대스포츠인 야구, 농구, 배구를 도입하였다.
- 1916년에 실내체육관을 준공하여, 다양한 실내 스포츠를 활성화 하였다.

① 황성기독교청년회
② 대한체육구락부
③ 조선체육회
④ 조선체육협회

✓ Advice 한국 근·현대 ································

황성기독교청년회는 오늘날 서울기독교청년회의 전신이다. 1903년 한국에서 설립된 최초의 기독교 청년회이다. 기독교 신앙을 바탕으로 한 청년 교육과 사회 봉사를 목적으로 하였으며, 체육 활동과 스포츠를 통한 신체 단련과 민족의식 고취에도 큰 역할을 하였다.

16 〈보기〉에서 박정희 정부 때 실시한 체력장 제도에 관한 설명으로 옳은 것을 모두 고른 것은?

―보기―
㉠ 1971년부터 실시되었다.
㉡ 1973년부터는 대학입시에 체력장 평가가 포함되었다.
㉢ 국제체력검사표준회위원회에서 정한 기준과 종목을 대상으로 하였다.
㉣ 시행 종목에는 100m 달리기, 제자리멀리뛰기, 팔굽혀 매달리기(여자), 턱걸이(남자), 윗몸일으키기, 던지기가 있었다.

① ㉠, ㉡
② ㉢, ㉣
③ ㉠, ㉡, ㉢
④ ㉠, ㉡, ㉢, ㉣

✓ Advice 한국 근·현대 ································

박정희 정권에 실시한 체력장 제도는 1971년에 실시되었다. 대학입시에 체력장 평가에 1973년에 포함되었다. 국제체력검사표준회위원회에서 정한 기준과 종목을 대상으로 하였고, 시행종목에는 100m 달리기, 제자리멀리뛰기 등이 있었다.

ANSWER 15.① 16.④

17 〈보기〉에서 설명하는 스포츠 경기 종목은?

―보기―
- 1988년 제24회 서울올림픽경기대회에서 시범 종목으로 채택되었다.
- 2000년 제27회 시드니올림픽경기대회에서 정식 종목으로 채택되었다.
- 2007년에 정부는 이 종목을 진흥하기 위한 법률을 제정하였다.

① 유도
② 복싱
③ 태권도
④ 레슬링

☑**Advice** 한국 근·현대 ···
③ 1988년 제24회 서울올림픽경기대회에서 시범 종목으로 채택된 태권도는 2000년에 정식 종목으로 채택되었다.

18 1948년 제5회 동계올림픽경기대회에 관한 설명으로 옳지 않은 것은?

① 개최지는 스위스 생모리츠였다.
② 제2차세계대전을 일으킨 독일과 일본도 출전하였다.
③ 광복 이후 최초로 태극기를 단 선수단이 파견되었다.
④ 이효창, 문동성, 이종국 선수는 스피드스케이팅 종목에 출전하였다.

☑**Advice** 한국 근·현대 ···
③ 독일과 일본은 제2차 세계대전 후 처음으로 개최된 1948년 동계올림픽에 출전하지 못했다.
④ 이효창은 감독으로 참가하였다.

19 대한민국에서 개최된 하계아시아경기대회가 아닌 것은?

① 1986년 제10회 서울아시아경기대회
② 2002년 제14회 부산아시아경기대회
③ 2014년 제17회 인천아시아경기대회
④ 2018년 제18회 평창아시아경기대회

☑**Advice** 한국 근·현대 ···
④ 동계아시아경기대회이다.

20 1991년에 남한과 북한이 단일팀으로 탁구 종목에 참가한 국제경기 대회는?

① 제41회 지바세계선수권대회
② 제27회 시드니올림픽경기대회
③ 제28회 아테네올림픽경기대회
④ 제6회 포르투갈세계청소년선수권대회

☑**Advice** 한국 근·현대 ···
① 1991년에 남한과 북한은 단일팀을 구성하여 일본 지바에서 열린 제41회 세계탁구선수권대회에 참가하였다.

ANSWER 17.③ 18.②,④ 19.④ 20.①

운동생리학

1 ATP를 합성하는데 사용되는 에너지원이 아닌 것은?

① 근중성지방
② 비타민C
③ 글루코스
④ 젖산

☑ **Advice** 에너지 대사와 운동 ··

② 비타민C는 외부 섭취를 통해 얻는 것으로 ATP를 합성하는데 사용되는 에너지원에 해당하지 않는다.

2 근수축에 필수적인 Ca^{2+} 이온을 저장, 분비하는 근육 세포 내 소기관은?

① 근형질세망(sarcoplasmic reticulum)
② 위성세포(satellite cell)
③ 미토콘드리아(mitochondria)
④ 근핵(myonuclear)

☑ **Advice** 골격근과 운동 ··

근형질세망은 근육 조직에 존재하고 있는 소포체에 해당한다. Ca^{2+} 이온을 저장, 분비하는 기능을 한다.

3 운동 후 초과산소섭취량(EPOC)에 영향을 미치는 요인으로 적절하지 않은 것은?

① 운동 중 증가한 체온
② 운동 중 증가한 젖산
③ 운동 중 증가한 호르몬(에피네프린, 노르에피네프린)
④ 운동 중 증가한 크레아틴인산(phosphocreatine, PC)

☑ **Advice** 에너지 대사와 운동 ··

④ 크레아틴인산은 고강도, 단시간 운동 시 주로 사용된다. 운동 후 초과산소섭취량에 영향을 미치지 않는다.

4 수중 운동 시 체온유지를 위한 요인으로 옳지 않은 것은?

① 폐활량
② 체지방량
③ 운동 강도
④ 물의 온도

☑ **Advice** 에너지 대사와 운동 ··

① 폐활량은 체온유지에 관여하지 않고 운동을 수행하는 능력에 영향을 준다.

5 운동강도 증가에 따라 동원되는 근섬유 순서로 옳은 것은?

① TypeⅡa섬유 → TypeⅡx섬유 → TypeⅠ섬유
② TypeⅡx섬유 → TypeⅡa섬유 → TypeⅠ섬유
③ TypeⅠ섬유 → TypeⅡa섬유 → TypeⅡx섬유
④ TypeⅠ섬유 → TypeⅡx섬유 → TypeⅡa섬유

☑ **Advice** 골격근과 운동 ··

TypeⅠ섬유(지근섬유)는 저강도, 장시간 운동에서 주로 사용되고 TypeⅡa섬유(속근섬유)는 중등도 강도의 운동에서 주로 사용된다. TypeⅡx섬유(속근섬유)는 고강도, 단시간 운동에서 주로 사용된다.

ANSWER 1.② 2.① 3.④ 4.① 5.③

6 장기간 규칙적 유산소 훈련의 결과로 최대 운동 시 나타나는 심폐기능의 적응으로 옳은 것을 모두 고른 것은?

―보기―
㉠ 최대산소섭취량 증가
㉡ 심장용적과 심근수축력 증가
㉢ 심박출량 증가

① ㉠, ㉡
② ㉠, ㉢
③ ㉡, ㉢
④ ㉠, ㉡, ㉢

Advice 호흡·순환계와 운동

장기간 규칙적 유산소 훈련의 결과로 최대 운동 시 나타나는 심폐기능의 적응으로 최대산소섭취량 증가, 심장용적과 심근수축력 증가, 심박출량 증가가 나타난다.

7 항상성 유지를 위한 신체 조절 중 부적피드백(negative feedback)이 아닌 것은?

① 세포외액의 CO_2 조절
② 체온 상승에 따른 땀 분비 증가
③ 혈당 유지를 위한 호르몬 조절
④ 출산 시 자궁 수축 활성화 증가

Advice 운동생리학의 개관

④ 양성 피드백(positive feedback)에 대한 설명이다. 자궁 수축이 일어나면 옥시토신 분비가 증가하면서 자궁 수축이 활성화가 강화된다. 이 과정은 출산이 완료될 때까지 진행된다.

8 운동 중 1회 박출량(stroke volume) 증가 원인으로 옳지 않은 것은?

① 대동맥압 증가에 따른 후부하(after load) 증가
② 호흡펌프작용에 의한 정맥회귀(venous return) 증가
③ 골격근 수축에 의한 근육펌프작용 증가
④ 교감신경 자극에 의한 심근 수축력 증가

Advice 호흡·순환계와 운동

① 후부하가 증가하면 심장이 혈액을 대동맥으로 내보내는 데 더 큰 저항을 만나게 되어 1회 박출량이 감소한다.

9 〈보기〉의 ㉠, ㉡에 들어갈 내용이 바르게 연결된 것은?

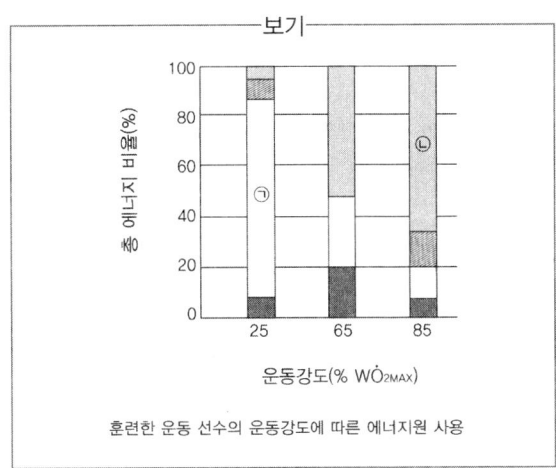

―보기―
훈련한 운동 선수의 운동강도에 따른 에너지원 사용

	㉠	㉡
①	혈중 포도당	근중성지방
②	혈중 유리지방산	근글리코겐
③	근글리코겐	혈중 포도당
④	근중성지방	혈중유리지방산

Advice 에너지 대사와 운동

㉠ 혈중 유리지방산, ㉡ 근글리코겐에 해당한다. 운동강도에 따라서 에너지 비율이 달라진다.

ANSWER 6.④ 7.④ 8.① 9.②

10 운동 중 소뇌의 기능에 대한 설명으로 옳은 것을 모두 고른 것은?

―보기―
㉠ 골격근 운동 조절의 최종 단계 역할
㉡ 빠른 동작의 정확한 수행을 위한 통합 조절
㉢ 고유수용기로부터 유입되는 정보를 활용하여 동작 수정

① ㉠, ㉡
② ㉠, ㉢
③ ㉡, ㉢
④ ㉠, ㉡, ㉢

✉ **Advice** 내분비계와 운동 ···
㉠ 대뇌 전두엽의 기능이다.

11 체중이 80kg인 사람이 10METs로 10분간 달리기 했을 때 소비 칼로리는? (단, 1MET=3.5㎖·kg⁻¹·min⁻¹, O₂ 1L당 5Kcal 생성)

① 130Kcal
② 140Kcal
③ 150Kcal
④ 160Kcal

✉ **Advice** 에너지 대사와 운동 ···
(10METs × 3.5mL·kg⁻¹·min⁻¹ × 80kg) ÷ 200 = 14kcal
달리기 시간이 10분이므로 14kcal × 10분 = 140kcal

12 운동에 따른 환기량의 변화로 옳은 것을 모두 고른 것은?

―보기―
㉠ 운동 시작 직전에는 운동 수행에 대한 기대감으로 환기량이 증가할 수 있다.
㉡ 운동 초기 환기량 변화의 주된 요인은 경동맥에 위치한 화학수용기 반응이다.
㉢ 운동 강도가 증가하면 1회 호흡량은 감소하고 호흡수는 현저히 증가한다.
㉣ 회복기 환기량은 운동 중 생성된 체내 수소이온 및 이산화탄소 농도와 관련 있다.

① ㉠, ㉡
② ㉠, ㉢
③ ㉠, ㉣
④ ㉡, ㉢, ㉣

✉ **Advice** 호흡·순환계와 운동 ··
㉡ 운동 초기의 환기량 증가는 신경계 반응이다.
㉢ 운동 강도가 증가하면 1회 호흡량도 증가하고 호흡수도 증가한다.

ANSWER 10.③ 11.② 12.③

13 〈보기〉의 ㉠, ㉡에 들어갈 내용이 바르게 연결된 것은?

―보기―

1개의 포도당 분해에 따른 유산소성 ATP 생성		
대사적 과정	고에너지 생산	ATP 누계
해당작용	2 ATP	2
	2 NADH	7
피루브산에서 아세틸조효소 A까지	2 NADH	12
㉠	2 ATP	14
	6 NADH	29
	2 FADH₂	㉡
합계		㉡ ATP

	㉠	㉡
①	크랩스회로	32
②	β 산화	32
③	크랩스회로	35
④	β 산화	35

Advice 에너지 대사와 운동 ·····················

㉠ 2 ATP와 6 NADH의 생성이 크랩스회로의 특징에 해당한다.
㉡ 1 NADH는 약 2.5 ATP를 생성. 1 FADH₂는 약 1.5 ATP를 생성한다. 해당과정은 6ATP, 6NADH는 15ATP, 2FADH₂는 3APT로 32ATP가 된다.

14 근력 결정요인으로 옳지 않은 것은?

① 근육 횡단면적 ② 근절의 적정 길이
③ 근섬유 구성비 ④ 근섬유막 두께

Advice 골격근과 운동 ·····················

④ 근섬유를 감싸고 있는 근섬유막의 두께는 근력 결정요인에 해당하지 않는다.

15 〈보기〉는 신경 세포의 안정 시 막전위에 영향을 주는 Na+과 K+에 대한 그림이다. ㉠ ~ ㉣에 들어갈 내용이 바르게 연결된 것은?

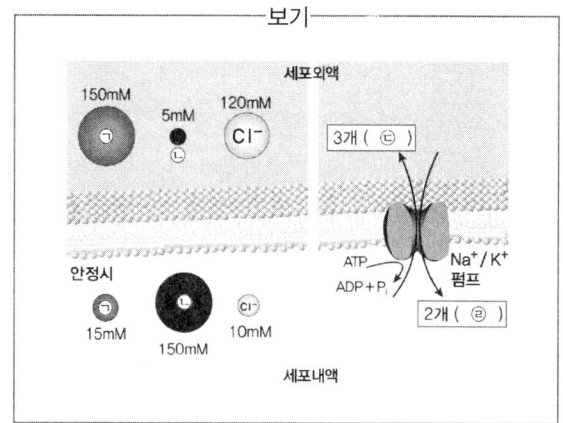

	㉠	㉡	㉢	㉣
①	K+	Na+	Na+	K+
②	Na+	K+	Na+	K+
③	K+	Na+	K+	Na+
④	Na+	K+	K+	Na+

Advice 에너지 대사와 운동 ·····················

Na+/K+ 펌프는 세포막을 통해 Na+과 K+ 이온을 이동시키는데, 이 펌프는 3개의 Na+ 이온을 세포 밖으로 내보내고 2개의 K+ 이온을 세포 안으로 들여온다.

ANSWER 13.① 14.④ 15.②

16 〈보기〉의 최대산소섭취량 공식에서 장기간 지구성 훈련에 의해 증가되는 요소를 모두 고른 것은?

―――――보기―――――
최대산소섭취량 = ㉠ 최대1회박출량 × ㉡ 최대심박수 × ㉢ 최대동정맥산소차

① ㉠
② ㉠, ㉡
③ ㉠, ㉢
④ ㉡, ㉢

✅Advice 골격근과 운동 ·······································
최대1회박출량과 최대동정맥산소차는 강도 높은 훈련을 통해서 증가할 수 있다.

17 〈보기〉의 내용이 모두 증가되었을 때 향상되는 건강체력 요소는?

―――――보기―――――
• 모세혈관의 밀도
• 미토콘드리아의 수와 크기
• 동정맥 산소차(arterial-venous oxygen difference)

① 유연성
② 순발력
③ 심폐지구력
④ 근력

✅Advice 골격근과 운동 ·······································
③ 심폐지구력이 향상되면 모세혈관 밀도, 미토콘드리아의 수와 크기, 동정맥 산소차가 향상된다.

18 1시간 이내의 중강도 운동 시 시간 경과에 따라 혈중 농도가 점차 감소하는 호르몬은?

① 에피네프린(epinephrine)
② 인슐린(insulin)
③ 성장호르몬(growth hormone)
④ 코르티솔(cortisol)

✅Advice 내분비계와 운동 ·······································
② 인슐린은 혈당을 세포로 이동시켜 혈당을 낮춘다. 운동 중 근육 세포는 인슐린 의존 없이도 포도당을 흡수하면서 인슐린 분비는 감소한다.

19 〈보기〉에서 설명하는 고유수용기는?

―――――보기―――――
• 감각 및 운동신경의 말단이 연결되어 있다.
• 감마운동뉴런을 통해 조절된다.
• 근육의 길이 정보를 중추신경계로 보낸다.

① 근방추(muscle spindle)
② 골지건기관(Golgi tendon organ)
③ 자유신경종말(free nerve ending)
④ 파치니안 소체(Pacinian corpuscle)

✅Advice 신경조절과 운동 ·······································
근육의 길이 변화와 속도를 감지하는 고유수용기는 근방추에 해당한다. 감각신경과 운동신경의 말단이 연결되어 있으며, 감마운동뉴런을 통해 조절되고, 근육의 길이 정보를 중추신경계로 전달하여 근육의 길이를 조절하는 데 중요한 역할을 한다.

ANSWER 16.③ 17.③ 18.② 19.①

20 상완이두근의 움직임에 대한 근육 수축 형태로 옳지 않은 것은?

① 자세를 유지할 때 – 등척성 수축
② 턱걸이 올라갈 때 – 단축성 수축
③ 턱걸이 내려갈 때 – 신장성 수축
④ 공을 던질 때 – 등속성 수축

✅**Advice** 골격근과 운동 ··
④ 공을 던질 때의 상완이두근 움직임은 일반적으로 근육이 짧아지는 단축성 수축이나 근육이 길어지는 신장성 수축이 나타난다.

운동역학

1 운동역학(sports biomechanics)의 내용으로 적절한 것은?

① 스포츠 현상을 사회학적 연구 이론과 방법으로 설명하는 학문이다.
② 운동에 의한 생리적 · 기능적 변화를 기술하고 설명하는 학문이다.
③ 스포츠 수행에 영향을 주는 심리적 요인을 설명하는 학문이다.
④ 스포츠 상황에서 인체에 발생하는 힘과 그 효과를 설명하는 학문이다.

✅**Advice** 운동역학 개요 ··
① 사회학, ② 생리학, ③ 심리학

2 근육의 신장(원심)성 수축(eccentric contraction)이 아닌 것은?

① 스쿼트의 다리를 굽히는 동작에서 큰볼기근(대둔근, gluteus maximus)의 수축
② 팔굽혀펴기의 팔을 펴는 동작에서 위팔세갈래근(상완삼두근, triceps brachii)의 수축
③ 턱걸이의 팔을 펴는 동작에서 넓은등근(광배근, latissimus dorsi)의 수축
④ 윗몸일으키기의 뒤로 몸통을 펴는 동작에서 배곧은근(복직근, rectus abdominis)의 수축

✅**Advice** 운동역학의 이해 ··
② 위팔세갈래근이 단축성 수축을 한다.

ANSWER 20.④ / 1.④ 2.②

3 단위 시간당 이동한 변위(displacement)를 나타내는 벡터량은?

① 속도(velocity)
② 거리(distance)
③ 가속도(acceleration)
④ 각속도(angular velocity)

Advice 운동역학의 이해
① 속도는 단위 시간당 변위를 나타내는 벡터량이다.

4 지면반력기(force plate)를 통해 얻을 수 있는 변인이 아닌 것은?

① 걷기 동작에서 디딤발에 가해지는 힘의 방향
② 외발서기 동작에서 디딤발 압력중심(center of pressure)의 이동거리
③ 서전트 점프 동작에서 발로 지면에 힘을 가한 시간
④ 달리기 동작의 체공기(non-supporting phase)에서 발에 작용하는 힘의 크기

Advice 운동역학의 이해
④ 지면반력기는 지면과 접촉하는 동안의 힘을 측정하는 장치이다. 체공기 동안의 발에 작용하는 힘을 측정할 수 없다.

5 인체의 시상(전후)면(sagittal plane)에서 수행되는 움직임이 아닌 것은?

① 인체의 수직축(종축)을 중심으로 회전하는 피겨스케이팅 선수의 몸통분절 움직임
② 페달링하는 사이클 선수의 무릎관절 굴곡/신전 움직임
③ 100m 달리기를 하는 육상 선수의 발목관절 저측/배측굴곡 움직임
④ 앞구르기를 하는 체조 선수의 몸통분절 움직임

Advice 운동역학의 이해
① 움직임은 시상면에서 수행되는 것이 아니라 횡단면(transverse plane)에서 수행된다.

6 〈보기〉에서 복합운동(general motion)에 해당하는 것을 모두 고른 것은?

―보기―
㉠ 커브볼로 던져진 야구공의 움직임
㉡ 페달링하면서 직선구간을 질주하는 사이클 선수의 대퇴(넙다리)분절 움직임
㉢ 공중회전하면서 낙하하는 다이빙 선수의 몸통 움직임

① ㉠
② ㉠, ㉢
③ ㉡, ㉢
④ ㉠, ㉡, ㉢

Advice 운동학의 스포츠 적용
복합운동(general motion)은 병진운동과 회전운동이 결합된 형태의 운동이다. 커브볼로 던져진 야구공의 움직임, 페달링하면서 직선구간을 질주하는 사이클 선수의 대퇴(넙다리)분절 움직임, 공중회전하면서 낙하하는 다이빙 선수의 몸통 움직임이 해당한다.

ANSWER 3.① 4.④ 5.① 6.④

7 인체 무게중심에 대한 설명으로 옳은 것은? (단, 공기저항은 무시함)

① 무게중심은 항상 신체 내부에 위치한다.
② 체조 선수는 공중회전하는 동안 무게중심을 지나는 축을 중심으로 회전하게 된다.
③ 지면에 선 상태로 팔을 위로 올리면 무게중심은 아래로 이동한다.
④ 서전트 점프 이지(take-off) 후, 공중에서 팔을 위로 올리면 무게중심은 위로 이동한다.

✓Advice 인체역학

① 무게중심은 신체의 외부에도 위치한다.
③ 팔을 위로 올리면 신체의 무게중심은 위로 이동한다.
④ 공중에서 팔을 위로 올리면 신체의 분포가 바뀌지만, 무게중심의 위치는 바뀌지 않는다.

8 농구 자유투에서 투사된 농구공의 운동에 대한 설명으로 옳은 것은?(단, 공기저항은 무시함)

① 농구공 질량중심의 수직속도는 일정하다.
② 최고점에서 농구공 질량중심의 수평속도는 0m/s가 된다.
③ 최고점에서 농구공 질량중심은 수평방향으로 등속도 운동을 한다.
④ 최고점에서 농구공 질량중심은 수직방향으로 등속도 운동을 한다.

✓Advice 운동역학의 이해

① 농구공의 수직속도는 중력의 영향을 받아 변화한다.
② 공기저항을 무시하면 농구공의 수평속도는 투사 순간부터 착지할 때까지 일정하게 유지한다.
④ 최고점에서 농구공의 수직속도는 0m/s가 된다.

9 〈그림〉과 같이 공이 지면(수평 고정면)에 충돌하는 상황에 관한 설명으로 옳은 것은? (단, 공의 충돌 전 수평속도 및 수직속도는 같음)

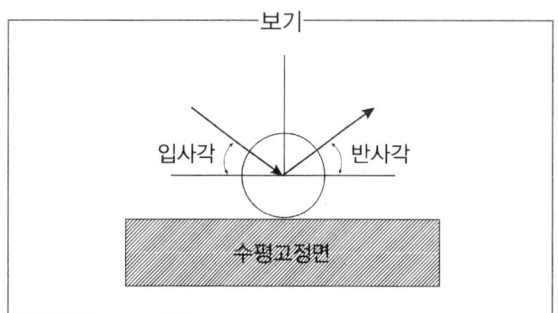

① 충돌 후, 무회전에 비해 백스핀된 공의 수평속도가 크다.
② 충돌 후, 무회전에 비해 톱스핀된 공의 수직속도가 크다.
③ 충돌 후, 무회전에 비해 톱스핀된 공의 반사각이 크다.
④ 충돌 후, 무회전된 공과 백스핀된 공의 리바운드 높이는 같다.

✓Advice 운동역학의 이해

〈그림〉과 같이 공이 지면(수평 고정면)에 충돌하면 충돌 후, 무회전된 공과 백스핀된 공의 리바운드 높이는 같아진다.

ANSWER 7.② 8.③ 9.④

10 역학적 일(work)을 하지 않은 것은?

① 역도 선수가 바닥에 있던 100kg의 바벨을 1m 높이로 들어 올렸다.
② 레슬링 선수가 상대방을 굴려서 1m 옆으로 이동시켰다.
③ 체조 선수가 철봉에 매달려 10초 동안 정지해 있었다.
④ 육상 선수가 달려서 100m를 이동했다.

✉ **Advice** 운동역학의 스포츠 적용 ·····················

③ 일은 힘과 이동변위의 곱에 해당한다. 정지하고 있다면 이동변위가 0이므로 일을 하지 않은 것이다.

11 〈그림〉에서 달리기 선수의 질량은 60kg이며 오른발 착지 시 무게중심의 수평속도는 2m/s이다. A와 B의 면적이 각각 80N·s와 20N·s일 때, 오른발 이지(take-off) 순간 무게중심의 수평속도는?

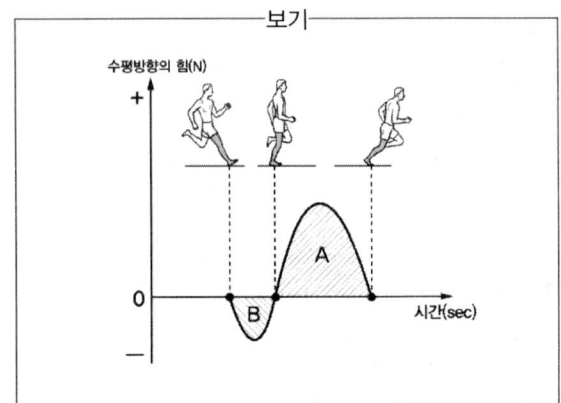

① 3m/s
② 4m/s
③ 5m/s
④ 6m/s

✉ **Advice** 운동역학의 이해 ·····················

운동량은 질량과 속도의 곱에 해당한다.
〈그림〉의 운동량은 120kg·m/s이다.
충격량은 80N·s − 20N·s = 60N·s이다.
120kg·m/s = 60N·s × x 이므로
x = 3m/s

12 〈보기〉의 ㉠, ㉡에 들어갈 용어가 바르게 연결한 것은?

─── 보기 ───
농구선수는 양손 체스트패스 캐치 동작에서 공을 몸쪽으로 당겨 받는다. 그 과정에서 공을 받는 (㉠)은 늘리고 (㉡)은 줄일 수 있다.

	㉠	㉡
①	시간	충격력(impact force)
②	충격력	시간
③	충격량(impulse)	시간
④	충격력	충격량

Advice 운동학의 스포츠 적용

농구선수는 양손 체스트패스 캐치 동작에서 공을 몸쪽으로 당겨 받는다. 그 과정에서 공을 받는 시간은 늘리고 충격량은 줄일 수 있다.

13 마그누스 효과(Magnus effect)에 관한 내용이 아닌 것은?

① 레인에서 회전하는 볼링공의 경로가 휘어지는 현상
② 커브볼로 투구된 야구공의 경로가 휘어지는 현상
③ 사이드스핀이 가해진 탁구공의 경로가 휘어지는 현상
④ 회전(탑스핀)이 걸린 테니스공이 아래로 빠르게 떨어지는 현상

Advice 운동역학의 이해

① 볼링공이 레인에서 휘어지는 것은 레인의 오일 패턴과 마찰력에 의해 발생하는 현상이다.

14 스키점프 동작의 역학적 에너지에 대한 설명으로 옳지 않은 것은?(단, 공기저항은 무시함)

① 운동에너지는 지면 착지 직전에 가장 크다.
② 위치에너지는 수직 최고점에서 가장 크다.
③ 운동에너지는 스키점프대 이륙 직후부터 지면 착지 직전까지 동일하다.
④ 역학적 에너지는 스키점프대 이륙 직후부터 지면 착지 직전까지 보존된다.

Advice 운동역학의 이해

③ 스키점프대 이륙 직후부터 지면 착지 직전까지 운동에너지는 계속 변화한다. 위치에너지가 운동에너지로 변환되면서 속도가 증가하므로 운동에너지도 증가한다.

ANSWER 12.① 13.① 14.③

15 〈보기〉의 그림에 제시된 덤벨 컬(dumbbell curl) 운동에서 팔꿈치관절 각도(θ)와 팔꿈치관절에 발생되는 회전력(torque)의 관계를 옳게 나타낸 그래프는? (단, 덤벨 컬 운동은 등각속도 운동임)

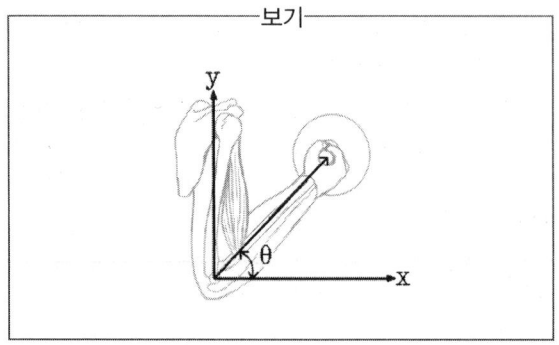

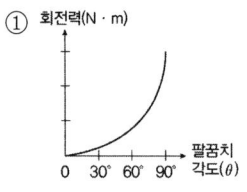
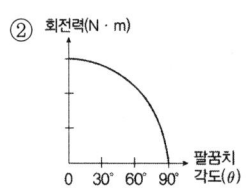
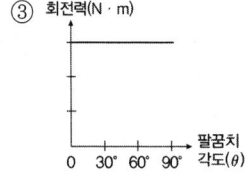
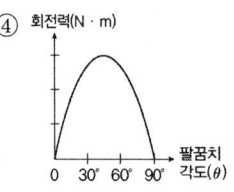

☑ Advice　운동역학의 스포츠 적용

토크는 편심력과 모멘트 팔의 곱으로 구할 수 있다. 암컬 동작을 하면서 모멘트 팔의 거리가 짧아지면 토크는 감소한다.

16 인체 지레에 대한 설명 중 옳은 것은?

① 지레에서 저항팔이 힘팔보다 긴 경우에는 힘에 있어서 이득이 있다.
② 1종지레는 저항점이 받침점과 힘점 사이에 있는 형태로, 팔굽혀펴기 동작이 이에 속한다.
③ 2종지레는 받침점이 힘점과 저항점 사이에 있는 형태로, 힘에 있어서 이득이 있다.
④ 3종지레는 힘점이 받침점과 저항점 사이에 있는 형태로, 운동의 범위와 속도에 있어서 이득이 있다.

☑ Advice　운동역학의 스포츠 적용

① 저항팔이 힘팔보다 긴 경우에는 저항이 높다.
② 2종지레는 저항점이 받침점과 힘점 사이에 있는 형태로, 팔굽혀펴기 동작이 이에 속한다.
③ 1종지레는 받침점이 힘점과 저항점 사이에 있는 형태로, 힘에 있어서 이득이 있다.

ANSWER　15.②　16.④

17 〈보기〉의 ㉠~㉣에 들어갈 내용을 바르게 연결한 것은?

───── 보기 ─────
다이빙 선수의 공중회전 동작에서는 다이빙 플랫폼 이지(take-off) 직후에 다리와 팔을 회전축 가까이 위치시켜 관성모멘트를 (㉠)시킴으로써 각속도를 (㉡)시켜야 한다. 입수 동작에서는 팔과 다리를 최대한 펴서 관성모멘트를 (㉢)시킴으로써 각속도를 (㉣)시켜야 한다.

	㉠	㉡	㉢	㉣
①	증가	감소	증가	감소
②	감소	증가	증가	감소
③	감소	감소	증가	증가
④	증가	증가	감소	감소

✅ **Advice** 운동역학의 스포츠 적용 ·················

다이빙 선수의 공중회전 동작에서는 다이빙 플랫폼 이지(take-off) 직후에 다리와 팔을 회전축 가까이 위치시켜 관성모멘트를 감소시킴으로써 각속도를 증가시켜야 한다. 입수 동작에서는 팔과 다리를 최대한 펴서 관성모멘트를 증가시킴으로써 각속도를 감소시켜야 한다.

18 30m/s의 수평투사속도로 야구공을 던질 때, 야구공의 체공시간이 2초라면 투사거리는? (단, 공기저항은 무시함)

① 15m
② 30m
③ 60m
④ 90m

✅ **Advice** 운동역학의 이해 ·················

투사거리는 수평속도에서 체공시간을 곱한 값에 해당한다. 수평속도 30m/s, 체공시간 2초로 투사거리는 60m이다.

19 일률(power)의 단위가 아닌 것은?

① $N \cdot m/s$
② $kg \cdot m/s^2$
③ Joule/s
④ Watt

✅ **Advice** 운동역학의 이해 ·················

② $kg \cdot m/s^2$는 힘의 단위인 뉴턴(N)이다.

20 〈보기〉의 ㉠~㉢에 들어갈 내용을 바르게 연결한 것은?

───── 보기 ─────
신체의 정적 안정성을 높이기 위해서는 기저면(base of support)을 (㉠), 무게중심을 (㉡), 수직 무게중심선을 기저면의 중앙과 (㉢) 위치시키는 것이 효과적이다.

	㉠	㉡	㉢
①	좁히고	높이고	가깝게
②	좁히고	높이고	멀게
③	넓히고	낮추고	가깝게
④	넓히고	낮추고	멀게

✅ **Advice** 운동역학의 이해 ·················

신체의 정적 안정성을 높이기 위해서는 기저면(base of support)을 넓히고, 무게중심을 낮추고, 수직 무게중심선을 기저면의 중앙과 가깝게 위치시키는 것이 효과적이다.

ANSWER 17.② 18.③ 19.② 20.③

스포츠윤리

1 스포츠맨십(sportsmanship) 행위가 아닌 것은?

① 패자에게 승리의 우월성 과시
② 악의없는 순수한 경쟁
③ 패배에 대한 겸허한 수용
④ 승자에 대한 아낌없는 박수

☑ Advice 스포츠와 윤리 ··

패자에게 승리의 우월성을 과시하는 행위는 스포츠맨십 행위에서 벗어난다.

2 〈보기〉에서 스포츠에 관한 결과론적 윤리관에 해당하는 것으로만 고른 것은?

―보기―
㉠ 경기에서 지더라도 경기규칙은 반드시 준수해야 한다.
㉡ 개인의 최우수선수상 수상보다 팀의 우승이 더 중요하다.
㉢ 운동선수는 훈련과정보다 경기에서 승리하는 것이 더 중요하다.
㉣ 스포츠 경기는 페어플레이를 중시하기 때문에 승리를 위한 불공정한 행위를 해서는 안 된다.

① ㉠, ㉢ ② ㉠, ㉣
③ ㉡, ㉢ ④ ㉢, ㉣

☑ Advice 스포츠와 윤리 ··

㉠㉣ 의무론적 윤리관

3 스포츠에서 나타나는 인종차별에 관한 설명으로 적절하지 않은 것은?

① 경기실적 향상을 위해 우수한 외국 선수를 귀화시키기도 한다.
② 개인의 운동기량을 인종 전체로 일반화시켜 편견과 차별이 심화되기도 한다.
③ 스포츠미디어는 인종에 대한 편견과 차별을 재생산하기도 한다.
④ 일부 관중들은 노골적으로 특정 인종을 비하하는 모욕 행위를 표출하기도 한다.

☑ Advice 스포츠와 인권 ··

① 인종차별에 대한 사례로는 적절하지 않다. 인종을 차별하여 귀화시키는 것이 아니다.

ANSWER 1.① 2.③ 3.①

4 스포츠윤리 이론 중 덕윤리의 특징으로 적절하지 않은 것은?

① 스포츠 상황에서의 행위의 정당성보다 개인의 인성을 강조한다.
② 비윤리적 행위는 궁극적으로 스포츠인의 올바르지 못한 품성에서 비롯된다.
③ '어떠한 행위를 하는 선수가 되어야 하는가'보다 '무엇이 올바른 행위인지'를 판단하는 데 더 주목한다.
④ 스포츠인의 미덕을 드러내는 행동은 옳은 것이며, 악덕을 드러내는 행동은 그릇된 것으로 간주한다.

☑Advice 스포츠와 윤리

③ 덕윤리는 무엇이 올바른 행위인지보다는 어떠한 행위를 하는 선수가 되어야 하는가에 더 주목한다.

---

5 〈보기〉에서 스포츠윤리의 역할로 적절한 것으로만 고른 것은?

─ 보기 ─
㉠ 스포츠 상황에서 행동의 옳고 그름을 판단할 수 있는 원리 탐구
㉡ 스포츠 현상을 사실적으로 기술하는 방법 탐구
㉢ 스포츠 현상의 미학적 탐구
㉣ 윤리적 원리와 도덕적 덕목에 기초하여 스포츠인에게 요구되는 행위 탐구

① ㉠, ㉡
② ㉠, ㉣
③ ㉡, ㉢
④ ㉡, ㉣

☑Advice 스포츠와 윤리

㉡㉢ 스포츠 현상을 사실적으로 기술하는 방법과 미학적으로 탐구하는 것은 스포츠윤리의 역할이 아니다.

---

6 〈보기〉의 괄호 안에 공통으로 들어갈 용어는?

─ 보기 ─
• 칸트(I. Kant)에게 도덕성의 기준은 ( )이다.
• 칸트에 의하면, 페어플레이도 ( )이/가 없으면 도덕적이라 볼 수 없다.
• ( )은/는 도덕적인 선수가 갖추어야 할 내적인 태도이자 도덕적 행위의 필요충분 조건이다.

① 행복
② 선의지
③ 가언명령
④ 실천

☑Advice 스포츠와 윤리

선의지는 칸트 윤리학의 핵심 개념으로 도덕적 가치를 지닌 유일한 의지이다. 어떤 외적 결과나 목적을 추구하기보다는, 오직 도덕적 원칙에 따라 행동하려는 의지이다.

ANSWER 4.③ 5.② 6.②

7 〈보기〉에서 스포츠 선수의 유전자 도핑을 반대해야 하는 이유로 적절한 것을 모두 고른 것은?

―보기―
㉠ 선수의 신체를 실험 대상화하여 기계나 물질로 이해하도록 만들기 때문
㉡ 유전자조작 인간과 자연적 인간 사이에 갈등을 초래하기 때문
㉢ 생명체로서 인간의 본질을 훼손하고 존엄성을 부정하기 때문
㉣ 선수를 우생학적 개량의 대상으로 만들기 때문

① ㉠, ㉢
② ㉡, ㉢
③ ㉠, ㉡, ㉣
④ ㉠, ㉡, ㉢, ㉣

✓Advice 스포츠와 인권 ··
유전자 도핑은 인체실험과 우생학적 대상이 될 수 있으며, 유전자 도핑을 받은 인간과 자연적 인간 사이에 갈등이 발생할 수 있다. 또한 인간 존엄성 부정되기에 반대한다.

8 〈보기〉의 괄호 안에 들어갈 정의(justice)의 유형은?

―보기―
운동선수의 신체는 훈련으로 만들어지기도 하지만 유전적 요인으로 결정되는 경우가 많다. 농구와 배구선수의 키는 타고난 우연성에 해당한다. 일반적으로 스포츠 경기에서는 이러한 불평등 문제에 (   ) 정의를 적용하지 않는다. 왜냐하면 스포츠는 전적으로 개인의 자발적인 선택의 문제이기 때문이다.

① 자연적
② 절차적
③ 분배적
④ 평균적

✓Advice 스포츠와 불평등 ··
④ 평균적 정의는 모든 사람이 동등한 권리를 가지는 것이다. 동일한 규칙 적용, 동등한 참가조건 등이 있다.

ANSWER 7.④ 8.④

9 〈보기〉에서 A선수의 판단 근거가 되는 윤리이론의 난점에 관한 설명으로 적절한 것은?

― 보기 ―

농구경기 4쿼터 종료 3분 전, 감독에게 의도적 파울을 지시받은 A선수는 의도적 파울이 팀 승리에 기여할 수 있지만, 상대 선수에게 위협을 가하거나 자칫 부상을 입힐 수 있기 때문에 도덕적으로 옳지 않다고 판단했다.

① 사회 전체의 이익을 고려하지 않는 경우가 발생한다.
② 상식적이고 보편적인 도덕직관과 충돌하는 판단을 내릴 수 있다.
③ 행위의 결과를 즉각 산출하기 어려울 경우에 명료한 지침을 제시하지 못할 수 있다.
④ 도덕을 수단적으로 인식한다는 점에서 근본적인 도덕개념들과 양립하기 어렵다.

☑ **Advice**　스포츠와 윤리 ··
① 의무론적 윤리
②④ 결과론적 윤리
③ 덕윤리적

10 〈보기〉의 괄호 안에 공통으로 들어갈 용어는?

― 보기 ―

예진 : 스포츠에는 규칙으로 통제된 ( )이 존재해. 대표적으로 복싱과 태권도와 같은 투기종목은 최소한의 안전장치가 마련되고, 그 속에서 힘의 우열이 가려지는 것이지. 따라서 스포츠 내에서 폭력은 용인된 폭력과 그렇지 않은 폭력으로 구분할 수 있어!
승현 : 아니, 내 생각은 달라! 스포츠 내에서의 폭력과 일상 생활에서의 폭력은 본질적으로 동일하지. 그래서 ( )은 존재할 수 없어.

① 합법적 폭력
② 부당한 폭력
③ 비목적적 폭력
④ 반사회적 폭력

☑ **Advice**　스포츠와 폭력 ··
〈보기〉의 예진의 입장에서 스포츠 내의 폭력은 규칙으로 통제되고 허용된 형태의 폭력이다. 승현은 스포츠 내에서의 폭력과 일상 생활에서의 폭력이 본질적으로 동일하다고 주장한다.

ANSWER　9.①　10.①

11 〈보기〉에서 국제수영연맹(FINA)이 기술도핑을 금지한 이유는?

―보기―

2008년 베이징올림픽 수영종목에서는 25개의 세계신기록이 쏟아져 나왔다. 주목할만한 것이 23개의 세계신기록이 소위 최첨단 수영복이라 불리는 엘지알 레이서(LZR Racer)를 착용한 선수들에 의해 수립되었다는 것이다. 그러나 이 같은 수영복을 하나의 기술도핑으로 간주한 국제수영연맹은 2010년부터 최첨단 수영복의 착용을 금지하였다.

① 효율성 추구
② 유희성 추구
③ 공정성 추구
④ 도전성 추구

☑ **Advice** 경기력 향상과 공정성 ··············

③ 최신 기술이 들어간 엘지알 레이서 착용으로 신기록이 나오게 된 기술도핑에 착용 금지를 한 것은 공정성을 추구하기 때문이다.

12 〈보기〉에서 나타난 현준과 수연의 공정시합에 관한 관점이 바르게 연결된 것은?

―보기―

현준 : 승부조작은 경쟁적 스포츠의 본래적 가치를 훼손시키는 행위지만, 경기규칙을 위반하지 않았다면 윤리적으로 문제없는 것이 아닌가?

수연 : 나는 경기규칙을 위반하지 않았다 하더라도, 스포츠의 역사적·사회적 보편성과 정당성 속에서 형성되고 공유된 에토스(shared ethos)에 충실해야 한다고 생각해! 그래서 스포츠의 가치를 근본적으로 훼손시키는 승부조작은 추구해서도, 용인되어서도 절대 안돼!

	현준	수연
①	물질만능주의	인간중심주의
②	형식주의	비형식주의
③	비형식주의	형식주의
④	인간중심주의	물질만능주의

☑ **Advice** 경쟁과 페어플레이 ··············

〈보기〉에서 현준은 경기규칙을 위반하지 않는 한 윤리적으로 문제가 없다고 주장하며 형식주의를 주장하고 있다. 수연은 규칙의 준수 여부를 떠나 스포츠의 역사적·사회적 보편성과 정당성을 중시하며, 스포츠의 가치를 근본적으로 훼손하는 행위는 용인될 수 없다고 주장하는 비형식주의에 해당한다.

ANSWER 11.③ 12.②

13 〈보기〉의 ㉠, ㉡과 관련된 맹자(孟子)의 사상이 바르게 연결된 것은?

― 보기 ―
- ㉠ 농구 경기에서 자신과 부딪쳐서 부상을 당해 병원으로 이송되는 상대 선수를 걱정해 주는 마음
- ㉡ 배구 경기에서 자신의 손에 맞고 터치 아웃된 공을 심판이 보지 못해서 자기 팀이 득점을 했을 때 스스로 부끄러워하는 마음

	㉠	㉡
①	수오지심(羞惡之心)	측은지심(惻隱之心)
②	측은지심(惻隱之心)	수오지심(羞惡之心)
③	사양지심(辭讓之心)	시비지심(是非之心)
④	측은지심(惻隱之心)	사양지심(辭讓之心)

☑ Advice　스포츠와 윤리

- 수오지심(羞惡之心) : 본인의 잘못을 부끄러워하고 타인의 잘못을 미워하는 마음이다.
- 측은지심(惻隱之心) : 남을 불쌍하게 여기는 타고난 착한 마음이다.
- 사양지심(辭讓之心) : 겸손하여 남에게 사양할 줄 아는 마음이다.
- 시비지심(是非之心) : 옳고 그름을 가려낼 줄 아는 마음이다.

14 장애인의 스포츠 참여를 지원하는 방법으로 적절하지 않은 것은?

① 장애인이 접근 가능한 장소의 확보
② 활동에 필요한 장비 및 기구의 안정적 지원
③ 비장애인과의 통합수업보다 분리수업 지향
④ 일회성 체험이 아닌 지속적인 클럽활동 보장

☑ Advice　스포츠와 불평등

③ 분리수업을 하는 것은 스포츠 참여를 지원하는 방법에 적절하지 않다.

15 스포츠의 지속 가능한 발전에 관한 설명으로 적절하지 않은 것은?

① 새로운 스포츠 시설의 개발 금지
② 스포츠 시설의 개발과 자연환경의 공존
③ 건강한 인간과 건강한 자연환경의 공존
④ 스포츠만의 환경 운동이 아닌 국가적, 국제적 협력과 공조

☑ Advice　스포츠 조직과 윤리

① 스포츠의 지속 가능한 발전을 위해서 새로운 스포츠 시설의 개발을 꾸준히 진행하여야 한다.

ANSWER　13.②　14.③　15.①

16 〈그림〉은 스포츠윤리규범의 구조이다. ㉠~㉢에 해당하는 용어가 바르게 연결된 것은?

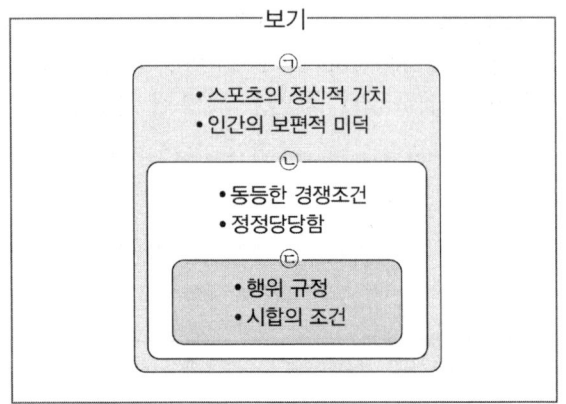

	㉠	㉡	㉢
①	규칙준수	스포츠맨십	페어플레이
②	스포츠맨십	페어플레이	규칙준수
③	페어플레이	규칙준수	스포츠맨십
④	스포츠맨십	규칙준수	페어플레이

✉ **Advice** 경쟁과 페어플레이 ······················

㉠ 스포츠맨십 : 스포츠인의 정신적 가치로 정정당당하게 승부를 가르는 정신이다.
㉡ 페어플레이 : 운동경기에서 지켜야 할 정정당당한 승부를 의미한다.
㉢ 규칙준수 : 행위 규정과 시합의 조건을 의미한다.

17 국민체육진흥법(시행 2022.8.11.) 제18조의3 '스포츠윤리센터의 설립'에 관한 사항으로 옳지 않은 것은?

① 스포츠윤리센터는 문화체육관광부 장관이 감독한다.
② 스포츠윤리센터의 정관에 기재할 사항은 국무총리령으로 정한다.
③ 스포츠윤리센터가 아닌 자는 스포츠윤리센터 또는 이와 비슷한 명칭을 사용하지 못한다.
④ 스포츠윤리센터의 장은 문화체육관광부 장관의 승인을 받아 관계 행정 기관 소속 임직원의 파견 또는 지원을 요청할 수 있다.

✉ **Advice** 스포츠 조직과 윤리 ······················

② 스포츠윤리센터의 운영, 이사회의 구성 및 권한, 임원의 선임, 감독 등 스포츠윤리센터의 정관에 기재할 사항은 대통령령으로 정한다〈국민체육진흥법 제18조의3(스포츠윤리센터의 설립) 제4항〉.

ANSWER 16.② 17.②

18 〈보기〉에서 국제육상경기연맹(IFFA)이 출전금지를 판단한 이유는?

―보기―
2011년 대구세계육상선수권대회에서 남아프리카 공화국의 의족 스프린터 피스토리우스(O. Pistorius)는 비장애인육상경기에 참가 신청을 했으나, 국제육상경기연맹은 경기에 사용되는 의족의 탄성이 피스토리우스에게 유리하다는 이유로 출전을 허용하지 않았다고 한다.

① 인종적 불공정
② 성(性)적 불공정
③ 기술적 불공정
④ 계급적 불공정

☑**Advice** 스포츠와 불평등 ···
③ 경기에 사용되는 의족의 탄성이 유리하다는 것은 기술의 유리함을 의미한 것이다. 이는 기술도핑으로 기술적 불공정에 해당한다.

19 스포츠에서 나타나는 성차별의 원인이 아닌 것은?

① 사회적 성 역할의 고착화
② 차이를 차별로 정당화하는 논리
③ 신체구조와 운동능력에 대한 편견
④ 여성성을 해치는 스포츠에의 여성 참가 옹호

☑**Advice** 스포츠와 인권 ···
④ 남성의 전유물이었던 스포츠에 여성의 참가를 옹호하는 것은 성차별의 원인에 해당하지 않는다.

20 스포츠에서 심판윤리에 관한 설명으로 옳지 않은 것은?

① 심판의 사회윤리는 협회나 종목단체의 도덕성과 밀접한 관련이 있다.
② 심판은 공정하고 엄격한 도덕적 원칙을 적용해야 한다.
③ 심판의 개인윤리는 청렴성, 투명성 등의 인격적 도덕성을 의미한다.
④ 심판은 '이익동등 고려의 원칙'에 따라 전력이 약한 팀에게 유리한 판정을 할 수 있다.

☑**Advice** 경기력 향상과 공정성 ···
④ 심판은 전력이 약한 팀이라 하더라도 공정성을 바탕으로 판정을 해야 한다.

ANSWER 18.③ 19.④ 20.④

2022. 05. 07.
2급 전문/생활 스포츠지도사 필기시험

유의사항

필기시험 제한시간 1시간 40분이다.

선택과목 7과목 중에서 5개 과목 선택(필수과목 없음) 한다.

과목마다 만점의 40% 이상 득점하고 전 과목 총점 60% 이상 득점해야 한다.

선택과목

스포츠사회학	☐	스포츠교육학	☐
스포츠심리학	☐	한국체육사	☐
운동생리학	☐	운동역학	☐
스포츠윤리	☐		

2022. 5. 7. 스포츠지도사 2급

스포츠사회학

1 〈보기〉에서 스포츠의 사회적 기능을 설명한 파슨즈(T. Parsons) AGIL 모형의 구성요소는?

― 보기 ―
- 스포츠는 사회구성원에게 현실에 적합한 사고, 감정, 행동양식 등을 학습할 수 있는 장을 마련해준다.
- 스포츠는 개인의 체력 및 건강증진을 도모하여 효율적으로 사회 활동에 참여할 수 있게 한다.

① 적응
② 목표성취
③ 사회통합
④ 체제유지 및 관리

☑ **Advice** 스포츠와 불평등

파슨즈의 AGIL모형은 적응(adaptation), 목표성취(goal attainment), 통합(integration), 체제유지(latency) 4가지 요소로 구성되며, 보기의 내용은 적응기능과 관련이 있다. 적응기능은 사회체제나 개인이 외부 환경에 적응하기 위해 필요한 자원을 획득하고, 이를 효율적으로 사용하며, 변화하는 환경에 맞게 자신의 구조나 행동을 조정하는 과정을 의미한다.

2 에티즌(D. Eitzen)과 세이지(G. Sage)가 제시한 스포츠의 정치적 속성이 아닌 것은?

① 보수성
② 대표성
③ 권력투쟁
④ 상호배타성

☑ **Advice** 스포츠와 불평등

에티즌과 세이지가 제시한 스포츠의 정치적 속성에는 대표성(우월성 표현), 권력투쟁(권력의 배분), 상호의존(상호보완적), 보수성(스포츠 제도의 특성)이 있다.

3 〈보기〉에서 설명하는 사회학습이론의 구성요소는?

― 보기 ―
상과 벌은 행동의 학습과 수행에 긍정적·부정적 영향을 미친다. 스포츠 현장에서 스포츠에 내재된 가치, 태도, 규범에 그릇된 행위는 벌을 통해 중단되거나 회피된다.

① 강화
② 코칭
③ 관찰학습
④ 역할학습

☑ **Advice** 스포츠와 불평등

사회학습이론에는 강화, 코칭, 관찰학습이 있으며, 사회학습이론에서의 강화는 행동을 학습하거나 수행하는 과정에서 보상과 처벌이 중요한 역할을 한다는 것을 강조한다.

ANSWER 1.① 2.④ 3.①

4 〈보기〉에 해당하는 스포츠사회화 과정이 바르게 연결된 것은?

―보기―
- (㉠) : 손목수술 후유증으로 인해 골프선수를 그만두게 되었다.
- (㉡) : 골프의 매력에 빠져 골프선수가 되어 사회성, 체력, 준법정신이 함양되었다.
- (㉢) : 아빠와 함께 골프연습장에 자주 가면서 골프를 배우게 되었다.
- (㉣) : 골프선수 은퇴 후 골프아카데미 원장으로 부임하면서 골프꿈나무를 양성하게 되었다.

	㉠	㉡	㉢	㉣
①	스포츠로의 재사회화	스포츠를 통한 사회화	스포츠로의 사회화	스포츠 탈사회화
②	스포츠로의 재사회화	스포츠로의 사회화	스포츠를 통한 사회화	스포츠 탈사회화
③	스포츠 탈사회화	스포츠를 통한 사회화	스포츠로의 사회화	스포츠로의 재사회화
④	스포츠 탈사회화	스포츠로의 사회화	스포츠를 통한 사회화	스포츠로의 재사회화

✅ Advice   스포츠와 불평등

㉠ 스포츠 탈사회화 : 스포츠 활동을 중단하거나 은퇴하는 과정
㉡ 스포츠를 통한 사회화 : 스포츠에 참여하여 다양한 사회적 기술과 태도를 학습하는 과정
㉢ 스포츠로의 사회화 : 중요한 타자의 영향을 받아 스포츠에 참여하게 되는 과정
㉣ 스포츠로의 재사회화 : 스포츠 활동의 형태가 변형되어 다시 스포츠에 관여하게 되는 과정

5 학원엘리트스포츠를 지지하는 입장이 아닌 것은?

① 애교심을 강화시킬 수 있다.
② 학교의 자원 및 교육시설을 독점할 수 있다.
③ 지위 창출의 수단, 사회이동의 기제로 작용할 수 있다.
④ 사회에서 요구되는 책임감, 성취감, 적응력 등을 배양시킬 수 있다.

✅ Advice   스포츠와 불평등

② 학원엘리트스포츠를 지지하지 않는 부정적인 입장이다.

6 〈보기〉의 내용과 관련이 깊은 사회학 이론은?

―보기―
- 미시적 관점의 이론이다.
- 인간은 사회제도나 규칙에 대해 능동적으로 사고하고 의미를 부여하며 행동한다.
- 스포츠 팀의 주장은 리더십이 필요하기 때문에 점차 그 역할에 맞는 리더십을 발휘한다.

① 갈등이론
② 교환이론
③ 상징적 상호작용론
④ 기능주의이론

✅ Advice   스포츠와 불평등

상징적 상호작용 이론 … 구조기능주의나 실증주의적 방법론에 반기를 들면서 나타나기 시작했으며, 인간의 실체를 타자와의 상호작용에서 이해해야한다고 주장한다.

ANSWER 4.③ 5.② 6.③

7 정치의 스포츠 이용 방법에 관한 설명 중 옳은 것은?

① 태권도를 보면 대한민국 국기(國技)라는 동일화가 일어난다.
② 정부의 3S(sports, screen, sex) 정책은 스포츠를 이용하는 상징의 대표적인 방법이다.
③ 스포츠 이벤트에서 국가 연주, 선수 복장, 국기에 대한 의례 등은 상징의식에 해당한다.
④ 올림픽에서 금메달 수상 장면을 보면서 내가 획득한 것처럼 눈물을 흘리는 것은 상징화에 해당한다.

☑ **Advice** 스포츠와 불평등

정치의 스포츠 결합 방법에서 상징은 어떤 의미에 대해 무엇을 대리하는 것으로 감정적, 합리적 애착심을 형성한다.

8 〈보기〉에서 설명하는 투민(M. Tumin)의 스포츠계층 형성 과정은?

―보기―
• 스포츠 종목에서 요구되는 우수한 운동수행능력을 갖추어야 한다.
• 뛰어난 경기력뿐만 아니라 탁월한 개인적 특성을 갖추어야 한다.
• 스포츠 팀 구성원으로 자신의 능력이 팀 승리에 미치는 영향력이 커야 한다.

① 평가
② 지위의 분화
③ 보수부여
④ 지위의 서열화

☑ **Advice** 스포츠와 불평등

스포츠 계층 형성 과정에서 지위의 서열화는 개인의 특성, 능력, 그리고 팀 내에서의 역할과 기여도에 따라 서열을 매기는 과정이다.

9 〈보기〉의 내용과 관련 있는 용어는?

―보기―
• 로버트슨(R. Roberston)이 제시한 용어이다.
• LA 다저스팀이 박찬호 선수를 영입하여 좋은 경기력을 펼치면서 메이저리그 경기가 한국에서 인기가 높아졌다.
• 맨체스터 유나이티드팀이 박지성 선수를 영입하면서 프리미어리그 경기가 한국에서 인기가 높아졌다.

① 세방화(Glocalization)
② 스포츠화(Sportization)
③ 미국화(Americanization)
④ 세계표준화(Global Standardization)

☑ **Advice** 스포츠와 불평등

세방화 … 세계화와 지방화의 합성어로, 세계화가 지역사회나 지방에 영향을 미치는 현상을 의미한다.

ANSWER 7.③ 8.④ 9.①

10 국제사회에서 발생한 스포츠 사건에 관한 설명으로 옳은 것은?

① 남아프리카 공화국은 아파르트헤이트(apartheid)로 인해 국제대회 참여가 거부되었다.
② 구소련의 아프가니스탄 침공을 이유로 1984년 LA 올림픽경기대회에 많은 자유 진영 국가가 불참하였다.
③ 2018년 평창동계올림픽경기대회에서 메달 획득을 위해 여자 아이스하키 남북 단일팀이 결성되었다.
④ 1936년 베를린올림픽경기대회에서 검은구월단 무장단체가 선수촌에 침입하여 이스라엘 선수를 살해하였다.

☑ **Advice** 스포츠와 불평등

남아프리카공화국은 인종차별 정책인 아파르트헤이트로 인해 여러 국제 스포츠 대회에서 배재되었다.
② 1980년 모스크바 올림픽에서 구소련의 아프카니스탄 침공에 항의하여 많은 서방국가들이 불참하였다.
③ 남북 단일팀 결성은 메달 획득이 아닌 단일팀 결성에 의미를 두었다.
④ 검은구월단 사건은 1972년 뮌헨 올림픽에서 발생한 사건이다.

11 〈보기〉의 설명은 머튼(R. Merton)의 아노미(anomie) 이론에 대한 것이다. ㉠~㉢에 해당하는 적응유형이 바르게 연결된 것은?

─── 보기 ───
- 도피주의 – 스포츠에 내재된 비인간성, 승리지상주의, 상업주의, 학업 결손 등에 염증을 느껴 스포츠 참가 포기
- (㉠) – 승패에 집착하지 않고 참가에 의의를 두는 것, 결과보다는 경기 내용 중시
- (㉡) – 불법 스카우트, 금지 약물 복용, 경기장 폭력, 승부조작 등
- (㉢) – 전략적 시간 끌기 작전, 경기규칙이 허용하는 범위 내에서의 파울 행위 등

	㉠	㉡	㉢
①	혁신주의	동조주의	의례주의
②	의례주의	혁신주의	동조주의
③	의례주의	동조주의	혁신주의
④	혁신주의	의례주의	동조주의

☑ **Advice** 스포츠와 불평등

㉠은 의례주의(목표 도달을 위한 수단과 방법을 수용), ㉡은 혁신주의(일탈을 통한 승리추구), ㉢은 동조주의(규칙안에서의 파울 등을 수용)이다.

12 〈보기〉의 내용을 기든스(A. Giddens)의 사회계층 이동 준거와 유형으로 바르게 묶은 것은?

―보기―
- K는 가난한 가정에서 태어나 끊임없는 훈련을 통해 축구 월드스타가 되었다.
- 월드스타가 되고 난 후, 축구장학재단을 만들어 개발도상국에 축구학교를 설립하여 후진양성에 큰 역할을 하고 있다.

	이동 주체	이동 방향	시간적거리
①	개인	수직이동	세대내이동
②	개인	수평이동	세대간이동
③	집단	수직이동	세대간이동
④	집단	수평이동	세대내이동

Advice 스포츠와 불평등

㉠ 이동 주체 : 보기에서 K는 한 개인으로서 자신의 삶에서 지위를 변화시킨 사례로, 이동 주체는 개인이다.
㉡ 이동 방향 : K는 가난한 가정에서 축구 월드스타가 된 것은 사회적 지위가 상승한 것이므로, 수직이동에 해당한다.
㉢ 시간적거리 : K가 자신의 삶에서 이룬 변화이므로, 세대내이동에 해당한다.

13 〈보기〉에서 설명하는 스포츠 미디어 이론은?

―보기―
대중들은 능동적 수용자로서 특수한 심리적 욕구를 만족시키기 위해 매스미디어를 적극 이용한다. 이에 미디어 수용자는 인지적, 정의적, 도피적, 통합적 욕구를 충족시키기 위해 스포츠를 주제로 다루는 매스미디어를 이용한다.

① 사회범주이론 ② 개인차이론
③ 사회관계이론 ④ 문화규범이론

Advice 스포츠와 불평등

〈보기〉에서 설명하는 스포츠 미디어 이론은 개인차이론으로 대중들이 자신의 심리적 욕구를 충족시키기 위해 매스미디어를 능동적으로 이용하는 것을 강조하고 있다.

14 〈보기〉에서 코클리(J. Coakley)가 제시한 상업주의와 관련된 스포츠 규칙 변화의 충족 조건으로 옳은 것만을 모두 고른 것은?

―보기―
㉠ 경기의 속도감 향상
㉡ 관중의 흥미 극대화
㉢ 득점 방법의 단일화
㉣ 상업적인 광고 시간 할애

① ㉠, ㉡ ② ㉢, ㉣
③ ㉠, ㉡, ㉢ ④ ㉠, ㉡, ㉣

Advice 스포츠와 불평등

㉢ 상업주의를 위해서는 득점 방법을 단일화하기보다는 다양한 득점 방식을 도입하여 득점이 가능하도록 하는 것이 타당하다.

ANSWER 12.① 13.② 14.④

15 〈보기〉에서 설명하는 프로스포츠의 제도는?

―― 보기 ――
- 프로스포츠리그의 신인선수 선발 방식 중 하나이다.
- 신인선수 쟁탈에 따른 폐단을 막기 위해 도입되었다.
- 계약금 인상 경쟁을 막기 위한 방법으로 고안되었다.

① FA(free agent)
② 샐러리 캡(salary cap)
③ 드래프트(draft)
④ 최저연봉(minimum salary)

Advice 스포츠와 불평등

드래프트 … 프로스포츠리그에서 신인선수를 선발하는 방식 중 하나로, 신인선수를 공정하게 선발하며 과도한 경쟁을 막기 위해 고안되었다.

16 〈보기〉에서 대중매체가 스포츠에 미치는 영향에 해당되는 것만을 모두 고른 것은?

―― 보기 ――
㉠ 대중매체의 기술이 발전한다.
㉡ 스포츠 인구가 증가한다.
㉢ 새로운 스포츠 종목이 창출된다.
㉣ 미디어 콘텐츠를 제공한다.
㉤ 경기규칙과 경기일정이 변경된다.
㉥ 스포츠 용구가 변화한다.

① ㉠, ㉡, ㉢
② ㉠, ㉢, ㉣
③ ㉡, ㉢, ㉣, ㉤
④ ㉡, ㉢, ㉤, ㉥

Advice 스포츠와 불평등

㉠㉣ 대중매체가 스포츠에 미친 영향이 아닌, 스포츠가 매체에 미친 영향을 설명하는 요소이다.

17 스포츠의 교육적 순기능 중 사회선도 기능이 아닌 것은?

① 여권신장
② 학교 내 통합
③ 평생체육과의 연계
④ 장애인의 삶의 질 향상

Advice 스포츠와 불평등

② 학교 내 통합은 사회통합 기능이다.

ANSWER 15.③ 16.④ 17.②

18 다음 ㉠~㉣에서 코클리(J. Coakley)가 제시한 일탈적 과잉동조를 유발하는 스포츠 윤리규범의 유형과 특징으로 옳은 것만을 모두 고른 것은?

	유형	특징
㉠	구분짓기규범	다른 선수와 구별되기 위해 탁월성을 추구해야 한다.
㉡	인내규범	위험을 받아들이고 고통 속에서도 경기에 참여해야 한다.
㉢	몰입규범	경기에 헌신해야 하며 이를 그들의 삶에서 우선순위에 두어야 한다.
㉣	도전규범	스포츠에서 성공을 위해 장애를 극복하고 역경을 헤쳐 나가야 한다.

① ㉠, ㉡
② ㉡, ㉢
③ ㉠, ㉢, ㉣
④ ㉠, ㉡, ㉢, ㉣

☑ **Advice**　스포츠와 불평등 ························
※ 코클리가 제시한 일탈적 과잉동조를 유발하는 스포츠 윤리규범
㉠ 구분짓기규범: 탁월성을 추구해 다른 선수와 구별되려는 규범이다.
㉡ 인내규범: 위험을 감수하고 고통 속에서도 경기에 참여하는 것을 강조하는 규범이다.
㉢ 몰입규범: 경기에 대한 헌신을 요구하며, 이를 삶의 최우선순위로 두는 규범이다.
㉣ 도전규범: 스포츠에서 성공을 위해 역경을 극복하고 도전하는 것을 강조하는 규범이다.

19 맥루한(M. McLuhan)의 매체이론에 관한 설명으로 옳지 않은 것은?

① 핫(hot) 미디어 스포츠는 관람자의 감각 참여성이 낮다.
② 쿨(cool) 미디어 스포츠는 관람자의 감각 몰입성이 높다.
③ 핫(hot) 미디어 스포츠는 경기 진행 속도가 빠르다.
④ 쿨(cool) 미디어 스포츠는 메시지의 정의성이 낮다.

☑ **Advice**　스포츠와 불평등 ························
③ 핫미디어 스포츠는 경기진행 속도가 느리다.

20 스포츠 세계화의 특징으로 옳지 않은 것은?

① 스포츠 시장의 경계가 국경을 초월해 전 세계로 확대되었다.
② 모든 나라의 전통스포츠(folk sports)가 세계적으로 확대되었다.
③ 세계인이 표준화된 스포츠 상품과 스포츠 문화를 소비하게 되었다.
④ 프로스포츠 시장의 이윤 극대화로 빈익빈 부익부 현상이 심화되었다.

☑ **Advice**　스포츠와 불평등 ························
② 전통스포츠는 세계적으로 확대되지 않고 특정스포츠 종목이 발달되었다.

ANSWER　18.④　19.③　20.②

스포츠교육학

1 스포츠기본법(시행 2022. 6. 16.)의 용어 정의에 관한 설명으로 옳지 않은 것은?

① '학교스포츠'란 건강과 체력 증진을 위하여 행하는 자발적이고 일상적인 스포츠 활동을 말한다.
② '스포츠산업'이란 스포츠와 관련된 재화와 서비스를 통하여 부가가치를 창출하는 산업을 말한다.
③ '장애인스포츠'란 장애인이 참여하는 스포츠 활동(생활스포츠와 전문 스포츠를 포함한다)을 말한다.
④ '전문스포츠'란 「국민체육진흥법」 제2조 제4호에 따른 선수가 행하는 스포츠 활동을 말한다.

✉ Advice 스포츠교육의 정책과 제도
① "학교스포츠"란 학교(「유아교육법」 제2조 제2호에 따른 유치원, 「초·중등교육법」 제2조 및 「고등교육법」 제2조에 따른 학교를 말한다. 이하 같다)에서 이루어지는 스포츠 활동(학교과정 외의 스포츠 활동과 「국민체육진흥법」 제2조 제8호에 따른 운동경기부의 스포츠 활동을 포함한다)을 말한다〈스포츠기본법 제3조(정의) 제5호〉.
②③④ 「스포츠기본법」 제3조(정의)

2 〈보기〉의 ㉠, ㉡에 해당하는 취약계층 생활스포츠 지원사업이 바르게 연결된 것은?

— 보기 —
㉠ 스포츠복지 사회 구현의 일환으로 저소득층 유·청소년(만5세~18세)과 장애인(만12세~23세)에게 스포츠강좌 혜택을 받을 수 있는 일정 금액의 이용권을 제공하는 사업이다.
㉡ 소외계층 청소년을 대상으로 다양한 체육활동 참여기회를 제공함으로써 참여 형평성을 높이고 사회 적응력을 배양하는 것을 목적으로 시행되는 사업이다.

	㉠	㉡
①	여성체육활동 지원	국민체력100
②	국민체력100	스포츠강좌 이용권 지원
③	스포츠강좌 이용권 지원	행복나눔스포츠교실 운영
④	행복나눔스포츠교실 운영	여성체육활동 지원

✉ Advice 스포츠교육의 정책과 제도
㉠ 복지일환으로 스포츠강좌 이용혜택 지원사업을 스포츠강좌 이용권 지원이다.
㉡ 참여 형평성 향상과 사회적 적응력 배양은 행복나눔스포츠교실 사업이다.

ANSWER 1.① 2.③

3 〈보기〉의 발달특성을 가진 대상을 위한 스포츠 프로그램 구성 시 고려사항으로 적절하지 않은 것은?

─보기─
- 신체적·정서적·사회적 발달이 뚜렷하다.
- 개인의 요구와 흥미가 뚜렷하게 나타난다.
- 2차 성징이 나타난다.

① 생활패턴 고려
② 개인의 요구와 흥미 고려
③ 정적운동 위주의 프로그램 구성
④ 스포츠 프로그램의 지속적 참여 고려

✓ Advice 스포츠교육의 프로그램론 ....
③ 동적운동 위주의 프로그램을 구성하는 것이 2차 성장을 나타내는 대상에게 중요하다.

4 〈보기〉에서 생활스포츠 프로그램의 교육목표 진술에 관한 설명으로 옳은 것만을 모두 고른 것은?

─보기─
㉠ 프로그램의 목표는 추상적으로 진술한다.
㉡ 학습 내용과 기대되는 행동을 동시에 진술한다.
㉢ 스포츠 참여자에게 기대하는 행동의 변화에 따라 동사를 다르게 진술한다.
㉣ 해당 스포츠 활동이 끝났을 때 참여자에게 나타난 최종 행동 변화 용어로 진술한다.

① ㉠, ㉡
② ㉢, ㉣
③ ㉠, ㉡, ㉢
④ ㉡, ㉢, ㉣

✓ Advice 스포츠교육의 프로그램론 ....
㉠ 프로그램의 목표는 추상적으로 진술하기 보다는, 구체적이고 명확하게 진술하여야 한다.

5 〈보기〉의 교수 전략을 포함하는 체육수업모형은?

─보기─
- 모든 팀원은 자신의 팀에 할당된 과제를 익힌 후, 교사가 되어 다른 팀에게 자신이 학습한 내용을 지도한다.
- 각 팀원들이 서로 다른 내용을 배운 다음, 동일한 내용을 배운 사람끼리 모여 전문가 집단을 구성한다. 이들은 자신이 배운 내용을 공유하며, 원래 자신의 집단으로 돌아가 배운 것을 다른 팀원들에게 지도한다.

① 직접 교수 모형
② 개별화 지도 모형
③ 협동학습 모형
④ 전술게임 모형

✓ Advice 스포츠교육의 지도방법론 ....
③ 〈보기〉의 전략은 직소방식으로 협동학습 모형에 해당한다.

ANSWER 3.③ 4.④ 5.③

6 메츨러(M. Metzler)의 교수·학습 과정안(수업계획안) 작성 시 고려해야 할 구성요소 중 〈보기〉의 설명과 관련 있는 것은?

─── 보기 ───
- 학생의 흥미를 유발시킬 수 있는 수업 도입
- 과제 제시에 적합한 모형과 단서 사용
- 학생에게 방향을 제시할 과제 구조 설명
- 다양한 과제의 계열성과 진도(차시별)

① 학습 목표
② 수업 맥락의 간단한 기술
③ 시간과 공간의 배정
④ 과제 제시와 과제 구조

☑ Advice 스포츠교육의 지도방법론 ·················

④ 학생의 흥미를 유발·적절한 과제 제시·명확한 학습 방향을 제시하는 것을 과제 제시와 과제 구조와 관련된 구성요소이다.

7 〈보기〉에서 안전한 학습환경 유지에 관한 설명으로 옳은 것만을 모두 고른 것은?

─── 보기 ───
㉠ 위험한 상황이 예측되더라도 시작한 과제는 끝까지 수행한다.
㉡ 안전한 수업운영에 필요한 절차를 분명히 전달하고 상기시켜야 한다.
㉢ 사전에 안전 문제를 예측하고 교구·공간·학생 등을 학습에 도움이 되는 방향으로 배열 또는 배치한다.
㉣ 새로운 연습과제나 게임을 시작할 때 지도자는 학생들의 활동을 주시하고 적극적으로 감독한다.

① ㉠, ㉡
② ㉡, ㉢
③ ㉠, ㉢, ㉣
④ ㉡, ㉢, ㉣

☑ Advice 스포츠교육의 지도방법론 ·················

㉠ 위험한 상황에서는 즉시 활동을 멈추고 안전을 최우선으로 해야 한다.

ANSWER 6.④ 7.④

8 헬리슨(D. Hellison)이 제시한 개인적·사회적 책임감 수준과 사례가 적절하지 않은 것은?

	수준	사례
①	타인의 권리와 감정 존중	타인에 대해 상호 협력적이고 다른 학생들을 돕고자 한다.
②	참여와 노력	새로운 과제에 도전하며 노력하면 성공할 수 있다고 여긴다.
③	자기 방향 설정	지도자가 없는 상황에서도 자신이 수립한 목표를 달성한다.
④	일상생활로의 전이	체육 수업을 통해 학습한 배려를 일상생활에 실천한다.

📩 **Advice**　스포츠교육의 지도방법론 ··

① '타인의 권리와 감정 존중' 단계는 타인과의 협력과 도움을 중요시하는 반면, 주어진 사례는 '돌봄과 배려' 단계이다.

9 〈보기〉의 ㉠, ㉡에 해당하는 평가 방법을 바르게 연결한 것은?

―보기―
㉠ 수업 전 학습목표에 따른 참여자 수준을 결정하고, 학습과정에서 참여자가 계속적인 오류 상황을 발생시킬 때 적절한 의사결정을 하도록 한다.
㉡ 학생들에게 자신의 높이뛰기 목표와 운동계획을 수립하게 한 다음 육상 단원이 끝나는 시점에서 종합적 목표 달성여부 확인을 위해 평가를 실시한다.

	㉠	㉡
①	진단평가	형성평가
②	진단평가	총괄평가
③	형성평가	총괄평가
④	총괄평가	형성평가

📩 **Advice**　스포츠교육의 평가론 ··

㉠ 참여자 수준 결정, 의사결정 참여는 진단평가 방법이다.
㉡ 목표 계획수립 및 목표 달성여부 체크는 총괄평가 방법이다.

ANSWER　8.①　9.②

10 다음에 해당하는 평가기법에 대한 설명으로 옳지 않은 것은?

테니스 포핸드 스트로크 과정	운동수행
• 두 발이 멈춘 상태에서 스트로크를 시도하는가?	Y/N
• 몸통 회전을 충분히 활용하는가?	Y/N
• 임팩트까지 시선을 공에 고정하는가?	Y/N
• 팔로우스로우를 끝까지 유지하는가?	Y/N

① 쉽게 제작이 가능하며 사용이 편리하다.
② 운동수행과정의 질적 평가가 불가하다.
③ 어떤 사건이나 행동의 발생 여부를 신속히 확인할 때 주로 사용한다.
④ 관찰행동을 구체적으로 정의하고 그 행동의 발생 시점을 확인할 수 있다.

☑ **Advice** 스포츠교육의 평가론
② 〈보기〉는 행동의 발생 여부를 확인하는 체크리스트(Checklist) 평가기법으로 질적인 측면은 특정 기준 일부 평가가 가능하다.

11 학교체육진흥법(시행 2024. 3. 24)의 제10조에서 규정하고 있는 학교장의 역할에 관한 내용으로 옳지 않은 것은?

① 학생들이 신체활동 프로그램에 참여할 수 있도록 학교스포츠클럽을 운영하여 학생들의 체육활동 참여기회를 확대하여야 한다.
② 학교스포츠클럽을 운영하는 경우 전문코치를 지정하여야 한다.
③ 학교스포츠클럽 활동 내용을 학교생활기록부에 기록하여 상급학교 진학자료로 활용할 수 있도록 하여야 한다.
④ 교육부령으로 정하는 바에 따라 일정 비율 이상의 학교스포츠클럽을 해당 학교의 여학생들이 선호하는 종목으로 운영하여야 한다.

☑ **Advice** 스포츠교육의 정책과 제도
② 학교의 장은 학교스포츠클럽을 운영하는 경우 학교스포츠클럽 전담교사를 지정하여야 한다(학교체육 진흥법 제10조(학교스포츠클럽 운영) 제2항).

ANSWER 10.② 11.②

12 다음 ㉠~㉤에서 체육시설법 시행규칙(시행 2024. 6. 7.) 제22조 '체육지도자 배치기준'에 부합되는 것을 모두 고른 것은?

체육시설업의 종류	규모	배치인원
㉠ 스키장업	• 슬로프 10면 이하 • 슬로프 10면 초과	1명 이상 2명 이상
㉡ 승마장업	• 말 20마리 이하 • 말 20마리 초과	1명 이상 2명 이상
㉢ 수영장업	• 수영조 바닥면적이 400㎡ 이하인 실내 수영장 • 수영조 바닥면적이 400㎡를 초과하는 실내 수영장	1명 이상 2명 이상
㉣ 골프연습장업	• 20타석 이상 50타석 이하 • 50타석 초과	1명 이상 2명 이상
㉤ 체력단련장업	• 운동전용면적 200㎡ 이하 • 운동전용면적 200㎡ 초과	1명 이상 2명 이상

① ㉠, ㉡, ㉢, ㉣
② ㉠, ㉡, ㉣, ㉤
③ ㉠, ㉢, ㉣, ㉤
④ ㉡, ㉢, ㉣, ㉤

☑ **Advice** 스포츠교육의 정책과 제도

㉤ 체력단련장업 배치기준
• 운동전용면적 300㎡ 이하 : 1명 이상
• 운동전용면적 300㎡ 초과 : 2명 이상

13 국민체육진흥법(시행 2025. 1. 1.)에서 규정하는 생활스포츠지도사의 자격으로 옳지 않은 것은?

① 체육지도자의 자격은 19세 이상인 사람에게 부여한다.
② 생활스포츠지도사는 1급, 2급으로 구분한다.
③ 2급 생활스포츠지도사는 2급 생활스포츠지도사 자격검정에 합격하고, 연수과정을 이수한 사람으로 한다.
④ 1급 생활스포츠지도사는 자격 종목의 2급 생활스포츠지도사 자격을 취득한 후 3년 이상 해당 자격 종목의 지도경력이 있는 사람으로 한다.

☑ **Advice** 스포츠교육의 정책과 제도

① 체육지도자의 자격은 18세 이상인 사람에게 부여한다〈국민체육진흥법 시행령 제8조(체육지도자의 양성과 자질향상) 제2항〉.
④ 1급 생활스포츠지도사는 자격 종목의 2급 생활스포츠지도사 자격을 취득한 후 3년 이상 해당 자격 종목의 지도경력이 있는 사람으로서 동일 자격 종목에 대하여 1급 생활스포츠지도사 자격을 취득하기 위한 자격검정에 합격하고, 연수과정을 이수한 사람으로 한다〈국민체육진흥법 시행령 제9조(스포츠지도사) 제5항〉.
②③ 「국민체육진흥법 시행령」 제9조(스포츠지도사)

ANSWER 12.① 13.①,④

14 〈보기〉의 ㉠, ㉡에 해당하는 단계가 바르게 연결된 것은?

―보기―
마튼스(R. Martens)가 제시한 전문체육 프로그램 개발 6단계는 ㉠ _____, 선수 이해, 상황 분석, 우선순위 결정 및 목표 설정, ㉡ _____, 연습계획 수립이다.

	㉠	㉡
①	스포츠에 대한 이해	공간적 맥락 고려
②	선수 발달 단계에 대한 이해	전술 선택
③	선수단(훈련) 규모 설정	체력상태의 이해
④	선수에게 필요한 기술 파악	지도 방법 선택

Advice 스포츠교육의 프로그램론

※ 마튼스의 전문체육 프로그램 개발 6단계
㉠ 선수에게 필요한 기술 파악
㉡ 선수 이해
㉢ 상황분석
㉣ 우선순위 결정 및 목표 설정
㉤ 지도 방법 선택
㉥ 연습계획 수립

15 ㉠, ㉡에 해당하는 용어가 바르게 연결된 것은?

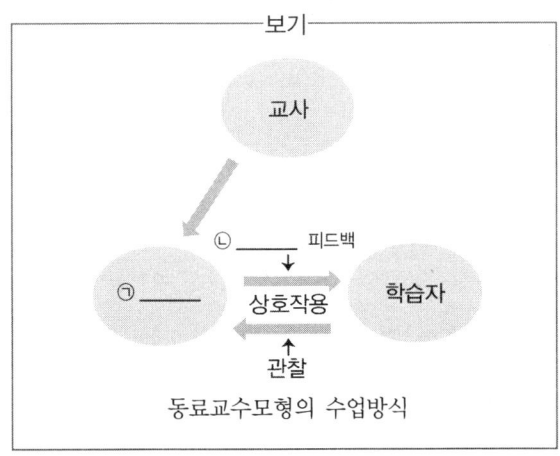

	㉠	㉡
①	관찰자	교정적
②	개인교사	중립적
③	개인교사	교정적
④	교사	가치적

Advice 스포츠교육의 지도방법론

동료교수는 학습자 간 상호작용 없이 교사가 통제하는 교수법이다. 이 방법은 연습시간의 효율성을 높이고 학습자의 인지발달을 지원한다. ㉠은 개인교사 역할을 하고, ㉡은 교정적 피드백을 주며 상호작용을 한다.

16 그리핀(L. Griffin), 미첼(S. Mitchell), 오슬린(J. Oslin)의 이해중심게임 모형에서 변형게임 구성 시 반영해야 할 2가지 핵심 개념은?

① 전술과 난이도
② 연계성과 위계성
③ 공간의 특성과 학습자
④ 대표성과 과장성

✓ **Advice** 스포츠교육의 지도방법론 ··

그리핀, 미첼, 오슬린의 이해중심게임 모형에서 변형게임 구성 시 반영해야 할 핵심개념
- 대표성 : 정식 게임을 대표해야 한다.
- 과장성 : 전술적 기술 개발을 위해 상황이 과장되어야 한다.

17 〈보기〉의 ㉠, ㉡에 해당하는 젠틸(A. Gentile)의 스포츠 기술이 바르게 연결된 것은?

―보기―
㉠ _____ 은 환경의 변화나 상태에 의해 변화되는 기술을 말한다. ㉡ _____ 은 상대적으로 환경적 조건이 안정적이며 외부 조건이 대부분 변하지 않는 속성이 있다.

	㉠	㉡
①	개별기술	복합기술
②	개방기술	폐쇄기술
③	시작형 기술	세련형 기술
④	부분기술	전체기술

✓ **Advice** 스포츠교육의 지도방법론 ··

㉠ 개방기술 : 환경의 변화나 상태에 따라 달라지는 기술을 말한다.
㉡ 폐쇄기술 : 상대적으로 환경적 조건이 안정적이며 외부 조건이 변하지 않는 상황에서 수행하는 기술을 말한다.

18 〈보기〉와 같이 종목을 구분하는 근거로 적합한 것은?

―보기―
- 영역형 : 농구, 축구, 하키, 풋볼
- 네트형 : 배드민턴, 배구, 탁구
- 필드형 : 야구, 소프트볼, 킥볼
- 표적형 : 당구, 볼링, 골프

① 포지션의 수
② 게임전술의 전이 가능성
③ 기술(skill)의 특성
④ 선수의 수

✓ **Advice** 스포츠교육의 지도방법론 ··

〈보기〉는 전이에 대한 근거로 한 유형의 스포츠에서 익힌 전술을 다른 유사한 스포츠에서도 적용할 수 있는 가능성이 전이의 근거가 된다.

ANSWER 16.④ 17.② 18.②

19 〈보기〉의 설명에 해당하는 피드백 유형은?

―보기―
- 모스턴(M. Mosston)이 제시한 피드백 유형이며, 사실적으로 행동을 기술한다.
- 판단이나 수정 지시를 하지 않으나, 피드백 진술의 의미를 변경할 수 있다.
- 다른 피드백 형태로 옮겨가는 특징을 가지고 있다.

① 교정적 피드백(corrective statements)
② 가치적 피드백(value statements)
③ 중립적 피드백(neutral statements)
④ 불분명한 피드백(ambiguous statements)

Advice 스포츠교육의 지도방법론
③ 중립적 피드백은 행동을 사실적으로 기술하고, 판단이나 지시 없이 그 자체로 정보를 제공한다.

20 링크(J. Rink)의 내용발달 단계가 순서대로 연결된 것은?

① 시작과제 – 확대과제 – 세련과제 – 적용과제
② 적용과제 – 시작과제 – 확대과제 – 세련과제
③ 세련과제 – 적용과제 – 시작과제 – 확대과제
④ 확대과제 – 세련과제 – 적용과제 – 시작과제

Advice 스포츠교육의 지도방법론
링크의 내용발단 단계는 '시작과제, 확대과제, 세련과제, 적용과제' 순서로 이루어진다.

스포츠심리학

1 〈보기〉는 레빈(K. Lewin, 1935)이 주장한 내용이다. ㉠, ㉡에 들어갈 개념으로 바르게 묶인 것은?

―보기―
- 인간의 행동은 (㉠)과 (㉡)에 의해 결정된다.
- (㉠)과 (㉡)의 상호작용으로 행동은 변화한다.

	㉠	㉡
①	개인(person)	환경(environment)
②	인지(cognition)	감정(affect)
③	감정(affect)	환경(environment)
④	개인(person)	인지(cognition)

Advice 스포츠교육의 지도방법론
레빈의 이론에 따르면, 인간의 행동은 개인과 환경의 상호작용에 의해 결정되며, 이 둘의 상호작용으로 행동이 변화한다.

2 아동의 운동 발달을 평가할 때 심리적 안정을 도모하기 위한 평가 방법으로 옳은 것은?

① 평가장소에 도착하면 환경에 대한 탐색 시간을 주지 말고 평가를 바로 진행한다.
② 아동의 평가 민감성을 높이기 위해 평가라는 단어를 강조한다.
③ 운동 도구를 사용하여 평가할 때 탐색할 기회를 제공한다.
④ 아동과 공감대를 형성하지 않는다.

Advice 스포츠교육의 지도방법론
아동의 심리적 안정을 위해 평가 시 운동 도구에 대한 탐색 기회를 제공하고, 공감대를 형성하는 것이 중요하다.

ANSWER 19.③ 20.① / 1.① 2.③

3 〈보기〉에 제시된 일반화된 운동프로그램(Generalized Motor Program : GMP)에 관한 설명으로 바르게 묶인 것은?

―보기―
- ㉠ 인간의 운동은 자기조직(self-organization)과 비선형성(nonlinear)의 원리에 의해 생성되고 변화한다.
- ㉡ 불변매개변수(invariant parameter)에는 요소의 순서(order of element), 시상(phasing), 상대적인 힘(relative force)이 포함된다.
- ㉢ 가변매개변수(variant parameter)에는 전체 동작지속시간(overall duration), 힘의 총량(overall force), 선택된 근육군(selected muscles)이 포함된다.
- ㉣ 환경정보에 대한 지각 그리고 동작의 관계(perception-action coupling)를 강조한다.

① ㉠, ㉡
② ㉠, ㉢
③ ㉡, ㉢
④ ㉢, ㉣

Advice 스포츠교육의 지도방법론

㉠ 운동이 자기조직과 비선형성의 원리에 따라 생성되고 변화된다는 다이나믹 시스템 이론을 설명한 것이다.
㉣ 동작이 환경적 정보와 밀접하게 연결되어 있다는 생태학적 이론에 대한 설명이다.

4 〈보기〉에서 설명하는 개념은?

―보기―
- 자극반응 대안 수가 증가할수록 선택반응시간도 증가한다.
- 투수가 직구와 슬라이더 구종에 커브 구종을 추가하여 무작위로 섞어 던졌을 때 타자의 반응시간이 길어졌다.

① 피츠의 법칙(Fitts' law)
② 파워 법칙(power law)
③ 임펄스 가변성 이론(impulse variability theory)
④ 힉스의 법칙(Hick's law)

Advice 스포츠교육의 지도방법론

힉스의 법칙 … 선택할 수 있는 자극의 수가 많아질수록 반응 시간이 길어진다는 이론으로, 다양한 옵션이 제공될 때 결정 과정이 복잡해져 반응 속도가 늦어진다는 것을 설명한다.

ANSWER 3.③ 4.④

5 〈보기〉에 제시된 번스타인(N. Bernstein)의 운동학습 단계에 대한 설명으로 바르게 묶인 것은?

―보기―
- ㉠ 스케이트를 탈 때 고관절, 슬관절, 발목관절을 활용하여 추진력을 갖게 한다.
- ㉡ 체중 이동을 통해 추진력을 확보하며 숙련된 동작을 실행하게 한다.
- ㉢ 스케이트를 신고 고관절, 슬관절, 발목관절을 하나의 단위체로 걷게 한다.

	㉠	㉡	㉢
①	자유도 풀림	반작용 활용	자유도 고정
②	반작용 활용	자유도 풀림	자유도 고정
③	자유도 풀림	자유도 고정	반작용 활용
④	반작용 활용	자유도 고정	자유도 풀림

Advice 스포츠교육의 지도방법론

㉠ 자유도 풀림 : 관절을 사용하여 추진력을 얻는 과정이다.
㉡ 반작용 활용 : 체중 이동을 통해 동작을 효율적으로 실행하는 단계이다.
㉢ 자유도 고정 : 관절을 단일 단위를 사용하여 걷는 과정이다.

6 레이데크와 스미스(T. Raedeke & A. Smith, 2001)의 운동선수 탈진 질문지(Athlete Burnout Questionnaire : ABQ)의 세 가지 측정 요인이 아닌 것은?

① 성취감 저하(reduced sense of accomplishment)
② 스포츠 평가절하(sport devaluation)
③ 경쟁상태불안(competitive state anxiety)
④ 신체적/정서적 고갈(physical, emotional exhaustion)

Advice 스포츠교육의 지도방법론

탈진의 세 가지 영역에는 성취감 저하, 스포츠 평가절하, 신체적·정서적 소진이 있다.

7 웨이스와 아모로스(M. Weiss & A. Amorose, 2008)가 제시한 스포츠 재미(sport enjoyment)의 영향 요인으로 옳지 않은 것은?

① 인지능력
② 사회적 소속
③ 동작 자체의 감각 체험
④ 숙달과 성취

Advice 스포츠교육의 지도방법론

스포츠 재미의 영향 요인에는 사회적 소속, 동작 자체의 감각 체험, 숙달과 성취가 있으며, 인지능력은 스포츠 재미에 영향을 주지 않는다.

8 〈보기〉에 제시된 도식이론(schema theory)에 관하여 옳은 설명으로 묶인 것은?

―보기―
- ㉠ 빠른 움직임과 느린 움직임을 구분하여 설명한다.
- ㉡ 재인도식은 피드백 정보가 없는 빠른 운동을 조절하는 역할을 한다.
- ㉢ 회상도식은 과거의 실제결과, 감각귀결, 초기조건의 관계를 바탕으로 형성된다.
- ㉣ 200ms 이상의 시간이 필요한 느린 운동 과제의 제어에는 회상도식과 재인도식이 모두 동원된다.

① ㉠, ㉡   ② ㉡, ㉢
③ ㉠, ㉣   ④ ㉢, ㉣

Advice 스포츠교육의 지도방법론

㉡ 재인도식은 피드백 정보를 이용해 느린 운동을 조절하는데 관여한다.
㉢ 과거의 운동 결과를 기반으로 새로운 운동을 설계하며, 빠른 동작을 조정하는 데 사용된다.

ANSWER 5.① 6.③ 7.① 8.③

9 〈보기〉에 제시된 심리적 불응기(Psychological Refractory Period : PRP)에 관하여 옳은 설명으로 묶인 것은?

─────── 보기 ───────
㉠ 1차 자극에 대한 반응을 수행하고 있을 때 2차 자극을 제시할 경우, 2차 자극에 대해 반응시간이 느려지는 현상이다.
㉡ 1차 자극과 2차 자극간의 시간차가 10ms 이하로 매우 짧을 때 나타난다.
㉢ 페이크(fake) 동작의 사용 빈도를 높일 때 효과적이다.
㉣ 1차와 2차 자극을 하나의 자극으로 간주하는 현상을 집단화라고 한다.

① ㉠, ㉡
② ㉡, ㉢
③ ㉢, ㉣
④ ㉠, ㉣

☑ **Advice** 스포츠교육의 지도방법론 ················
㉡ 심리적 불응기는 1차 자극과 2차 자극 간의 시간차가 60∼100ms정도일 때 반응 지연시간이 가장 오래 나타난다.
㉢ 페이크 동작의 사용 빈도가 낮을수록 효과가 높다.

10 인간 발달의 특징에 관한 설명으로 옳지 않은 것은?

① 개인적 측면은 발달에 영향을 미치는 요인이 개인마다 달라서 나타나는 현상이다.
② 다차원적 측면은 개인의 신체적·정서적 특성과 같은 내적 요인 그리고 사회 환경과 같은 외적 요인으로 나눌 수 있다.
③ 계열적 측면은 기기와 서기의 단계를 거친 후에야 자신의 힘으로 스스로 걸을 수 있게 되는 것이다.
④ 질적 측면은 현재 나타나고 있는 움직임 양식이 과거 움직임의 경험이 축적되어 나타나는 것이다.

☑ **Advice** 스포츠교육의 지도방법론 ················
인간 발달의 질적 측면은 움직임 양식이 단순히 반복 되는 것이 아니다. 효율성과 복잡성이 점차 증가하는 과정을 의미한다.

11 시각탐색에 사용되는 안구 움직임의 형태로 옳지 않은 것은?

① 지각의 협소화(perceptual narrowing)
② 부드러운 추적 움직임(smooth pursuit movement)
③ 전정안구반사(vestibulo-ocular reflex)
④ 빠른 움직임(saccadic movement)

☑ **Advice** 스포츠교육의 지도방법론 ················
시각탐색에 사용되는 안구 움직임의 형태
㉠ 부드러운 추적 움직임 : 움직이는 물체에 따라 시선을 이동시키는 안구의 움직임이다.
㉡ 빠른 움직임 : 시선을 빠르게 다른 목표물로 이동시키는 짧고 빠른 안구의 움직임이다.
㉢ 진정안구반사 : 머리가 움직임에 반응하여 시선을 안정시키기 위해 눈이 자동으로 움직이는 반사이다.

ANSWER 9.④ 10.④ 11.①

12 와이너(B. Weiner)의 경기 승패에 대한 귀인이론에 관한 설명으로 옳지 않은 것은?

① 노력은 내적이고 불안정하며 통제 가능한 요인이다.
② 능력은 내적이고 안정적이며 통제 불가능한 요인이다.
③ 운은 외적이고 불안정하며 통제 불가능한 요인이다.
④ 과제난이도는 외적이고 불안정하며 통제할 수 있는 요인이다.

✅Advice 스포츠교육의 지도방법론 ······················

④ 과제난이도는 외적 요인으로, 안정적이고 통제가 불가능한 요인이다.

13 〈보기〉에 제시된 불안과 운동수행의 관계를 설명하는 이론은?

─보기─
- 선수가 불안을 어떻게 '해석'하느냐에 따라 운동수행이 달라질 수 있다.
- 선수는 각성이 높은 상태를 기분 좋은 흥분상태로 해석할 수도 있지만 불쾌한 불안으로 해석할 수도 있다.

① 역U가설(inverted-U hypothesis)
② 전환이론(reversal theory)
③ 격변이론(catastrophe theory)
④ 적정기능지역이론(zone of optimal functioning theory)

✅Advice 스포츠교육의 지도방법론 ······················

② 전환이론은 불안을 긍정적 흥분으로 전환할 수 있다는 이론으로, 불안 해석에 따라 운동수행이 달라진다고 설명한다.

14 〈보기〉에 제시된 심상에 대한 이론과 설명이 바르게 묶인 것은?

─보기─
㉠ 심리신경근 이론에 따르면 심상을 하는 동안에 실제 동작에서 발생하는 근육의 전기 반응과 유사한 전기 반응이 근육에서 발생한다.
㉡ 상징학습 이론에 따르면 심상은 인지 과제(바둑)보다 운동 과제(역도)에서 더 효과적이다.
㉢ 생물정보 이론에 따르면 심상은 상상해야 할 상황 조건인 자극 전제와 심상의 결과로 일어나는 반응 전제로 구성된다.
㉣ 상징학습 이론에 따르면 생리적 반응과 심리 반응을 함께하면 심상의 효과는 낮아진다.

① ㉠, ㉡
② ㉠, ㉢
③ ㉡, ㉢
④ ㉢, ㉣

✅Advice 스포츠교육의 지도방법론 ······················

㉡ 상징학습 이론은 주로 인지 과제에서 심상의 역할을 강조하며, 심상은 운동 과제보다 인지 과제에서 더 효과적이다.
㉣ 상징학습 이론에서는 심상의 효과를 높이기 위해 심리적, 생리적 반응을 함께 고려하는 것이 중요하다.

ANSWER 12.④ 13.② 14.②

15 〈보기〉의 ⊙과 ⓒ에 들어갈 알맞은 용어는?

─── 보기 ───
- (⊙)은 불안을 감소시키기 위해 자기최면을 사용하여 무거움과 따뜻함을 실제처럼 느끼도록 유도하는 방법이다.
- (ⓒ)은/는 불안을 유발하는 자극의 목록을 작성한 후, 하나씩 차례로 적용하여 유발 감각 자극에 대한 민감도를 줄여 불안 수준을 감소시키는 방법이다.

	⊙	ⓒ
①	바이오피드백 (biofeedback)	체계적 둔감화 (systematic desensitization)
②	자생훈련 (autogenic training)	바이오피드백 (biofeedback)
③	점진적 이완 (progressive relexation)	바이오피드백 (biofeedback)
④	자생훈련 (autogenic training)	체계적 둔감화 (systematic desensitization)

☑ Advice 스포츠교육의 지도방법론
⊙ 자생훈련 : 자기최면으로 신체의 이완을 유도하여 불안을 줄이는 방법이다.
ⓒ 체계적 둔감화 : 불안 자극에 차례로 노출시켜 불안 민감도를 낮추는 기법이다.

16 〈보기〉에 제시된 첼라드라이(P. Chelladerai)의 다차원리더십 모델에 관한 설명으로 옳게 묶인 것은?

─── 보기 ───
⊙ 리더의 특성은 리더의 실제 행동에 영향을 준다.
ⓒ 규정 행동은 선수에게 규정된 행동을 말한다.
ⓒ 선호 행동은 리더가 선호하거나 바라는 선수의 행동을 말한다.
ⓔ 리더의 실제 행동과 선수의 선호 행동이 다르면 선수의 만족도가 낮아진다.

① ⊙, ⓒ
② ⊙, ⓔ
③ ⓒ, ⓒ
④ ⓒ, ⓔ

☑ Advice 스포츠교육의 지도방법론
ⓒ 규정 행동은 리더가 팀이나 상황에 따라 해야만 하는 행동을 말하며, 선수에게 규정된 행동이 아니다.
ⓒ 선호 행동은 리더가 선호하는 행동이 아니라, 선수들이 리더에게 기대하거나 바라는 행동을 의미한다.

ANSWER 15.④ 16.②

17 〈보기〉에서 설명하는 운동심리 이론(모형)은?

---보기---
- 지역사회가 여성 전용 스포츠 센터를 확충한다.
- 정부가 운동 참여에 대한 인센티브 정책을 수립한다.
- 가정과 학교에서 운동 참여를 지지해주는 분위기를 만든다.

① 사회생태모형(social ecological model)
② 합리적행동이론(theory of reasoned action)
③ 자기효능감이론(self-efficacy theory)
④ 자결성이론(self-determination theory)

☑ **Advice** 스포츠교육의 지도방법론

사회형태모형은 개인의 운동 참여를 다양한 수준에서 영향을 미치는 요인으로 보고 이를 통합적으로 설명하는 이론이다.

18 프로차스카(J. O. Prochaska)의 운동변화단계 모형(Transtheoretical Model)에 관한 설명으로 옳은 것은?

① 변화 단계와 자기효능감과의 관계는 U자 형태다.
② 인지적·행동적 변화과정을 통해 운동 단계가 변화한다.
③ 변화 단계가 높아짐에 따라 운동에 대해 기대할 수 있는 혜택은 점진적으로 감소한다.
④ 무관심 단계는 현재 운동에 참여하지 않지만, 6개월 이내에 운동을 시작할 의도가 있다.

☑ **Advice** 스포츠교육의 지도방법론

프로차스카의 단계이론에서는 행동 변화가 비선형적으로 진행되며, 인지적·행동적 과정을 통해 단계가 변화하고, 변화 단계가 높아질수록 혜택이 더 크다고 본다.

19 한국스포츠심리학회가 제시한 스포츠 심리상담사 상담윤리에 대한 설명으로 옳지 않은 것은?

① 스포츠심리상담사는 자신의 전문영역과 한계영역을 명확하게 인식해야 한다.
② 스포츠심리상담사는 상담 과정에서 얻은 정보를 이용할 때 고객과 미리 상의해야 한다.
③ 스포츠심리상담사는 상담 효과를 알리기 위해 상담에 참여한 사람으로부터 좋은 평가나 소감을 요구해야 한다.
④ 스포츠심리상담사는 타인에게 역할을 위임할 때는 전문성이 있는 사람에게만 위임하여야 하며 그 타인의 전문성을 확인해야 한다.

☑ **Advice** 스포츠교육의 지도방법론

스포츠심리상담사는 상담 효과를 홍보하기 위해 긍정적인 평가나 소감을 고객에게 요구해서는 안 된다.

ANSWER 17.① 18.② 19.③

20 〈보기〉에 제시된 폭스(K. Fox)의 위계적 신체적 자기개념 가설(hypothesized hierarchical organization of physical self-perception)에 관한 설명으로 바르게 묶인 것은?

―보기―
- ㉠ 신체적 컨디션은 매력적 신체를 유지하는 능력이다.
- ㉡ 신체적 자기 가치는 전반적 자기존중감의 상위영역에 속한다.
- ㉢ 신체 매력과 신체적 컨디션은 신체적 자기가치의 하위영역에 속한다.
- ㉣ 스포츠 유능감은 스포츠 능력과 스포츠 기술 학습 능력에 대한 자신감이다.

① ㉠, ㉡
② ㉠, ㉢
③ ㉡, ㉣
④ ㉢, ㉣

✓Advice 스포츠교육의 지도방법론
㉠ 신체적 컨디션은 매력적인 신체 유지와는 무관하며, 주로 체력과 건강 상태를 의미한다.
㉡ 신체적 자기 가치가 전반적 자기존중감의 상위 영역이 아니라, 자기존중감이 상위 영역에 해당한다.

한국체육사

1 체육사에 관한 설명으로 옳지 않은 것은?

① 연구대상은 시간, 인간, 공간 등이 고려된다.
② 체육과 스포츠를 역사적 방법으로 연구하는 학문이다.
③ 연구내용은 스포츠문화사, 전통스포츠사 등을 포함한다.
④ 체육과 스포츠의 도덕적 가치판단에 대한 근거를 탐구한다.

✓Advice 체육사의 의미
도덕적 가치나 윤리적 판단은 윤리학의 연구 분야이다.

2 〈보기〉에서 체육사 연구의 사료(史料)에 관한 설명으로 옳은 것만을 모두 고른 것은?

―보기―
- ㉠ 기록 사료는 문헌 사료와 구전 사료가 있다.
- ㉡ 물적 사료는 물질적 유산인 유물과 유적이 있다.
- ㉢ 기록 사료 중 민요, 전설, 시가, 회고담 등은 문헌 사료이다.
- ㉣ 전통적인 분류 방식에 따르면, 물적 사료와 기록 사료로 구분된다.

① ㉠, ㉡   ② ㉡, ㉢
③ ㉠, ㉡, ㉣   ④ ㉡, ㉢, ㉣

✓Advice 체육사의 의미
㉢ 민요, 전설, 시가, 회고담 등은 문헌 사료가 아닌 구전 사료이다.

ANSWER 20.④ / 1.④ 2.③

3 부족국가와 삼국시대의 신체활동이 포함된 제천의식에 관한 설명으로 옳지 않은 것은?

① 신라 – 가배
② 부여 – 동맹
③ 동예 – 무천
④ 마한 – 10월제

Advice 선사·삼국시대
② 부여 – 영고

4 〈보기〉에서 화랑도에 관한 설명으로 옳은 것만을 모두 고른 것은?

─보기─
㉠ 법흥왕 때에 종래 화랑도 제도를 개편하여 체계화되었다.
㉡ 한국의 전통사상과 세속오계(世俗五戒)를 근간으로 두었다.
㉢ 국선도(國仙徒), 풍류도(風流徒), 원화도(源花徒)라고도 불리었다.
㉣ 편력(遍歷), 입산수행(入山修行), 주행천하(周行天下) 등의 활동을 했다.

① ㉠, ㉡
② ㉡, ㉢
③ ㉠, ㉡, ㉣
④ ㉡, ㉢, ㉣

Advice 선사·삼국시대
㉠ 화랑도의 체계화는 진흥왕 때 이루어진 것이다.

5 〈보기〉의 ㉠에 해당하는 용어는?

─보기─
「구당서(舊唐書)」에 따르면, "고구려의 풍속은 책 읽기를 좋아하며, 허름한 서민의 집에 이르기까지 거리에 큰 집을 지어 이를 (㉠)이라고 하고, 미혼의 자제들이 여기에서 밤낮으로 독서하고 활쏘기를 익힌다."라고 되어 있다.

① 태학
② 경당
③ 향교
④ 학당

Advice 선사·삼국시대
② 경당은 고구려에서 청소년들이 학문과 무술을 배울 수 있었던 장소이다.

6 고려시대의 무학(武學) 전문 강좌인 강예재(講藝齋)가 개설된 교육기관은?

① 국자감(國子監)
② 성균관(成均館)
③ 응방도감(鷹坊都監)
④ 오부학당(五部學堂)

Advice 고려·조선시대
① 강예재(講藝齋)는 고려시대 최고 교육기관인 국자감에 개설된 무학(武學) 전문 강좌이다.

ANSWER 3.② 4.④ 5.② 6.①

7 〈보기〉에서 고려시대 무예의 특징으로 옳은 것만을 모두 고른 것은?

───── 보기 ─────
⊙ 격구(擊毬)는 군사훈련의 수단이었다.
ⓒ 수박희(手搏戱)는 무인 인재 선발의 중요한 방법이었다.
ⓒ 마술(馬術)은 육예(六藝) 중 어(御)에 속하며, 군자의 중요한 덕목 중 하나였다.
② 궁술(弓術)은 문인과 무인의 심신 수양과 인격 도야의 방법으로 중시되었다.

① ⊙
② ⓒ, ⓒ
③ ⓒ, ⓒ, ②
④ ⊙, ⓒ, ⓒ, ②

☑ **Advice** 고려 · 조선시대 ·····················
⊙ⓒⓒ② 모두 고려시대 무예의 특징으로 격구는 군사훈련, 수박희는 무인선발, 마술은 군자의 덕목, 궁술은 심신 수양과 인격 도야로 중시되었다.

8 조선시대 무과제도에 관한 설명으로 옳지 않은 것은?

① 초시, 복시, 전시 3단계로 실시되었다.
② 무과는 강서와 무예 시험으로 구성되었다.
③ 증광시, 별시, 정시는 비정규적으로 실시되었다.
④ 선발 정원은 제한이 없었으며, 누구나 응시할 수 있었다.

☑ **Advice** 고려 · 조선시대 ·····················
④ 선발 정원은 정해져 있으며, 신분에 따라 응시 자격에 제한이 있었다.

9 〈보기〉에 해당하는 신체활동은?

───── 보기 ─────
• 군사훈련의 성격을 지니고 실시된 무예 활동
• 조선시대 왕이나 양반 또는 대중에게 볼거리 제공
• 나라의 풍속으로 단오절이나 명절에 행해졌던 활동
• 승부를 결정 짓는 놀이로서 신체적 탁월성을 추구하는 경쟁적 활동

① 투호(投壺)
② 저포(樗蒲)
③ 석전(石戰)
④ 위기(圍碁)

☑ **Advice** 고려 · 조선시대 ·····················
석전(石戰)은 조선시대의 군사 훈련과 관련된 활동으로, 돌을 던져 싸우는 놀이이다. 이는 군사훈련 성격을 지니고 있으며, 경쟁적이고 신체적 탁월성을 추구하는 특성을 가지고 있다.

ANSWER 7.④ 8.④ 9.③

10 〈보기〉에서 조선시대 체육사상에 관한 설명으로 옳은 것만을 모두 고른 것은?

―보기―
㉠ 유교의 영향으로 숭문천무(崇文賤武) 사상이 만연했다.
㉡ 심신 수련으로 활쏘기가 중시되었고, 학사사상(學射思想)이 강조 되었다.
㉢ 활쏘기를 통해서 문무겸전(文武兼全) 혹은 문무겸일(文武兼一)에 도달하고자 했다.
㉣ 국토 순례를 통해 조선에 대한 애국심을 가지게 하는 불국토사상(佛國土思想)이 중시되었다.

① ㉠, ㉡
② ㉡, ㉢
③ ㉠, ㉡, ㉢
④ ㉡, ㉢, ㉣

Advice 고려·조선시대
㉣ 조선시대 체육사상과 불국토사상은 연관성이 없다.

11 일제강점기에 설립된 체육 단체가 아닌 것은?

① 대한국민체육회(大韓國民體育會)
② 관서체육회(關西體育會)
③ 조선체육협회(朝鮮體育協會)
④ 조선체육회(朝鮮體育會)

Advice 한국 근·현대
① 일제강점기 이후, 해방 후에 설립된 체육 단체이다.

12 〈보기〉의 ㉠, ㉡에 해당하는 여성 스포츠인이 바르게 연결된 것은?

―보기―
• 박봉식은 1948년 런던올림픽경기대회에 출전한 첫 여성 원반던지기 선수
• (㉠)은/는 1967년 세계여자농구선수권대회에 출전해 최우수 선수로 선정
• (㉡)은/는 2010년 밴쿠버동계올림픽경기대회에 출전해 피겨스케이팅 금메달 획득

	㉠	㉡
①	박신자	김연아
②	김옥자	김연아
③	박신자	김옥자
④	김옥자	박신자

Advice 한국 근·현대
㉠ 박신자는 1967년 세계여자농구선수권대회에 출전해 최우수 선수로 선정되었다.
㉡ 김연아는 2010년 밴쿠버동계올림픽경기대회에 출전해 피겨스케이팅 종목에서 금메달을 획득하였다.

ANSWER 10.③ 11.① 12.①

13 〈보기〉의 ㉠, ㉡에 해당하는 개최지가 바르게 연결된 것은?

---보기---
우리나라는 1986년 서울아시아경기대회, 2002년 (㉠) 아시아경기대회, 2014년 (㉡)아시아경기대회를 성공적으로 개최했다.

　　　㉠　　㉡
① 인천　부산
② 부산　인천
③ 평창　충북
④ 충북　평창

✉ **Advice** 한국 근·현대 ························
㉠ 2002년 아시아경기대회는 부산에서 개최되었다.
㉡ 2014년 아시아경기대회는 인천에서 개최되었다.

14 〈보기〉에 해당하는 인물은?

---보기---
• 제6회, 제7회 아시아경기대회에서 수영 종목 400M, 1,500M 2관왕 2연패
• 2008년 독도 33바퀴 회영(回泳)
• 2020년 스포츠영웅으로 선정되어 2021년 국립묘지에 안장

① 조오련　　　② 민관식
③ 김일　　　　④ 김성집

✉ **Advice** 한국 근·현대 ························
① 조오련은 아시아경기대회 2관왕 2연패, 독도 33바퀴 회영, 스포츠영웅으로 국립묘지 안장 등의 업적을 가진 인물이다.

15 개화기에 도입된 근대스포츠 종목으로 옳지 않은 것은?

① 농구
② 역도
③ 야구
④ 육상

✉ **Advice** 한국 근·현대 ························
② 개화기에 도입된 근대스포츠로는 농구, 야구, 육상 등이 있으며 역도는 일제감정기에 동비이 되었다.

16 광복 이전 조선체육회에 관한 설명으로 옳지 않은 것은?

① 조선체육협회보다 먼저 창립되었다.
② 조선의 체육을 지도, 장려하는 것이 목적이었다.
③ 첫 사업인 제1회 전조선야구대회는 전국체육대회의 효시이다.
④ 고려구락부를 모태로 하였고, 조선체육협회에 강제 통합되었다.

✉ **Advice** 한국 근·현대 ························
① 조선체육협회가 먼저 창립되었다.

ANSWER 13.② 14.① 15.② 16.①

17 〈보기〉에서 설명하는 올림픽경기대회는?

―보기―
- 우리 민족이 일장기를 달고 출전한 대회
- 마라톤의 손기정이 금메달, 남승룡이 동메달을 획득한 대회

① 1924년 제8회 파리올림픽경기대회
② 1928년 제9회 암스테르담올림픽경기대회
③ 1932년 제10회 로스앤젤레스올림픽경기대회
④ 1936년 제11회 베를린올림픽경기대회

⊠ Advice 한국 근·현대 ···
1936년 제11회 베를린올림픽 경기대회에서 우리 민족은 일장기를 달고 출전했으며, 마라톤에서 손기정이 금메달, 남승룡이 동메달을 획득했다.

18 2002년 제17회 월드컵축구대회에 관한 설명으로 옳지 않은 것은?

① 한국은 4강에 진출했다.
② 한국과 일본이 공동으로 개최했다.
③ 한국과 북한이 단일팀을 구성하여 출전했다.
④ 한국의 길거리 응원은 온 국민 문화축제의 장이었다.

⊠ Advice 한국 근·현대 ···
③ 2002년 제17회 월드컵축구대회에서 한국은 독립적으로 출전했다.

19 〈보기〉의 ㉠, ㉡에 들어갈 알맞은 용어로 바르게 연결된 것은?

―보기―
- (㉠)경기대회는 우리나라 여성이 최초로 금메달을 획득한 대회로, 서향순이 양궁 개인전에서 금메달을 획득했다.
- (㉡)경기대회는 우리나라가 광복 후 최초로 마라톤에서 금메달을 획득한 대회로, 황영조가 마라톤에서 금메달을 획득했다.

	㉠	㉡
①	1984년 로스앤젤레스올림픽	1988년 서울올림픽
②	1984년 로스앤젤레스올림픽	1992년 바르셀로나올림픽
③	1988년 서울올림픽	1988년 서울올림픽
④	1988년 서울올림픽	1992년 바르셀로나올림픽

⊠ Advice 한국 근·현대 ···
㉠ 1984년 로스앤젤레스올림픽에서 서향순이 우리나라 여성 최초로 양궁 개인전에서 금메달을 획득했다.
㉡ 1992년 바르셀로나올림픽에서 황영조가 광복 후 최초로 마라톤에서 금메달을 획득했다.

ANSWER 17.④ 18.③ 19.②

20 〈보기〉의 설명과 관련 있는 정권은?

―― 보기 ――
- 호돌이 계획 시행
- 국민생활체육회(구 국민생활체육협의회) 창설
- 1988년 서울올림픽경기대회의 성공적인 개최
- 제41회 지바 세계탁구선수권대회 남북단일팀 출전

① 박정희 정권
② 전두환 정권
③ 노태우 정권
④ 김영삼 정권

☑ Advice 한국 근·현대 ····································

1988년 서울올림픽의 마스코트는 호돌이였으며, 같은 해 국민생활체육회가 창설되었다. 이 외 제41회 지바 세계탁구선수권대회 모두 노태우 정권과 관련 있다.

운동생리학

1 〈보기〉에서 설명하는 트레이닝의 원리는?

―― 보기 ――
- 트레이닝의 효과는 운동에 동원된 근육에서만 발생한다.
- 근력 향상을 위해서는 저항성 트레이닝이 적합하다.

① 특이성의 원리
② 가역성의 원리
③ 과부하의 원리
④ 다양성의 원리

☑ Advice 운동생리학의 개관 ····································

① 특이성의 원리는 특정한 운동이나 활동을 통해 얻은 효과가 그 운동에 사용된 근육이나 시스템에만 나타난다는 원칙이다.

2 체온 저하 시 생리적 반응으로 적절한 것은?

① 심박수 증가
② 피부혈관 확장
③ 땀샘의 땀 분비 증가
④ 골격근 떨림(shivering) 증가

☑ Advice 환경과 운동 ····································

① 심박수는 감소한다.
② 피부혈관을 수축한다.
③ 땀 분비는 줄어든다.

ANSWER 20.③ / 1.① 2.④

3 지구성 트레이닝 후 최대 동-정맥 산소차(maximal arterial-venous oxygen difference) 증가에 기여하는 요인으로 적절하지 않은 것은?

① 미토콘드리아 크기 증가
② 미토콘드리아 수 증가
③ 모세혈관 밀도 감소
④ 총 혈액량 증가

☑ **Advice** 호흡·순환계와 운동 ··
③ 지구성 트레이닝 후 모세혈관의 밀도는 오히려 증가한다.

4 〈보기〉에서 운동유발성 근육경직(exercise-associated muscle cramps)을 방지하기 위한 방법으로 적절한 것을 모두 고른 것은?

─────── 보기 ───────
㉠ 발생하기 쉬운 근육을 규칙적으로 스트레칭한다.
㉡ 필요 시 운동 강도와 지속 시간을 감소시킨다.
㉢ 수분과 전해질의 균형을 유지한다.
㉣ 탄수화물 저장량을 낮춘다.

① ㉠
② ㉠, ㉡
③ ㉠, ㉡, ㉢
④ ㉠, ㉡, ㉢, ㉣

☑ **Advice** 골격근과 운동 ··
적은 양의 탄수화물 섭취로도 근육 경직이 일어날 수 있으므로 탄수화물 저장량을 낮추는 것은 경직 방지에 도움이 되지 않는다.

5 1회 박출량(stroke volume)에 관한 설명으로 적절하지 않은 것은?

① 심실 수축력이 증가하면 1회 박출량은 증가한다.
② 평균 동맥혈압이 감소하면 1회 박출량은 증가한다.
③ 심장으로 돌아오는 정맥혈 회귀(venous return)가 감소하면 1회 박출량은 감소한다.
④ 수축기말 용적(end-systolic volume)에서 확장기말 용적(end-diastolic volume)을 뺀 값이다.

☑ **Advice** 호흡·순환계와 운동 ··
1회 박출량은 확장기말 용적에서 수축기말 용적을 뺀 값이다.

6 〈보기〉에서 설명하는 중추신경계 기관은?

─────── 보기 ───────
• 시상과 시상하부로 구성된다.
• 시상은 감각을 통합·조절한다.
• 시상하부는 심박수와 심장 수축, 호흡, 소화, 체온, 식욕 및 음식 섭취를 조절한다.

① 간뇌(diencephalon)
② 대뇌(cerebrum)
③ 소뇌(cerebellum)
④ 척수(spinal cord)

☑ **Advice** 신경조절과 운동 ··
간뇌는 시상과 시상하부를 구성되어 있으며, 시상은 감각정보를 통합하고 조절하며, 시상하부는 생리적 기능을 조절한다.

ANSWER 3.③ 4.③ 5.④ 6.①

7 직립 상태에서 폐-혈액 간 산소확산 능력은 안정 시와 비교하여 운동 시 증가한다. 이에 기여하는 요인으로 적절한 것은?

① 폐포와 모세혈관 사이의 호흡막(respiratory membrane) 두께 증가
② 증가한 혈압으로 인한 폐 윗부분(상층부)으로의 혈류량 증가
③ 폐정맥 혈액 내 높은 산소분압
④ 폐동맥 혈액 내 높은 산소분압

Advice 호흡·순환계와 운동

운동 시 혈압 상승으로 폐의 상층부로 혈류가 증가하여 산소 확산 능력이 향상된다

8 건강체력 요소 측정으로만 나열되지 않은 것은?

① 오래달리기 측정, 생체전기저항분석(bioelectric impedance analysis)
② 앉아윗몸앞으로굽히기 측정, 윗몸일으키기 측정
③ 배근력 측정, 제자리높이뛰기 측정
④ 팔굽혀펴기 측정, 악력 측정

Advice 골격근과 운동

제자리높이뛰기는 운동신경체력 요소를 평가하는데 사용되며, 순발력을 측정하는 운동이다.

9 운동하는 근육으로의 혈류량을 증가시키는 국소적 내인성(intrinsic) 자율조절 요소로 적절하지 않은 것은?

① 수소이온, 이산화탄소, 젖산 등 대사 부산물
② 부신수질로부터 분비된 카테콜아민(catecholamine)
③ 혈관 벽에 작용하는 압력에 따른 근원성(myogenic) 반응
④ 혈관내피세포(endothelial cell)에서 생성된 산화질소, 프로스타글랜딘(prostaglandin), 과분극인자(hyperpolarizing factor)

Advice 호흡·순환계와 운동

카테콜아민은 부신수질에서 분비되어 혈관을 수축시키는 역할을 하며, 그로 인해 운동하는 근육으로의 혈류량을 감소시킨다.

ANSWER 7.② 8.③ 9.②

10 〈보기〉의 ㉠~㉢에 들어갈 용어가 바르게 나열된 것은?

―보기―

【근육수축 과정】
- 골격근막의 활동전위는 가로세관(T-tubule)을 타고 이동하여 근형질세망(sarcoplasmic reticulum)으로부터 (㉠) 유리를 자극 한다.
- 유리된 (㉠)은 액틴(actin) 세사의 (㉡)에 결합하고, (㉡)은 (㉢)을 이동시켜 마이오신(myosin) 머리가 액틴과 결합할 수 있도록 한다.

	㉠	㉡	㉢
①	칼륨	트로포닌	트로포마이오신
②	칼슘	트로포마이오신	트로포닌
③	칼륨	트로포마이오신	트로포닌
④	칼슘	트로포닌	트로포마이오신

☑ **Advice** 골격근과 운동

근육 수축 과정에서 활동전위가 근형질세망에서 칼슘을 유리시키면, 이 칼슘이 트로포닌과 결합하여 트로포마이오신의 위치를 변화시킨다. 이로 인해 마이오신 머리가 액틴과 결합하여 액토마이오신 복합제가 형성된다.

11 〈보기〉의 ㉠, ㉡에 들어갈 내용이 바르게 나열된 것은?

―보기―

- 골격근의 신장성 수축은 수축 속도가 (㉠) 더 큰 힘이 생성된다.
- 동일 골격근에서 단축성 수축은 신장성 수축에 비해 같은 속도에서 더 (㉡) 힘이 생성된다.

	㉠	㉡
①	빠를수록	작은
②	느릴수록	작은
③	느릴수록	큰
④	빠를수록	큰

☑ **Advice** 골격근과 운동

신장성 수축의 경우, 속도가 빠를수록 더 큰 힘이 발생되며, 동일한 골격근에서 단축성 수축은 신장성 수축에 비해 같은 속도에서 상대적으로 더 작은 힘을 발휘한다.

ANSWER 10.④ 11.①

12 〈그림〉은 폐활량계를 활용하여 측정한 폐용적(량)을 나타낸 것이다. ㉠~㉣에서 안정 시와 비교하여 운동 시 변화에 대한 설명으로 적절한 것은?

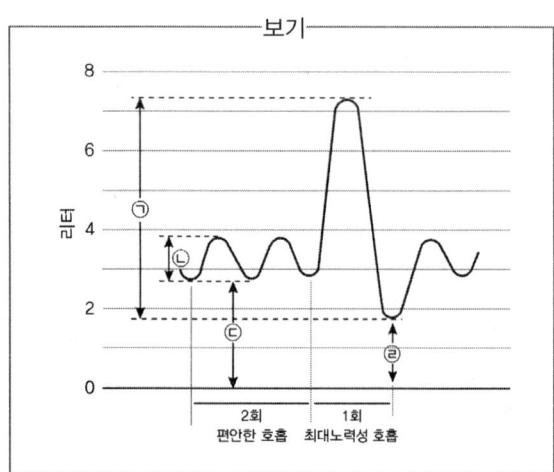

① ㉠ : 증가
② ㉡ : 감소
③ ㉢ : 감소
④ ㉣ : 증가

Advice 호흡·순환계와 운동 ······················

㉠은 폐활량, ㉡은 일회 환기량, ㉢은 기능적 잔기량, ㉣은 잔기량으로 ㉠,㉣은 변함이 없고 ㉡은 운동 시 증가한다.

13 〈보기〉 중 저항성 트레이닝 후 생리적 적응으로 적절한 것을 모두 고른 것은?

─보기─
㉠ 골 무기질 함량 증가
㉡ 액틴(actin) 단백질 양 증가
㉢ 시냅스(synapse) 소포 수 감소
㉣ 신경근접합부(neuromuscular junction) 크기 감소

① ㉠
② ㉠, ㉡
③ ㉠, ㉡, ㉢
④ ㉠, ㉡, ㉢, ㉣

Advice 골격근과 운동 ······················

㉢㉣ 저항성 트레이닝 후 시냅스 소포 수와 신경근접합부 크기는 증가한다.

ANSWER 12.③ 13.②

14 〈보기〉 중 지구성 트레이닝 후 1회 박출량(stroke volume) 증가에 기여하는 요인으로 적절한 것만 나열된 것은?

―보기―
㉠ 동일한 절대 강도 운동 시 확장기말 용적 (end-diastolic volume) 감소
㉡ 동일한 절대 강도 운동 시 수축기말 용적 (end-systolic volume) 증가
㉢ 동일한 절대 강도 운동 시 확장기(diastolic) 혈액 충만 시간 증가
㉣ 동일한 절대 강도 운동 시 심박수 감소

① ㉠, ㉡
② ㉠, ㉢
③ ㉡, ㉢
④ ㉢, ㉣

☑ Advice 호흡 · 순환계와 운동
㉠ 동일한 절대 강도 운동 시 확장기말 용적은 증가한다.
㉡ 동일한 절대 강도 운동 시 수축기말 용적은 감소한다.

15 혈액순환 시 혈압의 감소가 가장 크게 발생하는 혈관은?

① 모세혈관(capillary)
② 세동맥(arteriole)
③ 세정맥(venule)
④ 대동맥(aorta)

☑ Advice 호흡 · 순환계와 운동
세동맥은 동맥압을 크게 감소시켜 혈류를 느리게 하고, 모세혈관에서 산소 교환이 원활히 이루어지도록 한다.

16 스프린트 트레이닝 후 나타나는 생리적 적응이 바르게 나열된 것은?

① 속근 섬유 비대 – 해당과정을 통한 ATP 생산능력 향상
② 지근 섬유 비대 – 해당과정을 통한 ATP 생산능력 향상
③ 속근 섬유 비대 – 해당과정을 통한 ATP 생산능력 저하
④ 지근 섬유 비대 – 해당과정을 통한 ATP 생산능력 저하

☑ Advice 골격근과 운동
스프린트 트레이닝은 속근 섬유를 비대하게 만들고, 이로 인해 해당과정을 통한 ATP 생산능력이 향상된다.

ANSWER 14.④ 15.② 16.①

17 〈보기〉의 ㉠, ㉡에 들어갈 용어가 바르게 나열된 것은?

―보기―
지방의 베타(β) 산화는 중성지방으로부터 분리된 (㉠)이 미토콘드리아 내에서 여러 단계를 거쳐 (㉡)(으)로 전환되는 과정을 뜻한다.

	㉠	㉡
①	유리지방산 (free fatty acid)	아세틸 조효소 - A(Acetyl CoA)
②	유리지방산 (free fatty acid)	젖산(lactic acid)
③	글리세롤(glycerol)	아세틸 조효소 - A(Acetyl CoA)
④	글리세롤(glycerol)	젖산(lactic acid)

Advice 에너지 대사와 운동

지방의 베타 산화는 중성지방이 분해되어 유리지방산이 되고, 이 유리지방산이 미토콘드리아 내에서 여러 단계를 거쳐 아세틸 조효소 - A로 전환되는 과정이다.

18 〈보기〉의 ㉠, ㉡에 들어갈 용어가 바르게 나열된 것은?

―보기―
운동 시 교감신경계가 활성화되면, 골격근으로의 혈류량은 (㉠)하고 내장기관으로의 혈류량은 (㉡)한다.

	㉠	㉡
①	감소	증가
②	감소	감소
③	증가	감소
④	증가	증가

Advice 호흡 · 순환계와 운동

운동 시 혈류 재분배로 인해 운동 중 골격근으로의 혈류량은 증가하고 내장기관으로의 혈류량은 감소한다.

19 〈보기〉 중 적절한 것으로만 나열된 것은?

―보기―
㉠ 인슐린(insulin)은 혈당을 증가시킨다.
㉡ 성장호르몬(growth hormone)은 단백질 합성을 감소시킨다.
㉢ 에리스로포이에틴(erythropoietin)은 적혈구 생산을 촉진시킨다.
㉣ 항이뇨호르몬(antidiuretic hormone)은 수분 손실을 감소시킨다.

① ㉠, ㉡ ② ㉠, ㉢
③ ㉡, ㉣ ④ ㉢, ㉣

Advice 내분비계와 운동

㉠ 인슐린은 혈당을 감소시킨다.
㉡ 성장호르몬은 단백질 합성을 증가시킨다.

ANSWER 17.① 18.③ 19.④

20 〈그림〉은 막 전위의 변화를 나타낸 것이다. ㉠ ~ ㉣ 중 탈분극(depolarization)에 해당하는 시점은?

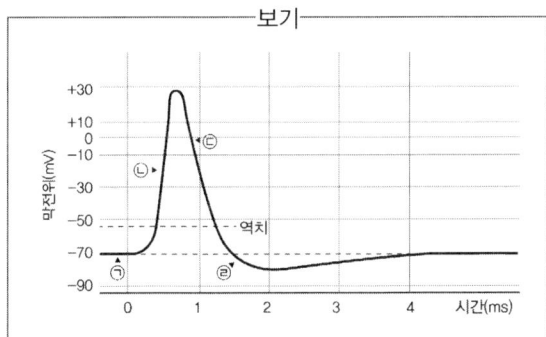

① ㉠
② ㉡
③ ㉢
④ ㉣

☑**Advice**　신경조절과 운동　····································

㉠ 분극, ㉡ 탈분극, ㉢ 재분극, ㉣ 과분극

운동역학

1　운동역학(Sports Biomechanics) 연구의 목적과 내용이 아닌 것은?

① 동작분석
② 운동장비 개발
③ 부상 기전 규명
④ 운동 유전자 검사

☑**Advice**　운동역학의 이해　····································

④ 유전학이나 운동생리학 연구의 범주에 속한다.

2　인체의 움직임을 표현하는 용어로 옳지 않은 것은?

① 굽힘(굴곡, flexion)은 관절을 형성하는 뼈들이 이루는 각이 작아지는 움직임이다.
② 폄(신전, extension)은 관절을 형성하는 뼈들이 이루는 각이 커지는 움직임이다.
③ 벌림(외전, abduction)은 뼈의 세로축이 신체의 중심선으로 가까워지는 움직임이다.
④ 발등굽힘(배측굴곡, dorsi flexion)은 발등이 정강이뼈(경골, tibia) 앞쪽으로 향하는 움직임이다.

☑**Advice**　인체역학　····································

③ 뼈의 세로축이 신체의 중심선으로 멀어지는 움직임이 벌림(외전)이다.

ANSWER　20.②　/　1.④　2.③

3 인체의 무게중심에 관한 설명으로 옳지 않은 것은?

① 무게중심의 높이는 안정성에 영향을 준다.
② 무게중심은 인체를 벗어나 위치할 수 없다.
③ 무게중심은 토크(torque)의 합이 '0'인 지점이다.
④ 무게중심의 위치는 자세의 변화에 따라 달라진다.

☑ Advice 인체역학
② 무게중심이 항상 인체 내부에만 위치하는 것이 아니라 인체의 형태와 자세에 따라 지면을 기준으로 인체 외부에 위치할 수 있다.

4 〈그림〉에서 인체 지레의 구성으로 바르게 묶인 것은?

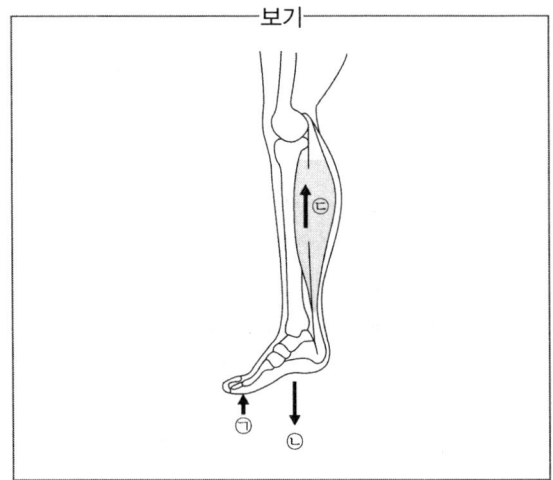

	㉠	㉡	㉢
①	받침점	힘점	저항점
②	저항점	받침점	힘점
③	받침점	저항점	힘점
④	힘점	저항점	받침점

☑ Advice 운동역학의 이해
〈그림〉은 2종 지레의 예로 발끝이 받침점(㉠), 발등 쪽 인체의 무게가 저항점(㉡), 종아리 근육이 힘점(㉢)이 된다.

5 운동학적(kinematic) 및 운동역학적(kinetic) 변인에 대한 설명으로 옳지 않은 것은?

① 질량(mass)은 크기만을 갖는 물리량이다.
② 시간(time)은 크기만을 갖는 물리량이다.
③ 힘(force)은 크기만을 갖는 물리량이다.
④ 거리(distance)는 시작점에서 끝점까지 이동한 궤적의 총합으로 크기만을 갖는 물리량이다.

☑ Advice 운동역학의 이해
③ 힘은 벡터량으로, 크기만이 아니라 방향과 작용점을 갖는다.

6 각운동에 대한 설명으로 옳지 않은 것은?

① 각속도(angular velocity)는 각변위를 소요시간으로 나눈 값이다.
② 각가속도(angular acceleration)는 각속도의 변화를 소요시간으로 나눈 값이다.
③ 1라디안(radian)은 원(circle)에서 반지름과 호의 길이가 같을 때의 각으로 57.3°이다.
④ 시계 방향으로 회전된 각변위(angular displacement)는 양(+)의 값으로 나타내고, 반시계 방향으로 회전된 각변위는 음(−)의 값으로 나타낸다.

☑ Advice 운동역학의 이해
④ 시계 방향으로 회전된 각변위는 음(−)의 값을 나타내고, 반시계 방향으로 회전된 각변위는 양(+)의 값을 나타낸다.

ANSWER 3.② 4.③ 5.③ 6.④

7 투사체 운동에 대한 설명으로 옳은 것은? (단, 공기저항은 고려하지 않음)

① 투사체에 작용하는 외력은 존재하지 않는다.
② 투사체의 수평속도는 초기속도의 수평성분과 크기가 같다.
③ 투사체의 수직속도는 9.8m/s로 일정하다.
④ 투사높이와 착지높이가 같을 경우, 38.5°의 투사각도로 던질 때 최대의 수평거리를 얻을 수 있다.

✓ **Advice** 운동역학의 이해
①③④ 투사체 운동에서 중력이 외력으로 작용하며, 중력 가속도에 의해 수직속도는 지속적으로 변화한다. 또한, 수평거리를 최대화하려면 투사각도는 45도가 이상적이다.

8 골프 스윙 동작에서 임팩트 시 클럽헤드의 선속도를 증가시키는 방법으로 옳지 않은 것은?

① 스윙 탑에서부터 어깨관절을 축으로 회전반지름을 최대한 크게 해서 빠른 몸통회전을 유도한다.
② 임팩트 전까지 손목 코킹(cocking)을 최대한 유지하여 빠른 몸통회전을 유도한다.
③ 임팩트 시점에는 팔꿈치를 펴서 회전반지름을 증가시킨다.
④ 임팩트 시점에는 언코킹(uncocking)을 통해 회전반지름을 증가시킨다.

✓ **Advice** 운동역학의 이해
① 스윙 탑에서부터 어깨관절을 축으로 회전반지름을 너무 크게 하면 회전 속도가 감소한다.

9 힘(force)의 개념에 대한 설명으로 옳지 않은 것은?

① 힘의 단위는 N(Newton)이다.
② 힘은 합성과 분해가 가능하다.
③ 힘이 작용한 반대 방향으로 가속도가 발생한다.
④ 힘의 크기가 증가하면 그 힘을 받는 물체의 가속도가 증가한다.

✓ **Advice** 운동역학의 이해
③ 뉴턴의 제2법칙에 의하면 물체에 작용하는 힘이 가속도를 유도하며, 가속도는 그 힘이 작용하는 방향과 동일하다.

10 압력과 충격량에 관한 설명 중 옳지 않은 것은?

① 유도에서 낙법은 신체가 지면에 닿는 면적을 넓혀 압력을 증가시키는 기술이다.
② 권투에서 상대방의 주먹을 비켜 맞도록 동작을 취하여 신체가 받는 압력을 감소시킨다.
③ 높은 곳에서 뛰어내릴 때 무릎관절 굽힘을 통해 충격 받는 시간을 늘리면 신체에 가해지는 충격력의 크기는 감소된다.
④ 골프 클럽헤드와 볼의 접촉구간에서 충격력을 유지하면서 접촉시간을 증가시키면 충격량은 증가하게 된다.

✓ **Advice** 운동역학의 이해
① 면적을 넓히면 힘이 더 넓은 면적에 분산되어 압력이 감소하게 된다. 따라서 유도에서 낙법은 압력을 감소시키는 기술이다.

ANSWER 7.② 8.① 9.③ 10.①

11 마찰력(F_r)에 대한 설명으로 옳은 것은?

① 아스팔트 도로에서 마찰계수는 구름 운동보다 미끄럼 운동일 때 더 작다.
② 마찰력은 물체 표면에 수직으로 작용하는 힘과 관계가 있다.
③ 최대정지마찰력은 운동마찰력보다 작다.
④ 마찰력은 물체의 이동 방향과 같은 방향으로 작용한다.

Advice 운동역학의 이해

① 아스팔트 도로에서 마찰계수는 미끄럼 운동일 때가 구름 운동일 때보다 더 크다.
③ 최대정지마찰력은 운동마찰력보다 크다.
④ 마찰력은 물체의 이동 방향과 반대 방향으로 작용한다.

12 양력에 대한 설명으로 옳지 않은 것은?

① 양력은 물체가 이동하는 방향의 반대 방향으로 작용한다.
② 양력은 베르누이 원리(Bernoulli principle)로 설명된다.
③ 양력은 형태의 비대칭성, 회전(spin) 등에 의해 발생한다.
④ 양력은 물체의 중심선과 진행하는 방향이 이루는 공격각(angle of attack)에 의해 발생한다.

Advice 운동역학의 이해

① 물체가 이동하는 방향의 반대 방향으로 작용하는 힘은 저항력이며, 양력은 물체의 진행 방향과 수직으로 작용한다.

13 충돌에 관한 설명으로 옳지 않은 것은?

① 탄성(elasticity)은 충돌하는 물체의 재질, 온도, 충돌 강도 등에 따라 그 정도가 달라진다.
② 탄성은 어떠한 물체에 힘이 가해졌을 때, 그 물체가 변형되었다가 원래 상태로 되돌아가려는 성질을 말한다.
③ 복원계수(반발계수, coefficient of restitution)는 단위가 없고 0에서 1 사이의 값을 갖는다.
④ 농구공을 1m 높이에서 떨어뜨려 지면으로부터 64cm 높이까지 튀어 올랐을 때의 복원계수는 0.64이다.

Advice 운동역학의 이해

④ 복원계수는 0.64가 아니라 $\left|\sqrt{\frac{0.64}{1}}\right| = |\sqrt{0.64}| = 0.8$로 옳지 않다.

14 다이빙 공중회전 동작을 수행할 때 신체 좌우축(mediolateral axis)을 기준으로 회전속도를 가장 크게 만드는 동작으로 적절한 것은? (단, 해부학적 자세를 기준으로)

① 두 팔을 머리 위로 올리고, 머리를 뒤로 최대한 젖힌다.
② 신체를 최대한 좌우축에 가깝게 모으는 자세를 취한다.
③ 상체와 두 다리를 최대한 폄 시킨다.
④ 두 팔을 머리 위로 올리고, 두 다리는 최대한 곧게 뻗는 자세를 취한다.

Advice 운동역학의 이해

다이빙 공중회전 동작 시, 회전속도를 최대화하기 위해 신체를 최대한 좌우축에 가깝게 모은다. 이 자세는 신체의 관성모멘트를 낮춰 회전속도를 크게 만드는 방법이다.

ANSWER 11.② 12.① 13.④ 14.②

15 지면반력의 측정과 활용에 관한 설명으로 옳은 것은?

① 지면반력기는 수직 방향으로 작용하는 힘만 측정할 수 있다.
② 지면반력기에서 산출된 힘은 인체의 근력으로 지면에 가하는 작용력이다.
③ 높이뛰기 도약 동작분석 시 지면반력기에 작용한 힘의 소요시간을 측정할 수 있다.
④ 보행 분석에서 발이 지면에 착지하면서 앞으로 미는 힘은 추진력, 발 앞꿈치가 지면으로부터 떨어지기 전에 뒤로 미는 힘은 제동력을 의미한다.

✓ Advice 운동역학의 이해

① 지면반력기는 수직 방향을 물론 수평 방향으로 작용하는 힘도 측정할 수 있다.
② 지면반력기에서 산출된 힘은 인체가 지면에 가하는 힘의 반작용으로 나타나는 힘이다.
④ 보행 분석에서 발이 지면에 착지하면서 앞으로 미는 힘은 제동력이며, 발 앞꿈치가 지면으로부터 떨어지기 전에 뒤로 미는 힘을 추진력을 의미한다.

16 〈그림〉의 장대높이뛰기에서 역학적 에너지의 변화 과정을 순서대로 나열한 것은?

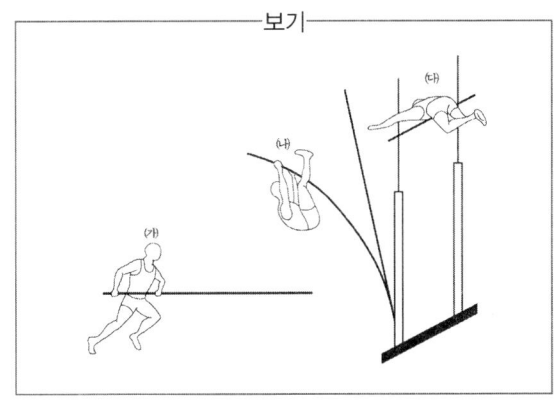

(가)	(나)	(다)
① 탄성에너지 → 운동에너지 → 위치에너지
② 탄성에너지 → 위치에너지 → 운동에너지
③ 위치에너지 → 운동에너지 → 탄성에너지
④ 운동에너지 → 탄성에너지 → 위치에너지

✓ Advice 운동역학의 스포츠 적용

(가)에서 생성된 운동에너지는 (나)에서 장대의 탄성에너지로 전환되며, 이 에너지는 (다)에서 점차 위치에너지로 변환된다.

ANSWER 15.③ 16.④

17 〈보기〉의 ㉠, ㉡ 안에 들어갈 내용이 바르게 묶인 것은?

―보기―
(㉠)은 다양한 장비를 활용하여 동작 및 힘 정보를 수치화하고 분석하는 방법이다. (㉡)을 통해 객관적이고 정확한 정보를 획득할 수 있으며, 주관적인 판단을 배제할 수 있다.

	㉠	㉡
①	정성적 분석	정량적 분석
②	정량적 분석	정성적 분석
③	정성적 분석	정성적 분석
④	정량적 분석	정량적 분석

☑**Advice**   다양한 운동기술의 분석
정량적 분석을 장비를 사용해 동작과 힘을 수치화하여 객관적이고 정확한 정보를 제공하며, 주관적인 판단을 배제한다.

18 달리기 출발구간 분석에서 〈표〉의 ㉠, ㉡, ㉢에 들어갈 측정장비가 바르게 나열된 것은?

측정장비	분석 변인
㉠	넙다리곧은근(대퇴직근, rectus femoris)의 활성도
㉡	압력중심의 위치
㉢	무릎 관절 각속도

	㉠	㉡	㉢
①	동작분석기	GPS시스템	지면반력기
②	동작분석기	지면반력기	지면반력기
③	근전도분석기	GPS시스템	동작분석기
④	근전도분석기	지면반력기	동작분석기

☑**Advice**   운동학의 스포츠 적용
㉠ 근전도분석기: 넙다리곧은근(대퇴직근)의 활성도를 측정할 수 있다.
㉡ 지면반력기: 압력중심의 위치를 측정할 수 있다.
㉢ 동작분석기: 무릎 관절 각속도를 측정할 수 있다.

19 일률(파워, power)에 대한 설명으로 옳은 것은?

① 단위는 J(Joule)이다.
② 힘과 속도의 곱으로 구한다.
③ 이동거리는 고려하지 않는다.
④ 소요시간을 길게 하면 증가한다.

☑**Advice**   운동역학의 이해
①③④ 일률(파워)의 단위는 Watt(W)이며, Joule(J)은 일의 단위이다. 일률은 이동거리를 고려해야 하며, 소요시간이 길어지면 일률은 감소한다.

20 〈그림〉과 같이 팔꿈치 관절을 축으로 쇠공을 들고 정적(static) 동작을 유지하기 위해서 위팔두갈래근(상완이두근, biceps brachii)이 발생시켜야 할 힘(F_B)의 크기는?

─────보기─────
〈조건〉
• 손, 아래팔(전완), 쇠공을 합한 무게는 50N이다.
• 팔꿈치 관절점(E_J)에서 위팔두갈래근의 부착점까지의 거리는 2cm이다.
• 팔꿈치 관절점에서 손, 아래팔, 쇠공을 합한 무게중심(C_G)까지의 거리는 20cm이다.
• 위팔두갈래근은 아래팔에 90°로 부착되었다고 가정한다.

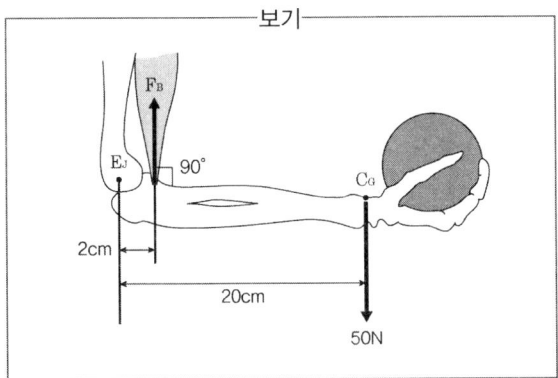

① 100N
② 400N
③ 500N
④ 1,000N

☑ **Advice** 운동역학의 이해

20cm × 50N = 2cm × x

∴ x = 500N

따라서, 위팔두갈래근이 발생시켜야 할 힘은 500N이다.

─────

스포츠윤리

1 '도덕적 선(善)'의 의미를 내포한 것은?

① 축구 경기에서 득점과 연결되는 '좋은' 패스
② 피겨스케이팅 경기에서 고난도의 '좋은' 연기
③ 농구 경기에서 상대 속공을 차단하는 수비수의 '좋은' 반칙
④ 경기에 패배했음에도 불구하고 상대팀에게 박수를 보내는 '좋은' 매너

☑ **Advice** 스포츠와 윤리

'도덕적 선'을 단순히 경기에서의 성과나 기술적인 측면을 넘어, 윤리적이고 도덕적인 가치를 포함한 행위를 의미한다.

2 〈보기〉에서 ㉠, ㉡에 들어갈 용어가 바르게 연결된 것은?

─────보기─────
롤스(J. Rawls)는 (㉠)이 인간 발전의 조건이며, 모든 이의 관점에서 선이 된다고 하였다. 스포츠는 신체적 (㉡)을 훈련과 노력으로 극복하며, 기회의 균등이 정의로 작용하고 있음을 보여준다. 즉 인간이 갖는 신체적 능력의 (㉡)은 오히려 (㉠)을 개발할 기회를 마련해주며, 이를 통해 스포츠 전체의 선(善)이 강화된다.

	㉠	㉡
①	탁월성	평등
②	규범성	조건
③	탁월성	불평등
④	규범성	불평등

☑ **Advice** 스포츠와 불평등

롤스는 탁월성이 인간 발전의 조건이며, 스포츠에서 신체적 불평등은 탁월성을 개발할 기회를 제공한다고 보았다.

ANSWER 20.③ / 1.④ 2.③

3 〈보기〉에서 가치판단에 해당하는 것만을 모두 고른 것은?

―보기―
㉠ 체조경기에서 선수들의 연기는 아름답다.
㉡ 건강을 위해서는 고지방 음식을 피해야 한다.
㉢ 시합이 끝난 후 상대방에게 인사를 하는 것은 옳은 행위이다.
㉣ 이상화는 2010년 밴쿠버동계올림픽경기대회에서 금메달을 획득하였다.

① ㉠, ㉢
② ㉡, ㉢
③ ㉠, ㉡, ㉢
④ ㉠, ㉡, ㉢, ㉣

☑ Advice 스포츠와 윤리
㉣ 사실판단 : 사실에 대한 서술로, 객관적이고 검증 가능한 정보이다.

4 〈보기〉에서 설명하는 윤리 이론으로 적절한 것은?

―보기―
• 모든 스포츠인의 권리는 동등하게 보장되어야 한다.
• 스포츠 규칙 제정은 공평성과 평등의 원칙에 근거해야 한다.
• 선수의 행동이 좋은 결과를 얻었다면 도덕적으로 옳은 것이다.

① 공리주의
② 의무주의
③ 덕윤리
④ 배려윤리

☑ Advice 스포츠와 윤리
① 공리주의는 결과에 따라 도덕성을 평가하며, 최대의 유용성과 공평성을 중시한다.

ANSWER 3.③ 4.①

5 아곤(agon)과 아레테(arete)에 관한 설명으로 옳지 않은 것은?

① 아곤은 경쟁과 승리를 추구한다.
② 아곤은 타인과의 비교를 전제하지 않는다.
③ 아레테는 아곤보다 더 포괄적인 개념이다.
④ 아레테는 신체적·도덕적 탁월성을 추구한다.

Advice 경쟁과 페어플레이 ·····························

② 아곤은 타인과의 비교를 전제로 하며, 경쟁과 승리를 추구하는 개념이다.

6 스포츠 경기에 적용되는 과학기술에 관한 설명으로 옳지 않은 것은?

① 유전자 치료를 통한 스포츠 수행력의 향상은 일종의 도핑에 해당한다.
② 야구의 압축배트, 최첨단 전신수영복 등은 경기의 공정성 확보에 기여한다.
③ 도핑 시스템은 선수의 불공정한 행위를 감시하고 적발하는 데 도움이 된다.
④ 태권도의 전자호구, 축구의 비디오 보조 심판(VAR : Video Assistant Referees)은 기록의 객관성과 신뢰성을 높인다.

Advice 경기력 향상과 공정성 ·····························

압축배트와 최첨단 전신수영복은 경기의 공정성을 오히려 저해할 수 있다.

7 〈보기〉에서 ㉠, ㉡에 들어갈 용어가 바르게 연결된 것은?

―보기―
독일의 철학자 (㉠)는 인간의 행위에 대한 탐구를 통해 성공적인 삶을 실현하는 사회적 조건으로 (㉡)을 들고 있다. 인간은 누구나 타인에게 (㉡)을 받고 싶은 욕구가 있다. 스포츠에서 승리에 대한 욕구는 가장 원초적인 (㉡)투쟁이라고 할 수 있다.

	㉠	㉡
①	호네트(A.Honneth)	인정
②	호네트(A.Honneth)	보상
③	아렌트(H.Arendt)	인정
④	아렌트(H.Arendt)	보상

Advice 스포츠와 불평등 ·····························

호네트는 인간이 타인에게 인정받고자 하는 욕구가 사회적 성공과 관련된 중요한 요소라고 보았다.

ANSWER 5.② 6.② 7.①

8 〈보기〉에서 의무론적 도덕 추론에 해당하는 것만을 모두 고른 것은?

―보기―
㉠ 의무론적 도덕 추론은 가언적 도덕 추론이라고도 한다.
㉡ 스포츠지도자, 선수 등의 행위 주체에 초점을 맞추고 있다.
㉢ 행위의 결과에 상관없이 절대적인 도덕규칙에 따라 판단을 내린다.
㉣ 선의지는 도덕적인 선수가 갖추어야 할 내적인 태도이자 도덕적 행위의 필요충분조건이다.
㉤ 정정당당하게 경기에 임하려는 선수의 착한 의지는 경기결과에 상관없이 그 자체로 선한 것이다.

① ㉠, ㉡, ㉢
② ㉠, ㉢, ㉣
③ ㉡, ㉣, ㉤
④ ㉢, ㉣, ㉤

☑**Advice** 스포츠와 윤리

의무론적 도덕 추론은 결과에 상관없이 도덕적 규칙과 원칙을 절대적으로 따르는 태도를 중시하며, 선한 의지와 같은 내적 태도가 그 자체로 도덕적으로 옳다고 판단한다.

9 〈보기〉의 ㉠~㉢에 해당하는 정의의 유형이 바르게 연결된 것은?

―보기―
㉠ 유소년 축구 생활체육지도자 A는 남녀학생 구분없이 경기에 참여하도록 했다. 또한 장애 학생에게도 비장애 학생과 동일한 참여시간을 보장했다.
㉡ 테니스 경기에서는 공정한 경기를 위해 코트를 바꿔가며 게임을 하도록 규칙을 적용한다.
㉢ B지역 체육회는 당해 연도에 소속 선수의 경기실적에 따라 연봉을 차등 지급하기로 결정했다.

	㉠	㉡	㉢
①	평균적	절차적	분배적
②	평균적	분배적	절차적
③	절차적	평균적	분배적
④	분배적	절차적	평균적

☑**Advice** 스포츠와 윤리

㉠ 평균적 정의: 모든 사람에게 동등한 기회를 제공하려는 평균적 정의에 해당한다.
㉡ 절차적 정의: 절차의 공정성을 보장하는 절차적 정의에 해당한다.
㉢ 분배적 정의: 성과에 따른 자원의 차등 분배를 의미하는 분배적 정의에 해당한다.

10 셀러(M. Scheler)의 가치 서열 기준과 이를 스포츠에 적용한 사례로 연결이 적절하지 않은 것은?

① 지속성 – 도핑으로 메달을 획득하는 것보다 지속적으로 훈련을 하여 경기에 참여하는 것이 가치가 더 높다.
② 만족의 깊이 – 자신의 실수를 인정하여 패배하는 것이 속임수를 쓰고 승리하여 메달을 획득하는 것보다 가치가 더 높다.
③ 근거성 – 올림픽 경기에서 메달 획득으로 병역 혜택을 받는 것보다 올림픽 정신을 토대로 세계적인 선수들과 정정당당하게 겨루는 것이 가치가 더 높다.
④ 분할 향유 가능성 – 상위 팀이 상금(몫)을 독점하는 것보다는 적더라도 보다 많은 팀이 상금(몫)을 받도록 하는 것이 가치가 더 높다.

☑ Advice   스포츠와 윤리
④ 셀러의 가치 서열 기준에서, '분할 향유 가능성'은 많은 사람이 분할하지 않고 그대로 향유할 수 있는 가치가 더 높다고 보았다.

11 〈보기〉의 ㉠에 해당하는 레스트(J. Rest)의 도덕성 구성요소는?

─── 보기 ───
(㉠)은/는 스포츠 현장에서 발생하는 특정 상황 속에 내포된 도덕적 이슈들을 감지하고 그 상황에서 어떠한 행동을 할 수 있으며 그 행동들이 관련된 사람들에게 어떤 영향을 미칠 수 있는가를 상상하는 것을 말한다.

① 도덕적 감수성(moral sensitivity)
② 도덕적 판단력(moral judgement)
③ 도덕적 동기화(moral motivation)
④ 도덕적 품성화(moral character)

☑ Advice   스포츠와 윤리
① 도덕적 감수성은 특정 상황에서 도덕적 이슈를 인식하고, 그 상황에서 자신의 행동이 다른 사람들에게 어떤 영향을 미칠지를 상상하는 능력을 의미한다.

ANSWER   10.④   11.①

12 〈보기〉의 설명과 관계있는 자연중심주의 사상가는?

―― 보기 ――
- 생태윤리에 대한 규칙 : 불침해, 불간섭, 신뢰, 보상적 정의
- 스포츠에 의한 환경오염 발생 시 스포츠 폐지 권고
- 인간의 욕구를 위해 동물의 생존권을 유린하는 스포츠 금지

① 베르크(A. Berque)
② 테일러(P. Taylor)
③ 슈바이처(A. Schweitzer)
④ 하이젠베르크(W. Heisenberg)

☑ **Advice**　스포츠에서 환경과 동물윤리 ······················
테일러는 모든 생명체가 본질적으로 가치와 목적을 지니고 있다고 보는 생명중심주의 사상가이다.

13 〈보기〉에서 설명하는 사건과 거리가 먼 것은?

―― 보기 ――
- 1964년 리마에서 개최된 페루・아르헨티나의 축구 경기에서 경기장 내 폭력으로 300여 명 사망
- 1969년 온두라스와 엘살바도르의 축구 전쟁
- 1985년 벨기에 헤이젤 경기장에서 열린 리버풀과 유벤투스의 경기에서 응원단이 충돌하여 39명 사망

① 경기 중 관중의 폭력
② 아파르트헤이트(Apartheid)
③ 위협적 응원문화
④ 훌리거니즘(hooliganism)

☑ **Advice**　스포츠와 폭력 ··
② 아파르트헤이트는 남아프리카 공화국의 인종차별 정책을 의미하며, 제시된 사건들과는 직접적인 관련은 없다.

14 체육의 공정성 확보와 체육인의 인권보호를 위해 설립된 스포츠윤리 센터의 역할로 적절하지 않은 것은?

① 스포츠비리 및 체육계 인권침해에 대한 실태조사
② 스포츠비리 및 체육계 인권침해 방지를 위한 예방교육
③ 신고자 및 가해자에 대한 치료와 상담, 법률 지원, 임시보호 연계
④ 체육계 인권침해 및 스포츠비리 등에 대한 신고 접수와 조사

☑ **Advice**　스포츠와 인권 ··
스포츠 윤리 센터는 신고자와 피해자를 중심으로 지원한다.

ANSWER　12.②　13.②　14.③

15 폭력을 설명한 학자의 개념과 그에 대한 설명이 바르게 연결된 것은?

① 푸코(M. Foucault)의 '분노' – 스포츠 현장에서 인간 내면의 분노로 시작된 폭력은 전용되고 악순환을 반복하는 경향이 있다.
② 아리스토텔레스(Aristotle)의 '규율과 권력' – 스포츠계에서 위계적 권력 관계는 폭력으로 변질되어 표출된다.
③ 홉스(T. Hobbes)의 '악의 평범성' – 폭력이 관행화 된 스포츠계에서는 폭력에 대한 죄책감이 없어진다.
④ 지라르(R. Girard)의 '모방적 경쟁' – 자신이 닮고자 하는 운동선수를 모방하게 되듯이 인간 폭력의 원인을 공격 본능이 아닌 모방적 경쟁 관계에서 찾는다.

Advice 스포츠와 폭력

① 푸코: 폭력을 철저히 통찰해 그 한계를 파악해야 한다고 보았다.
② 아리스토텔레스: 싸움의 기술을 연마해 도덕적 올바름에 도달할 수 있다고 주장하였다.
③ 홉스: 인간의 자연 상태에서 발생하는 폭력은 자기 보존과 권력 욕망에서 비롯된다고 보았다.

16 〈보기〉의 ⊙ ~ ⓒ에 해당하는 용어로 바르게 연결된 것은?

―보기―
스포츠 조직에서 (⊙)은/는 기업의 가치경영을 넘어 정성적 규범기준까지 확장된 스포츠 사회·윤리적 가치체계를 의미한다. 이러한 체계가 실효성 있게 작동되기 위해서는 경영자의 윤리적 (ⓒ)와 경영의 (ⓒ) 확보가 선행되어야 한다.

	⊙	ⓒ	ⓒ
①	기업윤리	공동체	투명성
②	윤리경영	실천의지	투명성
③	기업윤리	실천의지	공정성
④	윤리경영	공동체	공정성

Advice 스포츠 조직과 윤리

스포츠 조직에서 윤리경영은 사회적·윤리적 가치체계로, 경영자의 실전 의지와 투명성을 통해 강화된다.

ANSWER 15.④ 16.②

17 〈보기〉의 내용과 관련 있는 용어는?

―보기―
- 상대 존중, 최선, 공정성 등을 포함
- 경쟁이 갖는 잠재적 부도덕성의 제어
- 스포츠 참가자가 마땅히 따라야 할 준칙과 태도
- 스포츠의 긍정적 가치를 유지하려는 도덕적 기제

① 테크네(techne)
② 젠틀맨십(gentlemanship)
③ 스포츠맨십(sportsmanship)
④ 리더십(leadership)

✓Advice 경쟁과 페어플레이 ··
③ 스포츠맨십은 경쟁에서 공정성과 상대 존중을 중시하며, 스포츠의 도덕적 가치를 지키기 위해 준수해야 할 태도와 원칙이다.

18 〈보기〉의 대화에서 나타나는 스포츠 차별은?

―보기―
영은 : 저 백인 선수는 성공하기 위해서 얼마나 많은 노력과 땀을 흘렸을까.
상현 : 자기를 희생하면서도 끝없는 자기관리와 투지의 결과일 거야.
영은 : 그에 비해 저 흑인 선수가 구사하는 기술은 누구도 가르칠 수 없는 묘기이지.
상현 : 아마도 타고나지 않으면 할 수 없는 거지. 천부적인 재능이야.

① 성차별
② 스포츠 종목 차별
③ 인종차별
④ 장애차별

✓Advice 스포츠와 불평등 ··
대화에서 백인 선수는 노력으로, 흑인 선수는 천부적인 재능으로 평가하는 인종차별이 나타난다.

ANSWER 17.③ 18.③

19 〈보기〉의 설명과 관련 있는 제도는?

―보기―
학생선수가 일정 수준의 학력기준에 도달하지 못한 경우에는 별도의 기초학력보장 프로그램을 운영한다. 학교의 장은 필요한 경우 학생선수의 경기대회 출전을 제한할 수 있다.

① 최저학력제
② 체육특기자 제도
③ 운동부의 인권보장제
④ 학생선수의 생활권 보장제도

Advice 스포츠와 인권
① 최저학력제는 학생선수가 학력기준을 충족하지 못할 경우, 기초학력 프로그램을 운영하고 경기 출전을 제한할 수 있는 제도로, 학업 성취를 보장하고 학습권을 보호하여 인권을 확보하는 개념이다.

20 〈보기〉에서 스포츠 인권에 대한 내용을 모두 고른 것은?

―보기―
㉠ 모든 사람은 평등하게 스포츠와 신체활동에 참여할 권리를 가진다.
㉡ 국가 차원에서 체계적인 스포츠 인권 정책을 마련해야 한다.
㉢ 스포츠의 종목이나 대상에 따라 권리가 상대적으로 보장되어야 한다.
㉣ 국가는 장애인이 스포츠 활동 참여의 권리를 동등하게 보장받도록 노력해야 한다.

① ㉠, ㉢
② ㉠, ㉣
③ ㉠, ㉡, ㉢
④ ㉠, ㉡, ㉣

Advice 스포츠와 인권
㉢ 스포츠 인권은 모든 사람에게 평등하게 적용되어야 한다.

ANSWER 19.① 20.④

2021. 05. 15.
2급 전문/생활 스포츠지도사 필기시험

유의사항

필기시험 제한시간 1시간 40분이다.

선택과목 7과목 중에서 5개 과목 선택(필수과목 없음) 한다.

과목마다 만점의 40% 이상 득점하고 전 과목 총점 60% 이상 득점해야 한다.

선택과목

스포츠사회학	☐	스포츠교육학	☐
스포츠심리학	☐	한국체육사	☐
운동생리학	☐	운동역학	☐
스포츠윤리	☐		

2021. 5. 15. 스포츠지도사 2급

스포츠사회학

1. 스포츠사회학에 관한 설명으로 옳지 않은 것은?

① 스포츠 현장의 사회구조와 사회과정을 설명하는 학문이다.
② 운동참여자의 운동수행능력과 관련된 직접적인 원인을 설명한다.
③ 사회학의 하위분야로 스포츠현장의 인간행동을 예측하고 이해한다.
④ 스포츠는 사회영역과 밀접한 관계를 맺고 있어 통찰과 분석이 필요하다.

☑ **Advice** 스포츠 사회학의 이해
② 운동참여자의 운동수행능력과 관련된 직접적인 원인은 스포츠과학이나 운동생리학 등의 분야에서 다루는 것으로 신체적, 생리적, 심리적 요소를 분석하는 운동수행능력이다.

2. 〈보기〉에서 설명하는 스포츠의 국제 정치적 사건은?

― 보기 ―
- 온두라스와 엘살바도르 간의 갈등 심화
- 1969년 중남미 월드컵 지역 예선 경기에서 발생

① 축구전쟁 ② 헤이젤 참사
③ 검은 구월단 ④ 핑퐁외교

☑ **Advice** 스포츠와 정치
① 온두라스와 엘살바도르 간의 갈등이 1969년 중남미 월드컵 지역 예선 경기에서 발생한 사건으로 두 나라 간의 군사적 충돌을 촉발한 사건이다.
② 1985년 벨기에 브뤼셀의 헤이젤 스타디움에서 유럽 축구 결승전 도중 발생한 관중 폭동으로, 39명이 사망하고 600명 이상이 부상을 입은 사건이다.
③ 1972년 뮌헨 올림픽에서 팔레스타인 테러 조직 검은 구월단이 이스라엘 선수단을 인질로 잡은 사건이다.
④ 1971년 중국과 미국 간의 외교 관계 개선을 위해 탁구 경기를 이용한 외교적 사건이다.

3. 파슨즈(T. Parsons)의 AGIL 모형에 근거한 스포츠의 사회적 기능으로 적절하지 않은 것은?

① 적응 ② 통합
③ 목표성취 ④ 상업주의

☑ **Advice** 스포츠 사회학의 이해
④ 파슨즈(T. Parsons)의 AGIL 모형은 사회 시스템이 유지되고 기능하기 위해 적응, 통합, 목표성취, 체제유지를 제시한다. 파슨즈의 AGIL 모형에 상업주의는 포함되지 않는다.

ANSWER 1.② 2.① 3.④

4. 훌리한(B. Houlihan)이 제시한 정부(정치)가 스포츠에 개입한 목적에 해당하지 않는 것은?

① 시민들의 건강 및 체력유지를 위해 반도핑 기구에 재원을 지원한다.
② 스포츠 현장에서 인종차별을 해소하기 위해 Title IX 법안을 제정했다.
③ 게르만족의 우월성을 강조하기 위해 1936년 베를린 올림픽을 개최하였다.
④ 공공질서를 보호하기 위해 공원에서 스케이트보드 금지, 헬멧 착용 등의 도시 조례가 제정되었다.

☑ Advice 스포츠와 정치
② Title IX 법안은 1972년 미국에서 성차별을 금지하고 교육 프로그램과 활동에서의 성 평등을 보장하기 위해 제정된 법이다.

5. <보기>에서 프로스포츠의 순기능을 모두 고른 것은?

―보기―
㉠ 스포츠의 대중화
㉡ 생활의 활력소 역할
㉢ 지역사회 연대감 증대
㉣ 아마추어 스포츠의 활성화

① ㉠
② ㉠, ㉡
③ ㉠, ㉡, ㉢
④ ㉠, ㉡, ㉢, ㉣

☑ Advice 스포츠와 경제
스포츠 상업화에 따라 스포츠의 대중화, 스포츠로 인한 생활의 활력소 역할, 지역사회 연대감 증대, 아마추어 스포츠의 활성화가 나타났다.

6. <보기>에서 스포츠 상업화에 따른 변화를 모두 고른 것은?

―보기―
㉠ 프로페셔널리즘 추구
㉡ 심미적 가치의 경시
㉢ 직업선수의 등장
㉣ 아마추어리즘의 강조
㉤ 스포츠조직의 세계화
㉥ 농구 쿼터제 도입

① ㉠, ㉡, ㉢, ㉥
② ㉠, ㉢, ㉤, ㉥
③ ㉡, ㉢, ㉣, ㉤
④ ㉡, ㉣, ㉤, ㉥

☑ Advice 스포츠와 경제
㉡ 상업화는 심미적 가치보다 승리와 성과를 중시하는 경향이 있다.
㉣ 아마추어리즘을 감소시키는 경향이 있다.

7. 로이(J. Loy)와 레오나르드(G. Leonard)가 제시한 사회이동 기제로서 스포츠 역할의 근거로 적절하지 않은 것은?

① 프로 스포츠 선수들은 다양한 형태의 후원 및 광고출연의 기회가 있다.
② 조직적인 스포츠 참가는 직·간접적으로 교육적 성취도를 향상시킨다.
③ 스포츠의 참가 기회 및 결과는 공정하기 때문에 상승이동에 기여한다.
④ 사회생활을 하는 데 가치 있다고 여겨지는 태도 및 행동 양식을 학습시킨다.

☑ Advice 스포츠와 사회계급/계층
③ 여러 요인(예: 인종, 성별, 사회적 배경 등)이 스포츠 참가와 성과에 영향을 준다.

ANSWER 4.② 5.④ 6.② 7.③

8. 〈보기〉에서 투민(M. Tumin)의 스포츠계층 형성과정의 서열화에 관한 설명 중 옳은 것을 모두 고른 것은?

―보기―
㉠ 특정 선수를 선망의 대상으로 생각하거나 팬으로서 특정 선수를 좋아한다.
㉡ 스포츠 팀 구성원으로 자신의 능력이 팀의 승리에 미치는 영향력이 커야 한다.
㉢ 뛰어난 운동신경과 능력뿐만 아니라 탁월한 개인적 특성을 갖추고 있어야 한다.
㉣ 특정 스포츠 영역에서 요구되는 운동기술이 특출한 기량을 발휘해야 한다.

① ㉠, ㉡
② ㉠, ㉢
③ ㉠, ㉡, ㉢
④ ㉡, ㉢, ㉣

☑ **Advice** 스포츠와 사회계급/계층

㉠ 선망의 대상이 되는 것은 선수의 사회적 위치를 나타내지만 계층 서열화의 직접적인 요소에 해당하지 않는다.

9. 스포츠 미디어 이론에 관한 설명이 옳지 않은 것은?

① 문화규범이론 – 문화적 차이에 의해 핫 미디어와 쿨 미디어로 나누어진다.
② 사회범주이론 – 미디어의 영향력은 성, 연령, 계층 등에 따라 다르게 반영된다.
③ 개인차 이론 – 대중들은 능동적 수용자로서 심리적 욕구를 만족하기 위해 매스미디어를 활용한다.
④ 사회관계이론 – 미디어를 통한 개인의 스포츠 소비 형태는 중요타자의 가치와 소비행동에 의해 영향을 받는다.

☑ **Advice** 스포츠와 미디어

① 문화규범이론은 특정 문화 내에서 공유되는 규범과 가치가 미디어의 소비와 해석에 어떻게 영향을 미치는지를 설명한다. 핫 미디어와 쿨 미디어는 맥루한(Marshall McLuhan)의 미디어 이론에서 나온 개념이다.

10. 〈보기〉의 ㉠~㉣에 해당하는 머튼(R. Merton)이 아노미 이론에서 제시한 일탈행동 유형이 바르게 연결된 것은?

― 보기 ―
- ㉠ 벤 존슨은 불법약물복용으로 올림픽 금메달을 박탈당했다.
- ㉡ 승리에 대한 집념보다는 규칙을 지키며 최선을 다해 경기에 참여한다.
- ㉢ 스스로 실력의 한계를 느끼고 운동부에서 탈퇴한다.
- ㉣ 학생선수의 학습권을 보장하기 위해 최저학력제를 도입하였다.

	㉠	㉡	㉢	㉣
①	혁신주의	반역주의	도피주의	의례주의
②	반역주의	혁신주의	의례주의	도피주의
③	혁신주의	의례주의	도피주의	반역주의
④	의례주의	반역주의	혁신주의	도피주의

Advice 스포츠와 일탈

㉠ 사회가 제시하는 목표를 수용하지만 목표를 달성하기 위한 사회적으로 승인된 수단을 거부하고 대신 새로운 수단을 채택하는 행위는 혁신주의이다.
㉡ 승리에 대한 것보다 사회적으로 승인된 규칙을 계속해서 지키는 것은 의례주의이다.
㉢ 사회가 제시하는 목표를 달성하기 위한 사회적으로 승인된 수단 모두를 거부하는 행위는 도피주의이다.
㉣ 기존의 사회적 목표와 수단을 거부하고 새로운 목표와 수단을 창출하려는 행위는 반역주의이다.

11. 〈보기〉의 ㉠ ~ ㉣에 해당하는 집합행동 이론이 바르게 연결된 것은?

― 보기 ―
- ㉠ 군중은 피암시성, 순환적 반작용에 의해 폭력적 집단행동이 나타난다.
- ㉡ 군중들의 반사회적 성향이 익명성, 몰개성화에 의해 집합행동으로 나타난다.
- ㉢ 특정 사회적 상황에서의 공유의식은 구성원의 감정과 정숙 정도, 수용성 등에 영향을 준다.
- ㉣ 선행적 사회구조적·문화적 요인으로 인한 단계적 절차는 집합행동을 생성, 발전 및 소멸시킨다.

	㉠	㉡	㉢	㉣
①	전염이론	수렴이론	규범생성이론	부가가치이론
②	수렴이론	전염이론	부가가치이론	규범생성이론
③	규범생성이론	부가가치이론	수렴이론	전염이론
④	부가가치이론	규범생성이론	전염이론	수렴이론

Advice 스포츠와 사회화

㉠ 전염이론 : 군중 속에서 개인이 피암시성(감염성)과 순환적 반작용으로 인해 폭력적 집단행동을 나타낸다는 이론이다.
㉡ 수렴이론 : 익명성과 몰개성화가 군중 행동에 중요한 역할을 하는 것이다.
㉢ 규범생성이론 : 특정 사회적 상황에서 새로운 규범이 생성되고 구성원들은 이러한 규범을 공유하여 구성원의 감정, 행동에 영향을 준다.
㉣ 부가가치이론 : 집합행동이 발생하는 데 필요한 선행 조건들을 강조하며 사회구조적·문화적 요인들이 단계적으로 집합행동을 생성, 발전, 소멸시키는 과정이다.

ANSWER 10.③ 11.①

12. 미래 스포츠의 변화와 전망에 관한 설명으로 옳지 않은 것은?

① 정보통신기술의 발달로 스포츠 관람형태가 다양해진다.
② '기술도핑(technical doping)'은 스포츠의 공정성을 훼손한다.
③ 다양한 신소재의 개발은 스포츠 용품 및 장비 개발에 활용된다.
④ 통신 및 전자매체의 발달로 스포츠에서 미디어의 영향력이 감소된다.

Advice 미래사회의 스포츠

④ 정보통신기술의 발달은 가상현실(VR), 증강현실(AR), 스트리밍 서비스 등의 도입으로 스포츠 관람 형태를 다양한게 만들어서 통신 및 전자매체의 발달로 스포츠에서 미디어의 영향력이 증가된다.

13. 〈보기〉는 코클리(J. Coakley)가 제시한 일탈적 과잉동조를 유발하는 스포츠 윤리규범의 유형과 특징에 관한 설명이다. ㉠~㉢에 들어갈 내용이 바르게 연결된 것은?

─ 보기 ─
(㉠) : 운동선수는 위험을 받아들이고 고통 속에서도 경기에 참여해야 한다.
(㉡) : 운동선수는 장애물을 극복하고 역경을 헤쳐 나가는 노력을 해야 한다.
(㉢) : 운동선수는 경기에 헌신해야 하며 이를 그들의 삶에서 우선순위에 두어야 한다.
구분짓기규범 : 다른 선수와의 차별성을 강조하며, 운동선수는 경기에서 탁월함을 추구해야 한다.

	㉠	㉡	㉢
①	몰입규범	도전규범	인내규범
②	몰입규범	인내규범	도전규범
③	인내규범	도전규범	몰입규범
④	인내규범	몰입규범	도전규범

Advice 스포츠와 일탈

㉠ 운동선수는 위험을 받아들이고 고통 속에서도 경기에 참여해야 하는 것은 인내규범이다.
㉡ 운동선수는 장애물을 극복하고 역경을 헤쳐 나가는 노력을 해야 하는 것은 도전규범이다.
㉢ 운동선수는 경기에 헌신해야 하며 이를 그들의 삶에서 우선순위에 두는 것은 몰입규범이다.

ANSWER 12.④ 13.③

14.〈보기〉에서 매기(J. Magee)와 서덴(J. Sugden)이 제시한 스포츠의 노동이주 유형은?

─ 보기 ─
- 종목의 특성으로 인해 국가 간 이동이 발생한다.
- 개인의 취향에 의해 선택하는 경우도 발생한다.
- 흥미로운 장소를 돌면서 스포츠를 즐기는 유형이다.

① 유목민형
② 정착민형
③ 개척자형
④ 귀향민형

✓ Advice   스포츠와 사회계급/계층

〈보기〉의 설명은 개인의 취향에 따라 흥미로운 장소를 돌아다니며 스포츠를 즐기는 유형인 유목민형에 해당한다.

15. 〈보기〉에서 설명하는 스포츠일탈이론의 관점은?

─ 보기 ─
- 동일한 행위도 상황에 따라 일탈로 규정되거나 그렇지 않을 수 있다.
- 경기장에도 다양한 일탈 행동으로 낙인 찍힌 선수들이 있다.

① 갈등론적 관점
② 구조기능주의 관점
③ 상징적 상호작용론적 관점
④ 비판론적 관점

✓ Advice   스포츠와 일탈

〈보기〉는 상징적 상호작용론적 관점에 해당한다. 동일한 행위가 상황에 따라 일탈로 규정되거나 그렇지 않을 수 있고, 일탈행동으로 낙인이 찍히기도 한다.

16. 〈보기〉의 ⊙ ~ ⓒ에 해당하는 스포츠사회화 과정이 바르게 연결된 것은?

─ 보기 ─
- (⊙) : 테니스 지도자가 되어 초등학교에서 테니스를 가르치게 되었다.
- (ⓒ) : 부모님의 권유로 테니스를 배우게 되었다.
- (ⓒ) : 테니스참여를 통해 사회성, 준법정신이 강한 선수가 되었다.
- 스포츠 탈 사회화 : 무릎인대 손상으로 테니스 선수생활을 그만두었다.

	⊙	ⓒ	ⓒ
①	스포츠 재사회화	스포츠를 통한 사회화	스포츠로의 사회화
②	스포츠로의 사회화	스포츠 재사회화	스포츠를 통한 사회화
③	스포츠를 통한 사회화	스포츠로의 사회화	스포츠 재사회화
④	스포츠 재사회화	스포츠로의 사회화	스포츠를 통한 사회화

✓ Advice   스포츠와 사회화

⊙ 스포츠 재사회화는 개인이 스포츠 참여를 통해 새로운 역할이나 지위를 습득하는 과정이다. 테니스 지도자가 되어 초등학교에서 테니스를 가르치게 되는 것은 재사회화의 과정에 해당한다.
ⓒ 스포츠로의 사회화는 개인이 처음으로 스포츠에 참여하게 되는 과정이다. 부모님의 권유로 테니스를 배우게 된 것은 스포츠로의 사회화이다.
ⓒ 스포츠 참여를 통해 사회적 가치, 규범, 태도 등을 학습하고 내면화하는 과정이다. 테니스 참여를 통해 사회성, 준법정신이 강한 선수가 된 것은 스포츠를 통한 사회화이다.

ANSWER 14.① 15.③ 16.④

17. 〈보기〉에서 신자유주의 시대 스포츠 세계화의 특징에 해당하는 것으로만 묶인 것은?

―― 보기 ――
- ㉠ 스포츠 시장의 경계가 국경을 초월해 전 세계로 확대되었다.
- ㉡ 프로스포츠의 이윤 극대화로 인해 빈익빈 부익부 현상이 해소되었다.
- ㉢ 세계인들에게 표준화된 스포츠 상품과 스포츠 문화를 소비하게 만들었다.
- ㉣ 각 나라의 전통스포츠가 전 세계로 보급되어 새로운 스포츠 시장을 개척할 수 있게 되었다.

① ㉠, ㉡
② ㉠, ㉢
③ ㉡, ㉢
④ ㉡, ㉣

☑ **Advice**　미래사회의 스포츠 ··
㉡ 신자유주의 시대에서는 프로스포츠의 이윤 극대화는 주로 상위 리그와 팀들에게 이익을 가져다주며, 빈익빈 부익부 현상을 해소하기보다는 강화시킨다.
㉣ 글로벌 시장에서는 표준화된 인기 스포츠가 더 큰 비중을 차지한다.

18. 〈보기〉의 ㉠, ㉡에 해당하는 용어가 바르게 연결된 것은?

―― 보기 ――
- 미디어는 스포츠 중계를 통해 시청자들의 상품 소비를 촉진시키는 (㉠) 이데올로기를 생산한다.
- 미디어는 남성스포츠 경기를 역사적 중요성을 갖고 있는 것처럼 묘사하며, 여성스포츠를 실력보다 외모를 부각시키는 (㉡) 이데올로기를 생산한다.

	㉠	㉡
①	합리주의	젠더
②	자본주의	젠더
③	합리주의	성공
④	자본주의	성공

☑ **Advice**　스포츠와 미디어 ··
㉠ 자본주의 이데올로기 : 경제적 이익을 극대화하고 소비를 촉진하는 것이다. 미디어가 스포츠 중계를 통해 광고를 하고, 시청자들이 광고된 상품을 소비하게 만드는 것은 자본주의 이데올로기에 해당한다.
㉡ 젠더 이데올로기 : 성별에 따라 사회적 역할과 기대를 다르게 설정하는 것이다. 미디어가 남성 스포츠를 역사적으로 중요하게 묘사하고 여성 스포츠를 외모 중심으로 묘사하는 것은 젠더 이데올로기의 예에 해당한다.

ANSWER　17.②　18.②

19. 교육현장에서 스포츠의 역기능에 관한 설명으로 옳지 않은 것은?

① 비과학적 훈련 방법은 학생선수를 혹사시킨다.
② 승리지상주의 심화로 인해 교육목표를 결핍시킨다.
③ 참여기회의 제한으로 장애인의 적응력을 배양시킨다.
④ 학교와 팀의 성공을 위해 학생선수의 의도적 유급, 성적 위조 등을 조장한다.

Advice 스포츠와 교육
③ 참여기회의 제한은 장애인을 포함한 모든 학생들에게 부정적인 영향을 주고 장애인의 적응력을 저해시킨다.

20. 〈보기〉에서 설명하는 스포츠사회화 이론은?

──── 보기 ────
• 상과 벌을 통해 행동의 변화가 일어난다.
• 사회화 주관자의 가르침을 통해 행동이 변화한다.
• 다른 사람의 행동을 관찰하여 모방이 일어난다.

① 사회학습이론
② 역할이론
③ 준거집단이론
④ 문화규범이론

Advice 스포츠사회화
〈보기〉는 사회학습이론에 대한 설명이다. 사회학습이론은 개인이 상호작용을 통해 행동을 배우고, 관찰과 모방, 상과 벌을 통해 행동이 변화하는 과정이다.

스포츠교육학

1 시덴탑(D. Siedentop)이 제시한 스포츠교육 모형의 6가지 핵심적인 특성에 해당하지 않는 것은?

① 축제화(festivity)
② 팀 소속(affiliation)
③ 유도연습(guided practice)
④ 공식경기(formal competition)

Advice 스포츠교육의 프로그램론
스포츠교육모형(Sport Education Model)에는 시즌, 팀 소속, 공식 경기, 기록 보존, 결승전 행사, 축제화가 있다.

2 〈보기〉의 방과 후 학교 체육활동 프로그램 개발 시 고려사항에 관한 설명 중 옳은 것으로만 묶인 것은?

──── 보기 ────
㉠ 학습자의 적성과 흥미를 고려한다.
㉡ 구체적인 목표와 미래 지향적 방향을 설정한다.
㉢ 교육과정과의 연계보다 프로그램의 특성을 고려한다.
㉣ 학교체육시설, 지도 인력, 예산 등은 제약 없이 사용이 가능하므로 이를 반영한다.

① ㉠, ㉡
② ㉠, ㉢
③ ㉡, ㉢
④ ㉡, ㉣

Advice 스포츠교육의 프로그램론
㉢ 방과 후 프로그램은 교육과정과의 연계를 통해 학습의 일관성과 체계성을 유지한다.
㉣ 학교체육시설, 지도 인력, 예산 등은 제약이 있기 때문에 제약을 무시하고 계획하는 것은 비현실적이다.

ANSWER 19.③ 20.① / 1.③ 2.①

3 〈보기〉의 ㉠, ㉡에 해당하는 용어가 바르게 연결된 것은?

―보기―
1960년대 중반 미국을 중심으로 전개된 (㉠)은 스포츠교육학이 체육학의 하위학문 분야로 성장하는데 촉매제 역할을 하였다. 결국 신체 활동을 지도할 때 학문을 기반으로 한 (㉡)지식을 스포츠 참여자에게 가르쳐야 한다는 주장이 본격적으로 제기되기 시작했다.

	㉠	㉡
①	체육 학문화 운동	이론적
②	체육 학문화 운동	경험적
③	체육 과학화 운동	경험적
④	체육 과학화 운동	이론적

Advice 스포츠교육의 배경과 개념 ·····································

㉠ 1960년대 미국을 중심으로 전개되면서 체육 학문화 운동이 나타났다.
㉡ 스포츠의 신체 활동만을 위한 지식이 아닌 이론적 지식을 가르쳐야 한다는 주장이 제기되었다.

4 체육활동에서 안전한 학습환경 유지에 관한 설명으로 적절하지 않은 것은?

① 활동 전에 안전 문제를 예측하고 교구를 배치한다.
② 위험한 상황이 예측되더라도 시작한 과제는 끝까지 수행한다.
③ 안전한 수업운영에 필요한 절차를 학습자들에게 명확히 전달한다.
④ 새로운 연습과제나 게임을 시작할 때 지도자는 지속적으로 학습자를 감독한다.

Advice 스포츠교육의 지도방법론 ·····································

② 위험한 상황이 예측되면 과제를 중단하거나 수정한다.

5 〈보기〉의 성장단계별 스포츠 프로그램의 목적 중 옳은 것을 모두 고른 것은?

―보기―
㉠ 유소년스포츠 : 유아와 아동의 신체적·인지적 발달 도모, 기본적인 사회관계 형성
㉡ 청소년스포츠 : 운동기능 습득, 삶의 즐거움과 활력 찾기, 또래친구와의 여가 활동 참여
㉢ 성인스포츠 : 신체적 건강 유지, 사교, 흥미확대, 사회적 안정 추구

① ㉠
② ㉠, ㉡
③ ㉡, ㉢
④ ㉠, ㉡, ㉢

Advice 스포츠교육의 정책과 제도 ·····································

㉠ 유소년스포츠 프로그램은 신체적·인지적 발달이 중요한 시기로 스포츠 활동을 통해서 전반적인 발달을 촉진하고 기본적인 사회관계를 형성을 목적으로 한다.
㉡ 청소년스포츠 프로그램은 운동기능 습득, 삶의 즐거움과 활력, 여가활동으로 사회적 관계 강화와 팀워크를 배우는 것을 목적으로 한다.
㉢ 성인스포츠 프로그램은 신체적 건강 유지와 사교, 여가활동을 통한 흥미 확대, 사회적 안정을 통한 스트레스 해소를 목적으로 한다.

ANSWER 3.① 4.② 5.④

6 〈보기〉에서 설명하는 스포츠지도자가 고려해야 할 학습자 특성은?

―보기―
학습자의 성별, 연령, 환경적 요인 등 학습자의 개인차를 고려해서 학습 단계를 결정하는 것이 중요하다.

① 감정 조절
② 발달 수준
③ 공감 능력
④ 동기유발 상태

✅ **Advice** 스포츠교육의 참여자 이해론
② 성별, 연령, 환경적 요인 등 학습자의 개인차를 고려하여 학습 단계를 결정하는 것은 학습자의 발달 수준을 고려하는 것이다.

7 스포츠지도자의 자질과 지도방법에 관한 내용으로 옳지 않은 것은?

① 지도자는 높은 성품 수준을 유지하며 모범을 보여야 한다.
② 선수가 수단과 방법을 가리지 않고 승리할 수 있도록 지도한다.
③ 지도자는 재능의 차원과 인성적 차원의 자질을 고루 갖추어야 한다.
④ 선수가 올바른 도덕적 의식을 가지고 자율적으로 실천하도록 지도한다.

✅ **Advice** 스포츠교육의 지도방법론
② 지도자는 선수들에게 공정성과 스포츠맨십을 알려주고 승리를 위해 부적절한 방법을 사용하지 않도록 해야 한다.

8 〈보기〉에서 설명하는 수업 주도성 프로파일의 특성을 나타내는 체육수업 모형은?

―보기―
• 학급자는 각 과제의 수행 기준에 도달할 책임이 있다.
• 학습자는 많은 피드백과 높은 수준의 언어적 상호작용의 기회를 갖는다.
• 지도자는 내용선정과 과제제시를 주도하고, 학습자는 수업 진도를 결정한다.

① 전술게임 모형
② 협동학습 모형
③ 개별화지도 모형
④ 개인적·사회적책임감 지도 모형

✅ **Advice** 스포츠교육의 지도방법론
③ 개별화지도 모형 : 학생 개인의 학습 속도와 능력에 맞춰 학습을 진행하는 모형이다.
① 전술게임 모형 : 전술적 이해와 문제 해결 능력을 강조하는 모형이다.
② 협동학습 모형 : 학생들이 팀을 이루어 함께 학습하며 협력과 상호 의존을 통해 목표를 달성하는 모형이다.
④ 개인적·사회적책임감 지도 모형 : 학생들이 체육활동을 통해 개인적·사회적 책임감을 기르는 것을 목표로 하는 모형이다.

ANSWER 6.② 7.② 8.③

9 〈보기〉에서 스포츠 활동 참여자의 행동 수정 전략을 잘못 이해하고 있는 지도자들로만 묶인 것은?

---- 보기 ----

송 코치 : 저는 지도자가 일관성 있게 지도하는 것이 중요하다고 생각해요.
이 코치 : 학습자의 행동 수정에도 그 단계를 설정할 필요가 있는 것 같아요.
김 코치 : 과거의 행동 수준부터 한 번에 많은 변화가 있도록 지도해야 해요.
박 코치 : 목표행동은 간단히 진술하고 그에 따른 결과는 고려하지 않아도 돼요.

① 송 코치, 이 코치
② 이 코치, 김 코치
③ 박 코치, 송 코치
④ 김 코치, 박 코치

☑ Advice　스포츠교육의 지도방법론 ······

④ 김 코치는 많은 변화를 한번에 주는 것 행동 수정 전략은 학습자가 적응하기 어렵고 지속성이 떨어진다. 행동 수정은 점진적으로 진행해야 한다. 박 코치의 결과를 고려하지 않는 목표행동 진술은 목표 달성을 어렵게 한다.

10 〈보기〉는 박 코치의 수업 일지 내용이다. ㉠, ㉡에 해당하는 용어가 바르게 연결된 것은?

---- 보기 ----

골프 수업에 참여한 학습자들이 골프 규칙을 비롯해, 골프와 유사한 스포츠의 개념적 특징을 비교·분석할 수 있도록 (㉠) 목표를 제시하였다. … (중략) … 또한 각 팀의 1등은 다른 팀의 1등끼리, 2등은 다른 팀의 2등끼리 점수를 비교하여 같은 등수에서 높은 점수를 얻은 학습자에게 정해진 상점을 부여했다. 이와 같이 협동학습 모형의 과제구조 중 (㉡)전략을 사용하였다.

	㉠	㉡
①	정의적	직소(Jigsaw)
②	정의적	팀 – 보조 수업 (Team – Assisted Instruction)
③	인지적	팀 게임 토너먼트 (Team Games Tournament)
④	인지적	학생 팀 – 성취 배분(Student Teams – Achievement Division)

☑ Advice　스포츠교육의 지도방법론 ······

㉠ 개념과 같은 이론적인 원리는 인지적 영역 목표에 해당한다.
㉡ 팀 게임 토너먼트 : 학습자들이 팀별로 게임을 통해 경쟁하며 학습하는 전략에 해당한다.
※ 협동학습모형의 과제구조
　㉠ 직소 : 학습자가 각각 다른 부분을 학습한 후, 서로 가르치며 전체를 이해하는 전략이다.
　㉡ 학생 팀–성취 배분 : 팀원들이 협력하여 과제를 완수하고, 팀의 성과를 평가하고 팀별 성취도를 평가하여 보상하는 전략이다.
　㉢ 팀 게임 토너먼트 : 학습자들이 팀을 이루어 게임 형식으로 경쟁하며 학습하는 전략이다.
　㉣ 팀–보조 수업 : 팀원들이 서로 도우며 과제를 수행하고 서로의 학습을 지원하는 전략이다.
　㉤ 집단연구 : 학생들이 소그룹으로 나누어 특정 주제에 대해 공동으로 조사, 연구하고, 그 결과를 발표하는 전략이다.

11 학교체육 진흥법(2024. 3. 24, 일부개정)의 제12조에서 규정하고 있는 내용으로 옳지 않은 것은?

① 교육감은 학교운동부지도자의 자질 향상 및 전문성 강화를 위하여 연수교육계획을 수립하고, 이를 실시하여야 한다.
② 학교의 장은 학교운동부지도자가 학생선수의 학습권을 박탈하거나 폭력, 금품·향응 수수 등의 부적절한 행위를 하였을 경우 학교운영위원회의 심의를 거쳐 계약을 해지할 수 있다.
③ 국가 및 지방자치단체는 학교운동부지도자의 급여에 필요한 경비를 지원하도록 노력해야 한다.
④ 학교운동부지도자의 자격기준, 임용, 급여, 신분, 직무 등에 필요한 사항은 대통령령으로 정한다.

Advice 스포츠교육의 정책과 제도

① 국가는 학교운동부지도자의 자질 향상 및 전문성 강화를 위하여 연수교육 계획을 수립하고, 이를 실시하여야 한다. 이 경우 연수교육을 관련 단체에 위탁할 수 있다〈학교체육 진흥법 제12조(학교운동부지도자) 제2항〉. 교육감은 학교운동부지도자의 지도 등을 위하여 학교운동부지도자관리위원회를 설치한다〈학교체육 진흥법 제12조(학교운동부지도자) 제5항〉.

12 〈보기〉의 국민체육진흥법(2025. 1. 1, 일부개정) 제12조의3의 내용 중 ⊙, ⓒ에 해당하는 용어가 바르게 연결된 것은?

---보기---
문화체육관광부장관은 체육지도자 및 체육단체의 책임이 있는 자가 체육계 인권침해 및 (⊙)와/과 관련하여 (ⓒ)이/가 확정되는 경우에는 운영위원회의 심의·의결을 거쳐 그 인적사항 및 비위 사실 등을 공개할 수 있다.

	⊙	ⓒ
①	폭행	자격정지
②	스포츠비리	유죄판결
③	폭행	행정처분
④	스포츠비리	자격취소

Advice 스포츠교육의 지도방법론

⊙ 스포츠비리
ⓒ 유죄판결
※ 체육계 인권침해 및 스포츠비리 관련 명단 공개〈국민체육진흥법 제12조의3〉
  ① 문화체육관광부장관은 체육지도자 및 체육단체의 책임이 있는 자가 체육계 인권침해 및 스포츠비리와 관련하여 유죄판결이 확정되는 경우에는 운영위원회의 심의·의결을 거쳐 그 인적사항 및 비위 사실 등을 공개할 수 있다.
  ② 제1항에 따른 공개의 구체적인 내용 및 절차 등에 관하여 필요한 사항은 대통령령으로 정한다.

13 〈보기〉의 ㉠~㉥ 중 모스턴(M. Mosston)의 '자기점검형(self-check style)' 교수 스타일에 해당하는 특징으로만 묶인 것은?

─── 보기 ───
㉠ 지도자는 감환과정의 준거를 제시한다.
㉡ 지도자는 학습자의 능력과 독립성을 존중한다.
㉢ 지도자는 학습자가 활용할 평가 기준을 마련한다.
㉣ 학습자는 과제활동 전 결정군에서 내용을 정한다.
㉤ 학습자는 스스로 자신의 과제를 확인하고 교정한다.
㉥ 학습자는 동료와 피드백을 주고받으며 연습하는 데 중점을 둔다.

① ㉠, ㉢, ㉥
② ㉡, ㉢, ㉤
③ ㉠, ㉣, ㉤
④ ㉡, ㉤, ㉥

✓ Advice 스포츠교육의 지도방법론

㉡㉢㉤ 자기점검형 교수 스타일 : 학습자가 자신의 과제를 스스로 점검하고 평가하는 데 중점을 둔다. 학습자는 교사가 제공한 기준을 사용하여 자신의 수행을 점검하고 필요한 경우에는 스스로 교정한다. 교사는 학습자의 능력과 독립성을 존중하며 평가 기준을 마련하여 학습자의 자율학습을 돕는다.

14 〈보기〉에서 설명하는 알몬드(L.Almond)의 게임 유형은?

─── 보기 ───
• 야구, 티볼, 크리켓, 소프트볼 등 팀 구성원 모두가 공격과 수비에 번갈아 참여한다.
• 개인의 역할 수행이 경기에 중요한 영향을 미치므로, 자신의 역할에 대한 이해와 책임감이 강조된다.

① 영역(침범)형
② 네트형
③ 필드형
④ 표적형

✓ Advice 스포츠교육의 프로그램론

③ 야구, 티볼, 소프트볼과 같이 공격과 수비를 번갈아 하며 개인 역할이 경기에 중요한 영향을 주는 것은 필드형에 해당한다.
※ 알몬드(L.Almond)의 게임 유형
㉠ 침범형(영역형) : 팀이 상대방의 영역을 침범하여 득점하는 게임으로 축구, 농구, 하키 등이 있다.
㉡ 네트형/벽면형 : 네트를 사이에 두고 상대와 공을 주고받으며 득점하는 게임으로 배구, 테니스, 배드민턴 등이 있다.
㉢ 필드형 : 팀 구성원들이 번갈아 가며 공격과 수비를 수행하는 유형의 게임으로 야구, 티볼, 소프트볼 등이 있다.
㉣ 표적형 : 특정 표적을 맞추거나 목표물에 가까이 공을 보내는 게임으로 골프, 볼링, 당구 등이 있다.

ANSWER 13.② 14.③

15 체육 수행평가에 관한 설명으로 옳은 것은?

① 학습의 과정보다 결과를 중시한다.
② 일시적이며 단편적인 관찰에 의존한다.
③ 개인보다 집단에 대한 평가를 강조한다.
④ 아는 것과 실제 적용 능력을 모두 강조한다.

Advice 스포츠교육의 평가론

④ 체육 수행평가는 학생들이 학습한 내용을 실제 상황에서 어떻게 적용하고 수행하는지를 평가하는 방식에 해당한다.
① 학습과정과 결과 모두 중요하게 여긴다.
② 수행평가는 지속적이고 종합적인 관찰을 통해 이루어진다.
③ 개인의 능력과 성취를 평가하는 것이 중요하다.

16 메츨러(M. Metzler)의 스포츠 지도를 위한 교수·학습 과정안(지도계획안) 작성요소와 방법이 바르게 연결된 것은?

	작성 요소	작성 방법
①	학습목표	학습목표는 추상적으로 작성
②	수업정리	과제의 내용을 구조화하고, 제시 방법을 기술
③	학습평가	평가 시기, 평가의 관리 및 절차상의 고려사항을 제시
④	수업맥락 기술	과제의 중요도에 따라 학습활동 목록을 작성

Advice 스포츠교육의 지도방법론

① 학습목표는 구체적이고 명확하게 작성한다.
② 과제의 내용을 구조화하고 제시 방법을 기술하는 것은 수업 계획에 해당한다. 수업정리는 수업 내용을 다시 한번 정리하여 제공하는 과정이다.
④ 과제의 중요도에 따라 학습활동 목록을 작성하는 것을 수업 계획에 해당한다. 수업맥락 기술은 수업이 이루어지는 배경과 조건을 설명하는 것이다.

17 〈보기〉에서 세 명의 축구 지도자가 활용한 질문 유형이 바르게 연결된 것은?

― 보기 ―

이 코치: 지난 회의에서 설명했던 오프사이드 규칙 기억나니?
윤 코치: (작전판에 그림을 그리면서)상태 팀 선수가 중앙으로 드리블해서 돌파하고자 할 때, 수비하는 방법들은 무엇이 있을까?
정 코치: 상대 선수가 너에게 반칙을 하지 않았는데 심판이 상대 선수에게 반칙 판정을 했어. 너는 이런 상황에서 어떻게 하겠니?

	이 코치	윤 코치	정 코치
①	회상형(회고형)	확산형(분산형)	가치형
②	회상형(회고형)	수렴형(집중형)	가치형
③	가치형	수렴형(집중형)	회상형(회고형)
④	가치형	확산형(분산형)	회상형(회고형)

Advice 스포츠교육의 지도방법론

※ 질문의 유형
 ㉠ 회고형: 과거에 배운 내용을 기억하고 재현하는 질문이다.
 ㉡ 확산형(분산형) 질문: 문제 해결과 창의적인 사고를 촉진하는 질문이다.
 ㉢ 가치형: 특정 상황에서 윤리적, 도덕적 또는 가치 판단을 요구하는 질문이다.
 ㉣ 수렴형: 사실, 기억, 그리고 논리적 추론을 요구하여 하나의 정답을 유도하는 질문이다.

ANSWER 15.④ 16.③ 17.①

18 〈보기〉에 해당하는 링크(J. Rink)의 내용 발달 과제는?

―보기―
- 과제의 난이도와 복잡성에 따른 점진적 발달에 관심을 갖는다.
- 복잡한 기술을 가르치기 전에 기능을 세분화한다.

① 세련과제
② 정보(시작)과제
③ 적용(평가)과제
④ 확대(확장)과제

Advice 스포츠교육의 지도방법론

④ 과제의 난이도와 복잡성을 점진적으로 발달시키고 기능을 세분화하여 기본 기술을 먼저 익히는 과정은 확대(확장)과제에 해당한다.

※ 링크(J. Rink)의 내용 발달
  ㉠ 정보(시작) 과제 : 기본적인 수준에서 학습을 시작하도록 소개하고 안내하는 과제로 새로운 기술이나 과제를 이해하고 시작하도록 한다.
  ㉡ 세련 과제 : 기술의 질을 향상시키는 데 중점을 두어 동작의 정확성, 효율성, 그리고 기술의 질을 높이는 것이 목표이다.
  ㉢ 확대(확장) 과제 : 본적인 과제에서 시작하여 점점 더 어렵고 복잡한 과제로 발전시키는 것이다.
  ㉣ 적용(평가) 과제 : 실제 게임이나 상황에서 배운 기술을 적용하는 기회를 제공하는 것이다.

19 〈보기〉에서 설명하는 슐만(L. Shulman)의 교사 지식은?

―보기―
- 노인의 신체적·정신적 변화 등에 관한 지식
- 장애 유형에 따른 운동방법 등에 관한 지식
- 유소년의 행동양식, 신체발달 등에 관한 지식

① 교육과정(curriculum) 지식
② 교육환경(educational context) 지식
③ 지도방법(general pedagogical) 지식
④ 학습자와 학습자 특성(learners and their characteristics) 지식

Advice 스포츠교육의 지도방법론

④ 학습자의 다양한 특성과 이에 따른 교육적 요구를 이해하는 데 중점을 두어 학습자의 연령, 성별, 신체적·정신적 상태 등에 관한 지식을 포함하는 교사 지식에 해당한다.

※ 슐만(S. Shulman)의 지식에 따른 체육지도자의 지식
  ㉠ 내용지식 : 기본적인 운동 원리, 스포츠 규칙, 전략, 전술 등을 포함한 스포츠 종목과 운동 기술에 대한 깊이 있는 지식이다.
  ㉡ 교육학 지식 : 효과적인 교수 방법과 학생들의 학습 방식을 이해하는 지식으로 학생들의 운동 학습 단계, 수업 계획 및 진행 방법, 평가 방법 등이 있다.
  ㉢ 내용교육학적 지식 : 특정 내용을 가르치는 방법에 대한 지식으로, 특정 스포츠나 운동 기술을 학생들에게 효과적으로 전달하는 방법으로 운동 기술을 단계적으로 가르치는 방법, 피드백 제공 방법 등이 있다.
  ㉣ 교육과정 지식 : 체육교육과정의 목표, 내용, 구조에 대한 이해를 포함하여 교육과정의 목표를 달성하기 위한 수업 계획을 세우고 실행하는 과정의 지식이다.
  ㉤ 학습자 이해 지식 : 학생들의 신체적, 정서적, 사회적 특성에 대한 이해로 학생들의 연령, 성별, 운동 능력, 흥미 등을 고려하여 수업을 설계해야 하는 지식이다.
  ㉥ 교육환경 지식 : 체육 수업이 이루어지는 환경에 대한 이해로 학교의 물리적 환경, 지역사회 자원, 학교 문화 등을 활용하여 효과적인 수업을 진행해야 하는 지식이다.
  ㉦ 목적 및 가치 지식 : 체육교육의 목표와 가치를 수업에서 실현하려는 의지로 학생들의 전인적 발달, 건강한 생활 습관 형성 등을 목표로 하는 지식이다.

20 〈보기〉에서 두 명의 수영 지도자가 활용한 평가 유형이 바르게 연결된 것은?

―보기―
박 코치 : 우리반은 초급이라서 25m 완주를 목표한다고 공지했어요. 완주한 회원들에게는 수영모를 드렸어요
김 코치 : 저는 우리 클럽의 특성을 고려해서 모든 회원의 50m 평영 기록을 측정했습니다. 그리고 상위 15%에 해당하는 회원들께 '박태환' 스티커를 드렸습니다.

	박 코치	김 코치
①	절대평가	상대평가
②	상대평가	절대평가
③	동료평가	자기평가
④	자기평가	동료평가

☑ **Advice** 스포츠교육의 지도방법론

박 코치 : 특정 기준이나 목표를 설정하고, 이를 달성했는지 여부를 평가하는 절대평가에 해당한다.
김 코치 : 학습자들 간의 성취도를 비교하여 순위를 매기는 상대평가에 해당한다.

스포츠심리학

1 스포츠와 운동의 참여가 개인의 심리적 발달에 미치는 영향에 관한 연구주제로 적절하지 않은 것은?

① 달리기는 우울증을 조절하는가?
② 스포츠클럽 활동은 사회성과 집중력을 높이는가?
③ 태권도 수련은 아동의 인성 발달에 도움이 되는가?
④ 수영에 대한 자신감이 수영 학습에 어떤 영향을 주는가?

☑ **Advice** 스포츠수행의 심리적 요인

④ 스포츠 참여의 심리적 발달에 관한 연구라기보다는 자신감이 학습에 미치는 영향이다. 개인의 심리적 발달과 직접적인 관련이 없는 연구 주제이다.

2 보강적 피드백(augmented feedback)의 유형에 해당하는 것은?

① 시각(visual)
② 촉각(tactile)
③ 청각(auditory)
④ 결과지식(knowledge of result)

☑ **Advice** 인간운동행동의 이해

보강 피드백은 학습자에게 추가적으로 제공되는 외부의 정보를 의미한다. 수행지식과 결과지식 유형이 있다. 수행지식에는 수행에 대한 과정을 나타내는 것으로 동작에 대하여 학습자에게 운동학적으로 피드백을 하는 것이다. 결과지식은 수행의 결과에 대한 지식으로 동작의 결과에 대한 지식을 전달하는 것이다.

ANSWER 20.① / 1.④ 2.④

3 나이데퍼(R. Nideffer)의 주의초점모형을 근거로, 〈보기〉의 내용에 해당하는 주의의 폭과 방향은?

―보기―
배구 선수가 서브를 준비하면서 상대 진영을 살핀 후, 빈 곳을 확인하여 그곳으로 공을 서브하였다.

① 광의 외적에서 협의 외적으로
② 광의 내적에서 광의 외적으로
③ 협의 내적에서 광의 외적으로
④ 협의 외적에서 협의 외적으로

☑ **Advice** 스포츠수행의 심리적 요인

① 상대 진영을 살피는 것은 넓은 범위에서 상대의 전체적인 배치와 상황을 파악하는 것으로 광의 외적에 해당한다. 특정한 빈 곳을 확인하고 그곳으로 서브하는 것은 좁은 범위에서 특정한 목표를 겨냥하는 것으로 협의 외적에 해당한다.

※ 나이데퍼(R. Nideffer)의 주의초점모형
  ㉠ 광의 외적 : 경기장의 전체 상황을 파악하고, 스포츠 전략을 효과적으로 계획하는 것이다.
  ㉡ 협의 외적 : 특정 목표나 표적에 집중하는 것으로 변화하는 스포츠 환경에 대처방식을 제시하는 것이다.
  ㉢ 광의 내적 : 여러 생각과 전략을 고려하여 변화무쌍한 환경에 빠르게 적응하는 것이다.
  ㉣ 협의 내적 : 특정 생각이나 감각에 집중하여 자아를 비판적으로 분석하는 것이다.

4 아이젠(I. Ajen)의 계획된 행동이론(theory of planned behavior)의 구성요인으로만 묶인 것은?

① 태도(attitude), 의도(intention), 주관적규범(subjective norm), 동기(motivation)
② 태도(attitude), 의도(intention), 주관적규범(subjective norm), 행동통제인식(perceived behavioral control)
③ 주관적규범(subjective norm), 자신감(confidence), 의도(intention), 태도(attitude)
④ 행동통제인식(perceived behavioral control), 자신감(confidence), 태도(attitude), 동기(motivation)

☑ **Advice** 스포츠수행의 심리적 요인

아이젠(I. Ajen)의 계획된 행동이론(theory of planned behavior) 요인에는 태도, 의도, 주관적규범, 행동통제인식으로 구성된다.

5 스포츠심리기술 훈련에 관한 설명으로 옳지 않은 것은?

① 경기력 향상에 즉각적 효과를 줄 수 있다.
② 평소 연습과 통합되어 지속적으로 진행되어야 한다.
③ 심상, 루틴, 사고조절 등의 심리기법이 활용된다.
④ 연령, 성별, 경기수준과 관계없이 모든 선수들에게 적용될 수 있다.

☑ **Advice** 스포츠심리상담

① 스포츠심리기술 훈련은 일회성의 즉각적인 효과보다는 지속적인 연습과 훈련을 통해 점진적으로 효과가 나타난다.

ANSWER 3.① 4.② 5.①

6 캐런(A. V. Carron)의 팀 응집력 모형에서 응집력의 결정요인으로만 묶인 것은?

① 리더십 요인(leadership factor), 발달 요인(develpment factor), 환경 요인(environment factor), 팀 요인(team factor)
② 리더십 요인(leadership factor), 팀 요인(team factor), 개인 요인(personal factor), 발달 요인(develpment factor)
③ 팀 요인(team factor), 리더십 요인(leadership factor), 환경 요인(environment factor), 개인 요인(personal factor)
④ 팀 요인(team factor), 발달 요인(develpment factor), 환경 요인(environment factor), 개인 요인(personal factor)

☑ Advice   스포츠수행의 사회 심리적 요인
캐런(A.V. Carron)의 집단 응집력 결정 요인에는 팀 요인, 리더십 요인, 환경 요인, 개인 요인이 있다.

7 인지평가이론(cognitive evaluation theory)에서 내적 동기를 높일 수 있는 방법으로 옳지 않은 것은?

① 타인과의 관계성을 높여준다.
② 자신의 능력에 대해 유능감을 높여준다.
③ 행동을 결정하는데 있어 자율성을 갖게 한다.
④ 행동결과에 대한 보상의 연관성을 강조한다.

☑ Advice   스포츠수행의 심리적 요인
④ 보상의 연관성을 강조하는 것은 내적 동기를 높이는 것에 도움이 되지 않는다. 내적 동기에는 유능감과 자율성이 중요하다. 보상은 외적 동기를 높이는 것 중에 하나이다.

8 운동실천을 위한 행동수정 중재전략으로 적절하지 않은 것은?

① 운동화를 눈에 잘 띄는 곳에 둔다.
② 구체적이고 실현 가능한 목표를 설정한다.
③ 지각이나 결석이 없는 회원에게 보상을 제공한다.
④ 출석상황과 운동수행 정도를 공공장소에 게시한다.

☑ Advice   운동심리학
운동실천을 위한 행동수정 중재전략은 운동습관을 물리적인 환경에서 특정적인 요소를 변화하는 것이 중요한 전략이다. 행동수정 전략에는 운동을 해야 하는 단서 제공, 운동에 관련한 계약을 맺기, 출석이나 수행 정도를 공개적으로 게시, 보상, 피드백 제공 등이 있다.

9 〈보기〉의 정보처리 과정과 반응시간의 관계에서 ㉠~㉢에 들어갈 단계가 바르게 연결된 것은?

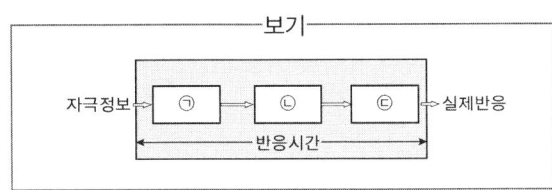

	㉠	㉡	㉢
①	의사결정 단계	반응선택 단계	반응실행 단계
②	의사결정 단계	반응실행 단계	반응선택 단계
③	감각, 지각 단계	반응선택 단계	반응실행 단계
④	감각, 지각 단계	반응실행 단계	반응선택 단계

☑ Advice   인간운동행동의 이해
㉠ 자극확인단계(감각-지각단계): 자극을 인식하고 감지하는 단계로 자극정보를 분석하여 해석하는 과정이다.
㉡ 반응선택단계: 자극정보에 적절한 반응을 선택하는 단계이다.
㉢ 반응실행단계: 선택한 반응을 실행하기 위해 필요한 신경 및 근육 활동을 준비하고 실행하는 단계이다.

ANSWER 6.③ 7.④ 8.② 9.③

10 〈보기〉의 사례와 관련있는 데시(E.L. Deci)와 라이언(R.M. Ryan)의 자결성이론(self-determination theory)의 구성요인이 바르게 연결된 것은?

―보기―
- ㉠ 현우는 뛰는 것을 그다지 좋아하지는 않지만, 체중조절과 건강증진을 위해서 매일 1시간씩 조깅을 한다.
- ㉡ 승아는 필라테스를 그다지 좋아하지는 않지만, 개인강습비를 지원해준 부모님에 대한 죄책감 때문에 학원에 다닌다.

	㉠	㉡
①	확인규제 (identified regulation)	의무감규제 (introjected regulation)
②	외적규제 (external regulation)	의무감규제 (introjected regulation)
③	내적규제 (internal regulation)	확인규제 (identified regulation)
④	의무감규제 (introjected regulation)	확인규제 (identified regulation)

☑ **Advice** 운동심리학

㉠ 확인규제 : 개인이 특정 행동의 가치를 인식하고 중요하다고 여길 때 발생하는 동기로 건강증진과 체중조절 등이 이에 해당한다.
㉡ 의무감규제 : 외부의 기대나 사회적 압력에 의해 내면화된 규제로 죄책감이나 불안감에 위한 행동이다.

11 〈보기〉는 성취목표성향 이론에서 자기목표성향(ego-goal orientation)과 과제목표성향(task-goal orientation)에 관한 예시이다. 이에 대한 해석이 옳은 것은?

―보기―
인호와 영찬이는 수업에서 테니스를 배운다. 이 둘은 실력이 비슷하다. 하지만 수업에서 인호는 테니스 기술을 배우는 것보다 다른 친구와 테니스 게임을 하여 이기는 것을 좋아한다. 반면에 영찬이는 테니스 기술에 중점을 두며 테니스 기술을 연마할 때마다 뿌듯해 한다.

① 영찬이는 실현 불가능한 과제를 자주 선택할 것이다.
② 인호는 자신의 기술향상을 위하여 개인 노력을 중시한다.
③ 인호는 영찬이를 이겼을 때 자신이 잘해서 승리하였다고 생각한다.
④ 인호는 학습의 증진과 연관된 자기-참고적(self-reference)인 목표를 가진 학생이다.

☑ **Advice** 스포츠수행의 심리적 요인

③ 인호는 자기목표성향이고 영찬이는 과제목표성향이다. 자기목표성향을 가진 인호는 승리했을 때 자신의 능력 덕분에 이겼다고 생각하는 경향이 있다.
① 과제목표성향을 가진 영찬이는 실현 가능한 과제를 선택하여 자신의 기술을 연마하는 경향이 있다.
② 인호는 승리를 중시하고 기술향상보다 다른 사람을 이기는 것에 중점을 둔다.
④ 자기-참고적 목표는 과제목표성향과 관련이 있다. 자기-참고적인 목표를 가진 학생은 영찬이 해당한다.

ANSWER 10.① 11.③

12 〈보기〉의 운동기능 연습법 내용과 관련 있는 것은?

---보기---

각 부분을 따로 연습한 후 전체 기술을 종합적으로 연습하는 순수분습법(pure - part practice)과 전체 운동기술 중에 첫 번째와 두 번째 요소를 각각 연습한 후 그 두 요소를 결합하고 이후 다음 요소를 다시 연습하는 과정을 거쳐 전체 기술을 습득해가는 점진적 분습법(progressive - part practice)으로 구분된다.

① 분절화
② 부분화
③ 분산연습
④ 집중연습

Advice 인간운동행동의 이해

① 분절화 : 복잡한 운동기술을 여러 부분으로 나누어 각 부분을 따로 연습하고 다시 전체 기술로 결합하여 연습하는 방법이다. 각 부분을 따로 연습한 후 전체 기술을 종합적으로 연습하는 순수분습법과, 첫 번째와 두 번째 요소를 각각 연습한 후 두 요소를 결합하고 다음 요소를 연습하여 전체 기술을 습득하는 점진적 분습법으로 구분된다.
② 부분화 : 복잡한 기술을 독립적인 부분으로 나누어 연습하는 방법이다.
③ 분산 연습 : 연습과 휴식 시간을 적절히 배분하여 연습하는 방법으로 피로를 줄이고 학습 효과를 높인다.
④ 집중 연습 : 연습을 집중적으로 하는 방법으로 연습과 연습 사이의 휴식시간이 거의 없다.

13 특성불안을 측정하는 검사지는?

① SCQ(Sport Cohesion Questionnaire)
② SCAT(Sport Competitive Anxiety Test)
③ CSAI - 2(Competitive State Anxiety Inventory - 2)
④ 16PF(Cattell's Sixteen Personality Factor Questionnaire)

Advice 스포츠수행의 심리적 요인

② SCAT : 마텐(Martens)에 의해 개발된 SCAT는 선수들의 경쟁 불안을 측정하는 도구로 특성불안 수준을 평가하는 데 사용된다.
① SCQ : 스포츠 응집력을 측정하는 검사로 팀 응집력과 관련된 요소를 평가한다.
③ CSAI - 2 : 상태불안을 측정하는 도구로 특정 시점이나 상황에서 느끼는 불안 수준을 평가한다.
④ 16PF : 카텔(Cattell)이 개발한 16PF는 16가지 성격 요인을 평가하는 도구로 전체적인 성격 특성을 측정한다.

ANSWER 12.① 13.②

14 〈보기〉의 ㉠ ~ ㉢에 들어갈 운동발달의 단계를 바르게 나열할 것은?

―― 보기 ――
반사운동단계→(㉠)→(㉡)→스포츠 기술단계→(㉢)→최고수행단계→퇴보단계

	㉠	㉡	㉢
①	초기움직임단계	성장과 세련단계	기본움직임단계
②	초기움직임단계	기본움직임단계	성장과 세련단계
③	기본움직임단계	성장과 세련단계	초기움직임단계
④	기본움직임단계	초기움직임단계	성장과 세련단계

✓Advice 인간운동행동의 이해 ·······················
반사운동단계 → ㉠ 초기움직임단계 → ㉡ 기본움직임단계 → 스포츠기술단계 → ㉢ 성장과 세련단계 → 최고수행단계 → 퇴보단계
※ 운동발달의 단계
㉠ 반사운동단계 : 출생 직후의 반사적인 움직임으로 임신기간과 출생 6개월까지 해당한다.
㉡ 초기움직임단계 : 출생 6개월부터 2세까지 시기에 해당하는 단계이다. 걷기나 뛰는 행동 등 기본적인 움직임이 형성되기 시작하는 단계이다.
㉢ 기본움직임단계 : 2세부터 6세까지의 단계이다. 달리기나 점프 등 초기 움직임이 더 정교해지고 조정되는 단계이다.
㉣ 스포츠기술단계 : 아동기(후) 12세 이후부터로 특정 스포츠 기술이 발달하는 단계이다.
㉤ 성장과 세련단계 : 청소년기에 단계로 운동기술이 더욱 정교해지고 효율적으로 수행되는 단계이다.
㉥ 최고수행단계 : 성인기에 단계로 운동기술이 최고 수준에 도달하는 단계이다.
㉦ 퇴보단계 : 노년기 단계로 운동기술이 감소하는 단계이다.

15 와인버그(R.S. Weinberg)와 굴드(D. Gould)의 바람직한 처벌 행동 지침에 관한 내용으로 옳지 않은 것은?

① 사람이 아니라 행동을 처벌한다.
② 동일한 규칙위반에 대해서는 동일하게 처벌한다.
③ 연습 중에 실수한 것에 대해서는 가볍게 처벌한다.
④ 규칙위반에 관한 처벌규정을 만들 때 선수의 의견을 반영한다.

✓Advice 스포츠수행의 심리적 요인 ·······················
③ 연습 중 실수는 학습 과정의 일부분으로 연습 중에 실수한 것은 처벌하지 않는다.
※ 바람직한 처벌 행동 지침(Weiner & Gould)
㉠ 사람이 아니라 행동을 처벌한다.
㉡ 동일한 규칙위반에 대해서는 동일하게 처벌한다.
㉢ 규칙 위반에 관한 처벌 규정을 만들 때 선수의 의견을 반영한다.
㉣ 처벌 규정은 명확하게 하고 처벌은 즉각적이고 일관되게 한다.
㉤ 규칙 위반에 대한 처벌은 일관성 있게 모든 선수에게 공평하게 적용한다. 처벌은 행동의 수정과 개선을 목적으로 한다.
㉥ 연습 중의 실수는 학습 과정으로 여기고 처벌하지 않는다.

16 스포츠심리상담에서 상담자가 활용할 수 있는 기법에 관한 설명으로 옳지 않은 것은?

① 적극적 경청 : 내담자의 말에 적절하게 행동으로 반응한다.
② 관심집중 : 내담자의 말이 끝날 때까지 내담자를 계속 관찰한다.
③ 신뢰형성 : 내담자 개인의 정신적 고민이나 감정적 호소에 귀 기울인다.
④ 공감적 이해 : 내담자에게는 생각할 시간을 충분히 주고, 상담자는 반응을 짧게 한다.

✓Advice 스포츠심리상담 ·······················
② 관심집중 기법에서 시선은 적절하게 맞춘다. 부담스럽지 않게 계속 관찰하지 않고 시선은 옮겨주면서 부드럽게 맞춘다.

ANSWER 14.② 15.③ 16.②

17 운동발달에 관한 설명으로 옳지 않은 것은?

① 운동발달에는 개인차가 존재한다.
② 운동발달 과정에는 민감기(sensitive period)가 있다.
③ 운동발달은 운동행동이 연속적으로 변화하는 과정이다.
④ 운동발달 상황에서 공통적으로 나타나는 행동을 개체발생적 운동행동이라고 한다.

⊠Advice 인간운동행동의 이해 ················

④ 개체발생적 운동행동은 개인의 독특한 발달 패턴이다. 공통적으로 나타나는 행동은 종족발생적 운동행동에 해당한다.

18 신체활동은 일련의 단계를 거쳐 변화한다는 것을 기본적인 전제로 하는 운동행동이론은?

① 계획행동이론(theory of planned behavior)
② 건강신념모형(health belief model)
③ 변화단계이론(transtheoretical model)
④ 합리적 행동이론(theory of reasoned action)

⊠Advice 운동심리학 ················

③ 변화단계이론은 행동 변화를 일련의 연속적인 과정으로 보고 각 단계에서 필요한 전략과 개입을 달리함으로써 효과적인 행동 변화를 촉진한다는 이론이다.

19 〈보기〉의 내용과 관련 있는 불안이론은?

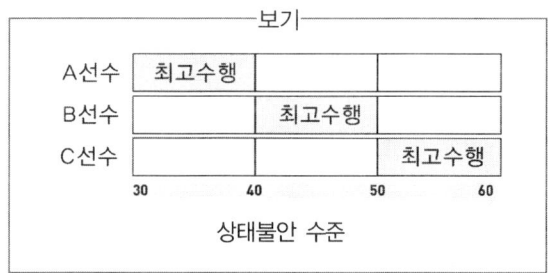

① 적정수준이론(optimal level theory)
② 전환이론(reversal theory)
③ 다차원불안이론(multidimensional anxiety model)
④ 최적수행지역이론(zone of optimal functioning theory)

⊠Advice 스포츠수행의 심리적 요인 ················

〈보기〉에서 A 선수, B 선수, C 선수는 각기 다른 불안 수준에서 최고 수행을 발휘하고 있다. 이는 개별 선수가 최고의 수행을 발휘할 수 있는 고유의 불안 수준이 존재한다는 최적수행지역이론에 해당한다.

ANSWER 17.④ 18.③ 19.④

20 사회적 태만(social loafing) 현상을 극복하기 위한 지도전략으로 옳지 않은 것은?

① 사회적 태만 허용상황을 미리 설정하지 않게 한다.
② 대집단보다는 소집단(포지션별)을 구성하여 훈련한다.
③ 지도자는 선수 개개인의 노력을 확인하고 이를 인정한다.
④ 선수들이 자신의 포지션뿐만 아니라 다른 역할도 경험하게 한다.

Advice 스포츠수행의 사회 심리적 요인

① 사회적 태만 허용상황은 규정을 명확히 설정을 한다.
※ 사회적 태만 현상을 극복하기 위한 지도전략
　㉠ 개인의 책임감 증대
　㉡ 사회적 태만 방지를 위한 명확한 규칙 설정
　㉢ 팀 내 커뮤니케이션을 강화
　㉣ 칭찬 및 보상과 노력을 가시화하고 구체적인 피드백을 통해 개인의 기여를 인정
　㉤ 공동 목표를 설정하고 성과를 공유하여 목표 달성 시 개인에게 이익이 가도록 설정
　㉥ 작은 팀을 구성하여 소집단의 포지션별로 구성하여 훈련

한국체육사

1 한국체육사의 시대구분에 관한 내용으로 적절하지 않은 것은?

① 고대체육은 부족국가 및 삼국시대로 구분할 수 있다.
② 광복을 전후로 고대체육과 전통체육으로 구분할 수 있다.
③ 갑오경장을 전후로 전통체육과 근대체육으로 구분할 수 있다.
④ 고대체육, 중세체육, 근대체육, 전통체육으로 구분할 수 있다.

Advice 체육사의 의미

② 갑오개혁을 중심으로 전통체육과 근대체육으로 구분한다.

2 체육 관련 사료 중 문헌사료가 아닌 것은?

① 고구려 무용총 수렵도(狩獵圖)
② 무예도보통지(武藝圖譜通志)
③ 조선체육계(朝鮮體育界)
④ 손기정 회고록(回顧錄)

Advic 체육사의 의미

① 고구려 시대의 수렵 장면을 그린 그림으로 시각적 자료에 해당한다.

ANSWER 20.① / 1.② 2.①

3 부족국가시대의 저포(樗蒲)에 관한 설명으로 옳은 것은?

① 위기(圍棋)라는 용어로 불리기도 하였다.
② 제천의식과 관련된 대표적인 민속놀이였다.
③ 두 사람이 서로 맞잡고 힘을 겨루는 경기였다.
④ 달리는 말 위에서 여러 가지 동작을 행하는 경기였다.

Advice 선사 · 삼국시대
② 저포(樗蒲)는 고대 제천의식과 관련된 민속놀이로 주로 귀족층에서 행해졌다.

4 화랑도의 교육방법에 관한 설명으로 옳지 않은 것은?

① 입산수행은 화랑도 교육활동의 하나였다.
② 심신일체론적 사상을 바탕으로 전인 교육을 지향하였다.
③ 편력(遍歷)은 명산대천을 돌아다니며 수련하는 야외활동이었다.
④ 삼강오륜(三綱五倫)의 붕우유신(朋友有信)을 바탕으로 도의 교육을 실시하였다.

Advice 선사 · 삼국시대
④ 삼강오륜은 유교의 기본 윤리이다. 화랑도의 교육은 세속오계(世俗五戒)를 바탕으로 사군이충(事君以忠), 사친이효(事親以孝), 교우이신(交友以信), 임전무퇴(臨戰無退), 살생유택(殺生有擇)이 있다.

5 삼국시대 민속놀이의 명칭이 바르게 연결된 것은?

① 석전(石戰) – 제기차기
② 마상재(馬上才) – 널뛰기
③ 방응(放鷹) – 매사냥
④ 수박(手搏) – 장기

Advice 선사 · 삼국시대
① 석전(石戰) : 돌을 던지는 전투 놀이이다.
② 마상재(馬上才) : 말 위에서 행하는 재주이다.
④ 수박(手搏) : 손으로 싸우는 무예이다.

6 〈보기〉의 ( ) 안에 들어갈 용어는?

―보기―
고려시대 최고의 교육기관인 국자감에는 7재(七齋)를 두었는데, 그 중 무학을 공부하는 ( )가 있었다. 이를 통해 고려의 관학에서는 무예 교육이 중시되었음을 알 수 있다.

① 강예재(講藝齋)   ② 대빙재(待聘齋)
③ 경덕재(經德齋)   ④ 양정재(養正齋)

Advice 고려시대 국자감에서 무학을 공부하는 학재
강예재는 고려시대 국자감에서 무학을 공부하는 학재이다. 대빙재, 경덕재, 양정재는 고려시대 국자감의 학재 중 하나지만 무학과 관련 없다.

ANSWER 3.② 4.④ 5.③ 6.①

7 〈보기〉의 고려시대 격구(擊毬)에 관한 설명 중 옳은 것으로만 묶인 것은?

───── 보기 ─────
㉠ 왕, 귀족, 무인들의 오락이나 스포츠로 발달했다.
㉡ 가죽주머니로 만든 공을 발로 차는 형식의 무예이다.
㉢ 말타기 능력의 향상 및 군사훈련을 위한 수단으로 활용되었다.
㉣ 서민들의 오락적 신체 활동으로 급속히 확산되었다.

① ㉠, ㉡
② ㉠, ㉢
③ ㉡, ㉣
④ ㉢, ㉣

✉ **Advice**　고려·조선시대
㉡ 격구는 말 위에서 공을 치는 형태의 스포츠이다.
㉣ 격구는 주로 귀족과 무인들이 즐겼다.

8 〈보기〉의 ㉠, ㉡에 해당하는 고려시대 무예의 명칭이 바르게 연결된 것은?

───── 보기 ─────
(㉠)은/는 고려시대 무인들에게 적극 권장되었으며, 명종(明宗, 1170~1197) 때에는 이 무예를 겨루게 하여 승자에게 벼슬을 주었다.
(㉡)은/는 유교를 치국의 도(道)로 삼았던 고려시대에도 6예의 어(御)에 속하는 것으로 군자의 중요한 덕목 중 하나였다.

　　㉠　　　　　㉡
① 격구(擊毬)　　수박(手搏)
② 수박(手搏)　　마술(馬術)
③ 마술(馬術)　　궁술(弓術)
④ 궁술(弓術)　　방응(放鷹)

✉ **Advice**　고려·조선시대
㉠ 수박(手搏) : 손으로 싸우는 무예로 고려시대 무인들에게 적극 권장되었으며, 명종(明宗, 1170~1197) 때에는 이 무예를 겨루게 하여 승자에게 벼슬을 주었다.
㉡ 마술(馬術) : 말을 다루고 타는 기술로 유교를 치국의 도(道)로 삼았던 고려시대에도 6예의 어(御)에 속하는 것으로 군자의 중요한 덕목 중 하나였다.

ANSWER　7.②　8.②

9 조선시대 사정(射亭)에 관한 설명으로 옳지 않은 것은?

① 전국에 사정(射亭)을 설치하고 습사(習射)를 장려하였다.
② 관설사정(官設射亭)과 민간사정(民間射亭)이 있었다.
③ 병서(兵書) 강습과 마상(馬上) 무예 훈련을 주로 하였다.
④ 민간사정(民間射亭)으로 오운정(五雲亭), 등룡정(登龍亭) 등이 있었다.

Advice 고려 · 조선시대
③ 사정(射亭)은 주로 활쏘기(궁술) 훈련을 하는 곳이다.

10 조선시대 줄다리기에 관한 설명으로 옳은 것은?

① 동채싸움으로도 불리며, 동네별로 승부를 겨루는 경기였다.
② 상박(相搏)으로도 불리며, 궁정과 귀족사회의 유희 중 하나였다.
③ 추천(鞦韆)으로도 불리며, 단오절에 많이 행해진 서민들의 민속놀이였다.
④ 삭전(索戰), 갈전(葛戰)으로도 불리며, 촌락공동체의 의례적 연중행사로 성행했다.

Advice 고려 · 조선시대
① 동채를 이용한 싸움으로 줄다리기와 다르다.
② 상박은 씨름을 의미한다.
③ 추천은 그네뛰기를 의미한다.

11 개화기 이화학당에 관한 설명으로 옳은 것은?

① 스크랜턴(M. Scranton)이 설립한 학교로 체조를 교과목으로 편성했다.
② 아펜젤러(H. Appenzeller)가 설립한 학교로 각종 서구 스포츠를 도입했다.
③ 이승훈이 설립한 학교로 민족정신의 고취와 체력 단련을 위해 체육을 강조했다.
④ 개화파 관리들이 중심이 되어 설립한 학교로 무사양성을 위한 무예반을 설치했다.

Advice 한국 근 · 현대
② 아펜젤러가 설립한 학교는 배재학당이다.
③ 이승훈이 설립한 학교는 오산학교이다.
④ 원산학사에 관한 설명이다.

12 〈보기〉의 ㉠, ㉡에 들어갈 용어가 바르게 연결된 것은?

─보기─
(㉠)은/는 1903년 10월 18일에 발족되었으며, 1906년 운동부를 개설하여 개화기에 가장 활발하게 체육활동을 전개한 체육단체 중 하나였다. 이 단체의 총무였던 (㉡)은/는 야구, 농구 등의 다양한 근대스포츠 문화를 우리나라에 소개하고 확산시키는 노력을 하였다.

	㉠	㉡
①	회동구락부	언더우드(H. Underwood)
②	대동체육부	노백린
③	무도기계체육부	윤치호
④	황성기독교청년회	질레트(P. Gillett)

Advice 한국 근 · 현대
1903년 10월 18일에 발족되었으며, 1906년에 운동부를 개설하여 개화기 시기에 가장 활발하게 체육활동을 전개한 체육단체 중 하나는 황성기독교청년회이다. 질레트는 YMCA의 총무로서, 야구, 농구 등 다양한 근대스포츠 문화를 한국에 소개하고 확산시켰다.

ANSWER 9.③ 10.④ 11.① 12.④

13 개화기에 설립된 체육단체가 아닌 것은?

① 조선체육협회
② 대한체육구락부
③ 대한국민체육회
④ 대한흥학회운동부

Advice 한국 근·현대
① 조선체육협회는 일제강점기에 설립되었다.

14 〈보기〉에서 설명하는 인물은?

―보기―
- 조선체력증진법연구회를 설립하고, 전국의 역도 보급에 앞장섰다.
- 1926년 휘문고등학교 체육교사로 부임해 역도부를 조직하고 지도했다.
- 대한체조협회 회장, 대한씨름협회 회장을 역임하며 한국 스포츠 발전에 공헌을 했다.

① 서상천
② 백용기
③ 이원용
④ 유억겸

Advice 한국 근·현대
서상천은 조선체력증진법연구회를 설립하고 전국의 역도 보급에 앞장섰다. 1926년 휘문고등학교 체육교사로 부임해 역도부를 조직하고 지도했다. 또한, 대한체조협회 회장, 대한씨름협회 회장을 역임하며 한국 스포츠 발전에 크게 기여했다.

15 일제강점기에 발생한 체육사적 사실이 아닌 것은?

① 경성운동장이 설립되어 각종 스포츠대회가 개최되었다.
② 덴마크의 닐스 북(Neils Bukh)이 체조강습회를 개최했다.
③ 남승룡이 베를린 올림픽경기대회에서 동메달을 획득했다.
④ 영어학교에서 한국 최초의 운동회인 화류회가 개최되었다.

Advice 한국 근·현대
④ 1896년(고종 22)에 화류회(花柳會)를 개최하였다.

16 〈보기〉에 해당하는 체육단체에 관한 설명으로 옳지 않은 것은?

―보기―
- 고려구락부를 모체로 설립된 단체이다.
- 1920년 7월 동아일보사의 후원으로 일본유학생과 국내체육인들이 조선인의 체육을 장려할 목적으로 설립하였다.

① 1920년 전조선야구대회를 개최했다.
② 스포츠 보급의 일환으로 운동구점을 설치하고 운영하였다.
③ 1925년 경성운동장 개장을 기념하기 위해 조선신궁경기대회를 개최했다.
④ 육상경기의 연구를 위한 육상경기위원회 조직과 육상경기규칙을 편찬했다.

Advice 한국 근·현대
③ 조선신궁경기대회는 일제강점기 일본이 주도한 대회이다.

ANSWER 13.① 14.① 15.④ 16.③

17 〈보기〉의 ㉠, ㉡에 해당하는 국제대회가 바르게 연결된 것은?

─── 보기 ───
1990년 남북체육장관회담의 결과, 1991년 사상 첫 남북 스포츠 단일팀이 구성되었다. (㉠)에 남북단일팀으로 참가한 코리아 팀은 여자단체전에서 세계를 제패했으며, (㉡)에도 청소년대표팀이 남북단일팀으로 참가하여 8강 진출이라는 위업을 달성했다.

	㉠	㉡
①	41회 지바세계탁구선수권 대회	제4회 멕시코세계청소년축구대회
②	32회 사라예보세계탁구선수권 대회	제6회 포르투갈세계청소년축구대회
③	32회 사라예보세계탁구선수권 대회	제4회 멕시코세계청소년축구대회
④	41회 지바세계탁구선수권 대회	제6회 포르투갈세계청소년축구대회

Advice 한국 근·현대
㉠ 제41회 세계 탁구 선수권 대회는 1991년 일본 지바에서 열린 세계탁구선수권대회에 남북단일팀이 참가하여 여자단체전에서 우승을 했다.
㉡ 제6회 포르투칼세계청소년축구대회는 1991년 포르투갈에서 열린 세계청소년축구대회에 남북단일팀이 참가하여 8강에 진출하였다.

18 〈보기〉의 ㉠~㉣을 연대순으로 바르게 연결한 것은?

─── 보기 ───
㉠ 한국은 동계올림픽경기대회에 최초로 태극기를 단 선수단을 파견하였다.
㉡ 한국은 최초로 하계올림픽경기대회를 개최하였고 종합 4위의 성적을 거두었다.
㉢ 남한과 북한의 선수가 최초로 하계올림픽경기대회에서 동시 입장을 하였다.
㉣ 한국은 광복 후 하계올림픽경기대회에서 최초로 금메달을 획득하였다.

① ㉠ - ㉢ - ㉡ - ㉣
② ㉠ - ㉢ - ㉣ - ㉡
③ ㉠ - ㉣ - ㉡ - ㉢
④ ㉣ - ㉠ - ㉡ - ㉢

Advice 한국 근·현대
㉠ 한국은 동계올림픽대회에 최초로 태극기를 단 선수단을 파견한 해는 1948년이다.
㉣ 한국은 최초로 하계올림픽경기대회를 개최하였고 종합 4위의 성적을 거둔 해는 1987년이다.
㉡ 1988년에 남한과 북한의 선수가 최초로 하계올림픽경기대회에서 동시 입장을 하였다.
㉢ 한국이 광복 후 하계올림픽경기대회에서 최초로 금메달을 획득한 해는 2000년이다.

ANSWER 17.④ 18.③

19 〈보기〉에서 설명하는 올림픽경기대회는?

―보기―
- 1936년에 개최된 하계올림픽경기대회였다.
- 마라톤경기에서 손기정 선수가 금메달을 획득했다.
- 일장기 말소사건은 국권회복과 민족의식을 일깨워주는 계기가 되었다.

① 제9회 암스테르담 올림픽경기대회
② 제11회 베를린 올림픽경기대회
③ 제14회 런던 올림픽경기대회
④ 제17회 로마 올림픽경기대회

☑ **Advice** 한국 근·현대
제11회 베를린 올림픽경기대회는 1936년에 개최되었다. 손기정 선수는 제11회 베를린 올림픽 마라톤에서 금메달을 획득하였다. 손기정 선수의 우승 사진에서 일장기를 말소한 사건은 한국의 민족의식을 일깨우는 계기가 되었다.

20 〈보기〉의 내용을 실시한 정권의 스포츠 정책이 아닌 것은?

―보기―
1982년 중앙정부행정조직에 체육부를 신설하고, 아시안게임과 올림픽경기대회의 준비, 우수선수 육성 및 지도자의 양성 등 스포츠 진흥운동을 전개했다.

① 프로축구의 출범　② 프로야구의 출범
③ 태릉선수촌의 건립　④ 국군체육부대의 창설

☑ **Advice** 한국 근·현대
③ 태릉선수촌은 1966년에 건립되었다.

ANSWER 19.② 20.③ / 1.④

운동생리학

1 〈보기〉의 ㉠~㉣에 해당하는 용어를 바르게 나열한 것은?

―보기―
- 골격근은 (㉠)신경계의 조절에 의해 (㉡)으로 수축한다.
- 걷기와 같은 저강도 운동 중에는 (㉢) 섬유가 주로 동원되고 전력 질주와 같은 고강도 운동 중에는 (㉣) 섬유가 주로 동원된다.

	㉠	㉡	㉢	㉣
①	자율	수의적	type I	type II
②	체성	불수의적	type II	type I
③	자율	불수의적	type II	type I
④	체성	수의적	type I	type II

☑ **Advice** 골격근과 운동
골격근은 체성신경계의 조절에 의해 수의적으로 수축한다. 걷기와 같은 저강도 운동 중에는 type I 섬유가 주로 동원되고 전력 질주와 같은 고강도 운동 중에는 type II 섬유가 주로 동원된다.

2 안정 시와 운동 중 에너지 소비량 측정 및 추정에 관한 설명으로 옳지 않은 것은?

① 직접 열량 측정법은 열 생산을 측정함으로써 에너지 소비량을 측정한다.
② 간접 열량 측정법은 산소 소비량과 이산화탄소 배출량을 이용하여 에너지 소비량을 추정한다.
③ 호흡교환율은 질소 배출량과 산소 소비량의 비율을 의미하며, 체내 지방과 단백질의 대사 이용 비율을 추정한다.
④ 이중표식수(doubly labeled water) 검사법은 동위원소 기법을 사용해 에너지 소비량을 추정한다.

☑ **Advice** 에너지 대사와 운동
③ 호흡교환율은 산소 소비량과 이산화탄소 배출량의 비율이다.

3 운동 중 심근(myocardium)으로 혈액을 공급하는 동맥은?

① 관상동맥
② 폐동맥
③ 하대동맥
④ 상대동맥

☑ **Advice** 호흡·순환계와 운동
① 관상동맥은 심장 근육(심근)에 산소와 영양분을 공급하는 동맥이다.

4 해수면과 비교하여 고지 환경에서 운동 시 생리적 반응으로 옳지 않은 것은?

① 최대하 운동 시 폐환기량이 증가한다.
② 최대하 운동 시 심박수와 심박출량은 감소한다.
③ 최대하 운동 시 동맥혈 산화헤모글로빈 포화도는 감소한다.
④ 무산소 운동능력보다 유산소 운동능력이 더 감소한다.

☑ **Advice** 환경과 운동
② 고지 환경에서는 산소 운반 능력을 보상하기 위해 심박수와 심박출량이 증가한다.

5 유산소 트레이닝에 의한 골격근의 적응 현상으로 옳지 않은 것은?

① 모세혈관의 밀도 증가
② TypeⅡ 섬유의 현저한 크기 증가
③ 마이오글로빈의 함유량 증가
④ 미토콘드리아의 수와 크기 증가

☑ **Advice** 골격근과 운동
② 유산소 트레이닝으로 TypeⅠ 섬유의 비대가 일어난다.

ANSWER 2.③ 3.① 4.② 5.②

6 〈보기〉에서 운동 중 호흡계 전도영역의 기능으로만 묶인 것은?

―보기―
㉠ 호흡하는 공기에 습기를 제공한다.
㉡ 폐포의 표면장력을 감소시키는 표면활성제(surfactant)를 제공한다.
㉢ 공기를 여과하는 역할을 한다.
㉣ 호흡가스 확산을 증가시킨다.

① ㉠, ㉡
② ㉠, ㉢
③ ㉡, ㉢
④ ㉢, ㉣

✓Advice 호흡·순환계와 운동
㉡ 폐포의 표면장력을 감소시키는 표면활성제(surfactant)를 제공하는 것은 폐포의 기능의 기능으로 전도영역이 아니다.
㉣ 호흡가스 확산은 주로 폐포에서 이루어지는 기능이다.

7 〈보기〉의 내용 중 옳은 것으로만 묶인 것은?

―보기―
㉠ 유산소 시스템 : 장시간의 운동 시 글루코스 외에도 유리지방산을 이용하여 ATP합성
㉡ 유산소 시스템 : 세포질에서 크렙스회로와 전자전달계를 통해 ATP 합성
㉢ 무산소 해당 시스템 : 혈액 혹은 글리코겐으로부터 얻어진 포도당을 피루브산으로 분해
㉣ 무산소 해당 시스템 : 산화적 인산화를 통해 피루브산을 젖산으로 분해
㉤ ATP - PCr 시스템 : 세포 내 ADP 또는 Pi의 농도가 증가할 때 포스포프록토키나아제(PFK)를 활성화시켜 ATP 합성
㉥ ATP - PCr 시스템 : 단시간의 폭발적인 힘을 발휘하는 운동 시 PCr이 분해되며 발생한 에너지를 이용하여 ATP 합성

① ㉠, ㉢, ㉥
② ㉠, ㉣, ㉤
③ ㉡, ㉢, ㉥
④ ㉡, ㉣, ㉤

✓Advice 에너지 대사와 운동
㉡ 크렙스회로와 전자전달계는 세포질이 아닌 미토콘드리아이다.
㉣ 무산소 해당 시스템에서는 피루브산이 젖산으로 전환되지만, 산화적 인산화는 유산소 과정이다.
㉤ ATP-PCr 시스템에서 중요한 효소는 크레아틴 키나아제이며, PFK는 해당 과정의 주요 효소이다.

ANSWER 6.② 7.①

8 〈보기〉의 ㉠, ㉡에 들어갈 호르몬이 바르게 연결된 것은?

―보기―
규칙적인 신체활동을 통해 골형성을 자극하거나 활동부족으로 골손실을 자극하는 칼슘(Ca^{2+}) 조절 호르몬의 역할에 대한 설명이다.
- (㉠)은 혈중 칼슘 농도가 증가하면 뼈의 칼슘 방출을 감소시킨다.
- (㉡)은 혈중 칼슘 농도가 감소하면 뼈의 칼슘 방출을 증가시킨다.

	㉠	㉡
①	인슐린	부갑상선호르몬
②	안드로겐	티록신
③	칼시토닌	부갑상선호르몬
④	글루카곤	티록신

Advice 내분비계와 운동 ·····
㉠ 칼시토닌은 혈중 칼슘 농도가 증가하면 뼈의 칼슘 방출을 감소시킨다.
㉡ 부갑상선호르몬은 혈중 칼슘 농도가 감소하면 뼈의 칼슘 방출을 증가시킨다.

9 근섬유(muscle fiber) 및 근원섬유(myofibril)에 관한 설명으로 옳은 것은?

① 근섬유는 여러 개의 핵을 가진 다른 세포들과 다르게 단핵세포로 구성된다.
② 근섬유는 결합조직인 근내막(endomysium)으로 싸여 있다.
③ 근원섬유는 근세포라 불리며, 가는 세사와 굵은 세사로 구성된다.
④ 근원섬유의 막 주위에는 위성세포(satellite cells)가 존재한다.

Advice 골격근과 운동 ·····
① 근섬유는 하나의 근육세포지만 다핵세포이다.
③ 근원섬유는 미세섬유 형태이다. 근육미세섬유가 가는 세사와 굵은 세사로 구성된다.
④ 말초신경계 신경절에 있는 신경 아교 세포이다.

10 골격근의 수축형태와 기능에 관한 설명으로 옳은 것은?

① 단축성 수축은 동적 수축이며 속도가 빠를수록 더 큰 힘이 생성된다.
② 단축성 수축은 근절의 길이가 짧아지는 수축이며 근절의 길이가 최소일 때 최대 힘이 생성된다.
③ 신장성 수축은 정적 수축이며 속도가 0일 때 최대 힘이 생성된다.
④ 동일 근육에서의 신장성 수축은 단축성 수축에 비해 같은 속도에서 더 큰 힘이 생성된다.

Advice 골격근과 운동 ·····
① 단축성 수축은 동축 수축에 해당하지만 속도가 너무 빠르면 오히려 힘이 감소한다.
② 근육이 빠르게 수축하면 교차연결 수의 제한으로 인해 생산되는 근육 힘의 양이 감소한다.
③ 신장성 수축은 근육의 길이가 늘어나면서 수축하는 동적인 수축 형태에 해당한다.

ANSWER 8.③ 9.② 10.④

11 〈보기〉의 심전도(ECG)에 관한 설명 중 옳은 것으로만 묶인 것은?

―보기―
㉠ 심방을 통한 전도속도가 감소하면 P파는 넓어진다.
㉡ PR간격은 심방의 탈분극부터 심실의 탈분극 전까지 걸리는 시간이다.
㉢ QRS복합파를 이용해서 심박수를 측정할 수 없다.
㉣ QRS복합파는 심실에서의 탈분극을 일컫는다.
㉤ ST분절은 심실 재분극에 소요되는 총 시간이다.

① ㉠, ㉡, ㉣
② ㉠, ㉡, ㉤
③ ㉡, ㉢, ㉣
④ ㉢, ㉣, ㉤

☑ Advice 호흡·순환계와 운동 ··

㉢ QRS복합파를 이용해서 심박수를 측정할 수 있다.
㉤ ST 분절은 QRS파 종점에서 T파의 시작점 사이의 간격이다.

12 운동 시 호르몬이 분비되는 내분비선과 주요기능에 관한 설명으로 옳지 않은 것은?

	호르몬	내분비선	주요기능
①	알도스테론	부신피질	나트륨(Na^+) 흡수, 수분 손실 억제
②	코티졸	부신피질	당신생, 유리지방산 동원 증가
③	에피네프린	부신수질	근육과 간 글리코겐 분해, 유리지방산 동원 증가
④	성장호르몬	뇌하수체후엽	단백질 합성 증가, 유리지방산 동원 증가

☑ Advice 내분비계와 운동 ··

④ 성장호르몬(GH)의 내분비선은 뇌하수체 전엽이다. 주요 기능은 성장, 뼈 성장, 대사와 관련한 기능을 한다.

ANSWER 11.① 12.④

13 유산소 운동 중 호흡계의 환기량 증가 요인에 관한 설명으로 옳지 않은 것은?

① 중추 화학적 수용체인 경동맥체와 대동맥체는 동맥의 산소 분압 증가에 따라 환기량 증가를 자극한다.
② 근육 내 화학적 수용체는 칼륨(K^+)과 수소(H^+)의 농도 증가에 따라 환기량 증가를 자극한다.
③ 근방추나 골지힘줄기관의 구심성 신경자극 증가는 환기량 증가를 자극한다.
④ 사용된 근육의 운동단위 증가는 환기량 증가를 자극한다.

☑**Advice** 호흡·순환계와 운동 ···
① 산소 분압 감소에 따라 환기량 증가를 자극한다.

14 〈보기〉에서 설명하는 신경세포 활동전위의 단계는?

―보기―
• 칼륨(K^+) 채널이 열려있고, 칼륨이 세포 외로 이동하면서 세포 내는 음전하를 띠게 되는 단계
• 이 단계 이후 칼륨 채널이 닫히고, 칼륨의 세포 외 유출이 적어짐에 따라 안정막전위로 복귀

① 과분극 ② 탈분극
③ 재분극 ④ 불응기

☑**Advice** 호흡·순환계와 운동 ···
과분극은 신경 전달 물질이 신경 세포막의 나트륨 채널을 통해 세포 내부에 유입될 때 발생하는 상태이다. 〈보기〉에서 칼륨(K^+) 채널이 열려있고, 칼륨이 세포 외로 이동하면서 세포 내는 음전하를 띠게 되는 단계는 과분극의 단계에 해당한다.

15 〈보기〉에서 설명하는 용어는?

―보기―
• 운동뉴런의 말단과 근섬유가 접합되어 있는 기능적 연결부위
• 신경전달물질이 분비되는 공간
• 시냅스 전 축삭말단, 시냅스 간극, 근섬유 원형질막의 운동종판으로 구성

① 시냅스(synapse, 연접)
② 운동단위(motor unit)
③ 랑비에르 결절(node of Ranvier)
④ 신경근 접합부(neuromuscular junction)

☑**Advice** 내분비계와 운동 ···
④ 신경부 접합부는 근섬유에 연결된 체성신경 운동뉴런의 시냅스에 해당한다. 운동뉴런의 말단과 근섬유가 접합되어 있는 기능적 연결부위로 신경전달물질이 분비되는 공간이다.

16 〈보기〉에서 설명하는 열손실 기전은?

―보기―
• 피부의 땀이나 호흡을 통하여 체열을 손실시킨다.
• 실내 트레드밀 달리기 중 열손실의 가장 주된 기전이다.
• 대기조건(습도, 온도)과 노출된 피부 표면적의 영향을 받는다.

① 복사 ② 대류
③ 증발 ④ 전도

☑**Advice** 에너지 대사와 운동 ···
피부의 땀이나 호흡을 통하여 체열을 손실시키고 열손실의 가장 주된 기전인 것은 증발에 해당한다.

ANSWER 13.① 14.① 15.④ 16.③

17 〈보기〉에서 설명하는 것은?

―보기―
- 고온환경의 운동 중 극도의 피로, 혼란, 혼미, 현기증, 구토
- 심한 탈수 현상으로 심혈관계가 인체의 요구에 적절히 대처하지 못함
- 심부체온 40℃ 미만

① 열사병
② 열탈진
③ 열순응
④ 저나트륨혈증

✓ Advice 환경과 운동

〈보기〉에서 고온환경의 운동 중 극도의 피로, 혼란, 혼미, 현기증, 구토가 나타나고 심한 탈수가 나타나며 심부체온이 40℃ 미만인 것은 열탈진에 해당한다.

18 〈보기〉에 제시된 감각 – 운동 신경계의 인체 운동 반응 조절 과정을 단계별로 바르게 나열한 것은?

―보기―
㉠ 자극이 감각 뉴런을 통해 중추신경계로 전달된다.
㉡ 운동 자극이 중추신경계에서 운동 뉴런으로 전달된다.
㉢ 운동 자극이 근섬유에 전달되면 운동 반응이 일어난다.
㉣ 중추신경계가 정보를 해석하고 운동 반응을 결정한다.
㉤ 감각 수용기가 감각 자극을 받아들인다.

① ㉠ → ㉤ → ㉡ → ㉢ → ㉣
② ㉠ → ㉤ → ㉣ → ㉢ → ㉡
③ ㉤ → ㉠ → ㉡ → ㉢ → ㉣
④ ㉤ → ㉠ → ㉣ → ㉡ → ㉢

✓ Advice 신경조절과 운동

감각 – 운동 신경계의 인체 운동 반응 조절 과정은 '㉤ → ㉠ → ㉣ → ㉡ → ㉢'이다.

ANSWER 17.② 18.④

19 저항성 트레이닝에 의한 근력 향상의 요인으로 적절하지 않은 것은?

① Type Ⅰ 섬유 수의 증가
② Type Ⅱ 섬유 크기의 증가
③ 동원되는 운동단위 수의 증가
④ 동원되는 십자형교(cross – bridge) 수의 증가

Advice 골격근과 운동
① Type Ⅰ 섬유 수의 증가가 근력 향상 요인에 해당하지 않는다. 근육 단백질 합성이나 운동 단위 활성화 등으로 근력 향상이 될 수 있다.

20 고강도 운동 시 심박출량 증가 요인으로 옳지 않은 것은?

① 혈중 에피네프린 증가에 따른 심박수 증가
② 활동근의 근육펌프 작용에 따른 정맥회귀량 증가
③ 교감신경계의 활성에 따른 심실수축력 증가
④ 부교감신경계의 활성에 따른 심박수 증가

Advice 호흡·순환계와 운동
④ 교감신경계의 활성에 따른 심박수가 증가한다.

운동역학

1 운동역학의 연구목적으로 적절하지 않은 것은?

① 운동기술 향상
② 운동불안 완화
③ 운동장비 개발
④ 스포츠 손상 예방

Advice 운동역학의 이해
② 운동불안은 심리학적 측면과 관련이 있다.

2 해부학적 자세에서 몸의 중심을 기준으로 한 방향 용어의 사용이 옳지 않은 것은?

① 복장뼈(흉골 : sternum)는 어깨의 가쪽(외측 : lateral)에 있다.
② 손목관절은 팔꿈치관절보다 먼쪽(원위 : distal)에 있다.
③ 엉덩이는 무릎보다 몸쪽(근위 : proximal)에 있다.
④ 머리는 발보다 위(상 : superior)에 있다.

Advice 인체역학
① 복장뼈(sternum)는 가슴 앞쪽으로 몸의 정중앙에 위치한다. 복장뼈의 가쪽에 있다.

3 운동의 종류에 관한 설명으로 옳은 것은?

① 병진운동에는 직선운동만 있다.
② 곡선운동은 회전운동에 포함되는 운동이다.
③ 복합운동은 병진운동과 회전운동이 혼합된 운동이다.
④ 병진운동은 한 개의 고정된 축을 중심으로 물체가 회전하는 운동이다.

Advice 운동역학의 이해
① 병진운동에는 직선운동뿐만 아니라 곡선운동도 포함한다.
② 곡선운동은 병진운동의 일종이다.
④ 한 개의 고정된 축을 중심으로 물체가 회전하는 운동은 회전운동이다.

4 인체의 물리량과 물리적 특성에 관한 설명으로 옳은 것은?

① kg은 무게의 단위이다.
② 질량은 스칼라(scalar)이고, 무게는 벡터(vector)이다.
③ 무게중심의 위치는 자세와 상관없이 항상 인체 내부에 있다.
④ 질량은 인체가 가지고 있는 관성의 척도로 장소에 따라 크기가 변한다.

Advice 운동역학의 이해
① kg은 질량의 단위이다. 무게는 중력의 영향을 받아 뉴턴(N)으로 측정된다.
③ 무게중심의 위치는 자세에 따라 변한다.
④ 질량은 인체가 가지고 있는 물질의 양이다. 장소에 따라 변하지 않는다.

5 인체의 안정성에 관한 설명으로 옳지 <u>않은</u> 것은?

① 기저면의 크기는 안정성에 영향을 미친다.
② 기저면의 형태는 안정성에 영향을 미친다.
③ 무게중심의 높이는 안정성에 영향을 미치지 않는다.
④ 무게중심을 통과하는 수직선(중심선)이 기저면의 중앙에 가까울수록 안정성은 높아진다.

Advice 인체역학
③ 무게중심의 높이는 안정성에 영향을 준다. 무게중심이 낮을수록 안정성이 증가한다.

6 인체 지레에 관한 설명으로 옳은 것은?

① 1종 지레는 힘점이 받침점과 작용점 사이에 있다.
② 2종 지레는 작용점이 힘점과 받침점 사이에 있다.
③ 3종 지레는 받침점이 힘점과 작용점 사이에 있다.
④ 인체 지레의 대부분은 2종 지레에 해당되어 힘에서 이득을 본다.

Advice 인체역학
① 제1종 지레는 힘점과 작용점이 서로 반대쪽에 있다.
③ 3종 지레는 힘점이 받침점과 작용점 사이에 있다.
④ 인체 지레의 대부분은 3종 지레에 해당된다.

ANSWER 3.③ 4.② 5.③ 6.②

7 〈그림〉의 야구 투구에서 공의 회전방향과 마구누스 힘(Magnus force)의 방향이 바르게 연결된 것은?

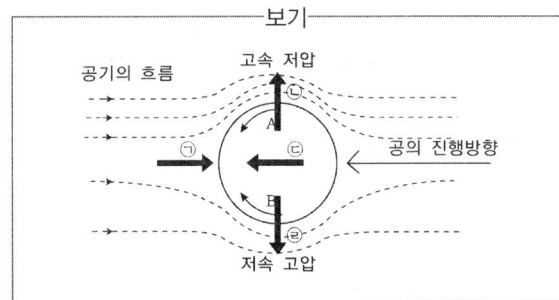

공의 회전방향	마구누스 힘의 방향
① A	㉠
② B	㉡
③ A	㉢
④ B	㉣

✉ **Advice** 운동역학의 스포츠 적용 ··············

공의 회전은 B 방향으로 돌아가고, 마구누스 힘의 방향은 ㉡에 해당한다.

8 〈보기〉는 200m 달리기 경기에서 경과시간에 따른 평균속도 변화이다. 이에 관한 설명으로 옳지 않은 것은?

─ 보기 ─

경과 시간 (초)	0	1	3	5	7	9	11	13	15	17	19	21	23
평균 속도 (m/s)	0	2.4	8.4	10	10	9.6	9.5	8.9	8.7	8.6	8.5	8.4	8.3

① 평균가속도가 0인 구간이 존재한다.
② 처음 1초 동안 2.4 m를 이동하였다.
③ 후반부의 평균속도는 감속되고 있다.
④ 최대 평균가속도는 5초와 7초 사이에 나타난다.

✉ **Advice** 운동역학의 스포츠 적용 ··············

④ 최대 평균가속도는 1~3초에 나타난다.

9 길이 50m 수영장에서 자유형 100m 경기기록이 100초였을 때 평균속력과 평균속도는? (단, 출발과 도착 지점이 동일하다고 가정)

① 평균속력 : 1m/s, 평균속도 : 1m/s
② 평균속력 : 0m/s, 평균속도 : 0m/s
③ 평균속력 : 1m/s, 평균속도 : 0m/s
④ 평균속력 : 0m/s, 평균속도 : 1m/s

✉ **Advice** 운동역학의 스포츠 적용 ··············

평균 속력은 이동한 거리÷걸린 시간이므로 1이다. 평균속도는 변위÷걸린 시간으로 0이다.

10 〈보기〉의 ㉠~㉢에 들어갈 용어가 바르게 연결된 것은?

―보기―
(㉠)에서는 주동근에 의해 발휘되는 (㉡)가 (㉢)보다 커서 근육의 길이가 짧아진다.

	㉠	㉡	㉢
①	단축성 수축 (concentric contraction)	저항모멘트	힘모멘트
②	단축성 수축 (concentric contraction)	힘모멘트	저항모멘트
③	신장성 수축 (eccentric contraction)	저항모멘트	힘모멘트
④	신장성 수축 (eccentric contraction)	힘모멘트	저항모멘트

☑ **Advice** 운동역학의 스포츠 적용 ························

단축성 수축에서는 주동근에 의해 발휘되는 힘모멘트가 저항모멘트보다 커서 근육의 길이가 짧아진다.

11 마찰력에 관한 설명으로 옳지 않은 것은?

① 마찰력은 추진력으로 작용될 수 없다.
② 최대정지마찰력은 운동마찰력보다 크다.
③ 마찰계수는 접촉면의 형태에 영향을 받는다.
④ 마찰력은 마찰계수와 접촉면에 수직으로 작용한 힘의 곱으로 구한다.

☑ **Advice** 인체역학 ························

① 마찰력은 추진력으로 작용하는 정지마찰력이 걷거나 달릴 때 마찰력은 지면을 밀어내는 힘으로 작용하여 앞으로 나아가게 한다.

12 〈보기〉에서 설명하는 운동법칙은?

―보기―
물체에 작용하는 힘의 크기가 일정할 때, 물체의 질량이 증가하면 가속도는 감소하게 된다.

① 뉴턴의 제1법칙
② 뉴턴의 제2법칙
③ 뉴턴의 제3법칙
④ 질량 보존의 법칙

☑ **Advice** 운동역학의 이해 ························

뉴턴의 제2법칙(가속도의 법칙)은 물체의 가속도가 물체의 작용하는 힘과 물체의 질량으로 결정되는 것이다.

ANSWER 10.② 11.① 12.②

13 다이빙선수의 공중동작에서 발생할 수 있는 회전운동에 관한 설명으로 옳은 것은?

① 질량분포가 회전축에서 멀수록 관성모멘트는 작아진다.
② 관성모멘트는 각운동량에 비례하고 각속도에 반비례한다.
③ 회전반경의 길이는 관성모멘트의 크기에 영향을 주지 않는다.
④ 공중자세에서 관성모멘트가 달라져도 각속도는 변하지 않는다.

☑**Advice** 운동역학의 이해 ··

① 질량분포가 회전축에서 멀수록 관성모멘트는 커진다.
③ 회전반경이 길어질수록 관성모멘트는 증가한다.
④ 관성모멘트가 작아지면 각속도는 증가하고, 관성모멘트가 커지면 각속도는 감소한다.

14 〈그림〉은 A 선수와 B 선수가 제자리에서 수직점프 후 착지할 때 착지구간에서 시간에 따른 수직 힘의 변화를 나타내는 그래프이다. 이에 관한 설명으로 옳은 것은? (단, 가와 나의 면적은 동일)

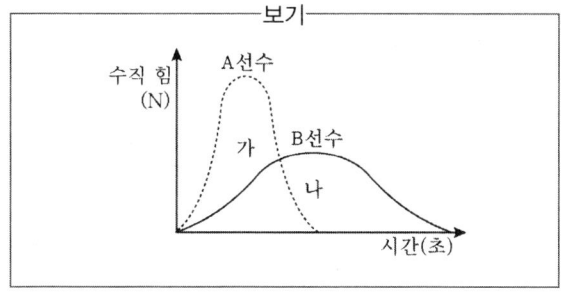

① A 선수와 B 선수의 수직 충격량은 동일하다.
② A 선수와 B 선수에서 수직 운동량의 변화량은 다르다.
③ A 선수와 B 선수의 수직 충격력이 다르기 때문에 수직 충격량이 다르다.
④ A 선수와 B 선수의 수직 힘의 작용시간이 다르기 때문에 수직 충격량이 다르다.

☑**Advice** 운동역학의 이해 ··

면적이 동일한 경우 운동량의 변화량도 동일하다.

15 1N의 힘으로 1m 거리를 움직였을 때 수행한 일(work)은? (단, 힘의 작용방향과 이동방향은 일치함)

① 1J(Joule)
② 1N(Newton)
③ $1m^3$(Cubic meter)
④ 1J/s(Joule/sec)

☑**Advice** 운동역학의 이해 ··

일은 힘과 거리의 곱으로 계산할 수 있다. 1J = 1N×1m =1N·m 이다.

ANSWER 13.② 14.① 15.①

16 어떤 물체에 200N의 힘을 가해 물체를 10초 동안 5m 이동시켰을 때 일률(power)은? (단, 힘의 작용방향과 이동방향은 일치함)

① 100Watt
② 400Watt
③ 1,000Watt
④ 10,000Watt

Advice 운동역학의 이해 ·····································
일은 힘과 거리의 곱으로 계산된다. 일률은 일의 양에서 시간을 나누면 나온다.
일의 양은 200N×5m=1,000N이다.
일률은 $\frac{200 \times 5}{10} = 100$이다.

17 에너지에 관한 설명으로 옳지 않은 것은?

① 에너지의 단위는 Joule이다.
② 일을 수행할 수 있는 능력이다.
③ 운동에너지는 물체의 속도뿐만 아니라 질량과도 관계가 있다.
④ 위치에너지는 물체의 질량과는 관계가 있으나 높이와는 관계가 없다.

Advice 운동역학의 이해 ·····································
④ 위치에너지는 mgh(m질량, g중력가속도, h높이)로 계산된다.

18 가장 큰 역학적 에너지는?

① 7m/s로 평지를 달리고 있는 질량 90kg인 럭비선수의 운동에너지
② 8m/s로 평지를 달리고 있는 질량 100kg인 럭비선수의 운동에너지
③ 5m 높이에 서 있는 질량 50kg인 다이빙선수의 위치에너지
④ 4m 높이에 서 있는 질량 60kg인 다이빙선수의 위치에너지

Advice 운동역학의 이해 ·····································
① 7m/s로 평지를 달리고 있는 질량 90kg인 럭비선수의 운동에너지는 $\frac{1}{2}mv^2$로 구하여 2205J이다.
② 8m/s로 평지를 달리고 있는 질량 100kg인 럭비선수의 운동에너지 $\frac{1}{2}mv^2$로 구하여 3200J이다.
③ 5m 높이에 서 있는 질량 50kg인 다이빙선수의 위치에너지는 mgh로 2450J이다.
④ 4m 높이에 서 있는 질량 60kg인 다이빙선수의 위치에너지 mgh로 2352J이다.

19 〈보기〉에서 운동학적(kinematics) 분석방법으로만 묶인 것은?

───보기───
㉠ 영상분석
㉡ 고니오미터(goniometer) 각도 분석
㉢ 스트레인 게이지 힘 분석
㉣ 지면반력 분석

① ㉠, ㉡
② ㉠, ㉢
③ ㉡, ㉣
④ ㉢, ㉣

Advice 운동학의 스포츠 적용 ·····································
㉢㉣ 운동역학적 분석방법이다.

ANSWER 16.① 17.④ 18.② 19.①

20 근전도(electromyogram, EMG) 분석을 통하여 얻을 수 있는 정보로 옳지 않은 것은?

① 제자리멀리뛰기에서 장딴지근(비복근)의 최대 수축 시점
② 스쿼트에서 넙다리곧은근(대퇴직근)의 근피로도
③ 제자리높이뛰기에서 무게중심의 3차원 위치좌표
④ 팔굽혀펴기에서 위팔세갈래근(상완삼두근)의 근활성도

☑ **Advice** 무게중심의 3차원 위치좌표를 직접적으로 측정 ············
③ EMG는 근육의 전기적 활동을 측정한다. 무게중심의 3차원 위치좌표를 직접적으로 측정할 수 없다.

스포츠윤리

1 스포츠윤리의 목적으로 적절하지 않은 것은?

① 스포츠 행위의 공정한 조건을 제시한다.
② 의도적 반칙에 대한 정당화의 근거를 제시한다.
③ 스포츠를 통한 도덕적 자질과 인격 함양을 추구한다.
④ 스포츠맨십, 페어플레이 등 스포츠윤리 규범을 통한 바람직한 공동체의 모습을 제시한다.

☑ **Advice** 스포츠와 윤리 ··
② 의도적 반칙에 대한 정당화의 근거를 제시하지 않는다.

2 〈보기〉에서 ㉠, ㉡에 들어갈 용어가 바르게 연결된 것은?

―보기―
스포츠에서 일어나는 사건이나 현상에 대한 사유 작용을 판단이라고 한다. 판단은 크게 사실판단과 가치판단으로 구분된다. 사실판단은 실제 스포츠에서 일어난 사건과 현상에 대한 진술을 말한다. 따라서 (㉠)을/를 가릴 수 있다. 이에 비해 가치판단은 옳고 그름 혹은 바람직하거나 그렇지 못한 것 등 가치에 대한 진술로 이루어진다. 가치판단은 주로 (㉡)에 근거한다.

	㉠	㉡
①	진위	당위
②	진위	허위
③	진리	상상
④	진리	선택

☑ **Advice** 스포츠와 윤리 ···
㉠ 진위 : 참과 거짓 또는 진짜와 가짜를 통틀어서 의미하는 말이다.
㉡ 당위 : 마땅히 그렇게 하거나 되어야 하는 것을 의미하는 말이다.

3 〈보기〉에서 설명하는 스포츠윤리 규범은?

―보기―
스포츠의 규범은 근대스포츠의 탄생과 밀접한 연관을 갖는다. 규칙의 준수가 근대 시민 계급의 도덕성 함양에 기여할 수 있다고 여겨지면서 하나의 윤리규범으로 정착하였다. 특히 진실과 성실의 정신(spirit of truth and honest)을 바탕으로 경기에 임하는 도덕적 태도와 같은 의미로 쓰이면서 오늘날 스포츠의 보편적인 윤리 규범이 되었다.

① 유틸리티(utility)
② 테크네(techne)
③ 젠틀맨십(gentlemanship)
④ 페어플레이(fairplay)

☑ **Advice** 경쟁과 페어플레이 ·······································
스포츠에서 규칙의 준수가 근대 시민 계급의 도덕성 함양에 기여하는 것은 페어플레이에 해당한다.

ANSWER 2.① 3.④

4 〈보기〉의 ( ) 안에 들어갈 용어로 적절한 것은?

───보기───
운동선수로서 아무리 뛰어난 능력을 갖추었더라도 인간의 본질인 도덕성(덕)이 부족하면 훌륭한 선수가 될 수 없다. 이런 까닭에 운동선수에게는 두 가지 (   )이/가 동시에 요구된다. 즉 신체적 탁월성과 도덕적 탁월성을 겸비하였을 때 비로소 훌륭한 선수가 되는 것이다.

① 아곤(agon)
② 퓌시스(physis)
③ 로고스(logos)
④ 아레테(arete)

Advice 스포츠와 윤리
① 아곤 : 경쟁 또는 경쟁의 장, 승리를 의미한다.
② 퓌시스 : 자연, 존재물 등을 의미한다.
③ 로고스 : 진리를 의미한다.

5 〈보기〉의 ( ) 안에 들어갈 용어와 대표적인 사상가가 바르게 연결된 것은?

───보기───
스포츠에서 도덕법칙은 "승리를 원한다면 열심히 훈련하라.", "위대한 선수가 되기 위해서는 스포츠맨십에 충실하라." 등과 같이 가언적으로 주어지지 않고, 어떠한 경우에도 선수의 의무로서 반드시 행하라는 (   ) 명령의 형태로 존재한다.

① 공리적 – 칸트(I. Kant)
② 공리적 – 밴덤(J. Bentham)
③ 정언적 – 칸트(I. Kant)
④ 정언적 – 밴덤(J. Bentham)

Advice 스포츠와 윤리
③ 정언적 명령은 임마누엘 칸트(I. Kant)의 도덕 철학에서 나온 개념으로, 조건 없이 절대적으로 지켜야 하는 도덕적 명령이다.

ANSWER 4.④ 5.③

6 〈보기〉에서 설명하는 윤리 이론은?

―― 보기 ――
- 윤리적 가치의 근거를 페미니즘에서 찾음
- 이성의 윤리가 아닌 감성의 윤리
- 경기에 처음 출전하는 후배를 격려하는 선배의 친절
- 근육 경련을 일으킨 상대 선수를 걱정하고 보살피는 행위
- 타자의 요구와 정서에 공감하고 대응하는 것이 도덕의 출발임

① 공리주의　　② 의무주의
③ 배려주의　　④ 대지윤리

Advice 스포츠에서 환경과 동물윤리

① 공리주의: '최대 다수의 최대 행복'으로 개인의 행복을 지키는 것이 사회 전체의 행복을 이룬다는 것이다.
② 의무주의: 규범에 복종을 해야 하는 의무이다.
④ 대지윤리: 인간만이 아닌 다른 동식물, 자연환경, 대지까지 도덕적인 대상으로 여기는 것이다.

7 〈보기〉의 ㉠, ㉡에 해당하는 정의의 유형은?

―― 보기 ――
라우: 스포츠는 ㉠ <u>동등한 조건의 참가와 동일한 규칙의 적용</u>이 이루어져야 해.
형린: 그런데 모든 것이 동등하지는 않아. 피겨스케이팅과 다이빙에서 ㉡ <u>높은 난이도의 연기를 펼친 선수는 그렇지 않은 선수보다 더 높은 점수를 받아야 해</u>. 이것도 정의의 원칙이라고 할 수 있어.

	㉠	㉡
①	분배적	절차적
②	평균적	분배적
③	평균적	절차적
④	분배적	평균적

Advice 경쟁과 페어플레이

㉠ 평균적 정의: 모든 사람에게 동일한 기준을 적용하는 정의의 개념이다.
㉡ 분배적 정의: 자원, 기회, 보상 등을 공정하게 분배하는 정의의 개념이다.

8 스포츠에서 발생하는 인종차별에 해당하는 것은?

① 생물학적 환원주의
② 지속가능한 발전
③ 게발트(Gewalt)
④ 아파르트헤이트(Apartheid)

Advice 스포츠와 인권

④ 아파르트헤이트: 남아프리카공화국에서 시행된 인종 차별 정책이다.

ANSWER　6.③　7.②　8.④

9 〈보기〉의 폭력에 관한 설명과 관계 깊은 사상가는?

―보기―
- 학교 스포츠에서 선수에게 폭력을 가하는 감독도 한 가정의 평범한 가장이다.
- 운동 중 체벌을 가하는 것은 좋은 성적을 거두어야 하는 감독의 직업적 행동이다.
- 후배들에게 체벌을 가한 것은 감독의 지시에 따른 행동으로 나의 책임이 아니다.
- 폭력은 괴물이나 악마처럼 괴이한 존재가 아니라 평범한 일상 속에 함께 있다.
- 악(폭력)을 멈추게 할 유일한 방법은 생각과 반성이다.

① 뒤르켐(E. Durkheim)
② 홉스(T. Hobbes)
③ 지라르(R. Girard)
④ 아렌트(H. Arendt)

✓ Advice　스포츠와 폭력

④ 한나 아렌트는 악의 평범성으로 악행을 저지르는 사람들이 특별히 사악한 사람들이 아니라, 평범한 사람들이 단지 생각 없이 명령에 따르거나 체계에 순응하면서 저지르는 것이라고 설명했다.

10 〈보기〉의 내용에 해당하는 반칙은?

―보기―
A팀과 B팀의 농구 경기는 종료까지 12초가 남았다. A팀은 4점 차로 지고 있고 팀 파울에 걸렸다. B팀이 공을 잡자 A팀의 한 선수가 B팀 선수에게 반칙을 해서 자유투를 유도한 후, 공격권을 가져오려고 한다.

① 의도적 구성 반칙
② 비의도적 구성 반칙
③ 의도적 규제 반칙
④ 비의도적 규제 반칙

✓ Advice　스포츠와 인권

③ 의도적 규제 반칙 : 경기 규칙을 전략적으로 이용하기 위해 의도적으로 반칙을 범하는 행위로 특정 상황에서 전략적으로 반칙을 사용하여 상대 팀에게 자유투를 주고 공격권을 가져오는 행위가 해당한다.
① 의도적 구성 반칙 : 게임 전략의 일부로서 반칙을 사용하는 것이다.
② 비의도적 구성 반칙 : 구성 요소의 변형을 의도하지 않고 발생한 반칙이다.
④ 비의도적 규제 반칙 : 규칙을 어기는 의도가 없었으나 발생한 반칙이다.

11 국민체육진흥법 제18조의3(2025. 1. 1. 일부개정)에 의거하여 체육의 공정성 확보와 체육인의 인권보호를 위해 설립된 단체는?

① 스포츠윤리센터
② 클린스포츠센터
③ 스포츠인권센터
④ 선수고충처리센터

✓ Advice　스포츠와 인권

「국민체육진흥법」 제18조의3(스포츠윤리센터의 설립) 제1항에 따라 체육의 공정성 확보와 체육인의 인권보호를 위하여 스포츠윤리센터를 설립한다.

ANSWER　9.④　10.③　11.①

12 〈보기〉의 ㉠, ㉡에 해당하는 유교 사상이 바르게 묶인 것은?

― 보기 ―

㉠ 공자는 "내가 원하지 않는 일을 남에게 하지 말라(己所不欲 勿施於人)"는 원리를 인간관계의 기본적인 행위 준칙으로 보았다. 내가 원하지 않는 것은 타인도 원하지 않을 것이라는 동등고려(equal consideration)의 원리는 스포츠맨십의 바탕이기도 하다. 스포츠맨십은 하지 말아야 할 행위를 하지 않는 것이 아니라 스스로 원하지 않는 것을 상대 선수에게 행하지 않는 원리를 실천하는 것이다.

㉡ 사회구성원의 모든 행위가 그 이름(역할)에 적합하도록 행해야 한다는 도덕적 요구를 말한다. "임금은 임금답고 신하는 신하다우며, 아버지는 아버지답고 자식은 자식다워야 한다(君君臣臣 父父子子)"는 주문으로 각자에게 주어진 이름과 역할에 걸맞게 행동하라는 도덕적 명령이다. 스포츠인을 스포츠인답게 만드는 것이 곧 스포츠맨십이다.

	㉠	㉡
①	충(忠)	예시예종(禮始禮終)
②	서(恕)	정명(正名)
③	충(忠)	절차탁마(切磋琢磨)
④	서(恕)	극기복례(克己復禮)

☑ **Advice** 경쟁과 페어플레이 ·······························

㉠ 서(恕) : 내가 원하지 않는 일을 남에게 하지 말라는 것으로 공감과 배려를 바탕으로 다른 사람을 대하는 도덕적 원칙이다.
㉡ 정명사상 : 임금은 임금답고 신하는 신하답고, 아버지는 아버지답고 자식은 자식다워야 한다는 것으로 각자의 역할과 이름에 걸맞게 행동해야 한다는 유교의 도덕적 원칙이다.

13 〈보기〉의 ㉠에 해당하는 레스트(J. Rest)의 도덕성 구성요소는?

― 보기 ―

상빈 : 직업 선수에게 가장 중요한 것은 무엇이라고 생각해?
미라 : 연봉이지! 직업 선수의 연봉이 그 선수의 능력을 나타내는 것이라고 생각해. 나는 작년 성적이 좋아서 올해 연봉이 200% 인상되었어.
은숙 : 연봉은 매우 중요하지. 하지만 ㉠ 나는 연봉, 명예 등의 가치보다 스포츠인으로서 스포츠맨십과 페어플레이가 가장 중요한 가치라고 생각해.

① 도덕적 감수성(moral sensitivity)
② 도덕적 판단력(moral judgement)
③ 도덕적 동기화(moral motivation)
④ 도덕적 품성화(moral character)

☑ **Advice** 스포츠와 윤리 ·······························

③ 도덕적 동기화 : 도덕적 가치를 우선시하고, 도덕적 이상을 실현하려는 동기와 의지이다.

ANSWER 12.② 13.③

14 사상가와 스포츠를 통한 도덕교육 방법이 바르게 연결되지 않은 것은?

① 루소(J. Rousseau) - 어린 시절부터 다양한 신체 활동을 통해 성평등, 동료애, 공동체에서의 협력과 책임을 지는 습관을 길러준다.
② 베닛(W. Benneitt) - 스포츠 상황에서 발생하는 다양한 사건에 대한 논리적 추론과 가치명료화 등을 통해 도덕적 판단 능력을 길러준다.
③ 위인(E. Wynne) - 스포츠 경기의 전통을 이해하고, 규칙 준수 등의 바람직한 행동을 습관화할 수 있도록 가르친다.
④ 콜버그(L. Kohlberg) - 스포츠에서 발생하는 도덕적 딜레마에 대한 토론을 통해 도덕적 갈등상황을 이해하고, 자율적으로 대처할 수 있도록 가르친다.

Advice 스포츠와 윤리
② 래스(Louis Raths)의 가치명료화 이론에 대한 것이다.

15 장애차별 없는 스포츠의 조건에 해당하지 않는 것은?

① 장애인이 원하는 장소와 시간을 확보해야 한다.
② 대회의 참여와 종목의 선택은 감독에게 맡긴다.
③ 활동에 필요한 장비 및 기구의 재정적인 지원이 확보되어야 한다.
④ 다양한 사람과의 관계를 통해 사회성 함양의 기회를 주어야 한다.

Advice 스포츠와 불평등
② 대회의 참여와 종목의 선택은 자율적으로 선택할 수 있는 기회를 제공하여야 한다.

16 〈보기〉의 ( ) 안에 들어갈 사상가는?

―보기―
( )은/는 "도덕적 가치들은 중요한 타자들(significant others)이 어떻게 행동하고 있는가를 관찰하는 것에 의하여 학습된다."고 하였다. 스포츠 도덕교육에서 스포츠지도자는 중요한 타자에 해당된다. 스포츠의 도덕적 가치는 스포츠지도자의 도덕적 모범에 의해 학습되어지며, 참여자는 스포츠지도자를 통해 관찰합습과 사회적 모델링을 하게 된다.

① 맥페일(P. McPhail)
② 피아제(J. Piajet)
③ 피터스(R. Peters)
④ 콜버그(L. Kohlberg)

Advice 스포츠와 윤리
① 맥페일은 도덕적 가치가 중요한 타자들의 행동을 관찰하는 것에 의해 학습된다고 주장했다.

ANSWER 14.② 15.② 16.①

17 〈보기〉의 ㉠, ㉡에 해당하는 도덕 원리의 검토 방법이 바르게 묶인 것은?

―보기―
㉠ '나 혼자 의도적 파울을 하는 것은 괜찮겠지'라는 판단은 '모든 선수가 의도적 파울을 한다면'이라는 원리에 비추어 검토한다.
㉡ '부상당한 선수를 무시하고 경기를 진행하라'는 주장의 지시에 '자신이 부상당한 경우를 가정하여 판단해보라'고 이야기한다.

	㉠	㉡
①	포섭검토	보편화 결과의 검토
②	반증 사례의 검토	포섭검토
③	역할 교환의 검토	반증 결과의 검토
④	보편화 결과의 검토	역할 교환의 검토

☑ Advice 스포츠 조직과 윤리 ·································

㉠ 보편화 결과 검사 : 개인의 행위를 보편화했을 때의 결과를 상상하여 도덕적 판단을 검토하는 방법이다.
㉡ 역할 교환 검사 : 역지사지를 통해 도덕 원리를 검토하는 방법이다.

18 스포츠에서 공격이 윤리적이야 하는 이유의 근거로 적절하지 않은 것은?

① 타인의 탁월성 발휘를 침해하지 않아야 하기 때문이다.
② 파괴적인 것이 아니라 합리적인 방법과 전술의 개발 등 생산적이어야 하기 때문이다.
③ 공격 당사자의 본능, 감정, 의지를 폭력적인 수단에 의해 관철해야 하기 때문이다.
④ 규칙의 범위 내에서 공격과 방어의 교환이라는 소통의 구조를 가져야 하기 때문이다.

☑ Advice 스포츠와 폭력 ·································

③ 공격당사자의 수단을 관철하는 것은 강제수단을 행하는 것으로 근거로 적절하지 않다.

ANSWER 17.④ 18.③

19 스포츠에 도입된 과학기술의 긍정적인 효과로 적절하지 않은 것은?

① 운동선수의 인격 형성에 기여한다.
② 기록의 객관성과 신뢰성을 높인다.
③ 운동선수의 안전과 부상 방지에 도움을 준다.
④ 오심과 편파판정을 최소화하여 경기의 공정성을 향상시킨다.

✓ Advice 스포츠와 인권
① 운동선수의 인격 형성에 기여하는 것은 전인교육의 긍정적인 효과이다.

20 스포츠 규칙의 원리로 적절하지 않은 것은?

① 편파성
② 임의성(가변성)
③ 제도화
④ 공평성

✓ Advice 경쟁과 페어플레이
① 편파성은 공평하지 않게 한쪽 편에 혜택을 부여하는 것으로 스포츠 규칙의 원리에 해당하지 않는다.

ANSWER 19.① 20.①

2020. 07. 04.
2급 전문/생활 스포츠지도사 필기시험

유의사항

필기시험 제한시간 1시간 40분이다.

선택과목 7과목 중에서 5개 과목 선택(필수과목 없음) 한다.

과목마다 만점의 40% 이상 득점하고 전 과목 총점 60% 이상 득점해야 한다.

선택과목

스포츠사회학	☐	스포츠교육학	☐
스포츠심리학	☐	한국체육사	☐
운동생리학	☐	운동역학	☐
스포츠윤리	☐		

스포츠사회학

1 스포츠의 사회적 순기능으로 적절하지 않은 것은?

① 사회화 기능
② 사회통제 기능
③ 사회통합 기능
④ 사회정서적 기능

☑**Advice** 스포츠 사회학의 이해
② 사회통제 기능은 스포츠가 개인의 행동을 규제하고 사회적 질서를 유지하는 데 기여하는 기능이다. 스포츠의 순기능이기 보다는 규제와 처벌의 역할을 하는 역기능에 해당한다.

2 〈보기〉에서 설명하는 이론은?

─ 보기 ─
- 지배계급은 피지배계급을 억압하고 착취한다.
- 재화의 불평등한 분배는 사회의 본질적 속성이다.
- 스포츠는 일부 지배계급에 의해 그들의 이익을 증대시키는 데 이용된다.

① 갈등 이론
② 비판 이론
③ 상징적 상호작용론
④ 구조기능주의 이론

☑**Advice** 스포츠 사회학의 이해
① 〈보기〉에서는 스포츠와 사회 구조에 대한 갈등 이론의 핵심 개념을 반영한다. 갈등 이론은 사회를 불평등과 갈등의 장으로 보고 권력과 자원의 불평등한 분배가 사회 구조의 본질적 속성이다.
② 비판 이론은 사회 구조와 문화에 대한 비판적 분석을 통해 사회 변혁을 추구하는 것으로 사회 불평등, 권력 구조, 이데올로기에 대한 비판 등이 있다.
③ 상징적 상호작용론은 개인 간의 상호작용과 그 상호작용을 통해 형성되는 사회적 의미를 강조한다.
④ 구조기능주의는 사회의 각 부분이 전체 사회의 안정과 질서를 유지하는 기능을 수행한다.

ANSWER 1.② 2.①

3 〈보기〉에서 정치가 스포츠를 이용하는 방식을 바르게 연결한 것은?

―보기―
㉠ 경기에 앞서 국가연주, 국기에 대한 경례 등의 의식을 갖는다.
㉡ 대중은 선수나 팀을 자신과 일치시키는 태도를 형성한다.
㉢ 정치인의 비리, 부정 등을 은폐하기 위해 스포츠를 이용한다.

	㉠	㉡	㉢
①	상징	조작	동일화
②	동일화	상징	조작
③	상징	동일화	조작
④	조작	동일화	상징

☑ **Advice** 스포츠와 정치 ──────────
㉠ 상징은 국가연주나 국기에 대한 경례 등의 의식은 국가의 상징을 강화하는 행위에 해당한다.
㉡ 동일화는 대중이 선수나 팀을 자신과 동일시하면서 일체감을 형성하는 것이다. 이는 스포츠 팬들이 자신을 팀의 일원으로 느끼고, 팀의 성공을 자신의 성공으로 여기는 과정이다.
㉢ 조작은 정치인이 비리나 부정을 은폐하기 위해 스포츠를 이용하는 것이다.

4 스포츠와 미디어의 상호관계에서 미디어가 스포츠에 미치는 영향에 해당하는 것은?

① 영국 프리미어리그 경기는 방송사에 수준 높은 콘텐츠를 제공하고 있다.
② 방송사의 편익을 위해 배구의 랠리포인트제, 농구의 쿼터제 등 경기규칙을 변경하였다.
③ 손흥민, 류현진 선수 등의 활약으로 스포츠 관련 방송 시장이 확대되었다.
④ 시청자의 욕구를 충족시켜 주기 위해 슬로우영상, 반복영상 등을 제공하고 있다.

☑ **Advice** 스포츠와 미디어 ──────────
② 미디어는 방송 편성과 시청자 만족도를 위해 스포츠 규칙 변경을 요구할 수 있다.
①③ 스포츠가 미디어에 미치는 영향에 해당한다.
④ 시청자의 경험을 향상시키기 위한 미디어의 전략에 해당한다.

5 상업주의 심화에 따른 스포츠의 변화에 대한 설명으로 적절하지 않은 것은?

① 경기 내적인 요소보다 외적인 요소를 중요시한다.
② 심미적 가치보다 영웅적 가치를 중요시한다.
③ 아마추어리즘보다 프로페셔널리즘을 추구한다.
④ 경기의 공정성을 강화하기 위해 경기 규칙을 개정한다.

☑ **Advice** 스포츠와 경제 ──────────
④ 상업주의는 경기의 흥미와 상업적 가치를 높이기 위해 규칙을 변경할 수 있지만, 이는 공정성을 강화하기 위한 목적보다는 경기를 더 매력적이고 흥미롭게 만들기 위한 것이다. 경기의 공정성을 강화하기 위한 규칙 개정은 상업주의와 직접적인 관련이 없다.

ANSWER 3.③ 4.② 5.④

6 〈보기〉의 A 선수에 해당하는 사회계층 이동의 유형을 바르게 연결한 것은?

―――― 보기 ――――
A 선수는 2002년부터 2019년까지 프로축구리그 S팀의 주전선수로 활동하면서 MVP 3회 수상 등 축구선수로서 명성을 얻었다. 은퇴 후, 2020년부터 프로축구 A팀의 수석코치로 활동하게 되었다.

	이동의 방향	시간적 거리	이동의 주체
①	수평이동	세대 간 이동	집단이동
②	수평이동	세대 내 이동	개인이동
③	수직이동	세대 간 이동	집단이동
④	수직이동	세대 내 이동	개인이동

☑ **Advice** 스포츠와 사회계급/계층 ··

- 이동의 방향 : A 선수가 선수에서 코치로 역할이 바뀌면서 지위나 책임의 변화는 수직이동에 해당한다.
- 시간적 거리 : A 선수가 자신의 생애 내에서 이동한 경우로 세대 내 이동에 해당한다.
- 이동의 주체 : A 선수 개인의 이동으로 개인이동에 해당한다.

7 버렐(S. Birrell)과 로이(J. Loy)가 제시한 스포츠미디어를 통해 충족할 수 있는 욕구유형에 대한 설명으로 옳은 것은?

① 통합적 욕구 : 스포츠에 대한 규칙 정보를 제공한다.
② 인지적 욕구 : 스포츠에 대한 흥미와 즐거움을 제공한다.
③ 정의적 욕구 : 스포츠에 대한 지식, 경기결과 및 통계적 지식을 제공한다.
④ 도피적 욕구 : 불안, 초조, 욕구불만, 좌절 등의 감정을 해소하도록 돕는다.

☑ **Advice** 스포츠와 미디어 ··

① 통합적 욕구는 사람들 간의 유대감을 형성하고, 공동체 의식을 강화하는 데 관련된 욕구에 해당한다. 주로 스포츠 이벤트를 함께 시청하거나 응원하는 과정이 해당한다.
② 인지적 욕구는 지식과 정보를 얻고자 하는 욕구로 스포츠미디어는 경기 결과, 통계, 선수에 대한 정보 등을 제공하는 것으로 충족된다.
③ 정의적 욕구는 감정적 만족과 흥미를 느끼고자 하는 욕구로 스포츠미디어는 흥미롭고 즐거운 콘텐츠를 제공하여 감정적 만족을 충족시킨다.

ANSWER 6.④ 7.④

8 〈보기〉에서 설명하는 에티즌(D. Eitzen)과 세이지 (G. Sage)가 제시한 스포츠의 정치적 속성은?

―보기―
- 스포츠 경기에 수반되는 의식과 행동은 선수의 충성심을 상징적으로 재확인하는 것에 목적이 있다.
- 스포츠 조직은 구호, 응원가, 유니폼, 마스코트 등의 상징을 통해 조직에 대한 선수의 충성심을 지속시키거나 강화한다.

① 보수성
② 대표성
③ 상호의존성
④ 권력투쟁

☑ **Advice** 스포츠와 정치
② 〈보기〉는 스포츠 조직이 상징을 통해 선수의 충성심을 강화하고 조직을 대표하는 과정인 대표성을 설명하고 있다.
※ 에티즌(D. Eitzen)과 세이지(G. Sage)의 정치적 속성
  ㉠ 대표성 : 스포츠 팀이나 선수가 특정 조직, 지역, 국가 등을 상징적으로 대표하는 속성이다.
  ㉡ 권력투쟁 : 스포츠 조직 내에서 권력과 통제권을 둘러싼 갈등이다.
  ㉢ 상호의존성 : 스포츠 조직과 그 구성원 간의 상호 의존 관계이다.
  ㉣ 보수성 : 전통과 규범을 유지하려는 경향이다.

9 스포츠 일탈의 유형과 원인을 규정하기 어려운 이유로 적절하지 않은 것은?

① 스포츠 현장에서 발생하는 일탈 사례가 부족하기 때문이다.
② 스포츠 일탈은 규범에 대한 거부와 함께 무비판적 수용도 포함한다.
③ 스포츠에서 허용되는 행동이 사회의 다른 영역에서는 일탈이 될 수 있다.
④ 과학기술의 급속한 발전과 새로운 스포츠 규범 사이에 시간적 차이가 발생한다.

☑ **Advice** 스포츠와 일탈
① 스포츠 현장에서는 다양한 일탈 사례가 발생하고, 이러한 사례들은 연구의 중요한 자료에 해당한다.

ANSWER 8.② 9.①

10 맥루한(M. McLuhan)의 미디어 이론에 따른 구분 및 특성을 바르게 제시한 것은?

구분 \ 특성	정의성	감각 참여성	감각 몰입성	경기진행 속도
① 핫 미디어 스포츠	높음	낮음	높음	빠름
② 쿨 미디어 스포츠	낮음	낮음	낮음	느림
③ 핫 미디어 스포츠	높음	높음	낮음	느림
④ 쿨 미디어 스포츠	낮음	높음	높음	빠름

☑**Advice** 스포츠와 미디어

구분 \ 특성	정의성	감각 참여성	감각 몰입성	경기진행 속도
핫 미디어 스포츠	높음	낮음	낮음	느림
쿨 미디어 스포츠	낮음	높음	높음	빠름

11 〈보기〉를 투민(M. Tumin)의 스포츠계층 형성과정 순서에 따라 바르게 배열한 것은?

―보기―
㉠ 세계적인 테니스 선수는 기업으로부터 많은 후원금을 받고 있다.
㉡ 세계랭킹에 따라 참가할 수 있는 테니스 대회가 나누어져 있다.
㉢ 테니스는 선수, 코치, 감독, 트레이너 등으로 역할이 구분되어 있다.
㉣ 국제 테니스 대회에서 우승하면 사회적 명성이 높아진다.

① ㉡-㉢-㉠-㉣
② ㉡-㉢-㉣-㉠
③ ㉢-㉡-㉣-㉠
④ ㉢-㉡-㉠-㉣

☑**Advice** 스포츠와 사회계급/계층

㉢ 지위의 분화 → ㉡ 지위의 서열화 → ㉣ 지위의 정당화 → ㉠ 보수 부여

12 스포츠 세계화의 원인이 아닌 것은?

① 종교 전파
② 제국주의 확장
③ 인종차별 심화
④ 과학기술 발전

☑**Advice** 미래사회의 스포츠

③ 인종차별은 스포츠 세계화의 원인이 아니며, 오히려 스포츠 세계화 과정에서 나타난 문제점에 해당한다.
①②④ 스포츠의 세계화 원인에 해당한다.

ANSWER 10.④ 11.③ 12.③

13 〈보기〉의 ㉠이 설명하는 집합행동의 유형과 관련된 이론은?

―보기―
A : 어제 축구 봤어? 경기 도중 관중 폭력이 발생했잖아.
B : 나도 방송에서 봤는데 관중 폭력의 원인이 인종차별 때문이래.
A : ㉠ 인종차별과 같은 사회구조적·문화적 선행요건이 없었다면, 두 팀 관중들 간에 폭력은 없었을 거야.

① 전염이론
② 수렴이론
③ 규범생성이론
④ 부가가치이론

☑ **Advice** 스포츠와 일탈
④ 부가가치이론(Value-added theory)은 집합행동이 발생하기 위해 여러 가지 사회적, 구조적 조건들이 충족되어야하는 것이다. 사회구조적·문화적 선행요건이 중요한 역할을 한다는 것으로 인종차별과 같은 사회구조적·문화적 요인이 폭력의 원인으로 지목된 것이 부가가치이론에 해당한다.

14 스포츠 일탈에 관한 설명으로 적절하지 않은 것은?

① 부정적 일탈 사례로는 금지약물복용, 구타 및 폭력 등이 있다.
② 부정적 일탈은 스포츠 규범체계에 대한 과잉동조 성향을 의미한다.
③ 긍정적 일탈 사례로는 오버 트레이닝(over-training), 운동중독 등이 있다.
④ 긍정적 일탈은 정상적으로 받아들여지는 행동에 대한 무비판적 수용을 의미한다.

☑ **Advice** 스포츠와 일탈
② 부정적 일탈은 규범을 어기는 행위에 해당한다. 과잉동조는 긍정적 일탈에 해당한다.

15 스포츠 일탈을 설명하는 이론과 그 특징이 바르게 연결된 것은?

① 갈등 이론 – 선수의 금지약물복용 등과 같은 일탈적 행위는 개인의 윤리적 문제이다.
② 아노미 이론 – 선수의 승리에 대한 목표와 수단의 괴리로 인해 일탈이 발생한다.
③ 차별교제 이론 – 팀 내 우수선수가 금지약물을 복용해도 동료들은 복용하지 않는다.
④ 낙인 이론 – 선수에게 부여된 악동, 풍운아 같은 이미지는 선수 생활에 영향을 미치지 않는다.

☑ **Advice** 스포츠와 일탈
② 아노미 이론은 사회적 목표와 이를 달성하기 위한 합법적인 수단 사이의 괴리가 일탈을 초래한다는 것을 의미한다. 승리에 대한 강한 압박이 존재할 때, 선수들은 합법적인 수단을 넘어서는 행동(예: 금지약물복용)을 할 가능성이 있다.
① 일탈적 행위는 개인의 윤리적 문제가 아니라 사회적 구조와 관련이 있다.
③ 차별교제 이론은 일탈이 다른 사람들과의 상호작용을 통해 학습된다고 주장하는 것이다.
④ 낙인 이론은 사회적 낙인이 개인의 정체성과 행동에 영향을 미친다고 주장하는 것으로 악동이나 풍운아 같은 이미지는 선수 생활에 영향을 줄 수 있다.

ANSWER 13.④ 14.② 15.②

16 〈보기〉에서 설명하는 사건은?

―보기―
- 1972년 제20회 뮌헨올림픽에서 발생
- 팔레스타인 테러조직에 의한 이스라엘 선수단 인질사건
- 국가 간 갈등이 올림픽을 통해 표출된 테러 사건

① 검은 구월단 사건
② 축구전쟁(100시간 전쟁) 사건
③ 보스턴 마라톤 폭탄 테러 사건
④ IRA 연쇄 폭탄 테러 사건

☑ **Advice** 스포츠와 정치 ·····································

1972년 제20회 뮌헨올림픽에서 발생한 사건은 팔레스타인 테러조직인 검은 구월단이 이스라엘 선수단을 인질로 잡은 사건에 해당한다. 국가 간 갈등이 올림픽을 통해 표출된 대표적인 테러 사건으로 테러리스트들은 이스라엘 선수와 코치를 포함한 11명을 살해하였다.

17 상류계급의 스포츠 참가 특징에 대한 설명으로 적절하지 않은 것은?

① 과시적 소비성향의 스포츠를 선호한다.
② 요트, 승마와 같은 자연친화적 개인 스포츠를 선호한다.
③ 직접 참여보다는 TV 시청을 통한 관람 스포츠를 소비하는 경향이 높다.
④ 사생활이 보호되는 장소에서 소수 인원이 즐기는 스포츠 참여를 선호한다.

☑ **Advice** 스포츠와 사회계급/계층 ·····························

③ 경제적 여유와 시간적 여유를 가지고 있기 때문에 상류계급은 스포츠에 직접 참여하는 경향이 높다.

18 〈보기〉에서 설명하는 스포츠사회화 과정은?

―보기―
- 이용대 선수의 경기 보도 증가는 대중들의 배드민턴 참여를 촉진한다.
- 부모의 스포츠에 대한 긍정적인 태도는 자녀의 스포츠 참여 가능성을 높인다.
- 학생들은 교내에서 체육교과와 다양한 프로그램을 통해 스포츠에 참여하고 있다.

① 스포츠로의 사회화
② 스포츠로의 재사회화
③ 스포츠를 통한 사회화
④ 스포츠로부터의 탈사회화

☑ **Advice** 스포츠와 사회화 ······································

① 사람들이 스포츠에 처음 참여하게 되는 과정이다. 대중 매체, 가족, 학교 등 다양한 사회적 요인들이 개인의 스포츠 참여를 촉진하는 것이 포함된다.
② 이전에 스포츠를 떠났던 사람들이 다시 스포츠 활동에 참여하게 되는 과정이다.
③ 스포츠 활동을 통해 사회적 기술, 규범, 가치 등을 배우고 내면화하는 과정이다.
④ 사람들이 스포츠 활동을 그만두거나 떠나는 과정으로 은퇴, 부상, 기타 개인적 이유로 인해 스포츠 활동을 중단하는 경우에 해당한다.

19 〈보기〉에서 설명하는 스포츠의 교육적 순기능은?

> 보기
> - 스포츠 참여를 통해 생애주기에 적합한 스포츠를 즐길 수 있는 습관을 형성할 수 있다.
> - 학교에서의 스포츠 경험은 개인이 전 생애에 걸쳐 스포츠를 즐길 수 있는 토대를 마련해준다.

① 학업활동 촉진
② 학교 내 통합
③ 평생체육과의 연계
④ 정서 순화

Advice 스포츠와 교육

평생체육은 사람들이 일생 동안 지속적으로 스포츠와 신체활동에 참여하는 것이다. 건강 증진, 사회적 교류, 삶의 질 향상 등에 중요한 역할을 한다. 학교에서의 스포츠 경험은 개인이 성인이 되어도 계속해서 스포츠 활동을 즐길 수 있는 기반을 마련하는 중요 요소이다.

20 〈보기〉에서 설명하는 케년(G. Kenyon)의 스포츠 참가유형은?

> 보기
> - 스포츠 상황 내에서 다양한 지위와 규범을 이행함으로써 스포츠에 실질적으로 참가하는 형태
> - 생활체육 동호인, 선수, 감독, 심판, 해설자로 활동

① 행동적 참가
② 인지적 참가
③ 정의적 참가
④ 조직적 참가

Advice 스포츠와 사회화

① 행동적 참가는 스포츠 활동에 실질적으로 참여하는 형태로, 실제로 스포츠 활동을 수행하거나, 관련 역할을 맡아 활동하는 것이다.
② 스포츠에 대한 지식이나 정보 습득을 통해 참가하는 형태로 스포츠를 이해하고, 경기 규칙이나 역사에 대한 학습을 포함한다.
③ 스포츠에 대한 정서적 애착이나 감정적 반응을 통해 참가하는 형태로 팬으로서의 열정이나 응원하는 것으로 나타난다.
④ 스포츠 조직이나 관리 측면에서의 참여로 스포츠 이벤트의 조직, 운영, 관리 등이 있다.

ANSWER 19.③ 20.①

스포츠교육학

1 모스턴(M. Mosston)의 수업 스타일 중 학습자가 인지 작용을 통해 문제에 대한 다양한 해답을 찾는 유형은?

① 연습형　　② 수렴발견형
③ 상호학습형　④ 확산발견형

✓Advice 스포츠교육의 지도방법론 ················

④ 확산발견형 : 학습자가 제시한 문제를 해결하기 위해서 해결책을 탐구하여 창의적으로 문제를 해결하는 방식이다.
① 연습형 : 학습자가 과제를 제시하면 학습자는 반복적으로 연습하고 피드백을 받는다.
② 수렴발견 : 지도자가 문제를 제시하면 학습자는 다양한 정보와 단서를 바탕으로 해결책을 찾도록 유도하는 방식이다.
③ 상호학습형 : 학습자가 팀을 이루어서 서로의 수행을 관찰하고 의사결정을 전이하는 것이다.

2 헬리슨(D. Hellison)의 개인적·사회적 책임감 모형 중 전이단계(transfer level)에 해당하는 것은?

① 다른 사람을 방해하지 않고 체육 프로그램에 참여하기
② 체육 프로그램에서 타인의 요구와 감정을 인정하고 경청하기
③ 체육 프로그램에서 학습한 배려를 일상생활에서 실천하기
④ 자기 목표를 설정하고 지도자의 통제 없이 체육 프로그램 과제를 완수하기

✓Advice 스포츠교육의 참여자 이해론 ···············

③ 전이단계(transfer level)는 학생들이 체육 프로그램에서 배운 배려, 책임감, 자기 통제 등의 긍정적인 행동을 체육 수업 외의 일상생활에서도 실천하는 것이다.

3 멕티게(J. McTighe)가 제시한 개념으로 학습자가 배운 내용을 경기상황에서 구현하는 정도를 평가하는 방법은?

① 실제평가(authentic assessment)
② 총괄평가(summative assessment)
③ 규준지향평가(norm-referenced assessment)
④ 준거지향평가(criterion-referenced assessment)

✓Advice 스포츠교육의 평가론 ·················

① 실제평가 : 학생들이 학습한 내용을 실제 상황이나 경기 상황에서 어떻게 구현하는지를 평가하는 방법이다.
② 총괄평가 : 학습 기간의 끝에 학습자의 전체 성취도를 평가하는 방법이다.
③ 규준지향평가 : 학습자의 성취를 다른 학습자와 비교하여 상대적인 위치를 평가하는 방법이다.
④ 준거지향평가 : 학습자가 설정된 기준을 얼마나 충족했는지를 평가하는 방법이다.

4 체육프로그램의 목표로 정의적 영역(affective domain)에 해당하는 것은?

① 축구에서 인사이드 패스를 실행할 수 있다.
② 야구에서 스윙 동작을 분석하고 평가할 수 있다.
③ 배구에서 동료와 협력할 수 있다.
④ 농구에서 지역방어전략을 사용할 수 있다.

✓Advice 스포츠교육의 지도방법론 ···············

③ 정의적 영역은 감정, 태도, 가치, 협동, 책임감, 그리고 상호작용과 관련된 학습 목표를 갖는다.
① 심동적 영역
②④ 인지적 영역
※ 체육프로그램의 목표
　㉠ 인지적 영역 : 지식, 이해, 적용, 분석, 종합, 평가와 같은 정신적 능력
　㉡ 심동적 영역 : 지각, 준비, 유도 반응, 기계적 수행, 복합적 외현 반응, 적응, 창조 같은 신체적 활동
　㉢ 정의적 영역 : 감정, 태도, 가치, 협동, 책임감 등과 같은 심리적 과정

ANSWER　1.④　2.③　3.①　4.③

5 모스턴(M. Mosston)의 수업 스타일 중 연습형의 특징으로 적절하지 않은 것은?

① 학습자가 스스로 과제를 평가하게 한다.
② 지도자는 학습자에게 개별적으로 피드백을 제공한다.
③ 학습자가 모방 과제를 스스로 연습할 수 있도록 지도한다.
④ 학습자는 숙련된 운동 수행이 과제의 반복 연습과 관련 있음을 이해한다.

Advice 스포츠교육의 지도방법론

① 자기점검형 수업 스타일
②③④ 연습형 수업 스타일은 지도자가 주도하여 지시를 내리고 학습자는 과제에 따라서 스스로 결정하여 연습한다. 학습자는 반복 연습을 통해 기술 숙달 방법을 익힌다.

6 〈보기〉에서 블룸(B. Bloom)의 인지적 영역 수준에 해당하는 것은?

―보기―
배드민턴 경기에서 상대 선수의 서비스를 받을 때, 낮고 짧은 서비스와 높고 긴 서비스의 대처 방법이 어떻게 달라져야 하는지를 알 수 있다.

① 분석
② 기억
③ 이해
④ 평가

Advice 스포츠교육의 평가론

① 서비스 유형에 따라 다른 대처 방법을 파악하는 것으로 '분석'에 해당한다.
※ 블룸(B. Bloom)의 인지적 영역 단계
  ㉠ 기억 : 사실, 용어, 기본 개념 등을 기억하고 재현하는 능력이다.
  ㉡ 이해 : 정보를 이해하고 해석하며 다른 형식으로 표현할 수 있는 능력이다.
  ㉢ 적용 : 배운 지식을 새로운 상황이나 문제에 적용하는 능력이다.
  ㉣ 분석 : 정보를 구성 요소로 나누고, 이들 간의 관계를 이해하는 능력이다.
  ㉤ 종합 : 다양한 요소를 결합하여 새로운 구조나 패턴을 만드는 능력이다.
  ㉥ 평가 : 기준에 따라 정보를 판단하고, 가치나 유효성을 평가하는 능력이다.

ANSWER 5.① 6.①

7 〈보기〉에서 설명하는 알버노(P. Alberno)와 트라웃맨(A. Troutman)의 행동수정기법에 해당하는 것은?

---보기---
학습자가 적절한 행동을 할 때마다 지도자가 점수, 스티커, 쿠폰 등을 제공하는 기법이다.
---

① 타임아웃(time out)
② 토큰 수집(token economies)
③ 좋은 행동 게임(good behavior game)
④ 지도자 – 학습자 사이의 계약(behavior contracting)

Advice 스포츠교육의 평가론 ························

학습자가 적절한 행동을 할 때마다 지도자가 점수, 스티커, 쿠폰 등을 제공하는 기법은 토큰 수집에 해당한다.

8 〈보기〉에서 정 코치의 질문에 대한 각 지도자의 답변으로 적절하지 않은 것은?

---보기---
정 코치: 메츨러(M. Metzler)의 절차적 지식에 대해 간단히 설명해 주시기 바랍니다.
박 코치: 지도자가 학습자에게 움직임 패턴을 연습할 수 있게 하고 이를 경기에 적용할 수 있는 지식입니다.
김 코치: 학습자가 과제를 연습하는 동안 이를 관찰하고 정확한 피드백을 제공할 수 있는 지식입니다.
한 코치: 지도자가 실제로 체육 프로그램 전, 중, 후에 적용할 수 있는 지식입니다.
이 코치: 지도자가 개념을 설명할 수 있는 지식입니다.
---

① 박 코치
② 김 코치
③ 한 코치
④ 이 코치

Advice 스포츠교육의 지도방법론 ·················

④ 이 코치의 답변은 절차적 지식이 아니라 개념적 지식이다.

ANSWER 7.② 8.④

9 학교체육 진흥법(시행 2024. 3. 24.)의 제11조, 제12조에서 규정하고 있는 학교운동부 운영 및 학교운동부지도자에 대한 내용으로 적절하지 않은 것은?

① 학교의 장은 학습권 보장을 위한 상시 합숙 훈련 금지 원칙으로 원거리에서 통학하는 학생선수를 위하여 기숙사를 운영할 수 없다.
② 최저학력의 기준 및 실시 시기에 필요한 사항과 기초학력 보장 프로그램의 운영 등에 필요한 사항은 교육부령으로 정한다.
③ 학교의 장은 학교운동부지도자가 학생선수의 학습권을 박탈하거나 폭력, 금품·향응 수수 등의 부적절한 행위를 하였을 경우 학교운영위원회의 심의를 거쳐 계약을 해지할 수 있다.
④ 그 밖에 학교운동부지도자의 자격 기준, 임용, 급여, 신분, 직무 등에 필요한 사항은 대통령령으로 정한다.

Advice 스포츠교육의 정책과 제도

① 「학교체육 진흥법」 제11조(학교운동부 운영 등) 제5항에 의해 학교의 장은 원거리에서 통학하는 학생선수를 위하여 기숙사를 운영할 수 있다.
② 「학교체육 진흥법」 제11조(학교운동부 운영 등) 제3항
③ 「학교체육 진흥법」 제12조(학교운동부지도자) 제4항
④ 「학교체육 진흥법」 제12조(학교운동부지도자) 제7항

10 〈보기〉 중 각 지도자의 행동 유형과 개념이 바르게 연결되지 않은 것은?

―보기―
박 코치: 지도하는데 갑자기 학습자의 보호자가 찾아오셔서 대화하느라 지도 시간이 부족했어요.
김 코치: 말도 마세요! 저는 지도하다가 학습자들끼리 부딪혔는데 한 학습자가 쓰러져 일어나지 못했어요! 정말 놀라서 급하게 119에 신고했던 기억이 나네요.
한 코치: 지도 중에 좁은 공간에서 기구를 잘못 사용하는 학습자를 보면 곧바로 운동을 중지하고, 안전의 중요성을 강조하면서 공간과 기구를 정리하라고 말했어요.
이 코치: 저는 학습자의 참여를 높이기 위해 신호에 따른 즉각적인 과제 수행을 강조했어요. 그 결과, 개별적인 피드백을 제공할 수 있게 되었고, 학습자의 성취도가 점점 향상되는 것 같았어요.

① 박 코치 – 비기여 행동
② 김 코치 – 비기여 행동
③ 한 코치 – 직접기여 행동
④ 이 코치 – 직접기여 행동

Advice 스포츠교육의 지도방법론

② 간접기여 행동
①③④ 박 코치(비기여 행동), 한 코치·이 코치(직접기여 행동)에 해당한다.

ANSWER 9.① 10.②

11 학습자의 이탈 행동을 예방하고 과제참여 유지를 위한 교수 기능 중 올스테인(A. Ornstein)과 레빈(D. Levine)이 제시한 '신호 간섭'에 해당하는 것은?

① 긴장완화를 위해 유머를 활용하는 것이다.
② 시선, 손짓 등 지도자의 행동으로 학습자의 운동참여 방해행동을 제지하는 것이다.
③ 프로그램 진행을 방해하는 학습자에게 가까이 접근하거나 접촉하여 제지하는 것이다.
④ 프로그램에 참여하는 학습자에게 일상적 수업, 루틴 등과 같은 활동을 활용하는 것이다.

☑ **Advice** 스포츠교육의 지도방법론

② 신호 간섭은 교사가 시선, 손짓, 몸짓 등의 비언어적 신호를 사용하여 학습자의 부적절한 행동을 예방하거나 수정하는 교수 기술이다. 학습 환경에서 직접적인 언어적 지시 없이도 학습자의 주의를 끌고, 부적절한 행동을 멈추게 하는 데효과적이다.

12 〈보기〉의 국민체육진흥법(시행 2025. 1. 1)의 제12조에 명시된 내용 중 체육지도자의 자격 취소 사유를 모두 고른 것은?

─── 보기 ───
㉠ 자격정지 기간에 업무를 수행한 경우
㉡ 체육지도자 자격증을 타인에게 대여한 경우
㉢ 선수의 신체에 폭행을 가하거나 상해를 입히는 행위를 한 경우
㉣ 거짓이나 그 밖의 부정한 방법으로 체육지도자의 자격을 취득한 경우

① ㉠, ㉢
② ㉡, ㉢
③ ㉡, ㉢, ㉣
④ ㉠, ㉡, ㉢, ㉣

☑ **Advice** 스포츠교육의 정책과 제도

※ 체육지도자의 자격취소〈국민체육진흥법 제12조 제1항〉… 문화체육관광부장관은 체육지도자가 다음 각 호의 어느 하나에 해당하면 제12조의2에 따른 체육지도자 자격운영위원회의 의결에 따라 그 자격을 취소하거나 5년의 범위에서 자격을 정지할 수 있다. 다만, 제1호부터 제4호까지의 어느 하나에 해당하면 그 자격을 취소하여야 한다.
1. 거짓이나 그 밖의 부정한 방법으로 체육지도자의 자격을 취득한 경우
2. 자격정지 기간 중에 업무를 수행한 경우
3. 체육지도자 자격증을 타인에게 대여한 경우
4. 제11조의5 각 호의 어느 하나에 해당하는 경우
5. 선수의 신체에 폭행을 가하거나 상해를 입히는 행위를 한 경우
6. 선수에게 성희롱 또는 성폭력에 해당하는 행위를 한 경우
7. 제11조의6제1항에 따른 재교육을 받지 아니한 경우
8. 그 밖에 직무수행 중 부정이나 비위 사실이 있는 경우

ANSWER 11.② 12.④

13 〈보기〉에서 설명하는 로젠샤인(B. Rosenshine)의 직접 교수 모형 단계로 적절한 것은?

―보기―
- 이 단계는 학습자에게 초기 학습과제와 함께 순차적으로 과제연습이 이루어지는 과정이다.
- 지도자는 학습자에게 다음 과제를 제시하기 위해 핵심단서(cue)를 다시 가르치거나 이전 학습과제를 되풀이 할 수 있다.

① 피드백 및 교정
② 비공식적 평가
③ 새로운 과제제시
④ 독자적인 연습

✓ Advice 스포츠교육의 지도방법론

① 다음 과제 제시를 하며 핵심단서를 다시 가르치는 피드백과 교정의 단계에 해당한다.
※ 로젠샤인의 모형 단계
  ㉠ 전시학습 복습 및 숙제점검 : 수업 시작 시 이전에 배운 내용을 간단히 복습하여 학습자의 기억을 활성화한다.
  ㉡ 새로운 과제내용 제시 : 새로운 학습 내용을 작은 단위로 나누어 제시한다.
  ㉢ 초기과제 연습 : 각 단위마다 구조화된 연습의 기회를 제공하여 인지적 부담을 줄인다.
  ㉣ 피드백 및 교정 : 학습자의 이해도를 확인하고 주요 문제의 해결 방법을 피드백하고 교정하며 학습과제를 되풀이한다.
  ㉤ 독자적인 연습 : 학습 활동을 설계하고 과제를 제시하여 학습자가 스스로 과제를 연습할 수 있도록 하여 학습한 내용을 자동화한다.
  ㉥ 본시 복습 : 단위로 학습 내용을 복습하여 학습된 내용을 장기 기억으로 전이시킨다.

14 〈보기〉의 배드민턴 지도사례에서 IT매체의 효과로 바르게 연결되지 않은 것은?

―보기―
㉠ 학습자의 흥미 유발을 위해 스마트폰과 스피커를 활용하여 최신 음악에 맞춰 준비운동을 시켰다.
㉡ 배드민턴 스매시 동작을 기록하기 위해 영상분석 애플리케이션(application)을 사용하였다.
㉢ 학습자의 동작 완료 10초 후 지도자는 녹화된 영상을 보고 학습자의 자세를 교정해 주었다.
㉣ 지도자가 녹화한 영상을 학습자의 단체 소셜 네트워크서비스(SNS)에 올린 후 동작 분석에 대해 서로 토의했다.

① ㉠ - 학습자의 동기유발
② ㉡ - 과제에 대한 체계적 관찰의 효율성 증가
③ ㉢ - 학습자의 운동 참여 시간 증가
④ ㉣ - 학습자와 지도자의 의사소통 향상

✓ Advice 스포츠교육의 지도방법론

㉢ 학습자의 동작을 녹화하고 이를 분석하여 자세를 교정하는 것은 기술 개선에 효과적이지만, 이 과정은 학습자의 운동 참여 시간을 직접적으로 증가시키지 않는다.

ANSWER 13.① 14.③

15 〈보기〉에서 설명한 시든탑(D. Siedentop)의 교수 (teaching) 기능 연습법에 해당하는 용어로 적절한 것은?

―― 보기 ――
- 박 코치는 소수의 실제 학습자들 앞에서 지도 연습을 했다.
- 자신의 지도 행동을 관찰하기 위해 비디오 촬영을 병행했다.

① 1인 연습(self practice)
② 동료 교수(peer teaching)
③ 축소 수업(micro teaching)
④ 반성적 교수(reflective teaching)

📝 **Advice** 스포츠교육자의 전문적 성장 ················

③ 축소 수업 : 실제 학습자 또는 동료들 앞에서 소규모로 지도 연습을 하며 지도자의 교수 기술을 향상시키기 위해 고안된 방법이다.
① 1인 연습 : 지도자가 혼자서 수업 계획을 연습하는 방법이다.
② 동료 교수 : 동료 교사들끼리 서로 가르치고 피드백을 주고받는 방법이다.
④ 반성적 교수 : 자신의 교수 경험을 성찰하고 개선점을 찾는 방법이다.

16 지도자가 의사전달을 위해 학습자의 신체를 올바른 자세로 직접 고쳐주는 지도 정보 단서로 적절한 것은?

① 언어 단서(verbal cue)
② 조작 단서(manipulative cue)
③ 과제 단서(task cue)
④ 시청각 단서(audiovisual cue)

📝 **Advice** 스포츠교육의 지도방법론 ················

① 언어 단서 : 지도자가 말로 설명하여 학습자가 동작이나 자세를 이해하고 수행하도록 하는 단서이다.
③ 과제 단서 : 특정 과제나 활동에 관련된 단서로 학습자가 수행해야 할 작업을 명확하게 지시하는 정보이다.
④ 시청각 단서 : 시청각 단서는 시각적 및 청각적 정보를 통해 학습자가 동작을 이해하고 수행할 수 있도록 돕는 단서이다.

17 〈보기〉에서 예방적(proactive) 수업 운영 행동에 해당하는 것을 바르게 고른 것은?

―― 보기 ――
㉠ 이번 주에 배울 내용을 게시판에 공지한다.
㉡ 수업 시작과 종료를 정확하게 지킨다.
㉢ 학습자에게 농구의 체스트 패스에 대한 시범을 보인다.
㉣ 2인 1조로 체스트 패스 연습을 한다.
㉤ 호루라기를 사용하여 학습자의 주의를 집중시킨다.

① ㉠, ㉡, ㉢
② ㉠, ㉡, ㉤
③ ㉡, ㉢, ㉣
④ ㉢, ㉣, ㉤

📝 **Advice** 스포츠교육의 지도방법론 ················

㉢ 학습 내용을 전달하는 과정에 해당한다.
㉣ 학습자가 실제로 과제를 수행하는 과정에 해당한다.
※ 예방적(proactive) 수업 운영 행동
　수업 중 발생할 수 있는 문제를 미리 방지하고, 효과적인 수업 환경을 조성하기 위해 교사가 미리 준비하고 실행하는 행동에 해당한다.

ANSWER 15.③ 16.② 17.②

18 〈보기〉의 설명과 관련된 용어는?

---보기---
- 정규 농구 골대의 높이를 낮춘다.
- 반(half)코트 경기를 운영한다.
- 배구공 대신 소프트 배구공을 사용한다.

① 역할수행
② 학습센터
③ 변형게임
④ 협동과제

Advice 스포츠교육의 지도방법론
③ 변형게임 : 정규 스포츠 규칙을 변경하여 학습자들이 더 쉽게 배우고 참여할 수 있도록 하는 방법이다.
① 역할수행 : 학습자들이 특정 역할을 맡아 그 역할을 수행하며 학습하는 방법이다.
② 학습센터 : 학습자들이 다양한 활동을 할 수 있는 다중 학습 스테이션을 제공하는 방법이다.
④ 협동과제 : 학습자들이 협력하여 과제를 수행하도록 하는 방법으로, 팀워크와 협동심을 강조한다.

19 체육 프로그램을 지도할 때 실제학습시간(Academic Learning Time)을 바르게 설명한 것은?

① 체육활동에 할당된 시간
② 학습자가 운동에 참여한 시간
③ 학습자가 다른 학습자에게 피드백을 제공하는 시간
④ 학습자가 학습 목표와 부합한 과제의 성공을 경험하며 참여한 시간

Advice 스포츠교육의 평가론
④ 실제학습시간은 학생이 수업 시간 중 실제로 학습 목표와 관련된 활동에 참여하고 성공을 경험하는 시간으로 학습 목표와 부합한 과제에 성공적인 경험을 할 때의 실제시간을 의미한다.

20 체육 프로그램을 지도할 때 학습자 평가의 목적으로 가장 거리가 먼 것은?

① 교수 – 학습의 효과성 판단
② 학습자의 체육 프로그램 참여 및 향상 동기 촉진
③ 교육목표에 따른 학습 진행 상태 점검과 지도 활동 조정
④ 학습 과정을 배제하고 결과 중심으로 순위를 결정하기 위해 활용

Advice 스포츠교육의 평가론
④ 결과만을 중심으로 순위를 결정하는 것은 학습자 평가 목적과 거리가 멀다. 평가의 본래 목적을 벗어나 학습자에게 스트레스를 주고 경쟁을 조장한다.

ANSWER 18.③ 19.④ 20.④

스포츠심리학

1 다이나믹 시스템 관점에서의 협응구조 형성에 대한 설명으로 옳지 않은 것은?

① 협응구조는 하나의 기능적 단위로 자기조직의 원리에 따라 형성된다.
② 제어변수는 질서변수를 변화시키는 원인이 되는 것으로, 동작을 변화시키는 속도나 무게 등이 있다.
③ 상변이는 협응구조의 형태가 변화하는 현상이며 선형의 원리를 따른다.
④ 협응구조의 안정성은 상대적 위상의 표준편차로 측정할 수 있다.

✅ **Advice** 인간운동행동의 이해
③ 상변이는 비선형적 원리를 따른다.

2 목표설정에서 수행목표로 적합하지 않은 것은?

① 농구 대회에서 우승한다.
② 골프 스윙에서 공을 끝까지 본다.
③ 테니스 포핸드 발리에서 손목을 고정한다.
④ 야구 타격에서 무게중심을 뒤에서 앞으로 이동한다.

✅ **Advice** 인간운동행동의 이해
① 농구 대회에서 우승을 하는 것은 수행목표로 적합하지 않고 결과목표에 해당한다.

3 〈보기〉의 ㉠, ㉡에 해당하는 것은?

—보기—
- (㉠) : 학습자가 새로운 기술을 연습한 후, 특정한 시간이 지난 후 연습한 기술의 수행력을 평가하는 검사
- (㉡) : 연습한 기술이 다른 수행상황에서도 발휘될 수 있는지를 평가하는 검사

	㉠	㉡
①	전이검사	파지검사
②	파지검사	전이검사
③	망각검사	파지검사
④	파지검사	망각검사

✅ **Advice** 인간운동행동의 이해
㉠ 파지검사 : 학습자가 새로운 기술을 연습한 후, 일정 시간이 지난 후에 그 기술의 수행력을 평가하는 검사이다. 학습된 기술의 지속성을 평가한다.
㉡ 전이검사 : 연습한 기술이 다른 수행상황에서도 발휘될 수 있는지를 평가하는 검사로 학습된 기술이 새로운 환경이나 상황에서 얼마나 잘 적용될 수 있는지를 평가한다.

4 주의집중 방법으로 적절하지 않은 것은?

① 테니스 서브를 루틴에 따라 실행한다.
② 축구 경기에서 관중의 방해를 의식하지 않는다.
③ 골프 경기에서 마지막 홀에 있는 해저드에 대해 생각한다.
④ 야구 경기에서 지난 이닝의 수비 실책은 잊고 현재 수행에 몰입한다.

✅ **Advice** 스포츠수행의 심리적 요인
③ 해저드와 같은 부정적인 요소에 대해 생각하는 것은 불안과 긴장을 유발하여 주의집중을 방해한다.

ANSWER 1.③ 2.① 3.② 4.③

5 〈보기〉에 제시된 심상(imagery)의 요소로 바르게 나타낸 것은?

―보기―
㉠ 선수 : 시합에서 느꼈던 자신감, 흥분, 행복감을 실제처럼 시각화한다.
㉡ 선수 : 부정적인 수행 장면을 성공적인 수행 이미지로 바꾼다.

	㉠	㉡
①	주의연합 (attentional association)	주의분리 (attentional dissociation)
②	외적 심상 (external imagery)	집중력 (concentration)
③	통제적 처리(controlled processing)	자동적 처리 (automatic processing)
④	선명도 (vividness)	조절력 (controllability)

▶**Advice** 스포츠수행의 심리적 요인 ················
㉠ 시합에서 느꼈던 자신감, 흥분, 행복감을 실제처럼 시각화하는 것은 선명도에 해당한다. 심상을 생생하고 구체적으로 시각화하는 것은 선명도에 해당한다.
㉡ 심상 내용을 조절하는 능력인 조절력은 부정적인 수행 장면을 성공적인 수행 이미지로 바꾼다.

6 〈보기〉에서 지도자가 제공하는 보강적 피드백의 유형으로 적절한 것은?

―보기―
지도자 : 창하야! 다운스윙 전에 백스윙이 제대로 이루어지지 않았어.

① 내적 피드백(intrinsic feedback)
② 감각 피드백(sensory feedback)
③ 결과지식(Knowledge of Result : KR)
④ 수행지식(Knowledge of Performance : KP)

▶**Advice** 인간운동행동의 이해 ················
④ 수행의 질이나 과정에 관한 정보를 주는 보강적 피드백이다. 운동의 특정 측면을 어떻게 수행했는지에 대한 피드백으로 수행지식 유형에 해당한다.

ANSWER 5.④ 6.④

7 〈보기〉의 ㉠, ㉡에 해당하는 것은?

―보기―
줄다리기에서 집단이 내는 힘의 총합이 개인의 힘을 모두 합친 것보다 적게 나타나는 현상은 (㉠)이며, 집단의 인원수가 증가할 때 발생하는 개인의 수행 감소는 (㉡) 때문이다.

	㉠	㉡
①	링겔만 효과 (Ringelmann effect)	유능감 손실
②	관중 효과 (audience effect)	동기 손실
③	링겔만 효과 (Ringelmann effect)	동기 손실
④	관중 효과 (audience effect)	유능감 손실

☑Advice 스포츠수행의 사회 심리적 요인

㉠ 집단의 인원수가 증가함에 따라 개인의 평균 수행력이 감소하는 현상이다. 줄다리기와 같은 집단 활동에서 개인의 힘을 합친 것보다 집단의 총합이 적게 나타나는 것은 링겔만 효과이다.
㉡ 집단 활동에서 개인의 동기가 저하되어 수행이 감소하는 것은 동기 손실에 해당한다.

8 〈보기〉에서 피츠(P. Fitts)와 포스너(M. Posner)의 운동학습단계와 설명이 바르게 제시된 것은?

―보기―
㉠ 테니스 포핸드 스트로크 자세를 안정적이고 일관성 있게 수행할 수 있다.
㉡ 학습자는 오류를 수정하기 위해서 연습하고, 스스로 오류를 탐지하여 그 오류의 일부를 수정할 수 있다.
㉢ 학습자는 테니스 포핸드 스트로크의 개념을 이해한다.

	자동화 단계	인지 단계	연합 단계
①	㉠	㉡	㉢
②	㉠	㉢	㉡
③	㉡	㉢	㉠
④	㉡	㉠	㉢

☑Advice 인간운동행동의 이해

㉠ 자동화 단계 : 학습자는 운동 기술을 자동적으로 수행할 수 있게 되며, 안정적이고 일관된 수행을 보여주는 것으로 테니스 포핸드 스트로크 자세를 안정적이고 일관성 있게 수행하는 것이 해당한다.
㉡ 연합 단계 : 학습자는 동작을 연습하면서 실수를 줄이고 오류를 수정하면서 수행을 일관성 있게 하고 실수에 대한 인식·수정 능력이 발달하는 단계이다.
㉢ 인지 단계 : 운동 기술의 기본 개념을 이해하고, 동작을 시도하면서 많은 실수를 하는 단계로 테니스 포핸드 스트로크의 개념을 이해하는 것이 해당한다.

ANSWER 7.③ 8.②

9 〈보기〉의 참가자를 위한 와이너(B. Weiner)의 귀인 이론에 기반한 지도 방법으로 옳은 것은?

―보기―
수영 교실에 참가하는 A씨는 다른 참가자들보다 수영에 재능이 없어 기술 습득이 늦다고 생각한다. 이로 인해 결석이 잦고 운동 중단이 예상된다.

① 외적이며 안정적이고 통제 불가능한 개인의 노력에 귀인할 수 있도록 지도한다.
② 내적이며 불안정적이고 통제 가능한 개인의 노력에 귀인할 수 있도록 지도한다.
③ 외적이며 안정적이고 통제 불가능한 개인의 능력에 귀인할 수 있도록 지도한다.
④ 내적이며 안정적이고 통제 가능한 개인의 능력에 귀인할 수 있도록 지도한다.

☑ **Advice** 운동심리학

와이너(B. Weiner)의 귀인 이론은 성공과 실패의 원인을 어떻게 귀인하는지가 동기와 행동에 미치는 것이다. A씨가 수영 기술 습득이 늦는 원인을 자신의 재능 부족(능력)으로 귀인하는 것은 내적이며 안정적이고 통제 불가능한 귀인으로 동기가 저하될 수 있다. 내적 귀인은 개인의 노력에 귀인하여 지도하고, 노력과 연습으로 개선될 수 있음을 강조하며, 개인의 통제로 노력을 하면 결과를 변화시킬 수 있음을 지도하여야 한다.

10 〈보기〉에서 설명하는 개념은?

―보기―
수현이는 오랫동안 배드민턴을 즐기다가 새롭게 테니스 교실에 등록했다. 테니스 코치는 포핸드 스트로크를 지도할 때, 수현이가 손목 스냅을 습관적으로 사용하는 것을 보고 손목을 고정하도록 지도했다.

① 과제 내 전이(intratask transfer)
② 양측 전이(bilateral transfer)
③ 정적 전이(positive transfer)
④ 부적 전이(negative transfer)

☑ **Advice** 인간운동행동의 이해

④ 부적전이 : 이전에 배운 기술이나 동작이 새로운 기술이나 동작의 학습에 방해가 되는 경우이다.
① 과제 내 전이 : 동일한 과제 내에서의 전이이다. 한 기술을 배운 후 그 기술의 변형을 학습할 때 일어나는 전이이다.
② 양측 전이 : 한쪽 사지로 배운 기술이 반대쪽 사지로 전이되는 경우이다.
③ 정적 전이 : 이전에 배운 기술이나 동작이 새로운 기술이나 동작의 학습을 돕는 경우이다.

ANSWER 9.② 10.④

11 〈보기〉의 ㉠, ㉡, ㉢에 해당하는 것은?

─ 보기 ─

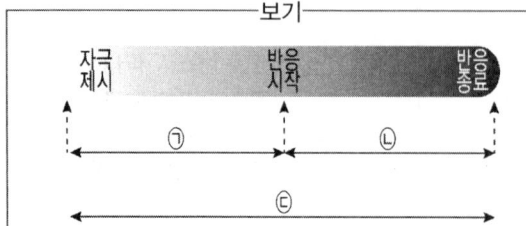

- ㉠은 자극 제시와 반응 시작 간의 시간 간격을 의미한다.
- ㉡은 반응 시작과 반응 종료 간의 시간 간격을 의미한다.
- ㉢은 자극 제시와 반응 종료 간의 시간 간격을 의미한다.

	㉠	㉡	㉢
①	반응시간 (reaction time)	움직임 시간 (movement time)	전체 반응시간 (response time)
②	반응시간 (reaction time)	전체 반응시간 (response time)	움직임 시간 (movement time)
③	움직임 시간 (movement time)	반응시간 (reaction time)	전체 반응시간 (response time)
④	단순 반응시간 (simple reaction time)	움직임 시간 (movement time)	전체 반응시간 (response time)

☑ **Advice** 인간운동행동의 이해

㉠ 자극이 제시된 순간부터 반응이 시작되는 순간까지의 시간으로 반응시간에 해당한다.
㉡ 반응이 시작된 순간부터 반응이 종료되는 순간까지의 시간으로 움직임 시간에 해당한다.
㉢ 자극이 제시된 순간부터 반응이 종료되는 순간까지의 전체 시간으로 전체 반응시간에 해당한다.

12 〈보기〉에서 설명하는 개념은?

─ 보기 ─

양궁 선수 A는 첫 엔드에서 6점을 한 발 기록했다. 그러나 A는 바람 부는 상황으로 인해 총 36발의 슈팅 중에서 6점은 한 번 정도 나올 수 있는 점수이며, 첫 엔드에 나온 것이 다행이라고 긍정적으로 생각했다.

① 사고 정지(thought stopping)
② 자생 훈련(autogenic training)
③ 점진적 이완(progressive relaxation)
④ 인지 재구성(cognitive restructuring)

☑ **Advice** 스포츠수행의 심리적 요인

④ 인지 재구성 : 부정적인 사고나 비합리적인 신념을 긍정적이고 현실적인 사고로 바꾸는 심리적 기법이다. 스트레스 상황에서 긍정적인 사고를 촉진하고 불안과 긴장을 감소시켜 수행을 최적화한다.
① 사고 정지 : 부정적인 생각을 중단시키는 기법이다.
② 자생 훈련 : 자기 암시를 통해 신체 이완을 유도하는 훈련이다.
③ 점진적 이완 : 근육을 점진적으로 긴장시키고 이완시켜서 신체의 긴장을 줄이는 방법이다.

ANSWER 11.① 12.④

13 〈보기〉에서 설명하는 개념은?

―보기―
철수는 처음으로 깊은 바닷속으로 다이빙하면서 각성수준이 높아졌다. 높은 각성 수준으로 인해 깊은 바닷속에서 시야가 평소보다 훨씬 좁아졌다.

① 스트룹 효과(Stroop effect)
② 지각 협소화(perceptual narrowing)
③ 칵테일 파티 효과(cocktail party effect)
④ 맥락간섭 효과(contextual-interference effect)

☑**Advice** 스포츠수행의 심리적 요인

② 지각 협소화 : 높은 각성 수준에서 발생하는 것으로 개인이 주의와 시야를 좁히게 되어 주변 환경의 정보들을 놓치게 되는 현상이다. 스트레스나 높은 각성 상태에서 흔히 발생하며, 주의가 좁아지기 때문에 필요한 정보를 얻기 어렵다. 〈보기〉의 철수가 높은 각성 수준으로 인해 시야가 좁아진 것은 지각 협소화의 전형적인 예에 해당한다.
① 스트룹 효과 : 색깔이 다른 단어를 읽을 때 단어의 의미와 색이 불일치하면 반응 시간이 길어지는 현상이다.
③ 칵테일 파티 효과 : 시끄러운 환경에서도 자신의 이름이나 중요한 정보를 선택적으로 들을 수 있는 현상이다.
④ 맥락간섭 효과 : 연습 중에 여러 과제를 섞어서 연습하는 것이 학습과 파지에 미치는 효과이다.

14 스포츠 지도자의 리더십 행동으로 적절하지 않은 것은?

① 선수에게 개별 시간을 할애하는 행동
② 선수가 목표를 수립하도록 도와주는 행동
③ 선수에게 과도한 자신감을 부여하는 행동
④ 선수의 주의산만 요인을 파악하고 지도하는 행동

☑**Advice** 스포츠수행의 사회 심리적 요인

③ 적절한 자신감은 중요하지만, 과도한 자신감은 선수로 하여금 자신의 실제 능력을 과대평가하게 하여 실패나 실망을 하면서 심리적으로 타격을 줄 수 있기에 적절한 리더십 행동에 해당하지 않는다.

15 〈보기〉에서 ㉠, ㉡, ㉢에 해당하는 기억의 유형이 바르게 연결된 것은?

―보기―

유형	㉠	㉡	㉢
기억용량	제한	극히 제한	무제한
특징	반복하거나 시연하지 않으면 사라진다.	새로운 정보가 유입되면 쉽게 손실한다.	반복과 시연을 통해 강화된다.
지도방법	한 번에 너무 많은 정보를 제공하지 않고, 정보를 처리할 수 있는 시간을 제공한다.	불필요한 외부정보를 줄이고 집중할 수 있도록 지도한다.	연습을 통해 기억을 강화한다.

	㉠	㉡	㉢
①	감각기억	단기기억	장기기억
②	감각기억	장기기억	단기기억
③	단기기억	장기기억	감각기억
④	단기기억	감각기억	장기기억

☑**Advice** 인간운동행동의 이해

㉠ 단기기억 : 기억용량은 제한적이다. 반복하거나 시연하지 않으면 사라지는 특징이 있기 때문에 한 번에 너무 많은 정보를 제공하지 않고, 정보를 처리할 수 있는 시간을 제공하여 지도해야 한다.
㉡ 감각기억 : 기억용량은 극히 제한적이다. 새로운 정보가 유입되면 쉽게 손실하는 특징이 있기 때문에 불필요한 외부정보를 줄이고 집중할 수 있도록 지도해야 한다.
㉢ 장기기억 : 기억용량은 무제한이다. 반복과 시연을 통해 강화되기 때문에 연습을 통해 기억을 강화하는 지도방법을 사용한다.

ANSWER 13.② 14.③ 15.④

16 프로차스카(J. Prochaska)의 운동변화단계 이론(transtheoretical model)에 대한 설명으로 옳지 않은 것은?

① 준비단계는 현재 운동에 참여하지 않지만, 6개월 이내에 운동을 시작할 의도가 있는 것을 의미한다.
② 의사결정 균형이란 운동을 할 때 기대할 수 있는 혜택과 손실을 평가하는 것을 의미한다.
③ 인지 과정과 행동 과정과 같은 변화과정을 통해 이전 단계에서 다음 단계로 이동하게 된다.
④ 자기효능감은 관심단계보다 유지단계에서 더 높다.

☑ **Advice** 운동심리학

① 운동변화단계에는 무관심단계, 관심단계, 준비단계, 실천단계, 유지단계가 있다. 준비단계는 운동을 시작할 의도가 있으며 가까운 미래(보통 1개월 이내)에 운동을 시작하려고 준비하는 단계에 해당한다.

17 〈보기〉에서 설명하는 개념은?

─ 보기 ─
피겨 스케이팅 경기에서 영희는 앞 선수가 완벽에 가까운 연기를 펼치자, 불안해지고 긴장되었다.

① 상태불안 ② 분리불안
③ 특성불안 ④ 부적강화

☑ **Advice** 스포츠수행의 심리적 요인

① 상태불안 : 특정한 상황이나 순간에 따라 발생하는 일시적인 불안 상태이다. 상황적 요인에 의해 유발되고 상황이 변화하면 사라질 수 있다.
② 분리불안 : 어린아이들이 부모나 주요 보호자와 떨어질 때 경험하는 불안이다.
③ 특성불안 : 개인의 성격적 특성으로, 일반적으로 다양한 상황에서 느끼는 불안의 수준으로 지속적인 특성이 있다.
④ 부적강화 : 특정 행동의 빈도를 증가시키기 위해 불쾌한 자극을 제거하는 과정이다. 운동을 하면 스트레스가 줄어들기 때문에 운동을 계속하게 되는 경우가 이에 해당한다.

18 〈보기〉의 ㉠, ㉡에 배구 기술을 지도하기 위한 연습구조가 적절하게 제시된 것은?

─ 보기 ─

	1차 시	2차 시	3차 시
㉠	서브 서브 서브	세팅(토스) 세팅(토스) 세팅(토스)	언더핸드 언더핸드 언더핸드
㉡	서브 세팅(토스) 언더핸드	세팅(토스) 언더핸드 서브	언더핸드 서브 세팅(토스)

※ 두 가지 연습 구조에서 연습 시간과 횟수는 동일

	㉠	㉡
①	집중연습 (massed practice)	분산연습 (distributed practice)
②	가변연습 (variable practice)	무선연습 (random practice)
③	구획연습 (blocked practice)	무선연습 (random practice)
④	가변연습 (variable practice)	일정연습 (constant practice)

☑ **Advice** 인간운동행동의 이해

㉠ 하나의 기술을 집중적으로 연습한 후 다음 기술로 넘어가는 방식은 구획연습이다. 〈보기〉에서 1차에는 서브만 연습하고 2차에는 세팅만 연습하고 3차에는 언더핸드만 연습한 것으로 구획연습에 해당한다.
㉡ 다양한 기술을 무작위로 연습하는 방식은 무선연습이다. 〈보기〉에서 2차 시에 세팅(토스), 언더핸드, 서브를 무작위로 연습한 것으로 무선연습에 해당한다.

ANSWER 16.① 17.① 18.③

19 스포츠 심리상담사에 관한 설명으로 적절하지 않은 것은?

① 내담자와 공감하며 경청한다.
② 내담자와 라포(rapport)를 형성한다.
③ 내담자와 일상생활에서 개인적 관계를 맺는다.
④ 내담자의 비언어적 메시지에도 관심을 가진다.

Advice 스포츠심리상담

③ 라포를 형성하여 친밀감 형성을 맺는 것은 중요하지만 개인적인 관계를 맺는 것은 심리상담에 도움이 되지 않는다.

20 정보처리 3단계의 관점에서 100m 달리기 스타트의 반응시간이 배구 서브 리시브 상황에서의 반응시간보다 짧은 이유로 옳은 것은?

① 100m 스타트에서는 자극확인(stimulus identification) 단계의 소요 시간이 상대적으로 짧기 때문이다.
② 100m 스타트에서는 운동 프로그래밍(motor programming) 단계의 소요 시간이 상대적으로 길기 때문이다.
③ 배구 서브 리시브 상황에서는 자극확인(stimulus identification) 단계의 소요 시간이 상대적으로 짧기 때문이다.
④ 배구 서브 리시브 상황에서는 반응선택(response selection) 단계의 소요 시간이 상대적으로 짧기 때문이다.

Advice 인간운동행동의 이해

정보처리 3단계에서는 자극확인, 반응선택, 운동 프로그래밍 단계로 구성된다. 100m 달리기 스타트는 자극(총소리)은 매우 명확하고, 반응(출발)은 미리 결정되고, 운동 프로그래밍도 간단하여 반응시간이 매우 짧다. 배구 서브 리시브는 자극(서브)은 다양하고 복잡하고, 반응 선택 또한 여러 가지 가능성이 있어서 자극확인 단계와 반응선택 단계에서 많은 시간이 소요된다.

한국체육사

1 〈보기〉에서 설명하는 의례는?

― 보기 ―
- 부족의 신화를 계승하는 춤을 익혔다.
- 식량 확보를 위한 수렵과 채집 활동을 하였다.
- 「삼국지」의 「위지동이전」에 '큰사람'으로 부른 기록이 있다.

① 영고(迎鼓)
② 무천(舞天)
③ 동맹(東盟)
④ 성년의식(成年儀式)

Advice 선사 · 삼국시대

〈보기〉의 의례는 성년의식에 해당하는 것이다.

ANSWER 19.③ 20.① / 1.④

2 〈보기〉에서 설명하는 화랑도의 정신은?

---보기---
- 사군이충(事君以忠) : 충성심으로 임금을 섬김
- 사친이효(事親以孝) : 효심으로 부모를 섬김
- 교우이신(交友以信) : 신의를 바탕으로 벗을 사귐
- 살생유택(殺生有擇) : 생명체를 함부로 죽이지 않음
- 임전무퇴(臨戰無退) : 전쟁에 임할 때는 후퇴를 삼가함

① 삼강오륜(三綱五倫)
② 세속오계(世俗五戒)
③ 문무겸비(文武兼備)
④ 사단칠정(四端七情)

☑ **Advice** 선사 · 삼국시대
세속오계는 사군이충, 사친이효, 교우이신, 임전무퇴, 살생유택의 계율이다.

3 고려시대의 무예에 대한 설명으로 적절하지 않은 것은?

① 무학교육기관으로 강예재(講藝齋)가 있었다.
② 수박희(手搏戱)는 인재 선발을 위한 기준이 되었다.
③ 격구(擊毬)는 군사훈련 및 여가활동으로 성행하였다.
④ 종합무예서인 「무예도보통지」가 편찬되었다.

☑ **Advice** 고려 · 조선시대
조선시대 「무예도보통지」는 정조의 명에 의해 편찬된 종합무예서이다.

4 〈보기〉에서 설명하는 민속놀이는?

---보기---
- 귀족들이 즐겼던 놀이이다.
- 매를 길들여 꿩이나 기타 조류를 사냥하였다.

① 각저(角抵)
② 방응(放鷹)
③ 격구(擊毬)
④ 추천(鞦韆)

☑ **Advice** 고려 · 조선시대
방응은 매를 길들여 꿩이나 기타 조류를 사냥하는 귀족들이 즐겼던 놀이이다.

ANSWER 2.② 3.④ 4.②

5 〈보기〉에서 설명하는 고려시대의 사건은?

―보기―

1170년 의종이 문신들과 보현원에 행차하였다. …(중략)… 대장군 이소응이 젊은 병사와 오병수박희(五兵手搏戲)를 겨루었고 패하였다. 그러자 젊은 문신 한뢰가 대장군 이소응의 뺨을 때리며 비웃었다. 이 광경을 보던 정중부와 이의방 등이 선동하여 반란을 일으켰다.

① 무신정변
② 묘청의 난
③ 이자겸의 난
④ 삼별초의 난

Advice 고려·조선시대

② 묘청의 난(1135년) : 고려 인종 때 서경천도를 주장한 묘청이 일으킨 반란이다.
③ 이자겸의 난(1126년) : 고려 인종 때 권신 이자겸이 일으킨 반란이다.
④ 삼별초의 난(1270년-1273년) : 고려시대 삼별초가 몽골의 침략에 대항하여 일으킨 반란이다.

6 〈보기〉에서 설명하는 개화기 사립학교는?

―보기―

- 무비자강(武備自强)을 강조하였다.
- 문예반 50명, 무예반 200명을 선발하였다.
- 1883년에 설립된 최초의 근대식 학교이다.

① 대성학교(大成學校)
② 오산학교(五山學校)
③ 원산학사(元山學舍)
④ 동래무예학교(東萊武藝學校)

Advice 한국 근·현대

① 대성학교 : 안창호가 세운 학교이다.
② 오산학교 : 남강 이승훈이 세운 학교로 민족교육과 독립운동에 큰 기여를 했다.
④ 동래무예학교 : 무예 교육을 한 학교로 근대식 교육기관과 다른 성격을 가지고 있다.

ANSWER 5.① 6.③

7 〈보기〉의 ㉠, ㉡에 들어갈 용어는?

―보기―
- 나현성의 『한국체육사』에 따른 시대구분이다.
- 갑오경장(甲午更張) 이전은 무예를 중심으로 하는 (㉠)체육을 강조하였다.
- 갑오경장 이후는 「교육입국조서(敎育立國詔書)」를 중심으로 하는 (㉡)체육을 강조하였다.

	㉠	㉡
①	현대	전통
②	근대	전통
③	전통	근대
④	전통	현대

☑ **Advice** 한국 근·현대
㉠ 갑오경장 이전에는 무예를 중심으로 하는 전통체육을 강조하였다.
㉡ 갑오경장 이후에는 서구식 교육과 체육이 도입되면서 근대체육을 강조하였다.

8 조선시대 무과제도에 관한 설명으로 적절한 것은?

① 정기적으로만 실시하였다.
② 예조와 음양과에서 주관하였다.
③ 시험은 무예 실기만 시행되었다.
④ 초시, 복시, 전시의 3단계로 진행되었다.

☑ **Advice** 고려·조선시대
① 비정기적으로 특별히 시행되기도 하였다.
② 병조에서 주관하였다.
③ 병법, 전술 등 이론 수업도 포함되었다.

9 개화기 운동회에 대한 설명으로 적절한 것은?

① 일본인을 위한 축제의 성격이었다.
② 최초 시행 종목은 야구와 농구였다.
③ 우리나라 최초의 운동회는 화류회(花柳會)이다.
④ 학교 정규교과목으로 학생에게 장려된 활동이었다.

☑ **Advice** 한국 근·현대
③ 우리나라 최초의 운동회는 1896년 5월 삼선평에서 열린 화류회이다.

10 〈보기〉에서 설명하는 조선시대의 기관은?

―보기―
- 무예의 수련을 담당하였다.
- 병서의 습독을 장려하였다.
- 군사의 시재(試才)를 담당하였다.

① 사정(射亭)
② 성균관(成均館)
③ 사역원(司譯院)
④ 훈련원(訓練院)

☑ **Advice** 고려·조선시대
① 사정: 활쏘기 연습을 하는 장소이다.
② 성균관: 조선시대 최고 교육기관으로 문과 교육을 담당하였다.
③ 사역원: 외국어 교육과 통역을 담당하는 기관이었다.

ANSWER 7.③ 8.④ 9.③ 10.④

11 『활인심방(活人心方)』에 대한 설명으로 적절하지 않은 것은?

① 이이(李珥)가 「활인심방」이라는 책을 펴냈다.
② 도인법(導引法)은 목 돌리기, 마찰, 다리의 굴신 등의 보건체조이다.
③ 사계양생가(四季養生歌)는 춘하추동으로 나누어 호흡하는 방법이다.
④ 활인심서(活人心序)는 기를 조절하고, 식욕을 줄이며, 욕망을 절제하는 방법이다.

✉**Advice** 고려·조선시대 ·····················
① 「활인심방」은 조선 초기 세종 시대에 편찬된 의학서이다.

12 〈보기〉에서 대한체육회에 대한 옳은 설명을 모두 고른 것은?

────── 보기 ──────
㉠ 1920년 – 조선체육회가 창립되었다.
㉡ 1948년 – 대한체육회로 개칭되었다.
㉢ 1966년 – 태릉선수촌을 건립하였다.
㉣ 2016년 – 국민생활체육회와 통합되었다.

① ㉡, ㉢
② ㉡, ㉣
③ ㉠, ㉡, ㉢
④ ㉠, ㉡, ㉢, ㉣

✉**Advice** 한국 근·현대 ·····················
1920년 조선체육회가 창립되어 1948년 대한체육회로 개칭되었다. 1966년 태릉선수촌을 건립하고 2016년에 국민생활체육회와 통합되었다.

13 개화기에 도입된 스포츠에 대한 설명으로 옳지 않은 것은?

① 조원희는 교육체조를 보급하였다.
② 우치다(內田)는 검도를 보급하였다.
③ 질레트(P. Gillett)는 야구와 농구를 보급하였다.
④ 푸트(L. Foote)는 연식정구(척구)를 보급하였다.

✉**Advice** 한국 근·현대 ·····················
② 우치다는(1906년) 유도를 보급하였다.

14 일제강점기 스포츠 종목의 도입에 대한 설명으로 옳지 않은 것은?

① 권투 – 1914년 경성구락부에서 소개하였다.
② 경식정구 – 1919년 조선철도국에서 소개하였다.
③ 스키 – 1921년 나카무라(中村)가 소개하였다.
④ 역도 – 1926년 서상천이 소개하였다.

✉**Advice** 한국 근·현대 ·····················
① 권투는 1920년에 본격적으로 소개되었다.

ANSWER 11.① 12.④ 13.② 14.①

15 〈보기〉에서 설명하는 최초의 체육진흥계획은?

―보기―
- 국민생활체육협의회가 설립되었다.
- 서울올림픽기념 생활관이 건립되었다.
- '호돌이계획'으로 생활체육 진흥을 도모하는 계기가 되었다.

① 국민생활체육진흥종합계획
② 제1차 국민체육진흥5개년계획
③ 제2차 국민체육진흥5개년계획
④ 참여정부 국민체육진흥5개년계획

Advice 한국 근·현대
정부(체육부)에서는 1989년 11월 국민생활체육진흥종합계획(호돌이계획)을 수립하였다.

16 일제강점기 황국신민체조에 대한 설명으로 적절하지 않은 것은?

① 군국주의 함양을 위한 것이다.
② 무사도 정신을 고취하기 위한 것이다.
③ 식민지 통치체제의 일환으로 실시되었다.
④ 유희 중심의 체조 지도원리에 따라 교육되었다.

Advice 한국 근·현대
④ 황국신민체조의 특성은 전쟁인력 확보를 위한 엄격한 군사 훈련이 중심이었다.

17 1936년 제11회 베를린올림픽경기대회 마라톤에서 손기정과 함께 입상한 선수는?

① 권태하
② 남승룡
③ 서윤복
④ 함길용

Advice 한국 근·현대
1936년 베를린올림픽에서 손기정은 마라톤 금메달을, 남승룡은 동메달을 획득하였다.

18 〈보기〉에서 설명하는 일제강점기의 체육시설은?

―보기―
- 축구장, 야구장, 정구장, 수영장 등이 있었다.
- 전국규모의 대회와 올림픽경기대회 예선전 등이 열렸다.
- 1925년에 건립되었고, 1984년에 동대문운동장으로 개칭되었다.

① 경성운동장
② 효창운동장
③ 목동운동장
④ 잠실종합운동장

Advice 한국 근·현대
경성운동장(京城運動場)은 1925년에 건립된 일제강점기의 대표적인 체육시설이다.

ANSWER 15.① 16.④ 17.② 18.①

19 〈보기〉의 설명과 관련 있는 정부는?

─────보기─────
• 서울아시아경기대회를 개최하였다.
• 정부 행정조직에서 체육부가 신설되었다.
• 프로야구, 프로축구, 프로씨름 등이 출범하였다.

① 박정희 정부
② 전두환 정부
③ 노태우 정부
④ 김영삼 정부

Advice 한국 근·현대
서울아시아경기대회, 체육부 신설, 프로야구와 프로축구 등 출범은 전두환 정권(1981. 3.~1988. 2.)에 해당한다.

20 〈보기〉의 ㉠, ㉡에 들어갈 알맞은 국제대회의 명칭은?

─────보기─────
• 1988년 개최된 (㉠)의 마스코트는 '호돌이'이다.
• 2018년 개최된 (㉡)의 마스코트는 '수호랑'과 '반다비'이다.

	㉠	㉡
①	서울올림픽경기대회	서울아시아경기대회
②	서울아시아경기대회	부산아시아경기대회
③	서울올림픽경기대회	평창올림픽경기대회
④	부산아시아경기대회	평창올림픽경기대회

Advice 한국 근·현대
㉠ 1988년 서울올림픽경기대회 마스코트는 호돌이이다.
㉡ 2018년 평창올림픽경기대회 마스코트는 수호랑과 반다비이다.

운동생리학

1 유산소 시스템의 특징으로 적절하지 않은 것은?

① 장시간의 저강도 운동 시 사용된다.
② 무산소 시스템에 비해 ATP 합성률이 빠르다.
③ 산소를 이용하여 에너지 기질(substrate)을 분해한다.
④ 에너지 기질로 탄수화물과 지방을 모두 이용할 수 있다.

Advice 에너지 대사와 운동
② 유산소 시스템은 무산소 시스템에 비해 ATP 합성률이 빠르지 않다. 무산소 시스템은 짧은 시간 내에 빠르게 ATP를 합성할 수 있다.

2 근육 내에서 산소를 운반하는 물질은?

① 알부민(albumin)
② 신경전달물질(neurotransmitter)
③ 마이오글로빈(myoglobin)
④ 아세틸콜린(acetylcholine)

Advice 골격근과 운동
③ 마이오글로빈은 혈액 내에서 산소를 운반하는 헤모글로빈과 유사한 역할을 한다.
① 알부민은 주로 혈장에서 삼투압을 유지하고 다양한 물질을 운반한다.
② 신경전달물질은 신경 세포 간에 신호를 전달하는 화학 물질이다.
④ 아세틸콜린은 신경과 근육 사이의 신호 전달을 하는 역할을 한다.

ANSWER 19.② 20.③ / 1.② 2.③

3 고강도 운동 시 ATP 합성에 사용되는 주요 기질(substrate)로 적절한 것은?

① 젖산
② 지방
③ 근육 단백질
④ 근육 글리코겐

> **Advice** 에너지 대사와 운동
>
> 고강도 운동 시 ATP 합성에 주요하게 사용되는 기질은 근육 글리코겐이다. 고강도 운동은 에너지를 빠르게 요구하여 신속하게 동원 가능한 에너지원이 필요하다. 근육 글리코겐은 고강도 운동 시 빠르게 분해되어 ATP를 생산하는 데 사용된다.

4 〈보기〉가 설명하는 호르몬은?

---보기---
- 부신수질로부터 분비된다.
- 운동의 강도와 시간이 증가함에 따라 분비가 증가하며, 지방조직과 근육 내 지방의 분해를 촉진하는 역할을 한다.
---

① 인슐린(insulin)
② 글루카곤(glucagon)
③ 에피네프린(epinephrine)
④ 알도스테론(aldosterone)

> **Advice** 신경조절과 운동
>
> 교감신경계에 의해 자극되면서 부신수질에서 에피네프린이 분비된다. 에피네프린은 운동의 강도와 시간이 증가함에 따라 분비가 증가하며, 지방조직과 근육 내 지방의 분해를 촉진하는 역할을 한다.

5 장기간의 저항성 트레이닝에 따른 골격근의 적응으로 적절하지 않은 것은?

① 근형질(sarcoplasm)의 양이 증가한다.
② 근원섬유(myofibril)의 수가 증가한다.
③ 속근섬유(type II fiber)의 단면적이 증가한다.
④ 미토콘드리아(mitochondria)의 밀도가 증가한다.

> **Advice** 골격근과 운동
>
> 장기간의 저항성 트레이닝에 따른 골격근의 주요 적응으로 근형질(sarcoplasm)의 양 증가, 근원섬유(myofibril) 수 증가, 그리고 속근섬유(type II fiber)의 단면적 증가가 나타난다. 미토콘드리아 밀도의 증가는 주로 유산소성 트레이닝의 결과이다.

6 〈보기〉의 ⊙과 ⓒ에 들어갈 용어를 바르게 나열한 것은?

---보기---
- 지구성 트레이닝에 대한 적응으로 최대 동-정맥산소차는 (⊙)하고, 최대 1회 박출량(stroke volume)은 (ⓒ)한다.

	⊙	ⓒ
①	증가	증가
②	증가	감소
③	감소	감소
④	감소	증가

> **Advice** 호흡·순환계와 운동
>
> 지구성 트레이닝에 대한 적응으로 최대 동-정맥산소차는 증가하고, 최대 1회 박출량(stroke volume)은 증가한다.

ANSWER 3.④ 4.③ 5.④ 6.①

7 〈보기〉의 신경세포 구조 및 전기적 활동에 관한 적절한 설명을 고른 것은?

─── 보기 ───

㉠ 안정 시 신경세포 막의 안쪽은 Na^+의 농도가 높고, 바깥쪽은 K^+의 농도가 높다.
㉡ 역치(threshold)는 신경세포 막의 차등성전위(graded potential)가 안정막전위(resting membrane potential)로 바뀌는 시점을 말한다.
㉢ 활동전위(action potential)는 신경세포 막의 탈분극(depolarization)을 유도한다.
㉣ 신경세포는 신경-근접합부(neuromuscular junction)를 통해 근섬유와 상호신호전달을 한다.

① ㉠, ㉡
② ㉠, ㉣
③ ㉡, ㉢
④ ㉢, ㉣

Advice 신경조절과 운동

㉠ 안쪽은 K^+의 농도가 높고, 바깥쪽은 Na^+의 농도가 높다.
㉡ 역치는 차등성 전위가 임계점에 도달하여 활동전위가 발생하는 시점이다.

8 적혈구용적률(hematocrit)에 관한 설명으로 적절한 것은?

① 높은 적혈구용적률(60% 이상)은 혈액의 흐름을 수월하게 한다.
② 일반적으로 성인 여성이 성인 남성보다 높은 적혈구용적률을 보인다.
③ 전체 혈액량 대비 혈장(plasma)량의 비율이 높을수록 적혈구용적률은 낮다.
④ 지구성 트레이닝에 대한 적응으로 혈장량이 감소하여 적혈구용적률은 증가한다.

Advice 호흡·순환계와 운동

① 높은 적혈구용적률(60% 이상)은 혈액의 점도가 증가하여 혈액의 흐름이 수월하지 않다.
② 성인 남성이 성인 여성보다 높은 적혈구용적률을 보인다.
④ 지구성 트레이닝에 대한 적응으로 혈장량이 증가하여 적혈구용적률은 감소하거나 유지된다.

9 근세사 활주설(sliding filament theory)에 관한 설명으로 적절하지 않은 것은?

① 액틴(actin)은 근절(sarcomere)의 중앙부위로 마이오신(myosin)을 잡아당긴다.
② 마이오신 머리(myosin head)에 있는 인산기(Pi)가 방출되면서 파워 스트로크(power stroke)가 일어난다.
③ 활동전위는 근형질세망(sarcoplasmic reticulum)으로부터 나온 Ca^{2+}을 근형질(sarcoplasm) 내로 유입하게 한다.
④ Ca^{2+}은 액틴 세사의 트로포닌(troponin)과 결합하고 트로포닌은 트로포마이오신(tropomyosin)을 이동시켜 마이오신 머리가 액틴과 결합할 수 있도록 한다.

Advice 골격근과 운동

① 마이오신 머리가 액틴 필라멘트를 잡아당겨 근절이 짧아진다.

ANSWER 7.④ 8.③ 9.①

10 〈보기〉의 근수축 유형에 따른 힘-속도-파워 간의 관계에 관한 설명으로 적절한 것만 고른 것은?

―보기―
⊙ 신장성 수축은 수축 속도가 빠를수록 힘이 더 증가한다.
ⓒ 단축성 수축은 수축 속도가 빠를수록 최대파워가 더 증가한다.
ⓒ 동일 근육에서의 느린 단축성 수축은 빠른 신장성 수축에 비해 더 큰 힘이 생성된다.
② 동일 근육에서의 신장성 수축은 단축성 수축에 비해 같은 속도에서 더 큰 힘이 생성된다.

① ㉠, ㉢
② ㉠, ㉢, ㉣
③ ㉠, ㉣
④ ㉡, ㉢

✓Advice 골격근과 운동
ⓒ 단축성 수축에서는 수축 속도가 빠를수록 최대 힘은 감소하지만 최대파워를 발휘할 수 있다.
ⓒ 신장성 수축은 단축성 수축에 비해 더 큰 힘을 생성한다.

11 〈보기〉는 산소－헤모글로빈 해리 곡선의 운동 시 변화에 관한 설명이다. ㉠, ㉡, ㉢, ㉣에 들어갈 용어를 바르게 나열한 것은?

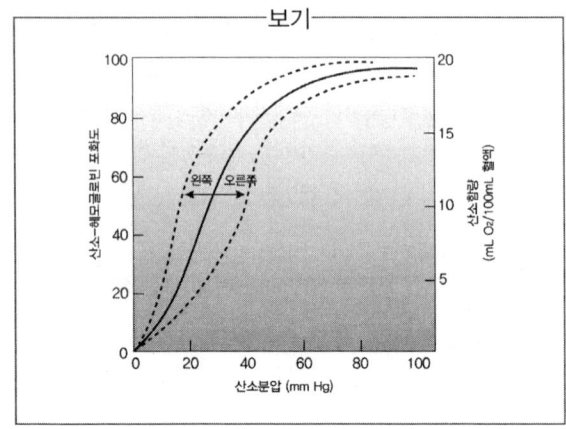

―보기―
• 심부체온이 증가하여 산소-헤모글로빈 해리 곡선은 (㉠)으로 이동하며, 헤모글로빈의 산소 친화력을 (㉡)시킨다.
• 신체의 pH가 감소하여 산소-헤모글로빈 해리 곡선은 (㉢)으로 이동하며, 헤모글로빈의 산소 친화력을 (㉣)시킨다.

	㉠	㉡	㉢	㉣
①	오른쪽	감소	오른쪽	감소
②	오른쪽	증가	왼쪽	감소
③	왼쪽	증가	왼쪽	증가
④	왼쪽	감소	오른쪽	증가

✓Advice 호흡·순환계와 운동
심부체온이 증가하여 산소-헤모글로빈 해리 곡선은 오른쪽으로 이동하며, 헤모글로빈의 산소 친화력을 감소시킨다. 신체의 pH가 감소하여 산소-헤모글로빈 해리 곡선은 오른쪽으로 이동하며, 헤모글로빈의 산소 친화력을 감소시킨다.

ANSWER 10.③ 11.①

12 장시간의 운동 시 발생하는 탈수현상이 심혈관계에 미치는 영향으로 적절한 것은?

① 혈액량이 점차 증가한다.
② 심박수가 점차 증가한다.
③ 심실의 확장기말 용량(end-diastolic volume)이 점차 증가한다.
④ 우심방으로 돌아오는 정맥환류(venous return)의 양이 점차 증가한다.

Advice 호흡·순환계와 운동

① 탈수로 혈액량이 감소한다.
③ 혈액량 감소로 인해 심실의 확장기말 용량은 감소한다.
④ 혈액량 감소로 인해 정맥환류량은 감소한다.

13 운동단위(motor unit)에 관한 설명으로 적절한 것은?

① 하나의 근섬유와 연결되는 여러 개의 알파운동뉴런을 말한다.
② Type Ⅰ 운동단위는 Type Ⅱ 운동단위 보다 단위 당 근섬유 수가 많다.
③ Type Ⅰ 운동단위는 Type Ⅱ 운동단위 보다 일반적으로 먼저 동원된다.
④ Type Ⅰ 운동단위는 Type Ⅱ 운동단위 보다 알파운동뉴런의 크기가 크다.

Advice 골격근과 운동

① 운동단위는 하나의 알파운동뉴런과 여러 근섬유로 구성된다.
② Type Ⅰ 운동단위는 일반적으로 단위 당 근섬유 수가 적다.
④ Type Ⅰ 운동단위는 Type Ⅱ 운동단위에 비해 알파운동뉴런의 크기가 작다.

14 〈보기〉가 설명하는 호르몬은?

─ 보기 ─
• 운동 시 뇌하수체 전엽에서 분비된다.
• 트라이아이오도타이로닌(T_3)과 티록신(T_4)호르몬의 분비를 조절한다.

① 갑상선자극호르몬(thyroid-stimulating hormone)
② 노르에피네프린(norepinephrine)
③ 성장호르몬(growth hormone)
④ 인슐린(insulin)

Advice 내분비계와 운동

운동 시 뇌하수체 전엽에서 분비되고 트라이아이오도타이로닌(T_3)과 티록신(T_4)호르몬의 분비를 조절하는 것은 갑상선자극호르몬이다.

15 〈보기〉에서 ㉠과 ㉡의 근섬유 유형별 특성으로 적절한 것은?

─ 보기 ─
훈련되지 않은 사람과 비교하여 단거리 선수의 장딴지 근육은 주로 (㉠)의 비율이 높고, 장거리 수영선수의 팔 근육은 (㉡)의 비율이 높은 경향이 있다.

① ㉠은 ㉡에 비하여 수축 속도가 느리다.
② ㉠은 ㉡에 비하여 피로에 대한 저항성이 낮다.
③ ㉡은 ㉠에 비하여 미토콘드리아 밀도가 낮다.
④ ㉡은 ㉠에 비하여 해당 능력(glycolytic capacity)이 높다.

Advice 골격근과 운동

〈보기〉에서 ㉠ 속근, ㉡ 지근이다.
① 속근은 지근보다 속도가 빠르다.
③ 지근은 속근보다 미토콘드리아 밀도가 높다.
④ 지근은 속근보다 해당 능력이 낮다.

ANSWER 12.② 13.③ 14.① 15.②

16 〈보기〉가 설명하는 것은?

―보기―
- 우심방 벽에 위치한다.
- 심장수축을 위한 전기적 자극이 시작되므로 페이스메이커(pacemaker)라고 한다.

① 동방결절(SA node)
② 퍼킨제섬유(purkinje fibers)
③ 방실다발(AV bundle)
④ 삼첨판막(tricuspid valve)

Advice 호흡·순환계와 운동 ························

우심방 벽에 위치하고 심장수축을 위한 전기적 자극이 시작되므로 페이스메이커(pacemaker)라고 부르는 것은 동방결절이다.

17 저강도(1RM의 30~40%)의 고반복(세트당 20~25회) 저항성 트레이닝에 따른 골격근의 주요 변화로 적절한 것은?

① 근비대(muscle hypertrophy) 향상
② 근력(muscle strength) 향상
③ 근파워(muscle power) 향상
④ 근지구력(muscle endurance) 향상

Advice 골격근과 운동 ························

저강도(1RM의 30~40%)의 고반복(세트당 20~25회) 저항성 트레이닝은 근지구력(muscle endurance)을 향상시키는 데 효과적이다.

18 〈보기〉에서 인체 내 가스교환에 관한 설명 중 ㉠과 ㉡에 들어갈 용어를 바르게 나열한 것은?

―보기―
- 운동 시 폐포로 유입된 (㉠)는 폐 모세혈관으로 확산된다.
- 운동 시 근육에서 생성된 (㉡)는 모세혈관으로 확산된다.

	㉠	㉡
①	산소	산소
②	산소	이산화탄소
③	이산화탄소	이산화탄소
④	이산화탄소	산소

Advice 호흡·순환계와 운동 ························

인체 내 가스교환과정에서 운동 시 폐포로 유입된 산소는 폐 모세혈관으로 확산된다. 운동 시 근육에서 생성된 이산화탄소는 모세혈관으로 확산된다.

19 운동 시 교감신경계의 활성화에 따른 반응으로 적절하지 않은 것은?

① 심박수가 증가한다.
② 소화기계 활동이 증가한다.
③ 골격근의 혈류량이 증가한다.
④ 호흡수 및 가스교환율이 증가한다.

Advice 호흡·순환계와 운동 ························

② 운동 시 교감신경계의 활성화로 소화기관으로 향하는 혈류량이 줄어들면서 소화기계 활동이 감소한다.

ANSWER 16.① 17.④ 18.② 19.②

20 장기간의 유산소 트레이닝에 따른 심혈관계의 적응으로 적절하지 않은 것은?

① 안정시 심박수 감소
② 최대산소섭취량(VO_2max) 증가
③ 최대 심박출량(cardiac output) 증가
④ 안정시 1회박출량(stroke volume) 감소

✓Advice 호흡·순환계와 운동 ··
④ 유산소 트레이닝은 안정시 1회박출량을 증가시킨다.

운동역학

1 수영 동작의 운동학(kinematics)적 분석이 아닌 것은?

① 저항력(drag force) 분석
② 턴 거리(turn distance) 분석
③ 스트로크 길이(stroke length) 분석
④ 추진 속도(propelling velocity) 분석

✓Advice 운동학의 스포츠 적용 ··
① 저항력은 힘에 관한 분석으로 운동역학이다.

2 힘(force)에 관한 설명으로 옳지 않은 것은?

① 단위는 m/s이다.
② 벡터(vector)이다.
③ 중력(gravitational force)은 힘이다.
④ 내력(internal force)과 외력(external force)으로 구분할 수 있다.

✓Advice 운동역학의 이해 ··
① 힘의 단위는 뉴턴(N)이다. 힘의 단위는 $kg \cdot m/s^2$ 이다.

ANSWER 20.④ / 1.① 2.①

3 보행 동작에서 지면으로부터 보행자의 발에 가해지는 힘은?

① 근력(muscle force)
② 부력(buoyant force)
③ 중력(gravitational force)
④ 지면반력(ground reaction force)

✓Advice 운동역학의 이해
④ 지면반력은 지면이 보행자의 발에 가하는 반작용의 힘이다.

4 〈보기〉에서 근수축 형태와 기계적 일(mechanical work)과의 관계를 설명한 것 중 옳은 것만을 모두 고른 것은?

─── 보기 ───
㉠ 위팔두갈래근(상완이두근, biceps brachii)의 신장성 수축(eccentric contraction)은 팔꿉관절(elbow joint)에 대해 양(positive)의 일을 한다.
㉡ 위팔두갈래근의 단축성 수축(concentric contraction)은 팔꿉관절에 대해 음(negative)의 일을 한다.
㉢ 위팔두갈래근의 등척성 수축(isometric contraction)이 팔꿉관절에 대해 한 일은 0이다.

① ㉠, ㉡, ㉢   ② ㉠, ㉢
③ ㉡, ㉢   ④ ㉢

✓Advice 운동역학의 이해
㉠ 신장성 수축에서는 근육이 길어지면서 힘을 발휘한다. 외부 저항에 대해 저항하면서 힘을 발휘하는 음의 일을 한다.
㉡ 단축성 수축에서는 근육이 짧아지면서 힘을 발휘하는 양의 일을 수행한다.

5 충격량(impulse)에 관한 설명으로 옳지 않은 것은?

① 스칼라(scalar)이다.
② 단위는 kg · m/s이다.
③ 운동량(momentum) 변화의 원인이 된다.
④ 시간에 대한 힘의 곡선을 적분한 값이다.

✓Advice 운동역학의 이해
① 충격량은 벡터(vector)이다.

6 신체 관절의 움직임 자유도(degree of freedom)에 관한 설명으로 옳은 것은?

① 절구관절(ball and socket joint)의 움직임 자유도는 3이다.
② 타원관절(ellipsoid joint)의 움직임 자유도는 3이다.
③ 경첩관절(hinge joint)의 움직임 자유도는 2이다.
④ 중쇠관절(pivot joint)의 움직임 자유도는 2이다.

✓Advice 인체역학
② 타원관절(손목의 요골-수근 관절)의 움직임 자유도는 2이다.
③ 경첩관절(팔꿈치와 무릎 관절)의 움직임 자유도는 1이다.
④ 중쇠관절(목의 아틀라스-축추 관절)의 움직임 자유도는 1이다.

ANSWER 3.④ 4.④ 5.① 6.①

7 3종 지레에 관한 설명으로 옳지 않은 것은?

① 팔꿈치 굽힘(굴곡, flexion) 동작은 3종 지레의 특성으로 이해할 수 있다.
② 받침점(회전중심)을 기준으로 저항점 위치가 힘점의 위치보다 더 멀다.
③ 관절의 평형상태를 유지하기 위해 저항력보다 더 큰 근력이 요구된다.
④ 기계적 확대율(mechanical advantage)은 1보다 크다.

Advice 인체역학
④ 기계적 확대율은 1보다 작다. 힘점이 저항점보다 받침점에 더 가깝기 때문에 더 큰 힘이 필요하다.

8 근전도(electromyography, EMG) 신호에 관한 설명으로 옳은 것은?

① 양과 음의 값을 모두 가지고 있다.
② 신호의 분석을 통해 관절 각도를 측정할 수 있다.
③ 측정 시간을 곱한 값을 선형 포락선(linear envelop)이라고 한다.
④ 진폭(amplitude)과 근력과의 관계는 근육의 수축 형태와 상관이 없다.

Advice 운동학의 스포츠 적용
② EMG 신호는 근육의 전기적 활동을 측정한다. 관절 각도는 각도계, 동작 캡처 시스템 등을 통해 측정된다.
③ 선형 포락선은 EMG 신호의 진폭을 평활화한 신호이다.
④ EMG 신호의 진폭은 근육의 수축 형태와 관련이 있다.

9 각운동에 관한 내용으로 옳은 것은?

① "접선속도(선속도) = 반지름×각속도"에서 각속도의 단위는 도(degree)이다.
② 반지름(회전반경)의 크기가 커지면 1라디안(radian)의 크기는 커진다.
③ 라디안은 반지름과 호의 길이의 비율로 계산한다.
④ 360도는 2라디안이다.

Advice 운동역학의 이해
① 각속도의 단위는 라디안(radian)이다.
② 1라디안은 반지름의 길이와 상관없이 일정한 크기이다.
④ 360° = 2π 라디안이다.

10 〈보기〉의 그래프에 대한 설명으로 옳은 것은?

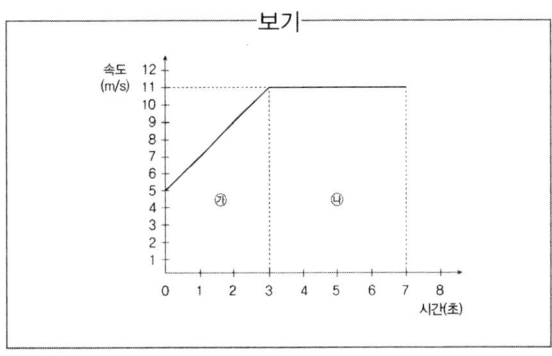

① ㉮구간의 가속도는 증가한다.
② ㉯구간의 가속도는 1m/s²이다.
③ ㉮구간의 가속도가 ㉯구간의 가속도보다 크다.
④ ㉯구간은 정지한 상태이다.

Advice 운동역학의 이해
① ㉮ 구간의 가속도는 변함없이 일정하다.
② ㉯ 구간의 가속도는 0m/s²이다.
④ ㉯ 구간은 정지한 상태가 아니고 속도는 11m/s이다.

ANSWER 7.④ 8.① 9.③ 10.③

11 해머던지기에서 구심력과 원심력에 관한 설명으로 옳지 않은 것은?

① 7kg의 해머와 비교하여 14kg의 해머를 동일한 각속도로 회전시키려면 선수는 구심력을 두 배로 증가시켜야 한다.
② 직선으로 운동하려는 해머의 관성을 이겨내고 원형경로를 유지하려면 안쪽으로 당기는 힘이 요구된다.
③ 해머의 각속도를 두 배로 증가시키려면, 선수는 두 배의 힘으로 해머를 안쪽으로 당겨야 한다.
④ 선수가 해머를 안쪽으로 당기는 힘을 증가시키면 해머도 선수를 당기는 힘을 증가시킨다.

☑Advice 운동역학의 이해
③ 구심력 F는 각속도의 제곱에 비례하므로 각속도를 두 배로 증가시키면 구심력은 4배로 증가한다. 구심력과 원심력 공식은 $F_r = mr\omega^2$ (F_r : 선속도, m : 질량, r : 반지름, ω : 각속도)이다.

12 반발계수(coefficient of restitution)에 관한 설명으로 적절하지 않은 것은?

① 0부터 1 사이의 값이다.
② 두 물체 간의 충돌 전후의 상대속도의 비율로 측정한다.
③ 완전탄성충돌(perfectly elastic collision)의 반발계수는 1이다.
④ 공을 떨어뜨린(drop) 높이와 공이 지면에서 튀어 오른(bounce) 높이의 차이 값이다.

☑Advice 운동역학의 이해
④ 반발계수는 공을 떨어뜨린 높이와 공이 튀어 오른 높이의 비율이다. 차이 값이 아니라 비율이다.

13 골프에 관한 운동학(kinematics)적 또는 운동역학(kinetics)적 개념에 관한 설명으로 옳은 것은?(단, 샤프트(shaft)는 휘어지지 않는다고 가정함.)

① 드라이버 스윙 시 헤드(head)와 샤프트의 각속도는 다르다.
② 골프공의 반발계수를 작게 하면 더 멀리 보낼 수 있다.
③ 샤프트의 길이가 길어지면 샤프트의 관성모멘트는 작아진다.
④ 7번 아이언 헤드의 선속도는 헤드의 각속도와 샤프트의 길이에 비례한다.

☑Advice 운동역학의 이해
① 헤드와 샤프트는 같은 각속도이다.
② 반발계수가 큰 골프공이 더 멀리 보낼 수 있다.
③ 샤프트의 길이가 길어지면 관성모멘트가 커진다.

14 각운동량의 보존과 전이에 관한 운동 동작의 예시로 적절하지 않은 것은?

① 배구에서 공중 스파이크를 하기 전에 팔과 다리를 함께 뒤로 굽히는 동작
② 높이뛰기에서 발 구름을 할 때 지지하는 다리를 최대한 구부리는 동작
③ 멀리뛰기에서 착지하기 전에 팔과 다리를 함께 앞으로 당기는 동작
④ 다이빙에서 공중회전을 할 때 팔을 몸통 쪽으로 모으는 동작

☑Advice 운동역학의 이해
② 각운동은 회전 속도를 조절하거나 회전 운동을 유지하기 위해 사용된다. 높이뛰기에서 발 구름을 할 때 지지하는 다리를 최대한 구부리는 동작은 선운동에 해당한다.

ANSWER 11.③ 12.④ 13.④ 14.②

15 영상분석에 관한 설명으로 옳지 않은 것은?

① 2차원 영상분석은 평면상에서 관찰되는 운동을 분석하는 것이다.
② 3차원 영상분석은 2대 이상의 카메라를 사용한다.
③ 운동역학(kinetics)적 변인을 직접 측정할 수 있다.
④ 동작의 정량적 분석이 가능하다.

✓Advice 운동학의 스포츠 적용
③ 영상분석은 주로 운동학적 데이터를 수집한다. 힘, 토크 등은 영상분석으로 직접 측정할 수 없다.

16 100m 달리기경기에서 80kg인 선수가 출발 3초 후 12m/s의 속도가 되었다면 달리는 방향으로 발휘한 평균 힘의 크기는?

① 240N
② 320N
③ 800N
④ 960N

✓Advice 운동역학의 이해
가속도는 $\frac{속도}{시간}$으로 4m/s²가 된다.
$F = m \times a$ (F : 힘, m : 질량, a : 가속도)의 공식을 사용한다.
∴ $F = 80\text{kg} \times 4\text{m/s}^2 = 320\text{N}$

17 〈보기〉에서 무게중심(center of gravity)이 신체 내부에 위치하는 자세를 모두 고른 것은?

① ㉠, ㉡, ㉢, ㉣
② ㉠, ㉢
③ ㉡, ㉢, ㉣
④ ㉢

✓Advice 운동역학의 이해
㉢ 무게중심(center of gravity)이 신체 내부에 위치한다.

ANSWER 15.③ 16.② 17.④

18 〈보기〉의 다이빙 선수가 가지는 에너지의 변화에 관한 설명에서 ㉠, ㉡, ㉢에 들어갈 용어로 적절한 것은?

―보기―
플랫폼에서 정지하고 있는 선수의 (㉠) 에너지는 0이고, 낙하할수록 (㉡) 에너지는 감소하고, (㉢) 에너지는 증가하게 된다.

	㉠	㉡	㉢
①	운동	운동	역학적
②	운동	위치	운동
③	역학적	위치	운동
④	운동	위치	역학적

✉ **Advice** 일과 에너지 ································

플랫폼에서 정지하고 있는 선수의 운동에너지는 0이고, 낙하할수록 위치에너지는 감소하고, 운동에너지는 증가하게 된다.

19 운동의 형태에 관한 설명으로 옳은 것은?

① 병진운동은 회전축 주위를 일정한 각도로 이동하는 운동이다.
② 복합운동은 선운동과 병진운동이 결합되어 나타나는 운동이다.
③ 곡선운동은 회전운동이 아닌 병진운동에서 일어나는 운동이다.
④ 회전운동은 신체의 각 부위가 동일한 거리를 이동하는 운동이다.

✉ **Advice** 운동역학의 이해 ································

① 회전운동이 회전축 주위를 일정한 각도로 이동하는 운동이다.
② 복합운동은 병진운동과 회전운동이 결합된 운동이다.
④ 병진운동은 신체의 각 부위가 동일한 거리를 이동하는 운동이다.

20 야구공이 야구배트의 회전축에서부터 0.5m 지점에서 타격 되었다. 야구공이 타격 되는 순간 배트의 각속도가 50rad/s이면 타격지점에서 배트의 선속도는?

① 12.5m/s
② 12.5rad/s
③ 25m/s
④ 25rad/s

✉ **Advice** 운동역학의 이해 ································

$v = r\omega$ (v : 선속도, r : 반지름, ω : 각속도)이다.
선속도 = 0.5m × 50rad/s = 25m/s

ANSWER 18.② 19.③ 20.③

스포츠윤리

1 스포츠윤리의 역할로 적절하지 않은 것은?

① 스포츠 현상에 대한 사실만을 기술한다.
② 스포츠인의 행위에서 요구되는 도덕적 원리와 덕목을 고찰한다.
③ 도덕적 의미의 용어를 스포츠 환경에 적용할 때 그 기준과 방법에 대해 탐색한다.
④ 스포츠 상황에서 행동과 목적의 옳고 그름을 결정할 수 있는 근본원리를 탐색한다.

> **Advice** 스포츠와 윤리
> ① 스포츠윤리는 스포츠인의 행위에 요구되는 도덕적 원리와 덕목을 고찰한다. 스포츠 상황에서 행동과 목적의 옳고 그름을 결정할 수 있는 근본원리를 탐색하므로 사실만을 기술하지 않는다.

2 〈보기〉의 ⊙, ⓒ에 들어갈 용어로 바른 것은?

―보기―
스포츠에는 (⊙)적 요소와 (ⓒ)적 요소가 모두 내재되어 있다. (⊙)적 요소는 경기에 긴장과 흥미를 불러일으킨다. 선수들은 승리하려는 강렬한 욕망으로 인해 경기에 몰입하고, 스포츠팬들 역시 승부로 인해 응원의 동기를 갖게 된다. 그러나 경쟁심이 과열되고 승리가 절대화될 경우 제도화된 규칙이 무시될 우려가 있으며, 스포츠는 폭력의 투쟁으로 변질될 수 있다. 이것이 스포츠에서 (⊙)적 요소보다 (ⓒ)적 요소를 더욱 중시하는 이유이다.

	⊙	ⓒ
①	도덕(morality)	윤리(ethics)
②	미미크리(mimicry)	일링크스(ilinx)
③	아곤(agon)	아레테(aretē)
④	사실판단 (factual judgement)	가치판단 (value judgement)

> **Advice** 경쟁과 페어플레이
> ⊙ 아곤 : 경쟁, 경쟁의 장이라는 의미이다. 경쟁과 갈등의 개념이다. 개인이나 팀이 자신을 향상시키고 최고의 성과를 달성하기 위해 상대방과 경쟁하는 상황이다.
> ⓒ 아레테 : 탁월함, 덕, 미덕을 의미한다. 기술적인 능력뿐만 아니라 도덕적, 윤리적 우수성을 포함하는 개념이다. 기술적인 능력뿐만 아니라 도덕적, 윤리적 우수성을 포함하는 개념한다.

ANSWER 1.① 2.③

3 가치판단의 사례로 적절하지 않은 것은?

① 2020년 제32회 도쿄올림픽이 1년 연기되었다.
② 선수들에게 폭력을 행사하면 안 된다.
③ 피겨스케이팅 선수들의 연기는 매우 아름답다.
④ 스포츠 선수들의 기부는 사회적으로 긍정적인 영향을 준다.

☑ Advice 스포츠와 윤리
① 가치판단은 어떤 사안이나 행동에 대해 좋고 나쁨, 옳고 그름 등을 판단하는 것이다. 2020년 제32회 도쿄올림픽이 1년 연기되었다는 것은 사실을 기술하는 내용이다.

4 에토스(ethos)의 실천으로 적절하지 않은 것은?

① 축구에서 상대 선수가 부상으로 쓰러져 걱정되는 마음에 공을 경기장 밖으로 걷어냈다.
② 배구에서 블로킹할 때 훈련한 대로 네트에 손이 닿지 않도록 주의를 기울였다.
③ 야구에서 투수가 던진 공에 상대팀 타자가 맞아 투수는 모자를 벗어 타자에게 미안함을 표현했다.
④ 농구에서 경기 종료 1분을 남기고, 우리 팀이 큰 점수 차로 이기고 있는 상황에서 감독은 상대를 배려하는 마음에 작전타임을 부르지 않았다.

☑ Advice 스포츠와 윤리
② 에토스는 개인의 인격, 윤리적 성품, 또는 신뢰성과 관련된 행동 원칙이다. 훈련한 대로 규칙을 지키는 행위로 에토스의 실천과 거리가 멀다.

5 〈보기〉의 괄호에 들어갈 용어로 적절한 것은?

—— 보기 ——
스포츠윤리 교육의 목적은 스포츠인의 도덕적 ( ) 함양이라고 할 수 있다. 도덕적 ( )이란 "도덕적 문제에 대한 비판적, 독립적인 사고를 바탕으로 스포츠 상황에 적용하는 능력"을 의미한다.

① 민감성
② 존엄성
③ 자율성
④ 우월성

☑ Advice 스포츠와 윤리
〈보기〉에서 스포츠윤리 교육의 목적은 스포츠인의 도덕적 자율성 함양이다. 도덕적 자율성이란 도덕적 문제에 대한 비판적, 독립적인 사고를 바탕으로 스포츠 상황에 적용하는 능력이다.

ANSWER 3.① 4.② 5.③

6 〈보기〉에서 의무론적 도덕 추론에 해당하는 것을 바르게 고른 것은?

―보기―
㉠ 행위의 결과에 상관없이 절대적인 도덕규칙에 따라 판단을 내린다.
㉡ 행위를 함에 있어 유용성의 원리, 공평성의 원리 등이 적용된다.
㉢ 행위의 옳고 그름은 그 행위로 인해 발생하는 결과에 따라 결정된다.
㉣ 의무론적 도덕 추론은 정언적 도덕 추론이라고도 한다.
㉤ 행위에 있어 선의지가 중요하며, 목적은 수단을 정당화할 수 없다.

① ㉠, ㉡, ㉣
② ㉠, ㉣, ㉤
③ ㉡, ㉢, ㉤
④ ㉢, ㉣, ㉤

✓Advice 스포츠와 윤리
㉡㉢ 결과론적 접근으로 공리주의에 해당한다.

7 〈보기〉에서 국제축구연맹(FIFA)의 판단과정에 영향을 준 윤리 이론은?

―보기―
국제축구연맹은 선수부상 위험과 종교적인 갈등을 불러일으킬 수 있다는 이유로 경기 중 히잡(hijab) 착용을 금지했었다. 그러나 국제축구연맹 부회장인 알리빈 알 후세인은 이러한 조치가 오히려 종교적인 역차별이라는 주장을 내세우며 제도개선을 요구하였다. 오늘날 국제축구연맹은 히잡을 쓴 이슬람권 여성 선수의 참가를 허용하고 있다.

① 윤리적 의무주의
② 윤리적 절대주의
③ 윤리적 상대주의
④ 윤리적 환원주의

✓Advice 스포츠와 윤리
윤리적 상대주의는 도덕적 진리가 객관적으로 존재하지 않으며, 도덕적 판단이나 윤리적 규범은 각 개인이나 문화에 따라 다를 수 있다는 것을 의미한다.

ANSWER 6.② 7.③

8 도핑검사에서 선수의 역할 및 책임으로 적절하지 않은 것은?

① 시료채취가 언제든 가능하도록 해야 한다.
② 의료진에게 운동선수임을 고지해야 한다.
③ 도핑방지규정위반을 조사하는 도핑방지기구에 협력해야 한다.
④ 치료목적으로 처방되어 사용(복용)한 물질에 대해서는 책임지지 않는다.

☑ **Advice** 경기력 향상과 공정성 ⋯⋯⋯⋯⋯⋯⋯⋯⋯⋯⋯⋯⋯⋯⋯
④ 선수는 치료 목적이라도 처방된 약물이 금지약물인지 확인해야 한다. 치료 목적이라도 금지약물을 사용한 경우 선수는 책임을 져야 한다.

9 폭력을 설명한 학자의 개념과 그에 대한 설명으로 바르게 연결되지 않은 것은?

① 푸코(M. Foucault)의 규율과 권력 – 스포츠계에서 위계적 권력 관계는 폭력으로 변질되어 작동된다.
② 아렌트(H. Arendt)의 악의 평범성 – 스포츠계에서 폭력과 같은 잘못된 관행에 복종하는 데 익숙해진 나머지 이를 지속시키는데 기여한다.
③ 아리스토텔레스(Aristotle)의 분노 – 스포츠 현장에서 인간 내면의 분노 감정에서 시작된 폭력은 전용되고 악순환을 반복하는 경향이 있다.
④ 홉스(T. Hobbes)의 폭력론 – 자기가 좋아하는 운동선수의 폭력을 따라 하게 되듯이 인간 폭력의 원인을 공격 본능이나 자연 상태가 아닌 모방적 경쟁 관계라 주장한다.

☑ **Advice** 스포츠와 폭력 ⋯⋯⋯⋯⋯⋯⋯⋯⋯⋯⋯⋯⋯⋯⋯⋯⋯⋯
④ 홉스는 인간의 폭력성을 자연 상태에서 비롯된 생존 본능과 경쟁에서 찾는다. 인간의 폭력성을 모방적 경쟁 관계보다는 자연 상태에서의 생존 본능과 자기 보존에서 비롯된 것으로 설명한다.

10 〈보기〉의 내용과 연관된 학자의 이론으로 적절하지 않은 것은?

―― 보기 ――
자연중심주의 환경윤리는 환경에 있어서 도덕적 고려의 대상을 자연의 생명체를 포함한 생태계 전체로 확대할 것을 주문한다. 이런 점에서 보면 동물 스포츠라 불리는 스페인의 투우, 한국의 전통 민속놀이인 소싸움 등은 동물을 인간의 오락 대상으로 삼았다는 점에서 윤리적으로 허용되기 어렵다.

① 베르크(A. Berque)의 환경윤리
② 레오폴드(A. Leopold)의 대지윤리
③ 네스(A. Naess)의 심층적 생태주의
④ 슈바이처(A. Schweitzer)의 생명중심주의

☑ **Advice** 스포츠에서 환경과 동물윤리 ⋯⋯⋯⋯⋯⋯⋯⋯⋯⋯
① 베르크의 환경윤리는 인간이 중심이 되어 자연중심주의와 연관되지 않는다.

ANSWER 8.④ 9.④ 10.①

11 〈보기〉의 ㈎에서 A팀의 행동을 지지하는 이론의 제한점을 ㈏에서 모두 고른 것은?

─보기─

㈎	A팀과 B팀의 축구 경기가 진행 중이다. 경기 종료 20분을 남기고 A팀이 1대0으로 이기고 있으나 A팀 선수들의 체력은 이미 고갈되었고, B팀은 무섭게 공격을 이어가고 있다. 이때 A팀 감독은 이대로 경기가 진행될 경우 역전당할 위험이 있다는 판단하에 선수들에게 시간을 끌 것을 지시하였다. A팀 선수들은 부상 당한 척 시간을 지연시키는 이른바 침대축구를 하였고, 결과적으로 A팀이 승리하게 되었다.
㈏	㉠ 결과로 행위를 평가하기 때문에 정의의 문제가 소홀해질 수 있다. ㉡ 도덕규칙 간의 충돌 문제가 발생했을 때 실질적인 도움을 주지 못할 수 있다. ㉢ 일반적인 사실로부터 도덕적인 당위를 추론하지 못할 수 있다. ㉣ 사회 전체의 이익을 제대로 고려하지 못하는 경우가 있다. ㉤ 개인의 이익과 공공의 이익이 충돌할 때 사익(私益)의 희생을 당연시한다.

① ㉠, ㉡, ㉤
② ㉠, ㉢, ㉤
③ ㉡, ㉢, ㉣
④ ㉡, ㉣, ㉤

☑ **Advice** 경쟁과 페어플레이

〈보기〉의 A팀은 침대축구를 하면서 승리를 이끌어 왔다. 이는 목적론적 윤리체계는 행위의 도덕적 가치를 그 결과나 목적에 따라 판단하는 윤리 이론에 해당한다.

12 〈보기〉의 스포츠 현장에서 발생하는 도핑(약물복용)의 원인을 모두 고른 것은?

─보기─

㉠ 선수 또는 동물의 수행능력 향상을 위한 것이다.
㉡ 상대와의 경쟁에서 승리하기 위한 것이다.
㉢ 경기에 참가하고 싶은 지나친 욕구 때문이다.
㉣ 물질적 보상이 동기가 되기 때문이다.

① ㉠, ㉢
② ㉡, ㉢, ㉣
③ ㉠, ㉡, ㉣
④ ㉠, ㉡, ㉢, ㉣

☑ **Advice** 경쟁과 페어플레이

〈보기〉의 도핑의 원인은 선수의 수행능력 향상을 위한 것이다. 경쟁 승리, 참가 욕구, 물질적 보상이 그 원인이 된다.

ANSWER 11.② 12.④

13 〈보기〉의 ㉠, ㉡과 스포츠에서의 정의(justice)에 대한 개념이 바르게 묶인 것은?

―보기―
㉠ 핸드볼 – 양 팀에 동일한 골대의 규격을 적용
㉡ 테니스 – 시합 전 동전 던지기로 선공/후공을 결정

	㉠	㉡
①	평균적 정의	분배적 정의
②	평균적 정의	절차적 정의
③	분배적 정의	평균적 정의
④	분배적 정의	절차적 정의

Advice 경쟁과 페어플레이 ·······································

㉠ 모든 팀에게 동일한 조건을 제공함으로써 공정한 경쟁을 보장하는 평균적 정의이다.
㉡ 경기에 앞서 공평한 기회를 보장하기 위한 절차로 절차적 정의에 해당한다.

14 〈보기〉에서 밑줄 친 A 선수의 입장과 관련된 맹자(孟子)의 사상으로 적절한 것은?

―보기―
태권도 국가대표선발 결승전, 먼저 득점하면 경기가 종료되는 서든데스(sudden death) 상황에서 A 선수가 실수로 경기장 한계선을 넘었다. A 선수가 패배해야 할 상황이었지만 심판은 감점을 선언하지 않았다. 상대 팀 감독과 선수는 강력히 항의했으나 판정은 번복되지 않았고 경기는 계속 진행됐다. <u>결국 A 선수는 승리했지만, 부끄러운 마음에 팀 동료들과 승리의 기쁨을 나누지 않고 조용히 집으로 돌아갔다.</u>

① 수오지심(羞惡之心)
② 측은지심(惻隱之心)
③ 사양지심(辭讓之心)
④ 시비지심(是非之心)

Advice 스포츠와 윤리 ·······································

① 수오지심(羞惡之心) : 본인의 잘못을 부끄러워하고 타인의 잘못을 미워하는 마음이다.
② 측은지심(惻隱之心) : 남을 불쌍하게 여기는 타고난 착한 마음이다.
③ 사양지심(辭讓之心) : 겸손하여 남에게 사양할 줄 아는 마음이다.
④ 시비지심(是非之心) : 옳고 그름을 가릴 줄 아는 마음이다.

ANSWER 13.② 14.①

15 〈보기〉의 대화 내용과 성차별적 인식이 다른 것은?

―보기―
- 보연: 내 친구 수현이는 얼마 전부터 권투를 시작했어. 남자들이나 하는 거친 운동을 여자가 겁도 없이 한다기에 내가 못 하게 적극적으로 말렸어.
- 지웅: 잘했어. 여자에게 어울리는 스포츠도 많잖아. 요가나 필라테스처럼 여자에게 어울리는 종목을 추천해줘.

① 남자라면 거칠고 투쟁적인 스포츠를 즐겨야 한다.
② 남성다움, 여성다움을 강조하는 스포츠 참여를 권장한다.
③ 권투에 참여하는 여성은 여성성을 잃게 되어 매력적이지 않다.
④ 여자보다 남자의 근력이 강하기 때문에 권투와 같은 종목은 여자에게 적합하지 않다.

☑ **Advice** 스포츠와 불평등 ···
④ 생리학적 차이를 언급하며 특정 스포츠가 성별에 따라 적합하지 않을 수 있다고 주장한다. 이는 생리학적 사실에 근거한 판단이다.

16 심판에게 요구되는 개인윤리적 덕목에 대한 설명으로 적절하지 않은 것은?

① 외부의 지시나 간섭을 단호히 뿌리쳐야 한다.
② 판정의 신뢰성을 높이는 제도를 도입해야 한다.
③ 어느 한쪽으로 치우침과 사사로움이 없어야 한다.
④ 성품이 고결하여 탐욕이 없고, 심판으로서 품위를 지켜야 한다.

☑ **Advice** 스포츠 조직과 윤리 ···
② 심판 개인의 윤리적 덕목이라기보다는 제도적, 구조적 개선에 관한 내용이다.

ANSWER 15.④ 16.②

17 〈보기〉의 ㈎에서 환경단체의 입장과 관련이 있는 주장을 ㈏에서 모두 고른 것은?

―보기―

㈎	평창올림픽 활강경기장 건립을 둘러싸고 환경단체로부터 반대의 의견이 나오게 되었다. 가리왕산은 활강경기의 특성상 최적의 장소이지만 이곳은 산림자원 보호구역으로 지정된 곳이었기 때문이다. 올림픽으로 얻어지는 경제적 효과를 강조하는 측과 산림의 가치를 경제적으로 환산할 수 없다는 환경단체의 입장이 팽팽히 맞서고 있다.
㈏	㉠ 효율성의 극대화를 목표로 하는 경제학을 추구한다. ㉡ 인간의 사용 가치에 비례하여 자연의 가치를 평가한다. ㉢ 인간을 소중히 여기는 마음으로 자연환경도 소중히 대한다. ㉣ 인간도 생태계 구성원으로 보는 생태공동체 의식을 기른다.

① ㉠, ㉡
② ㉠, ㉢
③ ㉡, ㉣
④ ㉢, ㉣

☑ **Advice**　스포츠에서 환경과 동물윤리 ················
〈보기〉의 ㈎에서는 산림자원 보호구역으로 지정된 산림의 가치는 경제적으로 환산할 수 없다는 주장을 하고 있다.

18 성폭력 예방 또는 대처에 대한 설명으로 적절하지 않은 것은?

① 선수는 피해 사실을 기록하도록 한다.
② 선수는 가능한 한 피해 상황에서 즉시 벗어나도록 한다.
③ 성폭력 사실을 고발한 선수가 피해 받지 않는 분위기를 조성한다.
④ 여성 선수와 남성 지도자 위주로 성폭력 예방 교육이 이루어져야 한다.

☑ **Advice**　스포츠와 인권 ················
④ 성별에 따른 구분 없이 성폭력 예방 교육이 이루어져야 한다.

19 장애인 선수들의 인권향상을 위한 방안으로 적절하지 않은 것은?

① 장애인 선수들에게 비장애인과 동일한 훈련량과 지도방법을 적용해야 한다.
② 인권에 대한 문제는 예방이 중요하므로 지속적인 예방 교육과 더불어 홍보가 필요하다.
③ 장애인 국가대표 선수단 역시 훈련에 필요한 안정적인 지원이 확보되어야 한다.
④ 장애인 선수들의 접근과 이용이 불편하지 않도록 시설확충과 설계가 이루어져야 한다.

☑ **Advice**　스포츠와 인권 ················
① 장애인 선수의 신체적 특징을 감안하여 비장애인과 다른 훈련과 지도방법을 적용해야 한다.

ANSWER　17.④　18.④　19.①

20 〈보기〉의 괄호에 들어갈 용어로 적절한 것은?

―보기―
1968년 제19회 멕시코올림픽의 육상 200M 경기에서 1위와 3위로 입상한 미국의 토미 스미스와 존 카롤로스는 시상식에서 검은 장갑, 검은 양말 등으로 (　　)에 대해 저항을 표현했다.

① 성차별
② 장애차별
③ 인종차별
④ 계급차별

✓ Advice 스포츠와 인권
〈보기〉의 사례는 인종차별에 대한 저항이다.

ANSWER　20.③

자격증

한번에 따기 위한 서원각 교재

한 권에 준비하기 시리즈 / 기출문제 정복하기 시리즈를 통해 자격증 준비하자!